Gramática española

THIRD
EDITION

Gramática española

española

Análisis y práctica

LARRY D. KING · MARGARITA SUÑER

 **Higher Education**

Boston   Burr Ridge, IL   Dubuque, IA   New York   San Francisco   St. Louis
Bangkok   Bogotá   Caracas   Kuala Lumpur   Lisbon   London   Madrid   Mexico City
Milan   Montreal   New Delhi   Santiago   Seoul   Singapore   Sydney   Taipei   Toronto

The McGraw·Hill Companies

Higher Education

Copyright © 2008 by The McGraw-Hill Companies, Inc. All rights reserved.
Printed in the United States of America. Except as permitted under the United States
Copyright Act of 1976, no part of this publication may be reproduced or distributed in
any form or by any means, or stored in a data base or retrieval system, without the prior
written permission of the publisher.

 This book is printed on recycled, acid-free paper containing
10% postconsumer waste.

1 2 3 4 5 6 7 8 9 0 QPD QPD 0 9 8 7

ISBN-13: 978-0-07-351313-3
MHID: 0-07-351313-X

Publisher: *William R. Glass*
Sponsoring editor: *Katherine Crouch*
Developmental editor: *Letizia Rossi and Jennifer Kirk*
Executive marketing manager: *Nick Agnew*
Production editor: *Mel Valentín*
Production supervisor: *Richard DeVitto*
Designer: *Violeta Díaz*
Cover designer: *Violeta Díaz*
Compositor: *ICC Macmillan Inc.*
Typeface: *10/12 Palatino*
Printer: *Quebecor World*

Grateful acknowledgment is made for use of the following readings:

Pages 134–136 "Las once mil vírgenes" and "Guanina" by Cayetano Coll y Toste from
Selección de Leyendas Puertorriqueñas by Isabel Cuchí Coll (Barcelona: Ediciones
Rumbos, 1962).

Library of Congress Cataloging-in Publication Data
King, Larry D. (Larry Dawain), 1949–
    Gramática española: Análisis y práctica / Larry D. King,
    Margarita Suñer.
        p.   cm.
    Includes index.
    ISBN-13: 978-0-07-351313-3 (alk. paper)
    ISBN-10: 0-07-351313-X (alk. paper)
    1. Spanish language—Grammar.   I. Suñer, Margarita.   II. Title.
PC4112.K52 2008
468.2'4—dc21   2006046958
                                                         CIP

http://www.mhhe.com

Índice de materias

Prefacio

UNAS PALABRAS SOBRE GRAMÁTICA ESPAÑOLA

En nuestras clases, llevamos años aclarando distintos puntos de la gramática española desde una perspectiva lingüística y siempre nos enfrentamos con el mismo problema. ¿Qué materiales incluimos dentro del programa de la asignatura este año? ¿Quedarán estos materiales suficientemente integrados para que los estudiantes obtengan los conocimientos necesarios para considerar la estructura de la lengua como un sistema total? Aunque hayamos tenido éxito en nuestra empresa, la tarea de diseño e integración no ha sido fácil. Por lo tanto, hemos elaborado este manual con la esperanza de llenar ese vacío que existe entre los libros de texto para las clases de gramática española y lingüística hispánica.

El título mismo de esta obra indica que nos hemos limitado a los problemas que tradicionalmente se identifican como gramática: esas reglas escurridizas que explican la función de la oración y sus componentes. El manual ha sido diseñado con la esperanza de contribuir a cerrar la brecha que existe entre los conocimientos inconscientes que tiene un hispanohablante sobre su lengua y los conocimientos incompletos que poseen los aprendices de español como idioma extranjero. También ayudará al hispanohablante a entender y explicar lo que sabe intuitivamente. Cada capítulo está ideado partiendo de este conocimiento inconsciente que tienen los hispanohablantes.

No hemos incluido un capítulo sobre la fonología y fonética del español por considerar que hay suficientes textos que cubren esta materia adecuadamente. Por eso, al no tener como objetivo la presentación de todos los componentes que forman el sistema del español, se necesita complementar este manual con otros materiales cuando el objetivo es dar un panorama completo del idioma.

LO NUEVO EN LA TERCERA EDICIÓN

Como siempre, esta nueva edición de *Gramática española* se ha beneficiado de la perspicacia tanto de nuestros estudiantes como de muchos colegas que han desinteresadamente compartido observaciones sobre los diferentes aspectos del libro. La información recibida durante años nos ha demostrado que los estudiantes y los instructores tienen gran aprecio por nuestro enfoque gramatical que enfatiza los conceptos sobre los que el hispanohablante basa la elección de una forma dada en lugar de la propuesta tradicional que sugiere que el uso de una forma se basa en una lista de "reglas" aprendidas de memoria. Los comentarios también nos demuestran que, aunque originalmente diseñamos el texto para cursos avanzados sobre el análisis lingüístico de la gramática española, desde su primera edición en 1998 *Gramática española* se ha adoptado en cursos de gramática avanzada en un número siempre en aumento de universidades en los Estados Unidos. Las revisiones en esta tercera edición intentan responder a esta tendencia y procuran facilitar el éxito del curso en el currículo de español o en un nivel de gramática para tercer año o en un nivel más avanzado. Los instructores que han usado este libro con anterioridad descubrirán que aunque los Capítulos I y II han permanecido esencialmente igual, los Capítulos III–V y las secciones del VI sobre *ser* y *estar* y la *a* personal han cambiado radicalmente. Específicamente, las revisiones incluyen:

- Las explicaciones del pretérito-imperfecto y del indicativo-subjuntivo en el Capítulo III y de *ser* y *estar* en el VI tienen menos secciones, lo que permite concentrarnos en los usos que son comunes en todas las variedades del español. Y se deja para los ejercicios de *Análisis* aquellos usos que es mejor tratar en un contexto regional o de variación sociolingüística. Se revisaron los ejercicios de *Práctica* de estas secciones, suplementando los ejercicios mecánicos con otros en los que el estudiante debe crear un contexto de uso y por lo tanto practicar más expresivamente las formas en un contexto dado.

- En el Capítulo IV, las secciones sobre los determinantes definidos e indefinidos se modificaron extensivamente para incluir explicaciones expandidas pero al mismo tiempo más directas de los usos. Se han agregado muchos ejercicios nuevos para practicar exhaustivamente los matices más sutiles de los usos de estas formas.

- Se revisó el Capítulo V sobre los pronombres juntando algunas secciones y reorganizando otras. Los ejercicios también se rehicieron para incluir muchas *Prácticas* nuevas que practican más completa y eficientemente los usos del objeto indirecto y los múltiples usos del *se.*

- Se revisaron los ejercicios de la sección sobre la *a* personal en el Capítulo VI para proveer una práctica más directa de sus usos contextuales.

Además, se incrementó la facilidad de uso del texto al incluir definiciones concisas de los términos más importantes en el margen donde primero aparecen.

Ningún texto escrito por dos individuos conseguirá proveer la solución perfecta para los materiales de un curso dado como los que se dictan comúnmente en los programas de español a lo largo y lo ancho del país. Sin embargo, esperamos que esta tercera edición de *Gramática española* permitirá una mayor flexibilidad para su uso en los cursos de gramática avanzada como también en los de un nivel más alto. Al fin y al cabo, sin tener en cuenta el nivel de instrucción, todos estamos enseñando la misma "gramática" y anticipamos que esta nueva edición facilitará nuestro enfoque de su enseñanza de una manera más accessible a un mayor número de estudiantes que quieren "pensar como los hispanohablantes".

ORGANIZACIÓN

No pretendemos presentar un tratado completo de toda la estructura morfosintáctica española, ni dar respuestas a todas las preguntas que surgen durante el largo proceso del aprendizaje de esta lengua. Nos concentramos en aquellos asuntos que, en nuestra experiencia, les causan problemas a los no hispanohablantes (e inclusive a los hispanohablantes al momento de explicarlos). Por tanto, el libro está organizado para darles la oportunidad de descubrir distintas facetas de la problemática que se va introduciendo con ejercicios para resolver. Aunque este libro está diseñado temáticamente y va de lo general a lo específico, no tiene por qué utilizarse siguiendo el orden estricto de los capítulos, ni necesariamente el orden de los temas dentro de un capítulo determinado. Con este fin está elaborado en forma flexible para que puedan saltarse algunos de los temas que no quepan en un curso dado. Por ejemplo, la mayoría de los asuntos tratados en el Capítulo II se reintroducen en capítulos posteriores donde los mismos se profundizan. Asimismo a través de todo el libro se hace referencia a otras secciones donde aparece el mismo tema o uno relacionado. Esto permite que el manual pueda usarse tanto con estudiantes que tengan seis o más semestres de instrucción en la lengua, como con aquéllos que se están especializando en el idioma, o como libro de consulta para profesores de español.

Los ejercicios están diseñados para afianzar lo explicado, pero también para aprender haciéndolos. En general, son de dos tipos. Los más mecánicos le darán al aprendiz que todavía no ha alcanzado un conocimiento profundo del español los medios de aclarar sus dudas sobre la gramática española, y quizás a los futuros o actuales maestros, una fuente de prácticas para la clase. Se incorporan entre éstos muchos ejercicios que presentan una visión panorámica, pues tratan cuestiones no controversiales que dan lugar a menos material para ejercicios pedagógicos. A nuestro parecer, sin embargo, los ejercicios más importantes son los que no necesitan manipulación automática: los creativos que demandan análisis, introspección e incluso investigación. Los ejercicios están divididos en tres niveles.

- *Para empezar.* Son los ejercicios al principio de cada capítulo o tema que preparan al alumno para lo que sigue.
- *Práctica.* Son los ejercicios más básicos que practican la gramática. Son útiles para los alumnos a quienes todavía les falta un conocimiento profundo de la lengua española.
- *Análisis.* Son los ejercicios "para profundizar". Con ellos los alumnos pueden poner a prueba su comprensión de los conceptos gramaticales y lingüísticos presentados en el texto.

Naturalmente, los temas que más dificultades causan van acompañados por mayor número de ejercicios. Entre los *Ejercicios finales* que aparecen al final de capítulos, incluimos los que que encaran los distintos temas que no suelen tener una respuesta única (como la enseñanza del pronombre *le*[*s*] y los múltiples usos del *se*).

Cada capítulo va acompañado por una lista de referencias (*Lecturas adicionales*) con las obras a las que hemos recurrido con más frecuencia y que, a la vez, proporcionan lecturas adicionales. También queremos incluir aquí algunas de las gramáticas que siempre merecen consultarse y que deben ocupar un lugar privilegiado entre los libros de cualquier estudiante serio o maestro. Esto nos obvia la necesidad de mencionarlas repetidamente en todos los capítulos:

Alarcos Llorach (1994), Andrés Bello (1980), Samuel Gili Gaya (1969), Marathon Ramsey (1964), Real Academia Española (1983), Carlos Solé y Yolanda Solé (1977). Asimismo, ningún texto de gramática enfocado desde la lingüística puede dejar de lado la obra pionera de William E. Bull (1965) o la gramática descriptiva de Bosque y Demonte (1999).

Complementamos los seis capítulos con una bibliografía, un apéndice con las respuestas para la mayoría de los ejercicios (los marcados con ✺), un índice y un glosario de términos lingüísticos.

AGRADECIMIENTOS

Muchas son las personas que han contribuido directa o indirectamente en la elaboración de las distintas versiones de esta obra. En primer lugar queremos destacar los estudiantes en nuestros cursos que nos obligaron a perfeccionar las explicaciones y a incluir más ejercicios para las partes que mayor dificultad les causaban, y a Robert L. Davis que nos ofreció muchas sugerencias de carácter pedagógico. También merecen un agradecimiento especial Jorge Pérez-Silva por haber editado una versión temprana del manuscrito, Carmen Lizardi y Juan Pablo Mora por habernos prestado su colaboración, y Judith Némethy por su apoyo. Nos gustaría también agradecer por sus acertados comentarios a los siguientes evaluadores externos de la primera y segunda ediciones:

Domnita Dumitrescu (California State University, Los Angeles)
Hildebrando Villarreal (California State University, Los Angeles)
Patricia Bolaños (St. John's University/College of St. Benedict)
Mónica Casco (Queens College)
Javier Gutiérrez-Rexach (Ohio State University)

y los siguientes evaluadores de la tercera edición cuyos comentarios basados en el uso de *Gramática española* nos fueron sumamente valiosos en la preparación de la nueva edición:

Robert Bayliss (University of Kansas)
Richard K. Curry (Texas A & M University)

También deseamos reconocer el apoyo prestado a nuestro proyecto por Thalia Dorwick que ya se ha jubilado, y el continuo apoyo de Bill Glass. También debemos agradecer el trabajo excelente de los otros miembros del personal de McGraw-Hill que trabajaron en la primera, segunda y tercera edición (Nick Agnew, Mel Valentín, Violeta Díaz, Fionnuala McEvoy-Pecko y Jennifer Kirk), y especialmente a Letizia Rossi cuyo talento fue imprescindible para convertir nuestras a veces caóticas revisiones de esta edición en un manuscrito coherente para su producción.

Para concluir, nos gustaría que nuestros lectores recordaran mientras leen este tratado que un idioma y su gramática son como un gran rompecabezas. Hay que probar y probar hasta averiguar cómo encajan las distintas piezas. Por lo tanto, nos gustaría que consideraran el estudio del español como un juego donde hay que arriesgarse hasta aprender no sólo las reglas del juego, sino también las tácticas que llevan al triunfo final. En consecuencia, invitamos a nuestros lectores a jugar con el idioma y a aprender jugando guiados por los capítulos y ejercicios de este texto.

L.D.K., Chapel Hill, N.C.
M.S., Ithaca, N.Y.

Preface

ABOUT GRAMÁTICA ESPAÑOLA

For years in our classes we have taught the linguistic analysis of Spanish grammar and at the beginning of each term have been faced with the same problem. What materials will we use for the class this time? Will these materials fit together so that the students will be able to understand the language as a complete system? Although we may have had success in the past, the job of curriculum design has never been easy. It is for this reason that we have written this book with the hope of filling one of the gaps that exist among the list of textbooks currently available for the teaching of Spanish grammar and linguistics.

The title of this book reflects the fact that it is intentionally limited to the traditional problems of Spanish grammar, those slippery rules that are supposed to explain the sentence and the function of its various parts. The book has been designed with the hope of helping to close the gap that exists between the unconscious knowledge that Spanish speakers have of their language and the less complete knowledge possessed by students learning Spanish as a second language. The book should also help the native Spanish speaker understand and explain what he or she knows intuitively. Each chapter uses the idea of the intuitive knowledge of the native speaker as its point of departure and guiding principle.

We have not included a chapter on Spanish phonetics and phonology since there already exist several good textbooks on the subject. Therefore, since this book is not intended to cover all the components of the Spanish language, it will be necessary to complement this text with other materials if the objective of the particular course is to present the entire language system.

NEW TO THE THIRD EDITION

As always, this new edition of *Gramática española* has benefited from the insights of both our students and many colleagues who have graciously shared their observations on every aspect of the text. The feedback we have received over the years has shown us that students and teachers alike very much appreciate our approach to grammar that emphasizes concepts on which the speaker of Spanish bases the choice of form instead of the traditional approach that suggests that the use of form is based on a list of memorized "rules." Comments have also shown us that, although originally designed for an advanced course on the linguistic analysis of Spanish grammar, since its first publication in 1998 *Gramática española* has been adopted for use in advanced grammar courses at an increasing number of colleges and universities across the United States. The revisions for this third edition attempt to respond to this trend and facilitate its success in the Spanish curriculum at either the third-year grammar level or in a more advanced Spanish course. Instructors who have used this text before will find that although Chapters I and II have been virtually left untouched, Chapters III–V and the sections of Chapter VI on *ser* and *estar* and the personal *a* have been radically restructured. Specific revisions include:

- The grammar explanations for the preterite-imperfect and indicative-subjunctive in Chapter III and *ser* and *estar* in Chapter VI have fewer sections and concentrate on the uses that are common to all varieties of Spanish, while leaving for the *Análisis* exercises the uses that are better discussed within the context of regional or sociolinguistic variation. The *Práctica* exercises for these sections have been revised to supplement the mechanical exercises with ones in which the student must create a context for usage and thereby more meaningfully practice the usage of forms in context.

- In Chapter IV the sections on definite and indefinite determiners have been extensively revised in order to include an expanded but at the same time more straightforward explanation of uses. Many new exercises have been added to more thoroughly practice the nuances of the use of these forms.

- Chapter V on pronouns has been revised by collapsing some sections and reordering others. Exercises have also been redone to include many new *Práctica* exercises that more thoroughly and efficiently practice the uses of the indirect object and the multiple uses of *se.*

- The exercises of the section of the personal *a* in Chapter VI have been revised in order to provide more directed practice in the contextual uses of the form.

In addition, the user friendliness of the text has been enchanced by the inclusion for easy reference of concise definitions of major terms in the margin of the text where each first occurs.

No text written by two individuals will ever be the perfect solution to the materials for any one course that is widely taught in Spanish programs across the nation. However, we hope that this third edition of *Gramática española* will provide more flexibility for its use in grammar courses and allow instructors to adapt it successfully to the needs of advanced grammar students as well as those at a higher level. After all, regardless of level of instruction, we are all teaching the same "grammar" and hopefully this new edition will make our approach to teaching it more accessible to a larger number of students who want to "think like a native speaker."

ORGANIZATION

We do not pretend to have written a complete study of the entire morphosyntactic system of Spanish, nor to have provided answers to all the questions that present themselves during the long process of learning a language. We have concentrated on those topics that, in our experience, cause the most problems for non-Spanish speakers (and even for Spanish speakers when they have to explain them). The content and the organization of the book seek to provide the opportunity to discover pieces of the Spanish language puzzle and solve exercises to reenforce each discovery. Although the book is divided thematically and basically goes from the general to the specific, there is no reason to follow strictly the order of the chapters, or the order of topics within a chapter. Due to this flexibility, topics can also be eliminated if all the material does not fit within the time constraints of a particular course. For instance, the majority of topics covered in Chapter II are reintroduced in subsequent chapters where they are treated in more detail. Furthermore, throughout the book references are made to other sections that treat the same or related topics. This should allow the book to be used successfully with students who have studied Spanish for six or more semesters, with more advanced students, or as a reference book for Spanish language teachers.

The exercises of this text are designed to reenforce the grammar explanations, but also to serve as a means of learning more about the particular topic. In general, there are two types of exercises. The more mechanical ones will provide students with less experience the means to improve their knowledge of the basics of Spanish grammar, and perhaps serve as a source of exercises for current and future teachers. Many of these exercises are of a general nature and thus treat less controversial problems. However, in our judgment the more important exercises are those that go beyond mere manipulation; these are creative ones that demand analysis, thought, and even research. The exercises are divided into three levels.

- *Para empezar.* These are the exercises found at the beginning of each chapter, and sometimes at the outset of a section, and are intended to prepare the student for the reading and exercises to follow.

- *Práctica.* These are basic exercises to practice Spanish grammar that should be useful to students who need to shore up their knowledge of the basics of Spanish grammar.

- *Análisis.* These are the exercises intended to allow the student to search deeper into a particular problem and to test their comprehension of grammatical and linguistic concepts previously studied.

As to be expected, the topics that cause more problems for the student of Spanish are accompanied by more exercises. Among the *Ejercicios finales* at the end of each chapter are included exercises that deal with problems that seldom have a single solution (such as the teaching of *le*[*s*] or the many uses of *se*).

Each chapter is accompanied by a list of references (*Lecturas adicionales*) that include the works that we have consulted most frequently and that can serve as a source of further reading for the student. There are also traditional grammars that should always hold a privileged place among the reference works of any serious student or teacher. We list them here in order to make unnecessary their repeated mention in the individual chapters: Alarcos Llorach (1994), Andrés Bello (1980), Samuel Gili Gaya (1969), Marathon Ramsey (1964), Real Academia Española (1983), and Carlos Solé & Yolanda Solé (1977). Also, no text that looks at Spanish grammar from a linguistic point of view should fail to take into account the pioneer work of William E. Bull (1965), or the descriptive grammar of Bosque and Demonte (1999).

The six chapters of this text are complemented by a bibliography, the answers to the majority of the exercises (those marked with the symbol 🏶), a subject index, and a glossary of linguistic terminology.

ACKNOWLEDGEMENTS

Many individuals have contributed directly or indirectly to the writing and revision of this book. First of all, we must thank the numerous students in classes taught by both of us who have helped us to be able to improve explanations and exercises, and to Robert L. Davis who offered us numerous suggestions of a pedagogical nature. Sincere thanks also go to Jorge Pérez-Silva for having read and edited an early version of the manuscript, Carmen Lizardi and Juan Pablo Mora for their collaboration in reading the text, and Judith Némethy for her support. We appreciate the suggestions we have received from our many students who have helped us understand the use of the text from their point of view. We would also like to thank for their meaningful comments the following external reviewers of the first and second editions:

Domnita Dumitrescu (California State University, Los Angeles)
Hildebrando Villarreal (California State University, Los Angeles)
Patricia Bolaños (St. John's University/College of St. Benedict)
Mónica Casco (Queens College)
Javier Gutiérrez-Rexach (Ohio State University)

and the following reviewers for the third edition whose comments based on their own use of *Gramática española* were invaluable to us for the preparation of this edition:

Robert Bayliss (University of Kansas)
Richard K. Curry (Texas A & M University)

We also wish to acknowledge the original support given to our project by Thalia Dorwick, who has since retired, and the continuing support of Bill Glass. We must also thank the superb work of other members of the McGraw-Hill staff who worked on the first, second, and third editions (Nick Agnew, Mel Valentín, Violeta Díaz, Fionnuala McEvoy-Pecko and Jennifer Kirk), and especially Letizia Rossi whose talents were essential for converting our oftentimes chaotic revisions for this edition into a coherent manuscript for production.

To conclude, we would like to ask the reader of this text to remember that a language and its grammar are like a huge puzzle. One must experiment and experiment again until the secret to fitting the various pieces together is discovered. Therefore, we would like for you to envision the study of Spanish as a game in which you must take chances and be adventurous until you learn not only the rules of the game, but also the tactics that lead to winning the game. We invite the reader to play with the Spanish language and to learn its rules by playing, using the chapters and exercises of this text as a guide.

L.D.K., Chapel Hill, N.C.
M.S., Ithaca, N.Y.

CAPÍTULO I

El lenguaje humano y la gramática

EL DIARIO

Viernes, 14 de agosto

El español ocupa el tercer lugar después del inglés y del chino

El nuevo censo cifra el número de hispanohablantes en todo el mundo en más de 360 millones

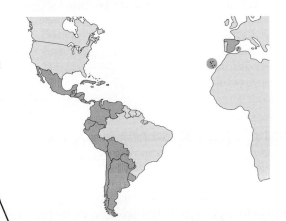

El nuevo censo cifra el número de hispanohablantes en todo el mundo en más de 360 millones. El nuevo censo cifra el número de hispanohablantes en todo el mundo en más de 360 millones. El nuevo censo cifra el número de hispanohablantes en todo el mundo en más de 360

1. INTRODUCCIÓN

En este libro presentamos un estudio de los principales temas de la gramática española. Nuestro objetivo es describir los conocimientos intuitivos que debe tener un hablante nativo. Pero antes de iniciar este camino es preciso preparar el terreno. ¿Qué es el lenguaje humano? ¿Qué tienen en común todos los idiomas? ¿Cuáles son los conocimientos que un hablante debe tener para considerarse un "hablante nativo" de un idioma? ¿Cómo ayuda la lingüística al aprendizaje y enseñanza de una lengua extranjera? En los siguientes apartados trataremos por turno cada uno de estos temas. Pero primero solucione el siguiente ejercicio como introducción a algunos aspectos del lenguaje que se presentarán en este capítulo.

Para empezar...

A. Determine si las siguientes oraciones son verdaderas o falsas. Busque en este capítulo la información necesaria para corregir las falsas.

1. El lenguaje es cualquier sistema de comunicación que usa sonidos para expresar ideas.
2. La unidad básica del lenguaje humano es la letra.
3. No todos los idiomas tienen una forma escrita.
4. En español hay una correspondencia total entre las letras de la ortografía y los sonidos que representan.
5. El lenguaje humano consiste solamente en lo que se escucha y se dice.
6. La competencia lingüística son los conocimientos inconscientes que un hablante tiene de su lengua.
7. Un ser humano nace con la capacidad de aprender un idioma concreto.
8. Todos los idiomas del mundo tienen varios aspectos en común.
9. La morfología es la parte de la gramática que estudia el sistema de sonidos.
10. La sintaxis estudia la estructura y formación de las oraciones.
11. Si varios idiomas usan la letra "v", en todos se pronuncia exactamente igual.
12. Todas las lenguas conocidas establecen concordancia entre los artículos y los sustantivos.
13. La semántica es la parte de la gramática que estudia los significados de las oraciones y sus partes.
14. La pragmática es el significado que se deriva del uso de una forma o una oración en un contexto concreto.

2. EL LENGUAJE HUMANO

el lenguaje
un sistema de comunicación en que un conjunto de signos con una estructura establecida transmite mensajes entre un emisor y un receptor

Todo *lenguaje* es un sistema de comunicación, un conjunto de signos con una estructura establecida. Esta estructura permite la transmisión de mensajes entre un *emisor* y un *receptor*. Esta definición engloba varios sistemas de comunicación, como el lenguaje de la informática, el lenguaje de algunos animales y, por supuesto, el lenguaje de los seres humanos. Cada sistema de comunicación tiene sus propias reglas y características. Pero nuestro objetivo es analizar el lenguaje humano. Empezaremos discutiendo cómo se diferencia este sistema de otros sistemas de comunicación.

Primero apuntemos una idea muy importante: aunque el lenguaje humano se manifiesta de forma escrita, la forma hablada ocupa un lugar primordial. La forma escrita es una simple manifestación física de la forma oral. Aunque todos los idiomas del mundo se manifiestan de forma hablada, sólo una minoría posee una forma escrita. Esta forma escrita a veces se convierte en una trampa. Por ejemplo, en las palabras españolas *carta* y *queso*, la ortografía permite que la letra *c* y la combinación de letras *qu* representen el mismo sonido de la lengua hablada (/k/). De igual forma, *b* y *v* en *beso* y *vaso* se refieren al mismo sonido (/b/). Por lo tanto, aunque el estudio de la escrita sea imprescindible para dominar un idioma, es la forma oral la meta del análisis lingüístico.

Es muy fácil centrarse solamente en los aspectos más concretos del lenguaje humano: hablamos, escuchamos, escribimos, leemos, en fin, transmitimos y recibimos cantidad de mensajes. Aunque el lenguaje humano existe en estas formas físicas, los humanos nacemos con una capacidad que ni las computadoras ni otros seres no humanos tienen: la capacidad de pensar y razonar, y la habilidad de adquirir el lenguaje humano de manera instintiva e inconsciente. Esta capacidad es tan propia del ser humano que nuestro lenguaje no es asequible a otros seres vivos. Existen otros sistemas de comunicación, por ejemplo, el de los pájaros, pero son sistemas muchísimo más sencillos y básicos. El lenguaje humano es distinto, porque se basa en lo inconsciente, los conocimientos no tangibles almacenados en el cerebro. A esto lo llamamos **la competencia**. La definimos como los conocimientos lingüísticos que los humanos poseemos debido a nuestra capacidad inherente para adquirir el lenguaje. La competencia se opone a los mensajes concretos que transmitimos e interpretamos.

Si bien el lenguaje humano es un concepto general, no todos los humanos compartimos exactamente el mismo sistema de comunicación. Cuando hablamos de competencia, nos referimos a los conocimientos que un hablante tiene de su *idioma* o *lengua* (si es monolingüe), o idiomas o lenguas (si es bilingüe o multilingüe). Aunque existen miles de idiomas, al nacer un ser humano adquiere y termina hablando el idioma (o idiomas) que lo rodea(n). Además un idioma es la forma de hablar de comunidades de hablantes, pero la adquisición de un idioma concreto es un proceso *individual;* cada hablante tiene su propia competencia. Pero para describir un idioma, para enseñarlo o aprenderlo, es necesario construir un modelo general, una caracterización del lenguaje del hablante *idealizado*.

Necesitamos comprender el carácter y la composición de la competencia para poder explicar los detalles de cualquier idioma. Esta tarea no es fácil. Ya señalamos que la competencia es inconsciente, "abstracta"; cualquier información sobre su contenido será hasta cierto punto especulativa. Pero como todos los idiomas comparten muchas características, se diferencian más en los detalles que en los principios generales. Por lo tanto, nuestra tarea se enfoca en dos puntos clave: elaborar una teoría sobre la naturaleza del lenguaje humano y explicar las características específicas de cada idioma. Pasamos a enumerar algunas de las características *universales* del lenguaje humano.

la competencia
los conocimientos
lingüísticos inconscientes
de los humanos

3. LOS UNIVERSALES LINGÜÍSTICOS

universal lingüístico
una característica que se
repite en todos los idiomas

Hay muchas características que se repiten en los distintos idiomas del mundo; presentamos unas pocas como representativas de los aspectos compartidos.

(i) Los signos

El lenguaje humano emplea *sonidos* para formar los signos. La única excepción es la llamada lengua de señas, usada por los hablantes que no tienen la capacidad de percibir sonidos. Aunque el número y el inventario de los sonidos varían de una lengua a otra, los idiomas utilizan el sonido como el elemento básico para la formación de sus signos. En todos los idiomas los sonidos se distribuyen entre *vocales* y *consonantes*. El español, por ejemplo, tiene cinco vocales (/a/, /e/, /i/, /o/, /u/) y diecisiete consonantes (/b/, /g/, etcétera). El portugués tiene doce vocales y diecinueve consonantes, y el inglés (por lo menos) diez vocales y veinticuatro consonantes. Los sonidos se combinan para formar *morfemas* (unidades mínimas de significado) y con éstos se forman palabras. En español, por ejemplo, la palabra *librero* se compone de los dos morfemas *libr-* y *-ero*, que constan de determinados sonidos en un determinado orden.

(ii) La negación

Todas las lenguas tienen la idea de negación. Consideremos algunos ejemplos de negación oracional en distintos idiomas para demostrar esta capacidad. En español, esta negación se expresa colocando *no* delante del verbo (EJEMPLO A) o delante del complejo verbal (EJEMPLO B), pero no se acepta la posibilidad en el EJEMPLO C.

EJEMPLO A: Mara *no* viene hoy.

EJEMPLO B: Mara *no* lo ha hecho todavía.

EJEMPLO C: *Mara lo ha *no* hecho todavía.

En cambio, el inglés coloca el *not* inmediatamente después del primer verbo auxiliar; es decir, usa el equivalente del EJEMPLO C, entre otras posibilidades, sin ningún problema.

EJEMPLO D: John   has   *not*   shaven   yet.
(John   ha   no   afeitado   todavía)
'John no se ha afeitado todavía.'

John   has   *not*   been   shaving   lately.
(John   ha   no   estado   afeitando   últimamente)
'John no se ha estado afeitando últimamente.'

El inglés también se diferencia del español en que no admite el *not* por sí solo delante del verbo principal (E); en cambio, necesita la presencia de una de las formas del verbo *do* (F).

EJEMPLO E: *John *not* shaved   today.
(John   no   afeitó   hoy)

EJEMPLO F: John   did   *not*   shave   today.
(John   'did'   no   afeitar   hoy)
'John no se afeitó hoy.'

John   does   *not*   shave   every   day.
(John   'does'   no   afeitar   todo   día)
'John no se afeita todos los días.'

El francés se diferencia del español y del inglés en que la negación consta de dos partes separadas: *ne* va delante del verbo, mientras que *pas* lo sigue.

Pierre *ne* comprend *pas* la question.

Pierre *n*'a *pas* compris la question.

'Pierre no comprendió / no ha comprendido la pregunta.'

Si consideramos otros idiomas más exóticos para el hispanohablante, como el quechua (la antigua lengua de los incas hablada hoy en día por alrededor de ocho millones de habitantes en la zona andina) o el japonés, vemos que también niegan oraciones sin problemas. El quechua pone la negación *mana* en primera posición e indica que ésta niega toda la oración al colocar la partícula *chu* al final de la cláusula.

Mana   (nuqa)   papata   qhatupi   rantini-*chu*

no   (yo)   papas   mercado   compro-neg.

'(Yo) no compro papas en el mercado.'

En cambio, el japonés coloca la negación al final de la oración, incorporándola al verbo antes del sufijo que señala el tiempo pasado en las oraciones siguientes.

Juanga   gohano   tabe-*naka*-tta

Juan   arroz   comer-neg.-pasado

'Juan no comió arroz.'

Juanga   Marao   nagura-*naka*-tta

Juan   Mara   golpear-neg.-pasado

'Juan no golpeó a Mara.'

Estos ejemplos demuestran que la capacidad de negar una oración es común en todas las lenguas, aunque cada una tiene sus reglas particulares.

(iii) La formulación de preguntas

Examinemos algunos ejemplos de preguntas parciales (véase el capítulo II, 5.2). Para formular este tipo de preguntas, el español pone el sintagma interrogativo (*cuántas casas, a quién, qué*) al frente de la oración e invierte el verbo o complejo verbal con el sujeto. El resultado es 'sintagma interrogativo - verbo - sujeto' (EJEMPLO A). La no inversión produce un error gramatical (B).

EJEMPLO A: ¿Cuántas casas ha estado administrando Rosa?
               ¿A quién invitó Carlos?
               ¿Qué compraste tú ayer?

EJEMPLO B: *¿Cuántas casas Rosa ha estado administrando?
               *¿A quién Carlos invitó?
               *¿Qué tú compraste ayer?

El inglés adopta esta misma fórmula con una diferencia: sólo el primer verbo auxiliar se invierte con el sujeto (EJEMPLO C); los equivalentes de verbos como *invitar* o *comprar* no pueden invertirse (EJEMPLO E). Para solucionar este problema se utiliza la forma correspondiente del verbo auxiliar *do* (D), igual que en las oraciones con negación. Comparen las traducciones al inglés de las oraciones en el EJEMPLO A.

EJEMPLO C: How many houses has Rosa been managing?

EJEMPLO D: Who(m) did Carlos invite?
How many houses has Rosa been managing?
What did you buy yesterday?

EJEMPLO E: *who(m) invited Carlos?
*what bought you yesterday?

El francés también pone el sintagma interrogativo en primer lugar, pero aunque la inversión de sujeto pronominal y verbo auxiliar es obligatoria en la lengua escrita (F), no lo es en el habla coloquial (G):

EJEMPLO F: Qui   a-t-il   invité?
a-quién   ha-t-él   invitado

Qui   Carlos   a-t-il   invité?
a-quién   Carlos   ha-t-él   invitado
'¿A quién invitó él / Carlos?'

EJEMPLO G: Qui il a invité?
a-quién él ha invitado?

Qui   Carlos   a   invité?
a-quién Carlos   ha   invitado?

También el quechua pone el sintagma interrogativo en primer lugar. Sin embargo, no invierte obligatoriamente el sujeto y el verbo:

¿Imata   (qan)   wasiykipi   mikhunki?
qué   (tú)   casa-tuya   comes
'¿Qué comes (tú) en tu casa?'

¿Maypi   (qan)   mut'ita   mikhunki?
dónde   (tú)   maíz-cocido   comes
'¿(En) dónde comes (tú) maíz cocido?'

En cambio, ni el japonés ni el chino colocan el sintagma interrogativo al frente de la oración. En japonés, el sintagma interrogativo ocupa la misma posición que ocuparía el correspondiente sintagma no interrogativo; además este idioma necesita la partícula interrogativa *no* luego del verbo.

Juanga   nanio   tabeta-*no*?
Juan   qué   comió-interr.
'¿Qué comió Juan?'

Juanwa   darega   sukina-*no*?
Juan   quién   quiere-interr.
'¿A quién quiere Juan?'

Podemos deducir que aunque todos los idiomas pueden formular preguntas parciales y todos parecen tener sintagmas interrogativos, su construcción depende de las peculiaridades de la gramática específica de cada lengua.

(iv) La expresión del tiempo

Todos los idiomas posibilitan la expresión de la temporalidad. Muchos tienen tiempos gramaticales: expresan el presente, el pasado y el futuro por medio de distintas formas verbales. Estas lenguas se distribuyen entre las que tienen un contraste básico entre el pasado y el no pasado (como las lenguas europeas incluido el español; véase el capítulo III), y otros idiomas que expresan una separación temporal entre el futuro y el no futuro (como el hua, una lengua de Nueva Guinea). Hay otros idiomas que no tienen tiempos gramaticales; en su lugar suelen utilizar formas léxicas (*hoy* y *ayer*) para identificar las referencias temporales (como el burmés).

(v) Los papeles temáticos

Los papeles temáticos (también llamados roles temáticos) son las relaciones semánticas (*origen, meta, causa,* entre otros) que desempeñan los participantes en un evento o estado. Ahora ilustramos el carácter universal de los papeles temáticos con unos ejemplos. Comparemos A y B.

EJEMPLO A: Juanita le recibió toda la mercadería al mensajero.

EJEMPLO B: Juanita le entregó toda la mercadería al mensajero.

En A, Juanita es la persona que recibe la mercadería (la *meta* de la mercadería) y el mensajero es donde se origina dicha mercadería (desempeña el papel temático de *origen*). Es posible visualizar el movimiento de la mercadería que pasa de las manos del mensajero a las manos de Juanita. En B ocurre lo contrario. La transferencia va de Juanita (el *origen*) al mensajero (la *meta*). El origen y la meta no tienen que ser siempre personas; en el EJEMPLO C origen y meta son puntos geográficos.

EJEMPLO C: El transbordador va de Algeciras a Tánger.

Analicemos brevemente el rol temático de *causa*. La causa, como su nombre indica, se refiere al argumento que ocasiona que suceda algo. En D es una persona, pero en E es un objeto y en F una fuerza natural.

EJEMPLO D: La niña desarmó su autito nuevo.

EJEMPLO E: La máquina desarmó el motor.

EJEMPLO F: Una tormenta destruyó el muelle.

Este papel semántico suele subdividirse en agente, cuando está representado por un ser humano, e *instrumento,* cuando está representado por un objeto o fuerza natural.

Todos los idiomas utilizan conceptos semánticos como los recién repasados. Lo único que varía es el vocabulario.

(vi) El proceso de adquisición

Las estructuras compartidas se adquieren aproximadamente en el mismo orden. Por ejemplo, la vocal *a* suele ser la primera vocal que se aprende a diferenciar en todos los idiomas que tienen esta vocal. En las lenguas que tienen el progresivo, se adquiere el uso del gerundio (*comiendo*) antes que su combinación con un verbo auxiliar para formar el progresivo (*estoy comiendo*), y las formas irregulares de los verbos tienden a aprenderse antes que las formas regulares.

En resumen, todos los idiomas comparten características entre sí. En el próximo apartado veremos que también comparten los varios componentes de la competencia.

4. LA COMPETENCIA LINGÜÍSTICA

¿En qué consiste la competencia de un hablante? La consideramos como una totalidad dividida en varias partes complementarias. Como todas las lenguas provienen de la misma capacidad humana para adquirir el lenguaje y comparten muchos aspectos, es normal que todas tengan los mismos componentes. Repasemos los componentes inherentes de los conocimientos de un idioma, utilizando el español como modelo.

4.1 LA FONOLOGÍA

la fonología
un componente de la
competencia lingüística;
abarca los sonidos,
acentuación, entonación y
aspectos suprasegmentales
del idioma

La fonología es la parte de la gramática que estudia el modo en que se pronuncian los sonidos. Todo idioma utiliza un conjunto de sonidos para crear morfemas; sin embargo, no todo sonido se pronuncia igual en todo contexto. Además del conjunto fijo de sonidos básicos que contrastan entre sí, el componente fonológico especifica la pronunciación de cada sonido en un contexto determinado. En los siguientes ejemplos representativos, utilizamos símbolos especiales para designar los sonidos para evitar la falta de precisión de la ortografía. El símbolo entre barras /x/ representa el sonido idealizado o *fonema* indiferente al contexto en que se encuentre, y los corchetes [x], su pronunciación en un contexto específico (*alófono*).

(i) /b/, /d/ y /g/ son sonidos básicos en español, como se comprueba fácilmente por su contraste en *haba, hada, haga;* al cambiar sólo un sonido, aparece un significado diferente. Pero al hablar, vemos que la pronunciación precisa de cada sonido no es igual en todos sus contextos. Pronuncie las siguientes palabras describiendo lo que diferencia cada pronunciación.

*d*iente   [d]
ha*d*a   [ð]

El sonido inicial de *diente* se produce con un cierre completo, mientras que el cierre de la misma consonante en posición intervocálica en *hada* no es total. Los fonemas /b/ y /g/ tienen la misma distribución.

*b*eso   [b]   *g*allo   [g]
ha*b*a   [β]   consi*g*o   [γ]

(ii) /n/ es otro sonido que crea significados de contraste (*sano vs. saco*); su pronunciación exacta varía de un contexto a otro. Pronuncie las siguientes palabras e identifique el punto de articulación que representa cada uno de los siguientes símbolos.

i*n*sistir   [n]
i*n*vierno   [m]
e*n*gaño   [ŋ]

La /n/ en posición final de sílaba adopta el punto de articulación de la consonante siguiente. En *insistir* es alveolar (la punta de la lengua se apoya en los alvéolos), en *invierno* es bilabial (los labios se tocan), mientras que en *engaño* es velar (parte de la lengua toca el paladar blando o velo).

En resumen, los conocimientos de la estructura fonológica ayudan al hablante a articular y reconocer correctamente los sonidos. La fonología también se encarga de otros fenómenos relacionados, como la estructura silábica, la acentuación, el ritmo y la entonación.

4.2 LA MORFOLOGÍA

la morfología
un componente de la
competencia lingüística;
explora la estructura
de palabras

La morfología estudia la estructura de las palabras. Podemos definir una palabra como la unión arbitraria de sonidos con un significado. Decimos 'arbitrario' porque *casa,* por ejemplo, es un mero símbolo ya que no hay ningún motivo para que la secuencia de sonidos de esta palabra signifique lo que significa (*una vivienda*) en lugar de significar cualquier otra cosa. La única excepción parcial a esta arbitrariedad la constituyen las palabras onomatopéyicas que intentan reflejar los sonidos que producen algunos objetos (por ejemplo, *guau-guau* para un perro, *paf* para una bofetada, *cataplún* para algo que se cae y *bum* para un disparo).

En cuanto a su estructura existen 'palabras simples' (aquéllas que constan de sólo un morfema como *casa, por, qué* y *feliz*) y 'palabras complejas' (las que están formadas por más de un morfema). Entre las palabras complejas encontramos varios subgrupos: a) las palabras 'flexionadas' con sufijos gramaticales como *camina**ban**, casa**s*** y *content**os*** donde una 'inflexión' (las terminaciones verbales — véase el capítulo III, 1— o la marca del plural) se une a otro morfema; b) las 'derivadas' con prefijos o sufijos léxicos como *cor**referente**, feliz**mente*** y *jamon**cito*** donde un afijo se añade al principio (= prefijo) o al final (= sufijo) de otro morfema, y c) las 'compuestas' de más de una palabra como *sacacorchos, paraguas* y *cortacésped* en las que se unen por lo menos dos palabras simples (véase el capítulo IV, 2 para más detalles).

Otra particularidad de las palabras complejas es que tienen una estructura jerárquica. Demostramos esto con un ejemplo como *estudiábamos* que se divide de la siguiente forma:

estudiá-ba-mos

Además de la raíz léxica [estudi-] y la vocal temática [-á-], tiene dos sufijos: uno que señala tiempo y aspecto (-*ba*-), y otro que indica persona y número (-*mos*). El primero está más cerca de la raíz verbal-vocal temática (*estudiá-*); el orden inverso de los sufijos produce un error gramatical:

*estudiá-mos-ba

Podemos representar la estructura jerárquica de esta secuencia con corchetes. Esto demuestra que primero se junta la raíz-vocal temática con el morfema de tiempo y aspecto, y que luego se junta este conjunto con el morfema de persona y número:

[[[estudiá] ba] mos]

¿En qué consiste la competencia del hablante con respecto a la morfología? En 'saber' cuáles son palabras posibles y palabras no posibles dentro del idioma. O sea, si a un hablante se le presenta una lista de palabras, va a poder reconocer intuitivamente las que pertenecen a su lengua materna aunque no las haya visto nunca. Así por ejemplo, sabe que las que aparecen en el EJEMPLO A son posibles, pero las del EJEMPLO B no lo son.

EJEMPLO A: vaporcito, trencito, cortésmente, cuidadosamente, bebible

EJEMPLO B: *vaporito, *trenito, *cortesamente, *cuidadosomente, *bebable

Esta habilidad inconsciente que poseemos los hablantes indica que tenemos un sistema internalizado de reglas que se ocupan de la formación de palabras, aun cuando seamos incapaces de expresar dichas reglas.

Por último, añadimos que hay dos clases de morfemas: los *léxicos* (que expresan situaciones y entidades en el mundo real) y los *gramaticales* (que expresan conceptos gramaticales que precisan el significado del enunciado dentro del discurso). En la oración *Mamá trabaja*, los morfemas léxicos *trabaj-* y *mamá* indican una acción en el mundo real y la persona que realiza la acción, pero es el morfema gramatical *-a* que nos indica el tiempo de la acción. En los capítulos siguientes descubriremos más sobre los detalles de estas dos clases de significado.

4.3 LA SINTAXIS

la sintaxis
un componente de la competencia lingüística; se ocupa de la formación y estructura de las oraciones

La sintaxis se ocupa de la formación y estructura de las oraciones, de cómo se unen unas palabras con otras para dar lugar a una oración bien formada. Aunque el tema de la oración se desarrolla en el capítulo II, veremos aquí algunas características básicas.

Los hablantes de un idioma sabemos que no podemos unir unas palabras con otras en cualquier orden. Por ejemplo, en español el artículo debe estar delante del sustantivo, por lo que las secuencias en el EJEMPLO A están bien formadas pero las de B son anómalas.

EJEMPLO A: las niñas, el concierto, los burros, la flor

EJEMPLO B: *niñas las, *concierto el, *burros los, *flor la

Esto demuestra que las palabras deben obedecer un cierto orden. Asimismo, sabemos que no es lo mismo decir C que D ya que las mismas palabras ordenadas diferentemente tienen distintos significados:

EJEMPLO C: El perro persiguió al gato.

EJEMPLO D: El gato persiguió al perro.

También reconocemos intuitivamente que las distintas partes de una oración están estructuradas jerárquicamente. El orden de las palabras no indica sólo una secuencia lineal. Prestemos atención al orden de los elementos dentro de los corchetes.

[La evaluación del pueblo de Colombia] fue bien recibida.

Es evidente que la frase *del pueblo* está más íntimamente relacionada con *evaluación* que *de Colombia* y que, a su vez, *de Colombia* modifica a *pueblo*. Representamos esta relación jerárquica con corchetes.

[la evaluación [del pueblo [de Colombia]]]…

Usemos otro caso para ilustrar la importancia de la jerarquía de los elementos oracionales. ¿Se refiere la secuencia en el EJEMPLO E a una o a dos personas?

EJEMPLO E: la abuela de Susana y Rosa

Esta frase es ambigua: puede referirse tanto a una persona (la abuela de Rosa y de Susana) como a dos (Rosa y la abuela de Susana). El español desentraña esta ambigüedad por medio de la concordancia verbal cuando E funciona como sujeto de la oración.

EJEMPLO F: La abuela de Susana y Rosa *fue* al mercado.

EJEMPLO G: La abuela de Susana y Rosa *fueron* al mercado.

Estas distintas posibilidades señalan que la secuencia en el EJEMPLO E se puede analizar tanto como en el H, donde el referente del sujeto sería una única persona, o como en I donde serían dos.

EJEMPLO H: [la abuela [de Susana y Rosa]]

EJEMPLO I: [[la abuela de Susana] y [Rosa]]

¿Pero qué ocurre cuando la secuencia en E no funciona como sujeto? ¿Cómo se aclara la ambigüedad? Pues en una oración como J donde E funciona como objeto directo, puede ser que el contexto de la situación solucione la ambigüedad o también puede ser que ésta no sea decisiva para entender el mensaje.

EJEMPLO J: Vimos a la abuela de Susana y Rosa esta tarde.

Si queremos evitar la posible ambigüedad, el hablante tiene la opción de repetir la *a* personal (EJEMPLO K), de hacer cambios de orden como en L, donde el objeto directo aparece prepuesto a la oración y es repetido por el pronombre objeto correspondiente (*la/las;* véase el capítulo V, 2.3), o de invertir el orden de los constituyentes coordinados (M).

EJEMPLO K: Vimos *a* la abuela de Susana y *a* Rosa esta tarde.

EJEMPLO L: A la abuela de Susana y Rosa, *la/las* vimos esta tarde.

EJEMPLO M: Vimos *a* Rosa y *a* la abuela de Susana.

Hasta aquí hemos estudiado la morfología y sintaxis como partes independientes de la gramática. Pero estas partes pueden relacionarse. Consideremos un caso específico. La forma de los pronombres átonos en español (e.g., *le(s)*, *la(s)*, *me* pero no *ellas, yo, nosotros*) se correlaciona con la función que desempeña el complemento del verbo. En consecuencia, en el EJEMPLO N *le* se relaciona con un objeto indirecto pero *la* en el O con un objeto directo.

EJEMPLO N: Le escribí. (e.g., a Juan)

EJEMPLO O: La escribí. (e.g., una carta)

Tradicionalmente se considera que los pronombres átonos pertenecen al componente morfológico. Pero la determinación de las funciones de objeto directo e indirecto sobrepasan los límites de este componente e involucran cuestiones sintácticas y semánticas.

Mediante la competencia sintáctica los hablantes deciden si una oración es posible o no en el idioma. Puede ser que nunca la hayan oído antes o que no sepan el significado de una o más de las palabras que la componen. Para ilustrar tomemos una oración un poco extrema:

El cataplán del osaco cacileó hasta quintalearse.

A pesar de que la mayoría de las palabras son extrañas, tenemos información suficiente para decidir que la estructura de esta oración es posible en español. Las reglas que actúan en la producción de oraciones generan la estructura de esta oración. También sabemos que *cataplán* y *osaco* son sustantivos y que *cacileó* y *quintalearse* son verbos. Podemos comprobar esta conclusión sustituyendo estas palabras por otras del vocabulario del español:

El disco del niño tocó hasta acabarse.

En cambio, no tenemos ninguna duda de que las dos oraciones a continuación no forman parte de la gramática del español.

*osaco del cacileó hasta el cataplán quintalearse

*tocó hasta niño el disco acabarse del

4.4 LA SEMÁNTICA

la semántica
una expresión de los
significados de la oración y
sus partes

La semántica es la parte de la gramática que estudia los significados de las oraciones y sus partes. Los conocimientos semánticos de un hablante son muy variados; repasemos a continuación algunos de los aspectos más importantes.

(i) El componente léxico

El "diccionario" del hablante, frecuentemente llamado *lexicón,* es parte básica de la semántica. Recordemos que los sonidos se combinan para formar las unidades mínimas de significado, los *morfemas.* Por ejemplo, en el español *cortés* se compone de seis sonidos (las dos vocales *o* y *e* y las cuatro consonantes *k, r, t* y *s*) con un orden determinado. Es un morfema: una unidad mínima de significado que no puede subdividirse en unidades significativas más pequeñas. Podemos unir otro morfema (*des-*) que también consta de sonidos en un orden determinado y crear una nueva palabra. Por lo tanto, el componente léxico incluye no sólo el conjunto de elementos léxicos, sino también los conocimientos que el hablante tiene sobre sus posibles combinaciones. Consideremos los siguientes ejemplos. [El asterisco (*) se usa para indicar una oración o estructura incorrecta o agramatical.]

cortés	descortés
alto	*desalto
formar	formación
estudiar	*estudiación

La competencia del hablante tiene que incluir tanto conocimientos sobre los morfemas como sobre las combinaciones correctas, para no producir las incorrectas. También debemos tener la capacidad de analizar correctamente una secuencia de sonidos como un posible morfema. El hablante sabe que *infiel* se compone de dos morfemas (*in-fiel*) y que el significado del primero es la negación del segundo. Sin embargo, en *instante* es imposible imaginar que el hablante considere *in-* un morfema independiente, porque este *in-* no señala la negación de *-stante.* Es decir, el hablante "sabe" que *instante* consta de un solo morfema.

Además del conjunto de elementos léxicos y sus reglas combinatorias, el componente léxico contiene información sobre su comportamiento sintáctico. Veamos algunos ejemplos.

EJEMPLO A: Montaron el nuevo monumento.

EJEMPLO B: *Salieron el nuevo monumento.

EJEMPLO C: Salieron del nuevo monumento.

El verbo *montar* es transitivo y por eso acepta un sintagma nominal como objeto directo (EJEMPLO A). En cambio, *salir* es intransitivo por lo que un sustantivo con función distinta a la de sujeto necesita una preposición (C), de ahí la agramaticalidad del B. Estos conocimientos del hablante aparecen en el componente léxico.

Además de las características sintácticas, este componente es el almacén de las idiosincrasias léxicas: los dichos, los proverbios y otras frases hechas. Esto explica por qué la competencia permite al hablante interpretar la expresión *darle la vuelta a la tortilla* (= *volverle las tornas*) sin pensar en comida.

(ii) El significado gramatical de las oraciones

Es la interpretación que recibe una oración independientemente del contexto en que se la enuncia. Además de las relaciones que existen entre los varios argumentos de la oración (recuerde los papeles temáticos discutidos entre las características universales), esta manifestación de la semántica incluye información sobre los operadores lógicos: las funciones interdependientes de las distintas partes de la oración, como la negación (EJEMPLO A), la cuantificación (B) y la interrogación (C).

EJEMPLO A: No conseguimos entradas.

EJEMPLO B: Vinieron algunos de los que invitamos.

EJEMPLO C: ¿A cuánto están las peras?

Además, aunque *cuánto* como palabra interrogativa aparece en las siguientes oraciones, ¿tienen D y E el mismo significado?

EJEMPLO D: Rosa preguntó cuánto costó la casa.

EJEMPLO E: Rosa sabe cuánto costó la casa.

No, porque semánticamente *cuánto costó la casa* en el EJEMPLO D es una verdadera pregunta. Rosa ignora cuánto costó y por eso hizo la pregunta. Por el contrario, *cuánto costó la casa* en E no es una pregunta verdadera porque Rosa sí sabe el precio de la casa, precisamente lo que afirma la oración. También hay diferencia semántica entre los siguientes ejemplos: F expresa una aserción pero G un mandato.

EJEMPLO F: Felipa dice que sus nietos llegan a las tres.

EJEMPLO G: Felipa dice que sus nietos lleguen a las tres.

(iii) La pragmática

la pragmática
un significado o valor comunicativo derivado del uso de una forma u oración en un contexto determinado

Se refiere al significado que se deriva del uso de una forma o una oración en un contexto determinado, el valor comunicativo que tiene para el hablante y el oyente. ¿Cuáles son las posibles interpretaciones del progresivo en el ejemplo siguiente?

Pepe *está comiendo* comida muy sana.

Es posible que Pepe esté comiendo en este momento, pero otra interpretación pragmática es la expresión de un cambio (antes no comía comida sana, pero ahora sí). La variación de interpretación no se limita a una forma, sino que una oración también puede tener más de un significado pragmático. Por ejemplo, es fácil entender la oración *No tengo dinero* según los significados de sus partes, pero el lenguaje le permite al hablante insinuar más información que la que se desprende de los significados léxicos de las palabras. Por ejemplo considere el minidiálogo a continuación:

> —¿Quieres ir al cine?
> —No tengo dinero.

El segundo interlocutor le informa al primero que no tiene dinero, pero puede haber otras interpretaciones de ese mensaje (*No puedo ir*, *Tengo otros planes*, *No tengo interés en ir* o *¿Me quieres invitar?*).

En resumen, la competencia lingüística del hablante contiene varios tipos de conocimientos sobre su idioma: el componente fonológico se encarga del sistema de sonidos, el morfológico de la estructura de palabras, el sintáctico de la estructura de las oraciones, y el semántico del significado. Aunque hemos presentado estas partes como subpartes de la competencia, hay que señalar que esta separación se ha realizado para facilitar la explicación. En realidad, el lenguaje humano es un sistema estructurado, integrado, donde una parte interacciona con las demás y viceversa con el propósito de facilitar la comunicación.

Análisis

A. Defina los siguientes términos en forma concisa. No olvide el valor técnico de cada uno.

1. lenguaje
2. emisor
3. receptor
4. lengua
5. idioma
6. ortografía
7. competencia
8. universal
9. papel temático
10. fonología
11. morfología
12. sintaxis
13. semántica
14. lexicón
15. morfema léxico
16. morfema gramatical

B. Pronuncie las siguientes palabras e identifique el sonido o los sonidos que representan las letras o combinaciones de letras en cursiva.

1. *v*ino, *b*ueno
2. e*x*amen, e*x*citar, Mé*x*ico
3. *c*acto, *c*uatro, tabi*qu*e
4. *g*rande, *gu*iso
5. sa*l*í, pan *y* *v*ino
6. *s*alsa, ha*c*er, a*z*ahar
7. a*y*er, a*ll*í
8. *cu*ando, *cu*yo

C. Marque con (*) las formas no correctas y especifique los morfemas que componen las formas correctas. Consulte un diccionario si se le hace necesario.

1. desmentir
2. desabrir
3. desastre
4. imbanal
5. imposible
6. imbécil
7. subasta
8. subterráneo
9. subtecho
10. sabroso
11. oso
12. rojoso
13. acero
14. carpintero
15. enseñero
16. bravidad
17. entidad
18. edad

D. A lo largo de los próximos capítulos se discutirán muchos temas de la sintaxis española. Utilice sus conocimientos de la gramática para descubrir y describir las diferencias entre las oraciones de los grupos siguientes.

1. (a) Julia ama a Pedro.
   (b) Julia es amada por Pedro.
2. (a) Buscaba un jardinero competente.
   (b) Buscaba a un jardinero competente.
3. (a) Compré el cuadro para la sala.
   (b) El cuadro lo compré para la sala.
4. (a) No viven de la nada.
   (b) Uno no vive de la nada.
5. (a) Pepito confesó sus penas.
   (b) Confesó sus penas Pepito.
6. (a) Preguntó qué hora era.
   (b) Dijo qué hora era.
   (c) Preguntó la hora.
7. (a) Don Fulgencio y el gerente del banco es el padre de mis niñas.
   (b) Don Fulgencio y el gerente del banco son los padres de mis niñas.
8. (a) Su esposo prefiere el coche blanco.
   (b) Su esposo prefiere el blanco.
9. (a) Éstos son mis zapatos.
   (b) Éstos son los zapatos míos.
10. (a) Parece que mi madre está muy enfadada.
    (b) Mi madre parece que está muy enfadada.

E. Piense en distintas formas para expresar:

1. que tiene frío.
2. que está cansado.
3. que no se siente bien.
4. que la comida que le sirvieron no le gusta.

F. Una habilidad del hablante es la de reconocer intuitivamente otras relaciones semánticas que existen entre oraciones, o entre determinadas partes de una oración: sinonimia, ambigüedad, implicación, presuposición, relaciones anafóricas, contradicción, anomalía y adecuación. Busque en un diccionario la definición de cada término; luego identifique el ejemplo que mejor refleje cada concepto.

1. Sacramento es la capital de un estado estadounidense.
   Sacramento está en el estado de California.
   Sacramento es la capital del estado de California.
2. No he visto a *Elena*, pero *ella* me va a llamar esta noche.
3. Miguel saludó a un chico con un dedo roto.
4. —¿Me pudiera abrir la ventana?
   —Desde luego. Te la cerraré en seguida.
5. Mi tía se casó con don Jerónimo, pero no contrajo matrimonio con él.
6. Compré un coche de cinco puertas.
   Existen coches de cinco puertas.
7. Necesito *algo con que protegerme de la lluvia*.
   Necesito *un paraguas*.
8. Metió su orgullo en el bolsillo.

Azevedo (2002), Whitley (2002) y Hualde & Escobar (2001) son buenas introducciones al análisis lingüístico del español, mientras que O'Grady, Dobrovolsky & Aronoff (1997) se concentra en los detalles de la teoría lingüística general e inglesa. Algunos estudios que tratan un componente específico del español son Barrutia & Schwegler (1993), Teschner (1995) y Hammond (2001) para la fonética y la fonología, Varela Ortega (1992) para la morfología, y Demonte (1990) y Hernanz & Brucart (1987) para la sintaxis. En el primer capítulo de Chierchia & McConnell-Ginet (2000) se presentan de una forma clara los conceptos básicos de la semántica formal. Se describen los distintos sistemas de los tiempos verbales utilizados por las lenguas naturales en Comrie (1985).

A través de los años, la investigación sobre la lengua española también ha incluído estudios de lingüística aplicada. La obra clásica de la aplicación del análisis lingüístico a la enseñanza del español es Bull (1965). Investigaciones más recientes dedicadas a la adquisición del español se encuentran en las colecciones de artículos editadas por VanPatten, Dvorak & Lee (1987), Glass & Pérez-Leroux (1997) y Pérez-Leroux & Glass (1997), y en el libro de Koike & Klee (2002). También es interesante el estudio de Strozer (1994).

CAPÍTULO II

La oración

Lunes, 21 de septiembre

La cuarta jornada de la Liga Nacional de Fútbol

Tres derrotas consecutivas ha sufrido el F.C. Carabanchel y todavía no ha metido gol en casa en lo que va de temporada

1. INTRODUCCIÓN

Con cada nuevo capítulo nos preguntaremos: ¿Qué tipos de conocimientos (en gran parte inconscientes) tiene un nativo sobre el tema a tratar? Aquí examinaremos la estructura de las oraciones.

Un idioma es un sistema de comunicación estructurado; esto significa que las palabras no se combinan arbitrariamente. Los hablantes del idioma han internalizado un sistema de reglas que usan inconscientemente cada vez que dicen o escuchan algo. Los hispanohablantes sabemos que las secuencias en el EJEMPLO A son posibles oraciones del español, mientras que las del B no lo son. Las primeras son gramaticales, pero las segundas son agramaticales (lo que indicamos con *).

EJEMPLO A: Le gusta tanto el chocolate que come medio kilo por día.
Chela tenía un horrible dolor de cabeza.

EJEMPLO B: *chocolate gusta le día que tanto el por medio come kilo
*Chela un cabeza de dolor tenía horrible

Las palabras usadas son las mismas en A y B, y por la agramaticalidad del B deducimos que las palabras se unen en frases con una cierta estructura. A su vez estas frases se juntan con otras, con cierta jerarquía, hasta formar una oración gramatical. Presentaremos las categorías léxicas de las oraciones (sustantivos, verbos, preposiciones, etcétera) y las categorías sintácticas (sintagmas nominales, preposicionales, etcétera). De este modo llegaremos a otros detalles relacionados con las oraciones. Las clasificamos según su estructura y su valor comunicativo.

2. COMPONENTES
DE LA ORACIÓN

Antes de examinar la estructura de la oración en español, compruebe sus conocimientos y solucione los siguientes ejercicios.

Para empezar...

A. Tradicionalmente las palabras se dividen en *categorías léxicas:* sustantivos, pronombres, verbos, adjetivos, adverbios, artículos, preposiciones y conjunciones. ¿Cuál es la categoría léxica de las siguientes palabras?

1.	llueve	**9.**	ni
2.	estupendo	**10.**	despacio
3.	artísticamente	**11.**	lindo
4.	y	**12.**	porque
5.	ella	**13.**	somos
6.	de	**14.**	sólo
7.	rencor	**15.**	hasta
8.	el		

B. Una categoría léxica puede servir como el núcleo de una *categoría sintáctica*. Por ejemplo, el verbo *vive* es el núcleo del sintagma verbal *vive en Los Ángeles*. Identifique los siguientes sintagmas y el núcleo de cada uno.

1. poco interesante
2. las últimas declaraciones
3. muy lentamente
4. saludó a sus admiradores
5. por las calles estrechas
6. nieva

2.1 CATEGORÍAS LÉXICAS

Con esto nos referimos a las palabras de un idioma, en este caso el español. Hay distintas maneras de clasificar estas categorías. Adoptamos una basada en los conceptos de clases abiertas y clases cerradas de palabras.

Las clases abiertas permiten la creación de nuevos miembros o palabras: los sustantivos (*pared, máquina*), los verbos (*amar, concertar*), los adjetivos (*lindo, roja*) y los adverbios (*inmediatamente, hoy*).

En cambio, los miembros de las clases cerradas son fijos. Es prácticamente imposible añadir una palabra nueva a cualquiera de estas categorías. ¿Qué categorías serán? Las preposiciones (*en, por*), conjunciones (*aunque, que*), determinantes (*las, otro*), pronombres (*tú, mí*) y verbos auxiliares (*estar, haber*). Se pueden hacer tres observaciones sobre este segundo grupo:

1. El número de miembros de estas subcategorías es limitado y su enumeración es fácil.

2. Sus miembros son elementos que determinan o conectan los miembros de las clases abiertas.

3. Los hablantes conocen y emplean todos los miembros de estas subcategorías sin problemas debido tanto a su número limitado como a su valor relacionante.

Contrariamente a lo que ocurre con las clases cerradas, es imposible conocer y usar todas las palabras que pertenecen a las clases abiertas, debido a su elevado número. Esto implicaría aprenderse todo el diccionario.

> **la categoría léxica**
> una de las clases en que se agrupan las palabras (sustantivo, adjetivo, verbo, preposición, etcétera)

Análisis

A. Use sus conocimientos para definir las categorías léxicas que aparecen a continuación. Dé seis ejemplos en español para cada una de estas categorías.

sustantivo	preposición
verbo	conjunción
adjetivo	determinante
adverbio	pronombre
	verbo auxiliar

B. 1. Invente dos nuevos sustantivos y dos verbos, y defínalos.

MODELO: *tafán* (sustantivo masc.): camisa con capucha que se lleva para protegerse de las moscas y otros insectos voladores

2. Y ahora intente inventar una preposición y dar su definición.
3. ¿Tienen (1) y (2) el mismo grado de dificultad? ¿Por qué?
4. ¿Por qué decimos que los hablantes reconocen y usan todos los miembros de las clases cerradas, pero que esto no pasa con los que pertenecen a las clases abiertas?

2.2 CATEGORÍAS SINTÁCTICAS

la categoría sintáctica
una clase de sintagma o frase (nominal, adjetival, etcétera)

Las categorías léxicas se combinan entre sí para formar diferentes *categorías sintácticas* o *sintagmas* (un sintagma es un grupo de palabras que forman una unidad sintáctica o constituyente). Veamos algunas de las más importantes, sin perder de vista lo que todos los sintagmas tienen en común: la presencia de un núcleo. El núcleo especifica la categoría del sintagma (por ejemplo, si el verbo es el núcleo, tendremos un sintagma verbal).

(i) Sintagma nominal ([SN])

Los sustantivos (EJEMPLO A) y los pronombres (B y C) son el núcleo de este tipo de sintagma.

EJEMPLO A: ¿compraste [$_{SN}$ vino] ?

EJEMPLO B: [$_{SN}$ ellos] llegaron

EJEMPLO C: esto es para [$_{SN}$ ti]

Aunque los pronombres suelen aparecer sin modificación, los sustantivos se juntan con los determinantes y los adjetivos para formar frases nominales (EJEMPLOS D y E).

EJEMPLO D: [$_{SN}$ las computadoras]

EJEMPLO E: [$_{SN}$ las varias computadoras rápidas]

En el D el determinante *las* especifica el sustantivo plural y femenino *computadoras* como un subgrupo definido o un concepto genérico. En el E, además del determinante, el adjetivo *rápidas* modifica al sustantivo calificándolo y el adjetivo *varias* lo cuantifica (véase el capítulo IV, 5.5 para los valores de un sustantivo sin modificación). En español los determinantes y los adjetivos concuerdan en género y número con el sustantivo al que acompañan.

(ii) Sintagma adjetival ([SAdj])

Los adjetivos pueden ser el núcleo de su propio sintagma por sí solos (EJEMPLO A) o acompañados por un adverbio (B, C y D).

EJEMPLO A: Estos payasos son [$_{SAdj}$ divertidos]

EJEMPLO B: Estos payasos son [$_{SAdj}$ muy divertidos]

EJEMPLO C: Estos payasos son [$_{SAdj}$ poco divertidos]

EJEMPLO D: Estos payasos son [$_{SAdj}$ realmente divertidos]

(iii) Sintagma adverbial ([SAdv])

Los adverbios también pueden ser núcleo de su sintagma solos (A), o con un modificador (B). Sirven para modificar verbos (A), adjetivos (ii, B), otros adverbios (iii, B) y sintagmas preposicionales (C).

EJEMPLO A: Este chico corre [$_{SAdv}$ rápidamente]

EJEMPLO B: Este chico corre [$_{SAdv}$ muy rápidamente]

EJEMPLO C: Los pájaros volaron [$_{SAdv}$ muy [$_{SP}$ por encima de tu cabeza]]

(iv) Sintagma preposicional ([SP])

Las preposiciones son núcleo de su sintagma y toman como complemento un sintagma nominal (A) o uno oracional (B).

EJEMPLO A: Lo hizo [$_{SP}$ por [$_{SN}$ su padre]]
            Contestó [$_{SP}$ con [$_{SN}$ gran ironía]]

EJEMPLO B: Le salió [$_{SP}$ con [$_{SO}$ que lo pasaría a buscar en cinco minutos]]
            Pensaba [$_{SP}$ en [$_{SO}$ que tenían sólo tres días más]]

Las preposiciones son elementos relacionantes que indican motivo (*por*), manera o compañía (*con*), tiempo (*antes, después*), dirección (*para, desde, de*), entre otras posibilidades.

(v) Sintagma verbal ([SV])

Su núcleo es el verbo y tiene muchas posibilidades combinatorias. El verbo puede aparecer solo (EJEMPLO A), pero también acompañado por sintagmas nominales (SSNN) (B), preposicionales (SSPP) (C) o combinaciones de estos sintagmas (D). Como vimos en (iii, A), también puede aparecer con adverbios (E).

EJEMPLO A: [$_{SV}$ caminaba]

EJEMPLO B: [$_{SV}$ compró [$_{SN}$ un coche]]

EJEMPLO C: [$_{SV}$ pensaba [$_{SP}$ en su futuro]]

EJEMPLO D: [$_{SV}$ compró [$_{SN}$ un coche] [$_{SP}$ para su padre]]
            [$_{SV}$ pensaba [$_{SP}$ en su futuro] [$_{SP}$ con gran congoja]]

EJEMPLO E: [$_{SV}$ habla [$_{SAdv}$ demasiado]]

Estos subtipos de sintagmas tienen en común, en primer lugar, la propiedad ya mencionada de tener un núcleo. En segundo lugar, los sintagmas son constituyentes o unidades sintácticas, lo que implica que se mueven como una unidad. Esta segunda característica explica la agramaticalidad de las oraciones en el EJEMPLO B en la introducción del capítulo donde se han enlazado *palabras* y no *constituyentes*. Los siguientes ejemplos demuestran esta propiedad. La primera oración en cada grupo ejemplifica el orden más típico de los constituyentes. También debe respetarse el orden dentro de cada constituyente:

SN: El delincuente confesó su fechoría.

      Confesó su fechoría el delincuente (y no otra persona).

      *el confesó delincuente su fechoría

SP: Nos encontraremos con ellos en el Congreso a las ocho.

      A las ocho nos encontraremos con ellos en el Congreso (y no en el Obelisco).

En el Congreso a las ocho nos encontraremos con ellos (y no con Uds.).

*en el nos Congreso ellos con a las ocho encontraremos

SAdj: La fotografía es muy bella en esa película.

*la en fotografía esa película muy es bella

SAdv: El viejito caminaba muy lentamente por el parque.

*lentamente el viejito caminaba muy por el parque

SV: Los libros se vendieron a buen precio.

Se vendieron a buen precio los libros (y no los zapatos).

*se a vendieron precio los libros buen

Práctica

En el habla algunos adverbios que terminan en -*mente* son sustituidos por la forma adjetival terminada en -*o* (*Este chico corre rápidamente* > *Este chico corre rápido*). En las siguientes oraciones use la forma adverbial alternativa.

1. Habla tan ligeramente que no entiendo nada.
2. El viejito camina lentamente.
3. La niña habla claramente.
4. Mírame fijamente a los ojos y dime la verdad.
5. Aquí se trabaja duramente.
6. Nos equivocamos fieramente.

Recuerde también que cuando se coordinan dos adverbios terminados en *mente,* se suele abreviar el primero (*Habla quedamente y lentamente* → *Habla queda y lentamente*).

Análisis

A. En las siguientes oraciones, identifique y analice el tipo del sintagma subrayado.

MODELO: La novia de Julio lo dejó plantado.

—sintagma nominal formado por un determinante definido y un sustantivo, modificado a su vez por un sintagma preposicional, constituido por una preposición y un sintagma nominal

1. Todo se enlaza perfectamente si uno pone cuidado.
2. Si me sentara en esa silla, estaría con los pies en el aire.
3. Parecían extremadamente contentos con el resultado.
4. Las ventanas son los ojos al mundo.
5. Las muchachas escuchaban una música lejana y nostálgica.
6. En el fondo del vaso había una mosca.
7. El señor de cabellos blancos roncaba en un banco de la plaza.
8. Había estado muy somnolienta.

B. Los sintagmas preposicionales pueden tener una función adverbial, como en los siguientes ejemplos.

1. Lo hizo [con gran facilidad].
2. Lo resolvimos [sin problemas].
3. Tráemelo [en dos minutos].
4. La construyeron [en la orilla del río].
5. Ponte [delante nuestro].
6. Hazlo [con más cuidado].
7. Viene [sobre las tres].
8. No actúes [de una manera tan estúpida].

Sustituya estos sintagmas preposicionales por sintagmas adverbiales. Como no es imprescindible conservar el mismo significado, cada ejemplo admite más de una posibilidad.

3. DEFINICIÓN Y ESTRUCTURA DE LA ORACIÓN

En este apartado estudiaremos la definición de la oración y sus características más importantes. Pero antes de seguir leyendo compruebe cuánto sabe.

Para empezar...

A. ¿Por qué serán agramaticales los siguientes ejemplos como representantes de oración? Luego intente definir qué es una "oración".

1. *En el cajón derecho.
2. *José dobló.
3. *La máquina dobló la esquina.
4. *la en fotografía esa película muy es bella

B. Para analizar oraciones identificamos las funciones gramaticales de los sintagmas nominales: si funcionan como sujeto, objeto directo, objeto indirecto u objeto preposicional. Use sus conocimientos para identificar la función gramatical de las frases subrayadas.

1. <u>Juan</u> nunca se arrepiente de sus acciones.
2. Escuché <u>ese disco</u> varias veces.
3. <u>Esa muchacha</u> escala <u>montañas</u> en su tiempo libre.
4. <u>A José</u> le queda <u>una hoja</u> para pasar a máquina.
5. <u>Mariela</u> se casó con <u>su amigo</u> de la infancia.
6. <u>Los estudiantes</u> les escribieron cartas <u>a los legisladores</u>.

la oración
un sintagma formado por un
sintagma nominal expreso o
tácito y uno verbal que
respeta las exigencias
sintácticas y semánticas
del verbo

3.1 INTRODUCCIÓN

Existen varias maneras de definir **la oración.** Desde el punto de vista lógico, la oración es *la expresión verbal de un juicio que relaciona el sujeto con el predicado.* El sujeto es la persona o cosa de la que se dice algo. El predicado contiene lo que se dice del sujeto.

Marianito rezaba.

Yo equivoqué el camino.

Le tradujimos la poesía a Carmela en el acto.

En estas oraciones *Marianito, yo* y un *nosotros* callado (en la tercera oración) son los sujetos, y los predicados todo lo demás. La posibilidad de tener sujetos tácitos (callados o sobreentendidos) es una característica del español que lo distingue de idiomas como el inglés o el francés (véase el capítulo V, 3.1).

También se puede definir la oración desde una perspectiva semántica como *la expresión de un pensamiento completo.* Pero como la determinación de lo que constituye un pensamiento completo puede dar lugar a distintas opiniones, rechazamos esta definición puramente semántica. La definición que se adopta en este libro es la estrictamente gramatical donde se toma en cuenta la estructura de la oración; contiene elementos de la definición lógica y de la semántica. Desde el punto de vista gramatical, la oración es *un sintagma que consiste al menos en un sintagma nominal (que puede ser tácito) y uno verbal que respeta las exigencias sintácticas y semánticas del verbo.* Eso define al verbo como el núcleo de la oración. El verbo puede aparecer por sí solo para formar una oración, lo que no ocurre con otros constituyentes.

EJEMPLO A: Tronaba.
Estudiemos.
Murió.

Aunque en el discurso se encuentran frases aisladas (EJEMPLO B), en comparación con las dadas en el EJEMPLO A, no son oraciones porque carecen de núcleo (= verbo).

EJEMPLO B: En el cajón derecho.
En seguida.
Más tarde.

El verbo determina los elementos esenciales de la oración, y dicta el subtipo de sintagma nominal que funciona como sujeto y la estructura del sintagma verbal que funciona como predicado. Por ejemplo, si se usa el verbo *doblar*, el sujeto debe ser algo o alguien capaz de realizar esta acción, y el objeto directo debe ser algo que pueda doblarse. Por lo tanto, las oraciones en el EJEMPLO C están bien formadas, pero las de D no lo están.

EJEMPLO C: José dobló el pañuelo / la parte superior de la hoja.
La máquina doblaba los periódicos antes de atarlos.
La niña dobló la esquina a toda carrera.

EJEMPLO D: *José dobló
#la máquina doblaba las piedras
#el árbol dobló la esquina

Las razones de la malformación de los ejemplos en el D no son homogéneas. Use sus conocimientos de su propio idioma para encontrar la causa de su rechazo antes de continuar leyendo. La primera oración falla porque el verbo transitivo *doblar* aparece sin un objeto directo (fallo de la exigencia sintáctica) (El asterisco indica agramaticalidad.) Las otras dos sí respetan esta condición: las dos tienen un sujeto y un objeto directo, pero *no cumplen con la selección semántica del verbo:* las piedras no pueden doblarse, y los árboles no pueden doblar esquinas. El signo # significa que la oración viola las condiciones semánticas (se está usando incorrectamente el significado del verbo).

Análisis

Las siguientes oraciones están mal formadas. Identifique el problema y elija la razón de entre las siguientes.

    a. no obedece la unidad del constituyente (incluido el orden)

    b. viola la selección sintáctica del verbo

    c. viola la selección semántica del verbo

1. Cortó el agua con un cuchillo.
2. Mara confundió.
3. Trabajaba lentamente muy en su obra de arte.
4. Despedazó el aire.
5. Descubrimos en el garaje.
6. Dos ardían velas sobre la mesa.
7. Los árboles cantan por la noche.
8. Joselito confesó su examen.
9. Hace tremendo un frío.
10. Sabemos.

3.2 *NÚMERO DE ARGUMENTOS Y TIPOS DE VERBOS*

Para entender mejor la estructura de la oración, analizaremos brevemente los tipos de verbos más comunes.

Los verbos determinan el tipo y el número de los constituyentes que deben aparecer con ellos. También se puede entender el verbo como el elemento que regula las leyes de un juego: decide el número de participantes y cómo deben ir vestidos. Estos participantes son *los argumentos* verbales; o sea, son los sintagmas obligatorios que acompañan a un verbo concreto. El "vestido" define si estos sintagmas aparecen como categorías nominales, preposicionales, adverbiales, oracionales o con una combinación de estos constituyentes. Los verbos pueden construirse con un máximo de tres argumentos (por ejemplo, un sujeto, un objeto o complemento directo, y un objeto o complemento indirecto). De esto se deduce que hay clases verbales con un máximo de un argumento, con un máximo de dos argumentos y con un máximo de tres argumentos.

el argumento
un sintagma obligatorio de
un determinado verbo

(i) Con un argumento

A los verbos que tienen sólo un argumento que funciona como sujeto (que puede ser tácito o sobreentendido) se les llama *verbos intransitivos*. El sujeto puede ser un sintagma nominal u oracional (véase el ejemplo con *convenir*). Ejemplos son *llegar, morir, fracasar, salir, caer* y *convenir*.

[El experimento]$_1$ fracasó.

[...]$_1$ Muere en Ginebra a los ochenta años.

Salió [él]₁ con su novia.

[Las hojas]₁ caen en otoño.

Conviene [que renuncien]₁.

Aunque estos verbos tienen un solo argumento, pueden ir acompañados por complementos circunstanciales. Éstos no son argumentos sino adjuntos (*a los ochenta años*, *con su novia* y *en otoño* en las frases de arriba). Esta misma observación es válida para los otros subtipos de verbos.

(ii) Con dos argumentos

Hay tres subtipos principales de verbos que necesitan dos argumentos: (a) los transitivos, (b) los tipo *gustarle a uno* y (c) los verbos de régimen.

(a) Los transitivos son los que, además del argumento que funciona como sujeto, necesitan otro como objeto directo (subrayado): *escuchar, conocer, reducir, admitir* y *escalar*.

[Mi padre]₁ conoce [<u>al tuyo</u>]₂.

[...]₁Escuché [<u>ese disco</u>]₂ varias veces.

[Esa muchacha]₁ escala [<u>montañas</u>]₂ en su tiempo libre.

[Todos]₁ deseaban [<u>que se acabaran las peleas</u>]₂.

(b) En los tipo *gustarle a uno* (*encantarle a uno, faltarle a uno, convenirle a uno*), los argumentos funcionan como sujeto y objeto indirecto (subrayado). El objeto indirecto actúa como sujeto lógico (el que experimenta, muestra interés o está relacionado con lo señalado por el verbo) pero no sintáctico de la oración.

No [<u>le</u>]₂ importan [los ladridos del perro]₁.

[<u>A José le</u>]₂ queda [una hoja para pasar a máquina]₁.

[<u>Me</u>]₂ encantan [los chocolates]₁.

(c) Los verbos de régimen necesitan un argumento nominal (el sujeto) y otro preposicional (el complemento). Siempre aparecen con una preposición específica. Algunos verbos de régimen son *pensar en, soñar con, casarse con, transformarse en, preocuparse por, depender de*, etcétera.

[Mariela]₁ se casó [<u>con su amigo de la infancia</u>]₂   (cf. *Mariela se casó su amigo...)

¿[...]₁ Piensas [<u>en mí</u>]₂?   (cf. *¿Piensas mí?)

[...]₁ Se preocupaba [<u>por todo</u>]₂.   (cf. *Se preocupaba todo.)

[...]₁ Depende [<u>de que otros le pasen la información</u>]₂   (cf. *Depende que otros...)

Pero no todo verbo seguido por una preposición es un verbo de régimen. Las preposiciones también pueden introducir un complemento circunstancial o adjunto que no es un argumento del verbo al que acompaña.

Lo compramos <u>en</u> Madrid / <u>al</u> mediodía.   (cf. Lo compramos.)

Camina <u>en</u> el parque / <u>por</u> las mañanas / <u>con</u> un amigo.   (cf. Camina.)

Además de estos tres subtipos, hay otra clase mucho menos numerosa que necesita un sintagma nominal sujeto y otro adverbial como *portarse, pesar, medir*, etcétera.

Los niños se portaron <u>muy bien</u>.   (cf. *Los niños se portaron.)

La sala mide <u>tres metros de ancho por cinco de largo</u>.   (cf. *La sala mide.)

(iii) Con tres argumentos

Son verbos transitivos en que los argumentos funcionan como sujeto, objeto directo y objeto indirecto (subrayado): *dar, recibir, mandar* y *escribir* son algunos de ellos. También se les llama verbos *bitransitivos* (complemento directo e indirecto).

¿ [...]₁ Ya [<u>te</u>]₃ dieron [la nota del examen]₂?

[...]₁ [<u>Les</u>]₃ pedí [que fueran al mercado]₂ esta mañana.

[Los estudiantes]₁ [<u>les</u>]₃ escribieron [varias cartas]₂ [<u>a los legisladores</u>]₃.

[...]₁ [<u>Le</u>]₃ mandó [flores]₂ [<u>al enfermito</u>]₃ para animarlo.

Con verbos de tres argumentos es común que un pronombre de objeto indirecto duplique al sintagma nominal que funciona como objeto indirecto. Por ejemplo, en las frases anteriores: *les... los legisladores* y *le... al enfermito* (véase el capítulo V, 2.4 y 3.4).

También hay verbos de tres argumentos en los que el tercero, aunque preposicional o adverbial, es obligatorio. Un ejemplo es *poner*, donde el tercer argumento es un locativo que especifica el lugar donde se encuentra el segundo argumento.

Pusimos las joyas <u>en la caja fuerte / allí mismo</u>.

*pusimos las joyas

Sin embargo, en las dos oraciones siguientes, *poner* funciona como un verbo de uso idiomático de sólo dos argumentos.

La gallina puso un huevo.

Rafael puso la mesa.

Esto nos demuestra que algunos verbos tienen varios usos y que, por lo tanto, pueden pertenecer a más de una de las tres categorías principales. Así por ejemplo, *dormir* funciona como intransitivo en el EJEMPLO A, pero como transitivo en el B.

EJEMPLO A: Dormía como un angelito.

EJEMPLO B: El padre durmió al niño en brazos.

Y aunque *pesar* siempre requiere un sujeto y otro constituyente, éste último es un objeto directo en el EJEMPLO C, pero un constituyente adverbial en el D.

EJEMPLO C: En los caminos, los agentes suelen pesar los camiones.

EJEMPLO D: El camión pesaba varias toneladas.

A. Compruebe el máximo número posible de argumentos con que puede construirse cada uno de los siguientes verbos.

MODELO: guardar

Juan guardó el dinero (en el bolsillo): dos argumentos obligatorios (sujeto y O.D.) y un adjunto preposicional opcional

1. gastar
2. escapar
3. considerar
4. interesar
5. emocionar
6. caminar
7. llevar
8. necesitar
9. ayudar
10. preparar
11. ir
12. hacer

B. Distinga las oraciones gramaticales de las agramaticales. Explique el porqué.

MODELO: Compramos en la panadería.
            —agramatical porque es un verbo transitivo y no aparece con un O.D.

1. Me prometió.
2. La limpió con la manga de su camisa.
3. Metimos en la baulera del coche.
4. Los niños midieron.
5. Favorecía el azul.
6. Ya colocó los libros.
7. Caminé por la sombra.
8. Exigieron una explicación.

A. Identifique los argumentos de los verbos y diferéncielos de los complementos circunstanciales. Tenga en cuenta que algunos argumentos pueden estar implícitos (sobreentendidos).

MODELO: Dependió de sus padres hasta que terminó la universidad.

verbo de régimen con dos argumentos obligatorios (sujeto = 3a. sg.; complemento preposicional = *de sus padres*) y un complemento circunstancial (*hasta que terminó la universidad*)

1. El verano siempre termina pronto.
2. ¿Ya terminaste el postre?
3. No te oigo bien por el ruido.
4. Sabemos que no te gustan las espinacas.
5. Le prohibí que comiera caramelos.
6. Feli insistió en acompañarnos.
7. La nena escondió el gatito dentro de su cama.
8. No nos caen bien tus nuevos amigos.
9. Le enviaron un sobre misterioso por mensajero.
10. Me preocupa que Paco no ha llamado.

B. Busque diez verbos para cada clase: 1 argumento, 2 argumentos y 3 argumentos. Empareje los argumentos con sus funciones correspondientes.

C. *Escribir* es un verbo que lleva tres argumentos, sin embargo se puede decir lo siguiente:

Josefa le escribió ayer mismo.

   1. ¿Cuántos argumentos tiene *escribir* en este caso? ¿Qué otros verbos funcionan como éste?

   2. ¿Por qué ciertos verbos se pueden comportar de esta manera?

D. Haga una lista de verbos de régimen con preposiciones variadas y emplee seis de ellos en oraciones.

E. En su idioma materno o en otro que conozca bien, clasifique los distintos tipos de verbos explicados en el texto. ¿Existe semejanza completa o parcial con el español? Demuestre su respuesta con ejemplos.

3.3 OTRAS CARACTERÍSTICAS DE LA ORACIÓN

En esta sección examinaremos la concordancia entre el sujeto y el verbo, y el orden de los constituyentes. Debemos tratar de observar y descubrir cuáles son los conocimientos que posee un hispanohablante.

(i) Concordancia sujeto-verbo

Los hispanohablantes sabemos que el sujeto y el verbo deben concordar en persona (1a., 2a. o 3a.) y en número (singular o plural). Esto se ve con claridad en cualquier ejemplo.

EJEMPLO A: Mi padre los conoce desde siempre.

EJEMPLO B: Por supuesto que yo conozco su obra.

EJEMPLO C: Nos conocemos desde niños.

En el EJEMPLO A el sujeto es tercera persona singular, por lo que el verbo también está en singular; en el B ambos elementos concuerdan al ser primera persona singular. En el C el sujeto tácito coincide con el verbo en ser primera persona plural. Estos ejemplos muestran la regla más general de la concordancia gramatical del español. Pero cuando el verbo predica de más de un sujeto, debe ir en plural y también debe tener en cuenta la siguiente jerarquía: la segunda persona tiene prioridad sobre la tercera y la primera sobre ambas. Ilustremos esto con los siguientes ejemplos.

Fulanito, Menganito y Zultanito ocasiona**ron** un lío.

Fulanito y tú deberí**ais** lavaros las manos.

Fulanito y nosotros ire**mos** a recogerte luego.

En Hispanoamérica no se usan las formas de la segunda persona plural. Por lo tanto, la segunda oración va en la tercera plural.

Fulanito y tú deberían lavarse las manos.

Los casos especiales de la concordancia verbal se explican en el capítulo VI, 3.

(ii) El orden de los constituyentes

Es necesario hablar del orden de los constituyentes y no del orden de palabras. En comparación con idiomas que tienen un orden básico bastante rígido, como el inglés o el francés, el español se caracteriza por su flexibilidad. Así por ejemplo, aunque el orden básico y más frecuente, es el de sujeto - verbo - complemento (EJEMPLO A), el sujeto no tiene que ir delante del verbo en toda situación (B).

EJEMPLO A: Las hojas caen como paracaidistas.
              La niña se tragó tres píldoras.

EJEMPLO B: Caen las hojas como paracaidistas.
              Se tragó la niña tres píldoras.

También se puede colocar el sujeto al final de la oración, pero en este caso tiene valor contrastivo (véase el capítulo V, 3.1).

Caen como paracaidistas las hojas.   (...y no las flores)

Se tragó tres píldoras la niña.   (...y no el niño)

Los complementos tampoco permanecen necesariamente después del verbo. Se puede anteponer los complementos al verbo para expresar sorpresa o contraste, por lo que adquieren entonación contrastiva (en mayúsculas). En este caso es obligatorio cambiar el orden del sujeto y el verbo. Si no los invertimos, las oraciones son agramaticales (marcadas con asteriscos).

COMO PARACAIDISTAS caen las hojas.

*COMO PARACAIDISTAS las hojas caen

TRES PÍLDORAS se tragó la niña.

*TRES PÍLDORAS la niña se tragó

A pesar de lo breve de esta introducción (discutimos otras particularidades en el capítulo V, 2.3), la idea principal es que un cambio en el orden de los constituyentes supone una diferencia en el valor comunicativo. Los hispanohablantes deben tener conocimientos sobre los posibles órdenes pues los usan inconscientemente para comunicar lo que desean. Se puede comprobar esto al ver que las oraciones en cualquier pasaje escrito en español no siguen un orden estricto de sujeto - verbo - complemento.

Práctica

Aunque en las oraciones siguientes aparecen algunos casos de concordancia que no hemos repasado, use sus conocimientos de español y haga concordar el verbo con el sujeto.

1. Vosotros *volver* mañana al mediodía.
2. La mayoría de los estudiantes no *terminar* hasta último momento.
3. Mi suegra y yo *ir* a El Salvador.
4. Ni tú, ni tu familia *ser* de aquí.
5. La gente de este pueblo tan pequeño *trabajar* en otros lugares.
6. En el mercado de anoche *haber* artículos para todos los gustos.
7. ¿Por qué *pelearse* tanto el párroco y tú?
8. La mitad de los inmigrantes no *conseguir* empleos en seguida.

Utilizando lo aprendido con estos ejemplos, ¿qué tipo de conocimientos le parece a Ud. que debe tener el hispanohablante?

A. Juegue con el orden de los constituyentes de las siguientes oraciones y averigüe qué posibilidades son gramaticales. Descubra el valor comunicativo de los distintos órdenes.

    1. Le levantaron un monumento a ese escritor.
    2. Estas amapolas son color naranja subido.
    3. Rosario terminó la carrera agotada.
    4. Los niños miran demasiada televisión.
    5. Tus parientes llegarán a las tres.

B. En el siguiente párrafo señale los casos en que el orden de los constituyentes no es sujeto - verbo - complemento.

Bajo la luz directa de los merenderos, volvía de nuevo a verse el color arcilloso de las aguas, el mismo color naranja que había mostrado en el día. "¡Señor, qué pena!", suspiró una mujer. Paulina se oprimía al costado de Sebas. Miró para atrás unos instantes, como cogida de algún miedo. Detrás, los árboles en sombra, los campamentos en silencio, y más atrás el puente, con la luna pacífica pegando en los ladrillos; iba un hombre a caballo, muy lejos, por el borde de la vía del tren, en lo alto del talud que atravesaba los eriales. Se oyó un discreto pedir paso y brillaron por encima de las cabezas los dos tricornios de los guardias civiles que se abrían camino entre la gente. Estaba ahí mismo el cadáver de Lucita en la arena.

—Extracto de *El Jarama* por Rafael Sánchez Ferlosio. Madrid: Ediciones Destino, pág. 284.

3.4 LA IDENTIFICACIÓN DEL SUJETO Y DEL OBJETO

La flexibilidad en el orden de los constituyentes que tiene el español dificulta a veces la identificación del sujeto y del objeto directo. Ni siquiera la concordancia verbal asegura siempre la identificación del sujeto. Por ejemplo:

    Multiplica el dolor el llanto.

    Adelantó el rojo el verde.

Los dos constituyentes nominales en las dos oraciones son tercera persona singular. Sin contexto más amplio tanto uno como el otro pueden interpretarse como sujeto. Además, la existencia de verbos que admiten uso transitivo e intransitivo puede crear problemas. En el EJEMPLO A tenemos el empleo transitivo de *pesar*, en el B el intransitivo; ¿pero qué tenemos en el C?

    EJEMPLO A: El frutero pesaba las manzanas.
    EJEMPLO B: Las manzanas pesaban mucho.
    EJEMPLO C: Pesaban una barbaridad las manzanas.

Tampoco es necesario que el objeto directo se encuentre junto al verbo; puede estar separado de éste por otros sintagmas (D), o por expresiones que funcionan como adverbios aunque parecen sintagmas nominales (E):

    EJEMPLO D: Le compró Luisa a un museo la estatua que tanto quería su madre.
    EJEMPLO E: Observaban boquiabiertos las maniobras del malabarista.
                   Anhelaba horrores cambiar de marido.

Por lo tanto es necesario crear estrategias para identificar el sujeto y el objeto directo. Esta identificación es importante para decidir entre los pronombres objeto de tercera persona (véase el capítulo V, 3.2 y 3.4), el uso de la *a* personal (capítulo VI, 2) y la concordancia verbal (capítulo VI, 3).

Comencemos con el sujeto para el que ya hemos dicho que ni la posición, ni la concordancia por sí solas llegan a localizarlo en forma absoluta en ciertos casos. Pero si a estas dos condiciones (posición y concordancia) agregamos otras, es posible conseguir su identificación. Las lenguas occidentales suelen estructurar los distintos tipos de verbos en forma similar. Por ejemplo, el verbo bitransitivo *mandar* se construye con tres argumentos: su estructura sintáctico-semántica es 'alguien manda algo a alguien/algo'. También sabemos que el tercer argumento no es obligatorio aunque sí es necesario especificar el objeto directo o segundo argumento.

Mariano mandó una carta de desaprobación al senador ese.

Les mandamos un ramo de rosas para su aniversario.

Mandamos un ramo de rosas.

*Les mandamos para su aniversario.

Otra estrategia consiste en definir lo que **no** caracteriza a un constituyente. Sabemos que el sujeto en español ni puede ir precedido por la *a* personal, ni, en general, por otras preposiciones. La única excepción a esta afirmación es el uso de *entre* y *hasta* con sujetos.

Entre Juan y Elvira compraron un regio apartamento.

Haremos lo que nos pidieron entre tú y yo.

Hasta la niña puede deletrear esa palabra.

Hasta ellos se ofendieron con ese chiste.

Pero a pesar de las apariencias, ninguna de las dos funciona como verdadera preposición. *Entre* no indica localización sino que fuerza una interpretación colectiva y *hasta* sirve como un focalizador.

Pasemos a la identificación del objeto directo. Ya mencionamos el significado y estructura del verbo, y también la posición con respecto a éste como posibles condiciones identificatorias. El objeto directo puede ir precedido por la *a* personal en ciertas ocasiones (EJEMPLO F), pero no por otras preposiciones excepto *hasta* (G). A estas propiedades podemos sumar lo que **no** lo caracteriza: la concordancia con el verbo y la sustitución por pronombres sujeto; en cambio sí puede ser sustituido por pronombres de objeto directo (H).

EJEMPLO F: Juan besó apasionadamente *a* María.

EJEMPLO G: Juan besa apasionadamente *hasta* los gatos.

EJEMPLO H: Juan *la* besó apasionadamente.

Análisis

 Identifique en los ejemplos, los sujetos y objetos directos, incluso si son tácitos.

MODELO: Cuando dedujo Pilar lo sucedido, ...
             Pilar = sujeto, *lo sucedido* = O.D.

1.   ¿No las has traído todas contigo?
2.   Costó un ojo de la cara el conseguir esa estatua.

3. Están poniendo la película que tú quieres ver.
4. No asustaba a Julián la perspectiva de vivir en el extranjero.
5. Le pronosticó una vida borrascosa.
6. Pasó un día el otro en la cárcel.
7. Hasta ellos entienden lo que está pasando.
8. Trazó el avión un enorme círculo.
9. Paró la música.
10. Desconocían los dirigentes las maquinaciones de los socios.

4. ORACIONES CLASIFICADAS SEGÚN SU ESTRUCTURA

Antes de comenzar compruebe lo que ya sabe resolviendo los siguientes ejercicios.

Para empezar...

A. Decida a qué subtipo de la columna a la derecha pertenecen las siguientes oraciones simples. (Compruebe las definiciones en el glosario si le es necesario.)

1. Marianito ya camina.	a. impersonal
2. Nos mostraron unas fotos.	b. pasiva
3. Su mujer es embajadora.	c. intransitiva
4. Se convocó a todos los socios.	d. copulativa
5. La enfermedad fue diagnosticada por los médicos.	e. transitiva

B. Las oraciones compuestas se dividen en: yuxtapuestas (las que se unen sin ningún enlace), coordinadas (las que se unen por medio de una palabra de enlace sin que una oración forme parte de la otra) y las subordinadas (en que una oración sí forma parte sintáctica de la otra). ¿A qué subtipo pertenece cada una de las siguientes oraciones compuestas?

1. Necesito que me ofrezcan un trago.
2. Hay sequía; no llueve desde hace tres años.
3. Me vio y se me acercó a saludarme.
4. Éste cantaba, aquél bailaba.
5. No durmió en toda la noche; acabó con unas ojeras impresionantes.
6. El hombre a quien arrestaron era su compañero de trabajo.

Hay distintas posibilidades para clasificar las oraciones según su estructura. Analicemos una primera división basada en el tipo de sintagma nominal y sintagma verbal que llevan. Esto las separa en oraciones simples y compuestas. Las oraciones simples *tienen un único SN como sujeto y un solo SV como predicado.*

EJEMPLO A: Yo lo haré esta misma tarde.

EJEMPLO B: Juana y Carmen pusieron un negocio juntas.

EJEMPLO C: ¿Está Fulanito estudiando en Buenos Aires o en Caracas?

EJEMPLO D: Nuestros abuelos suelen pasar las vacaciones en las montañas.

EJEMPLO E: Vamos a acompañarte al cine en unos minutos.

El primer ejemplo es un prototipo de oración simple. Pero pasemos a los siguientes ejemplos ya que pueden crear dudas. Aunque el sujeto en el EJEMPLO B se refiere a dos personas, forma un único sintagma nominal: [SN [SN Juana] y [SN Carmen]]. La oración es simple ya que sólo tiene un verbo principal. Podríamos creer que (c) es compuesta porque aparecen dos verbos (*estar* y *estudiar*); sin embargo, es simple porque *estar* es uno de los verbos auxiliares del español (junto con *ser* y *haber*) y se une con el principal para actuar como si fueran uno solo. En este caso para formar el progresivo. También son simples D y E, ya que *soler* en D es uno de los verbos modales (otros son *poder, deber, tener que*) que sirven para modular al verbo principal, e *ir a* más infinitivo en E es una perífrasis verbal que cuenta como una unidad verbal. La idea general es que, aunque aparecen dos verbos en C, D y E, éstos funcionan como unidad. Por eso, son oraciones simples.

Las oraciones compuestas *están formadas por dos o más oraciones simples, y por tanto tienen más de un par sujeto-predicado.* La forma en que se unen dos o más oraciones es muy variada y se estudia más adelante. A continuación presentamos algunos ejemplos de oraciones compuestas.

Los niños juegan y las madres charlan.

Los niños juegan, las madres charlan y la demás gente pasea.

Los niños juegan mientras las madres charlan.

Las madres quieren que los niños jueguen.

En estas oraciones compuestas, los sujetos de cada oración simple se refieren a distintas personas. Pero esto no siempre es así.

Los niños juegan y Ø se divierten.

¿Las muchachas podrán estudiar mientras Ø oyen música clásica?

Menganito cree que Ø no va a reclamar su parte.

Generalmente cuando los sujetos tienen un mismo referente, es innecesario repetirlo. Hemos indicado con el símbolo "Ø" la presencia del sujeto tácito correferente con el expreso.

Tampoco es imprescindible que ambos verbos de la oración compuesta estén conjugados (uno de ellos puede estar en forma no personal).

EJEMPLO F: *Conseguido* su objetivo, la manifestación se desbandó.

EJEMPLO G: Se asustó al *encontrar* su apartamento totalmente desvalijado.

EJEMPLO H: No ganarás nada *preocupándo*te tanto.

El participio en el EJEMPLO F, el infinitivo en el G y el gerundio en el H empiezan una oración donde el sujeto correfiere con el de la oración principal que aparece con el verbo conjugado. Por esta razón es una oración compuesta.

En los próximos apartados, examinaremos distintos tipos de oraciones simples y compuestas. Las etiquetas que usamos para referirnos a los distintos subtipos nos servirán en los capítulos siguientes, cuando estudiemos el uso de los modos (capítulo III), el uso del *se* impersonal (capítulo V, 3.7), las diferencias entre los verbos copulativos *ser* y *estar* (capítulo VI, 1) y las cláusulas de relativo (capítulo VI, 4), entre otros temas.

Decida si las siguientes oraciones son simples o compuestas. Explique el porqué de su decisión.

1. Estoy aburrido pues no se me ocurre qué hacer.
2. Desea conocerte.
3. Fueron llegando hasta pasada la medianoche.
4. Lo encontré contemplando el vacío.
5. ¿Puedes ayudarme?
6. Corta leña para calentar la casa.
7. Tendría que pensarlo con más detenimiento.
8. Corre, salta y grita sin parar.
9. Tenemos una propiedad que nos gustaría donar.
10. Le habían ofrecido el oro y el moro.

4.1 ALGUNOS TIPOS DE ORACIONES SIMPLES

Repasaremos brevemente las oraciones intransitivas y transitivas, las copulativas, las impersonales, y las activas y pasivas.

(i) Intransitivas y transitivas

Este tipo de clasificación tiene en cuenta los usos de los verbos examinados en 3.2. *Los verbos **intransitivos*** sólo necesitan el argumento de sujeto. Esto no excluye que puedan ir acompañados de complementos circunstanciales.

la oración intransitiva
su verbo requiere sólo un argumento (el sujeto)

> Marianito ya camina.
>
> Se arrepintió.
>
> Paseamos por la ribera del Guadalquivir.

En cambio, los verbos que llevan objeto directo crean ***oraciones transitivas,*** tengan o no un complemento indirecto o circunstanciales.

la oración transitiva
su verbo requiere dos argumentos (el sujeto y el objeto directo)

> Nos mostraron unas fotos muy buenas.
>
> Vi a mi ex novio ayer en la alameda.
>
> Consiguió la vicepresidencia de la compañía.
>
> Le cosí un botón a la camisa.

Lo mostrado (*unas fotos muy buenas*), lo visto (*mi ex novio*), lo conseguido (*la vicepresidencia de la compañía*) y lo cosido (*un botón*) son los complementos directos. Recordemos que no son transitivos los verbos de régimen.

> Preguntaron *por* ti.
>
> El pobre hombre depende *de* la caridad pública.
>
> Se empeña *en* hacerlo por su cuenta.

Pero también hay verbos que permiten usos tanto con objeto directo como sin él, por lo que aparecen en oraciones transitivas (EJEMPLO A) e intransitivas (EJEMPLO B).

EJEMPLO A: El padre durmió al niño.
             Abandonó la carrera por averías.

EJEMPLO B: El niño duerme.
             Abandonó por averías.

Los verbos del tipo *gustarle a uno* se construyen con sujeto y objeto indirecto. No se los considera transitivos, sino intransitivos, pues la característica de ser transitivo requiere un objeto directo.

Nos encantan los ravioles rellenos de queso.

A ella no le gusta levantarse temprano.

No me parece adecuado.

Práctica

Señale cuántos argumentos necesitan y cómo funcionan los verbos que aparecen a continuación haciendo oraciones con ellos. ¿Con qué tipo de oraciones termina en cada caso?

ejercer, confundir, secar, dirigir, existir, fallecer, entusiasmar, entrar, escribir, estrenar

Análisis

Clasifique las siguientes oraciones en transitivas e intransitivas. Señale si las oraciones transitivas tienen opciones intransitivas y viceversa.

1. ¿Le contestaron su invitación?
2. Mario reza a la mañana y a la noche.
3. Acudirá a ti en los próximos días.
4. Se quejaba del estómago.
5. Consiguieron otra película china.
6. Ya lo pregunté.
7. Los gremios se oponen a ese decreto.
8. Hoy no almorzaron.

la oración copulativa
su verbo (*ser*, *estar*) sirve de
mero enlace entre sujeto y
predicado

(ii) Copulativas

Reciben este nombre porque el verbo sirve de simple enlace entre el sujeto y el predicado. Al predicado se le llama nominal: expresa una cualidad que califica o clasifica al sujeto mediante palabras de valor nominal (sustantivos, pronombres, adjetivos). Los verbos principales de esta categoría son *ser* y *estar*.

Su mujer *es* embajadora.

Fue hermoso.

Está hermoso.

Los frutos ya *estaban* maduros.

Eso *está* por verse.

Otro verbo que funciona como copulativo es *parecer*.

> *Parece* enfermo.
>
> Nos *parecieron* cansados.

Además algunos verbos de movimiento como *andar* e *ir* pueden construirse como pseudo copulativos. En este caso pierden gran parte de su significado léxico para convertirse en nexos.

> *Andaba* (= estaba) cabizbajo.
>
> Rafael *va* (= está) cansado y preocupado.

(iii) Impersonales

Reciben este nombre porque el sujeto nunca se refiere a una persona concreta. En el siguiente ejemplo, no sabemos quién convocó a los socios, y si lo sabemos, esta información no es importante dentro del contexto.

> Se convocó a todos los socios.

Estas oraciones pueden dividirse en oraciones unipersonales e impersonales propiamente dichas. La norma de clasificación considera el referente del sujeto. En las oraciones unipersonales el sujeto carece de referente. En *las oraciones impersonales* propiamente dichas el referente de sujeto es obligatoriamente humano e indefinido.

la oración impersonal
su sujeto no se refiere a una
persona específica

(a) Unipersonales. Se les llama así porque sólo admiten tercera persona del singular. Nunca llevan un sujeto expreso. A esta subcategoría pertenecen:

1. los verbos meteorológicos como *llover, relampaguear, granizar, nevar, anochecer,* etcétera.

   > *Relampagueaba* por el oeste.
   >
   > *Nevó* toda la noche.

2. los verbos *hacer, estar* y *ser* cuando se refieren a fenómenos de la naturaleza.

   > Siempre *hace* mucho sol por esta época.
   >
   > *Está* neblinoso.
   >
   > *Era* de madrugada.
   >
   > *Era* temprano.

3. el verbo *haber* en su uso impersonal.

   > *Hay* nieve.
   >
   > *Había* varias personas esperando un taxi.

Este último verbo, sin embargo, muestra una gran tendencia a la pluralización cuando su objeto directo es plural en la mayoría de los dialectos, pese a lo que recomiendan las gramáticas.

> *Habían* varias personas.
>
> *Hubieron* muchos accidentes como producto de la niebla.

Aun así, a los aprendices de español se les aconseja mantener el verbo en singular, especialmente en el idioma escrito.

(b) Impersonales "propiamente dichas". El idioma tiene varias opciones para indicar la indeterminación del sujeto humano y establecer la generalidad de lo que se dice.

1. Oraciones con *se* impersonal y el verbo en tercera persona singular. Aquí el sujeto callado no tiene contenido fonético. Su referencia es indeterminada (véase también el capítulo V, 3.7).

   > *Se busca* a tres criminales peligrosos.
   >
   > Cuando *se está* embarazada, ...
   >
   > *Se puede* llegar hasta la medianoche.
   >
   > *Se vende(n)* libros usados.

   Este tipo de verbos debe ser capaz de aceptar un sujeto léxico humano en usos no impersonales.

   > *La policía* busca a tres criminales peligrosos.
   >
   > Cuando *una mujer* está embarazada, ...

2. Oraciones con el indefinido *uno/a* (sólo en singular) como sujeto léxico obligatorio y el verbo en la tercera persona singular.

   > *Uno trabaja* toda la vida para alcanzar una jubilación ilusoria.
   >
   > *Una se conmueve* ante tanta creatividad.
   >
   > *Uno se queja* y *se queja* sin conseguir ni una mejora.
   >
   > Ni aunque *una se arrepienta*, ...

3. Oraciones con el verbo en tercera persona plural. El sujeto es callado e impersonal. Queda totalmente indeterminado el número de posibles referentes; puede referirse a una sola persona o a muchas.

   > *Dijeron* que va a llover.
   >
   > *Llaman* a la puerta.

   Pero también podemos entender estas oraciones de otro modo: mediante la interpretación definida del referente del sujeto. En esta interpretación no son impersonales. Asimismo cuando se lexicaliza el sujeto, se pierde la interpretación impersonal y queda únicamente la definida.

   > ***Ellos*** *dijeron* que va a llover.

   Pero la lectura impersonal de la tercera persona plural con sujeto tácito no se da en todos los casos. Por ejemplo, en la pasiva con *ser* (EJEMPLO A) el sujeto tácito de tercera plural recibe una interpretación definida; es decir, su referente tiene que ser plural e identificable, contrariamente a lo que ocurre en *Llaman a la puerta*.

   > EJEMPLO A: *Fueron asaltados* en la oscuridad de la noche.

   Esta diferencia la podemos comprobar en un contexto más amplio. En el EJEMPLO B es incorrecto responder con un sujeto singular como Susi, pero la misma respuesta es totalmente natural en el C.

   > EJEMPLO B: —Fueron asaltados en la oscuridad de la noche.
   > —¿Quién?
   > #—Susi.

EJEMPLO C: —Llaman a la puerta. [va a abrirla]
              —¿Quién?
              —Susi.

39

*Oraciones clasificadas
según su estructura*

La interpretación definida es la única posible con algunos casos de *se* (EJEMPLO D) y con algunos verbos intransitivos (como *morir*, *llegar* y *salir*) (EJEMPLO E).

EJEMPLO D: *Se ofenden* con facilidad.

EJEMPLO E: *Murieron* al amanecer.

4.   Oraciones con el verbo en segunda persona singular. El referente del sujeto (sea éste callado o expreso), carece totalmente de valor determinado. Esto sucede con *tú*, pero nunca con la segunda persona formal *Ud*.

Cuando *(tú) sales* de vacaciones, es necesario cerrar la casa con cuidado.

Aquí *(tú) tienes* que llevar carné de identidad siempre contigo.

Pero este subtipo de oraciones, igual que el grupo anterior, también permite la interpretación definida del referente del sujeto.

Cuando (tú) actúas así, sería bueno poderte dar unos buenos azotes. Sí, tú, Pepito, no te hagas el desentendido.

A pesar de que hemos identificado cuatro subtipos de oraciones impersonales, esto no significa que los hispanohablantes las usemos indistintamente. Las diferencias son claras cuando observamos el papel de los interlocutores. Tanto las oraciones con *se* como las con *tú* pueden incluir al hablante (1a. persona) y al oyente (2a. persona); pero las con *uno* excluyen al oyente, y las que tienen el verbo en la tercera plural excluyen al oyente y al hablante. Por ejemplo, en una situación en que el hablante y el oyente están mirando por una ventana, se puede decir F o G para incluir a los dos, pero no H.

EJEMPLO F: Se ve el lago desde aquí.

EJEMPLO G: (Tú) ves el lago desde aquí.

EJEMPLO H: Ven el lago desde aquí.

Los dos subtipos F y G tienen el mismo referente (hablante y oyente), por lo que pueden usarse juntos en una misma oración.

Cuando est<u>á</u>s en el fondo del pozo, <u>se</u> busca a los verdaderos amigos.

En cambio, si uno elige usar la tercera persona plural es para separarse de los hechos y señalar que la situación excluye al hablante y al oyente.

Dicen que va a haber un golpe de estado.

El uso de *uno/a* excluye al oyente. Las oraciones siguientes pueden interpretarse hasta como un reproche al oyente, quien puede ofenderse ante la sugerencia de que no trabaja o de que se levanta muy tarde.

Uno trabaja mucho.
Uno no se levanta al mediodía.

Práctica

A. Excluya el sujeto definido y pase las oraciones siguientes a tantas de las alternativas impersonales (*se* impersonal, *tú*, *uno*, 3a. plural del verbo) como sea posible. Si es necesario puede ampliar el contexto para que el ejemplo sea más natural.

MODELO: Los fines de semana Juan y Pepe llegan a la madrugada.

Posibilidades:
Los fines de semana se llega a la madrugada.
Los fines de semana (tú) llegas a la madrugada (y luego (tú) duermes el día entero).
Los fines de semana uno llega a la madrugada (porque no hay que trabajar).
(pero #*Los fines de semana llegan a la madrugada*, no tiene lectura impersonal)

1. Tenemos que pasar por la Plaza de Mayo para llegar al Cabildo.
2. Los invitados fueron reunidos alrededor de la piscina.
3. Paco respeta las leyes de tránsito en el extranjero.
4. Hay una multitud en la plaza.
5. No nos sentimos seguros con los vendedores de coches.
6. Aquí estudio poco pero aprendo mucho.
7. Ya sale la novia de la iglesia.
8. Cuando está cansada, Juanita se apoltrona en su sillón favorito.
9. Se levanta, se lava y se viste automáticamente.
10. Comprobemos la hipótesis.

B. Vuelva a las oraciones del ejercicio A y decida para cada una la inclusión o exclusión de los interlocutores.

MODELO: Los fines de semana se llega a la madrugada. (incluye hablante y oyente)
Los fines de semana (tú) llegas a la madrugada. (incluye hablante y oyente)
Los fines de semana uno llega a la madrugada. (incluye hablante pero no al oyente)

Análisis

A. Los verbos unipersonales también admiten un uso metafórico o no literal. En este uso el verbo no está necesariamente en tercera persona singular.

Le relampagueaban los ojos de la rabia que tenía dentro.

Las escopetas granizaron perdigones.

¿Qué otros verbos meteorológicos conoce? Use cinco de ellos como unipersonales y otros cinco en un sentido no literal.

B. Hemos identificado cuatro maneras de expresar impersonalidad en español. ¿Cuántas se usan en su idioma materno? Ilustre con ejemplos.

(iv) Activas y pasivas

Según la intención del hablante, podemos expresar una misma realidad desde distintos puntos de vista. ***Las oraciones activas y pasivas*** nos permiten observar un mismo hecho desde distintas perspectivas. La voz activa subraya la importancia del sujeto que realiza la acción verbal (EJEMPLO A). La voz pasiva subraya la importancia del objeto lógico sobre el que recae la acción verbal; el agente queda desfocalizado (B).

EJEMPLO A: Los médicos diagnosticaron la enfermedad.
Ya compraron los billetes de lotería.

EJEMPLO B: La enfermedad fue diagnosticada (por los médicos).
Los billetes de lotería ya fueron comprados.

Estructuralmente, las pasivas se forman con el verbo auxiliar *ser* más el participio pasado del verbo principal. Este participio debe concordar en género y número con el sujeto; por eso en el EJEMPLO B, se habla de *la enfermedad diagnosticada* y de *los billetes de lotería comprados*. Además, la preposición *por* introduce al agente o causante de la situación.

En español, el único complemento que puede funcionar como sujeto de una oración pasiva es el directo. Por lo tanto, las oraciones siguientes son agramaticales, ya que el sujeto es el objeto indirecto del verbo principal activo.

*Pepi fue dada un premio de pintura.

(cf. Le dieron un premio de pintura a Pepi.)

*Mi padre fue mandado un telegrama por el Ministerio de Hacienda.

(cf. El Ministerio de Hacienda le mandó un telegrama a mi padre.)

Además, no todo verbo que lleva complemento directo puede expresarse en voz pasiva porque la pasiva prefiere un verbo de acción. Por ejemplo, los verbos de emoción y de percepción no suelen aparecer con la pasiva con *ser* (D).

EJEMPLO C: El payaso alegró a los niños.
La veían triste a ella.

EJEMPLO D: *Los niños fueron alegrados por el payaso.
*Ella era vista triste.

Tampoco se expresan en voz pasiva las frases hechas o idiomáticas como *dar gato por liebre* (engañar), *dar la vuelta a la tortilla* (cambiar la suerte de dos rivales), *dar señales de vida* (aparecer), *meter la pata* (decir o hacer algo con falta de tacto), etcétera, porque o pierden su sentido idiomático, o no pueden interpretarse.

En ese negocio, le dieron gato por liebre.

(cf. *En ese negocio, le fue dado gato por liebre.)

Dio la vuelta a la tortilla.

(cf. *La vuelta le fue dada a la tortilla.)

Juan metió la pata (cuando dijo eso delante de Marisa).

La pata fue metida por Juan.   (sólo con sentido literal)

La pasiva con *ser* no forma parte del habla coloquial en español. En cambio, la pasiva aparece en el lenguaje periodístico. El estilo periodístico intenta no responsabilizar de los hechos a personas concretas, debido a que se desconoce su identidad, se quiere mantener en secreto la fuente de información o por miedo a problemas legales.

Una de las razones por la que la pasiva no es frecuente en el habla coloquial es que con ella no se puede expresar el momento del habla en el presente

la oración activa
su sujeto es responsable por la situación expresada por el verbo

la oración pasiva
minimiza el rol del agente o causa para centrarse en el sujeto-tema

simple con verbos perfectivos (verbos que necesitan la terminación de la acción verbal).

La biblioteca es cerrada a las doce.

(cf. #La biblioteca es cerrada ahora mismo.)

La torre es reconstruida por un restaurador famoso.

(cf. #La torre es reconstruida ahora mismo por un restaurador famoso.)

Las situaciones en las oraciones precedentes sólo pueden interpretarse como hechos rutinarios y no como algo que está ocurriendo. Para captar el momento de habla hay que utilizar la forma progresiva.

La biblioteca está siendo cerrada ahora mismo.

La torre está siendo reconstruida por un restaurador famoso.

Además el español tiene otras opciones para no centrar la atención en el sujeto que realiza la acción. Nos referimos a las oraciones impersonales o pasivas con *se* (véase el capítulo V, 3.7), una construcción que no tiene limitaciones de formas verbales.

Se cierra la biblioteca a las doce.   (sólo por hoy o todos los días)

Se comenzaba el ciclo de conferencias en otoño.   (este año o siempre)

Las oraciones con *se* tienen otras ventajas sobre las pasivas con *ser*. Mientras las últimas sólo pueden utilizarse con aquellos verbos de acción que tienen un complemento directo, las primeras aparecen con todo tipo de verbos ya sean transitivos, intransitivos, psicológicos o de percepción.

Se comprobaron los resultados.

Se camina con cuidado sobre las piedras.

Se alegró a los niños.

Se le veía triste.

Otra ventaja es que una oración pasiva con *ser* no tolera un sustantivo sin modificación como sujeto, especialmente en posición preverbal. Las oraciones activas como en el EJEMPLO E no pueden dar origen a las oraciones pasivas correspondientes en el F porque el español no permite sujetos de este tipo (véase el capítulo IV, 5 donde se discuten los artículos).

EJEMPLO E: Compramos oro.
Encontraron petróleo.

EJEMPLO F: *Oro es comprado./*Es comprado oro.
*Petróleo fue encontrado./*Fue encontrado petróleo.

Sin embargo, esto no representa un obstáculo para una cláusula con *se*.

Se compra oro.

Se encontró petróleo.

Otra diferencia entre las dos construcciones es que la pasiva con *ser* admite la presencia del agente con *por* (EJEMPLO G) en todos los dialectos del español, mientras que la construcción con *se* no la admite (H).

EJEMPLO G: Estos restos arqueológicos fueron descubiertos por un ilustre investigador.

EJEMPLO H: Se descubrieron estos restos arqueológicos (*por un ilustre investigador).

De lo discutido se desprende que el español usa las oraciones pasivas de una manera mucho más limitada que otros idiomas por varias razones. Entre ellas destacamos la presencia de otra construcción de uso mucho más general y con muchas menos limitaciones (la impersonal/pasiva con *se*).

Práctica

A. Preste atención al tiempo y aspecto del verbo en la oración activa y a la concordancia con el sujeto. Cambie los ejemplos siguientes a la pasiva con *ser*.

MODELO: El enfermero le inyectó la vacuna.
La vacuna le fue inyectada por el enfermero.

1. El perro vigilaba a los dueños.
2. Castigan a los criminales.
3. Zultanito denunció a los que lo asaltaron.
4. Ya habían demostrado su valentía.
5. Los estudiantes defenderán sus derechos con ahínco.
6. La actriz ha obtenido el galardón.
7. Atrajeron a excelentes hombres de negocios con esa oferta.
8. La juez está rechazando algunas pruebas.

B. Pase las siguientes oraciones a la pasiva con *ser* siempre que sea posible. Explique los casos en que no lo sea. También dé una alternativa usando la construcción con *se*.

1. Los organizadores predicaron la tolerancia.
2. Escucharon un concierto de Bach.
3. El asunto costó un ojo de la cara.
4. No tenían pelos en la lengua.
5. En unos minutos inauguran esa exposición.
6. A Juanito le fascinan los monos.
7. Su reconocimiento emocionó a la señora.
8. Difundieron la noticia de su muerte antes de que avisaran a la familia.
9. Había ruido.
10. No asistían a las clases los viernes.
11. Los soldados vigilaban la zona.
12. Rehusaron hacer esa faena.

C. Clasifique los tipos de oración simple que aparecen a continuación.

1. Los nuevos directores fueron elegidos por unanimidad.
2. Ese niño sonríe mucho.
3. Sus hijos están en el parque.
4. Venden muchísimos dulces durante las Navidades.
5. Compré el coche por menos de dos mil euros.
6. Se publicó el libro el año pasado.
7. En aquella época se construían casas de otros estilos.
8. Están compartiendo la comida con todos los vecinos.
9. Los planes fueron elaborados por un comité extraordinario.
10. El alcalde es listo y competente.
11. Aparecieron los invitados en un mal momento.
12. Cuando estás enfermo, tienes que cuidarte.
13. Anoche heló en el valle.
14. La criatura pesaba una tonelada.

4.2 ALGUNOS TIPOS DE ORACIONES COMPUESTAS

Las oraciones compuestas están formadas por más de una oración. Las maneras en que se relacionan estas oraciones reciben nombres distintos según los medios que se usen para construirlas (yuxtapuestas, coordinadas y subordinadas). Sólo damos aquí una visión general y dejaremos los detalles para otros capítulos.

(i) Yuxtapuestas

la oración yuxtapuesta
una oración formada por dos o más oraciones contiguas no unidas por un enlace

Son las oraciones contiguas que se unen sin un medio de enlace (EJEMPLO A), o que son introducidas por palabras correlativas (B). Una oración no pasa a formar parte de otra.

EJEMPLO A: Vino, comió, salió.
Hay sequía; no llueve desde hace tres años.

EJEMPLO B: Éste cantaba, aquél bailaba.
Aquí reían, allá lloraban.
Unos bloqueaban el paso de los coches, otros pronunciaban discursos.

(ii) Coordinadas

la oración coordinada
una oración compuesta formada por dos o más oraciones simples unidas por un nexo sin que una oración pase a formar parte de otra

Se unen por medio de un nexo pero las dos mantienen su independencia (en oposición a lo que ocurre con las subordinadas). Se las clasifica según el tipo de nexo en copulativas, disyuntivas y adversativas.

(a) Copulativas.   Están unidas por la conjunción *y* cuando las oraciones son afirmativas (EJEMPLO A) y por *ni* cuando son negativas (B).

EJEMPLO A: Me vio y se me acercó a saludarme.

EJEMPLO B: Ni lo sabe ni lo quiere saber.
No come ni bebe desde que enfermó.

(b) Disyuntivas.   Sirven para excluir uno de los miembros de la coordinación. Se usa principalmente la conjunción *o.*

(O) viajas con nosotros, o te quedas en casa con los abuelos.

(c) Adversativas.   Dos o más oraciones expresan situaciones opuestas. Las conjunciones adversativas son diversas: *pero (mas), sino, no obstante, sin embargo*, etcétera.

Aceptó hacerlo pero luego de mucho protestar a regañadientes.

No está de vacaciones sino que está enfermo.

(iii) Subordinadas

la oración subordinada
una oración formada por dos o más oraciones simples en la que una pasa a formar parte de otra; tiene más de un par sujeto-predicado

Las oraciones subordinadas forman parte de la oración principal. Se las clasifica según su función gramatical. Si funcionan como frases nominales, se les llama *nominales* o *sustantivas*; si funcionan como frases de adjetivo, se les llama *adjetivales*, *relativas* o *de relativo*, y si cumplen una función adverbial, se les llama *adverbiales*. Examinaremos cada subtipo por parte.

(a) Nominales.   Este tipo de subordinadas funciona gramaticalmente como sintagmas nominales. Las oraciones subordinadas sustantivas (EJEMPLO B) pueden realizar las mismas funciones que los sintagmas nominales (A). Por ejemplo, la función de objeto directo como se ilustra a continuación:

EJEMPLO A: Necesito <u>un trago</u>.
              Preguntó <u>la hora</u>.

EJEMPLO B: Necesito <u>que me ofrezcan un trago</u>.
              Preguntó <u>qué hora era</u>.

Esto ocurrirá con todas las otras funciones que pueda tener un sintagma nominal: oraciones que funcionan como sujetos (EJEMPLO C), como complementos de verbos de régimen (D), de otros sintagmas nominales (E) y de adjetivos (F).

EJEMPLO C: ¿Te gustan <u>los chocolates</u>?
              ¿Te gusta <u>que te regalen chocolates</u>?

EJEMPLO D: Pensábamos en <u>ti</u>.
              Pensábamos (en) <u>que te veríamos</u>.

EJEMPLO E: La idea de <u>Menganito</u> es excelente.
              La idea de <u>que no se debe edificar en esa playa</u> es excelente.

EJEMPLO F: Estamos seguros de <u>Fulanito</u>.
              Estamos seguros de <u>que es una persona responsable</u>.

Las oraciones subordinadas también pueden tener un infinitivo:

EJEMPLO G: Es importante <u>llegar a un acuerdo</u>.
              Insiste en <u>ahorrar</u>.

La distinción entre el indicativo y subjuntivo, y las secuencias temporales entre la oración principal y la subordinada se tratan en el capítulo III, 8.

(b) Adjetivales o de relativo.   Estas oraciones adjetivales pueden modificar cualquier sintagma nominal, sea cual fuera su función en la oración principal (sujeto, objeto, etcétera). Si un sustantivo admite ser calificado por un adjetivo (EJEMPLO A), también admite la modificación por medio de este tipo de cláusula (B).

EJEMPLO A: Premiaron la película <u>española</u>.
              Aceptó una invitación <u>misteriosa</u>.

EJEMPLO B: Premiaron la película <u>que complació a la audiencia sin deprimirla</u>.
              Aceptó una invitación <u>que le hizo alguien con antifaz</u>.

Las oraciones relativas están incluidas en una frase nominal de la oración principal, cuyo núcleo recibe el nombre de "antecedente". El nexo entre ambas oraciones lo constituyen los pronombres relativos: *que, quien, el que/el cual, donde, cuyo* y sus variantes.

El hombre <u>a quien</u> arrestaron era su compañero de trabajo.

El domicilio <u>en el que / donde</u> lo encontraron no era el suyo.

La muchacha <u>cuyo</u> padre falleció antes que ella naciera, ...

Pero además de funcionar como nexo, el pronombre relativo reproduce al sustantivo que califica. Por ejemplo, en la primera oración de (B) arriba el *que* actúa como unión entre ambas oraciones y también como sujeto de su propia cláusula de relativo. En el segundo ejemplo de (B), el mismo pronombre, además de unión, actúa como objeto directo de la cláusula. Para entenderlo mejor, podemos separar las oraciones de (B) en sus componentes.

> Premiaron la película. La película complació a la audiencia sin deprimirla.
>
> Aceptó una invitación. Le hizo la invitación alguien con antifaz.

Así, el uso del pronombre relativo evita la repetición innecesaria.

Ampliamos las características de las relativas y de los pronombres relativos en el capítulo VI, 4.

(c) Adverbiales.   Las oraciones subordinadas adverbiales funcionan como adverbios.

> Llegamos <u>tarde</u>.
>
> Llegamos <u>cuando cantaban los gallos</u>.

Hay muchos tipos de subordinadas adverbiales, debido a la gran variedad de adverbios y complementos circunstanciales que existen. En este apartado trataremos algunos de estos tipos brevemente. Estudiamos las distinciones de uso entre el indicativo y subjuntivo en el capítulo III, 8.

1. Manera, lugar y tiempo. Los ejemplos siguientes muestran los nexos más frecuentes para este subtipo de adverbiales: *como, donde* y *cuando,* respectivamente.

   > Lo arregló <u>como</u> yo se lo pedí.
   >
   > Nos dijeron que estaba <u>donde</u> trabaja Manolo.
   >
   > Lo terminaré <u>cuando</u> se me ocurra.

   En algunas ocasiones, estos nexos pueden estar modificados por otras palabras (*tal como, así como, de/por/hasta donde*).

   > Pasamos <u>por donde</u> ya habían pasado los demás.
   >
   > Pasamos <u>hasta donde</u> ya habían pasado los demás.
   >
   > Pasamos <u>cerca de donde</u> ya habían pasado los demás.

2. Finales. Expresan el objetivo perseguido por el verbo principal. Los enlaces comunes son *para que, a fin de que, a que.* El verbo de la subordinada va en subjuntivo si está conjugado.

   > Compró este vino para que pudiéramos probarlo.
   >
   > Nos dio muchas prácticas a fin de que pasáramos el examen sin dificultad.

   Cuando los verbos de la principal y la subordinada coinciden en el referente del sujeto, la oración subordinada va en infinitivo.

   > Compró el vino para probarlo.
   >
   > Tomó un cursillo de informática a fin de mejorar sus conocimientos.

3. Causales. Expresan la causa, motivo o razón de lo que expresa el verbo de la principal. Algunos de los enlaces son: *porque, puesto que, ya*

que, pues (que), supuesto que, que, en vista de que, por cuanto, a causa de que. El verbo subordinado conjugado va en indicativo.

> Lo hizo porque le dio la gana.
>
> Ni pienses en comprarlo puesto que / pues está fuera de tu alcance.
>
> No hables tan alto que estamos en la biblioteca.

Análisis

A. Clasifique las oraciones subordinadas siguientes (nominales, adjetivales o adverbiales).

1. ¿Quién es el hombre que viene todos los días y que viste de forma tan rara?
2. La vigilaba desde la ventana y antes de que tocara el timbre le abrió la puerta.
3. Se agitaba nervioso mientras los demás lo observaban.
4. Se levantó tan de prisa que la silla acabó volcándose.
5. Preguntó cuándo estaría en el despacho para poder concertar una cita.
6. Vistámonos según lo hacían antaño y con antifaz de forma que nadie nos reconozca.
7. El que tenga mucho dinero no lo autoriza a comportarse como si fuera el rey de la creación.
8. Aprendió el idioma sin otro fin que entenderse con sus abuelos.
9. Por cuanto estás tan ocupada, no te interrumpiré hasta que caiga la noche.
10. El que mal empieza, mal acaba.

B. Con ayuda de las gramáticas indicadas en el prefacio, haga una lista de conjunciones y locuciones adversativas. Luego construya oraciones con esta lista.

C. Identifique el nexo y el subtipo de subordinación adverbial que aparece en las siguientes oraciones.

MODELO: Algunas oraciones resultan poco claras por cuanto son muy complejas.
nexo = *por cuanto*; subtipo: causal

1. Iba amueblando la casa a medida que conseguía algún dinero extra.
2. Llegó hasta donde le alcanzaron las fuerzas.
3. El abogado lo escribió conforme se lo especificó el cliente.
4. Pasamos por donde nos indicó el guía.
5. Viajará tan pronto como se lo permita su salud.
6. Lo hace tan bien como lo hacía su madre.
7. Cada vez que le hablo termino enojándome.
8. Pinta mejor de lo que esperábamos.
9. Quisiera saber tu opinión antes de decidirme.
10. Prepara las empanadas igual que su padre.

¿Qué otros enlaces sirven para mostrar subordinación adverbial de tiempo, manera y lugar? Úselos en oraciones.

D. Identifique los nexos, y clasifique las oraciones subordinadas adverbiales siguientes según su subtipo.

1. Llamaron por teléfono con intención de vendernos unas acciones.
2. Estudiaba mucho con el propósito de sacar buenas notas para tener la oportunidad de elegir universidad.
3. A fuerza de tanto llorar, se le secaron las lágrimas.
4. Confírmame tus planes de modo que pueda acompañarte.
5. Visto que no lo conozco, no lo puedo recoger en el aeropuerto.

6. No estaba nada conforme dado que nunca la consultaron.
7. Quería ahorrar dinero con vistas a realizar un viaje por el lejano oriente.
8. No me sorprende que no hayas aprobado puesto que nunca te veo con los libros.

5. ORACIONES CLASIFICADAS SEGÚN SU VALOR COMUNICATIVO

Las oraciones también pueden clasificarse según el valor comunicativo que le dé el hablante. En todos los idiomas se puede afirmar o negar declaraciones, expresar duda o posibilidad sobre los hechos, hacer preguntas y exclamaciones sobre distintos temas, y manifestar deseos o tratar de influir al oyente por medio de ruegos y mandatos. En los párrafos siguientes, repasaremos brevemente las características del español. Pero primero, compruebe lo que ya sabe solucionando el siguiente ejercicio.

Para empezar...

 ¿Cuál es la intención comunicativa del hablante (afirmar, negar, expresar probabilidad, etcétera)?

1. Todos hemos llorado una vez.
2. Nadie llamó.
3. ¿Lo recibiste?
4. ¡Se la ve tan hermosa!
5. Probablemente es el cartero.
6. Debería estar en el club.
7. Pudieran habernos notificado.
8. Quizá lo puedan solucionar pronto.
9. ¡Que te diviertas!
10. No comerse las uñas.

5.1 AFIRMATIVAS Y NEGATIVAS

Las oraciones afirmativas y las negativas afirman o niegan la relación entre el sujeto y el predicado. Las *afirmativas* sirven de modelo para los otros tipos de oraciones.

Todos hemos llorado alguna vez.

Para formar una oración *negativa* en español se coloca el elemento negativo *no* delante del verbo.

Juanito no tiene un pelo de tonto.

Este idioma también tiene una serie de palabras negativas —como *nunca, tampoco, nadie, ninguno*, etcétera— que sirven para reforzar la negación oracional.

Mara no le presta atención a *nadie*.

No te diría eso *jamás* en su lugar.

Pero cuando estas palabras van delante del verbo, el *no* se vuelve innecesario.

Nadie llamó.

Nunca jamás invita a nadie por ningún motivo.

Prácticamente cualquier tipo de oración puede ser afirmativa o negativa. Por ejemplo, en A encontramos una interrogativa negada, en B una exclamativa, en C un mandato y en D un deseo, entre otras posibilidades.

EJEMPLO A: ¿Quién *no* te quiso escribir una recomendación?

EJEMPLO B: ¡*Ni* se te ocurra interrumpirlo otra vez!

EJEMPLO C: *No* vengas hasta las siete.

EJEMPLO D: Ojalá que *no* haga frío.

Práctica

A. A veces se quiere subrayar la afirmación; una forma de hacerlo es empleando la expresión *sí (que)*, como en los ejemplos a continuación.

¿No ha venido Fulanito?   —Sí (que) ha venido.

¿Ha dicho que lo tiene?   —Sí, ha dicho que sí lo tiene.

Conteste las siguientes preguntas de manera enfática con *sí (que)*.

1. ¿Confirmaron que lo comprarían?
2. ¿Se acordará de felicitarte tu madrina?
3. ¿Dijeron que se habían quitado los zapatos en la iglesia?
4. ¿Es que los pantalones los llevas tú?
5. ¿Te parece que se ganará la confianza de su jefe?
6. ¿No lo invitaste a entrar?
7. ¿Les presentaste a tu novia?
8. ¿Te preguntó dónde habías ido?

B. Cambie las siguientes oraciones afirmativas a negativas.

1. Llamó alguien.
2. Pili también estudia física.
3. Compró algún disco de un artista famoso.
4. Creo que te llamó alguien.
5. José siempre mira la tele.
6. ¿Tienes alguna novela que me puedas prestar?

Ahora piense en otras expresiones negativas y úselas en oraciones.

Análisis

Examine los ejemplos siguientes, explique qué tienen de especial y por qué son posibles.

1. Vino sin nadie.
2. Te aseguró que el perro entró sin nada en la boca.
3. Sin ningún apoyo no se puede ganar.
4. No salió sin nada.
5. No habla sin dificultad.
6. En mi vida lo he visto.

¿A qué idea general ha llegado?

5.2 *INTERROGATIVAS*

Cuando el hablante desconoce o necesita comprobar algo, tiene la posibilidad de hacer preguntas para completar sus conocimientos. Las preguntas se pueden clasificar en tres tipos: las *totales*, las *parciales* y las *eco*. Examinamos sus características.

(i) Preguntas totales

Buscan la confirmación de la verdad o falsedad del enunciado. Se responden afirmativa o negativamente.

¿Consiguieron convencer a la jefa?

Existe un subtipo de las interrogativas totales donde se especifican dos o más alternativas y que no reciben necesariamente una respuesta con *sí* o *no*; son las preguntas *alternativas* o *disyuntivas*.

¿Vienes o no vienes?

¿Compraste vino blanco o tinto?

Las totales pueden ser directas (una cláusula principal) como en el EJEMPLO A o indirectas (subordinada a la oración e introducida por la conjunción *si*) como en el B. Las directas se caracterizan por una entonación ascendente (la línea melódica sube al final de la oración).

EJEMPLO A: ¿Tú recogerás a la niña del colegio?

EJEMPLO B: Le preguntó (que) <u>si</u> se sentía bien.
No sé <u>si</u> él recogerá a la niña del colegio.

En las totales el sujeto puede ir antes o después del verbo.

También podemos buscar la confirmación de una frase añadiendo una coletilla confirmativa al final de una oración afirmativa.

Llegaron ayer, ¿no?

Me harás ese favor, ¿verdad?

Ya cortaron el tránsito en el casco antiguo, ¿(no es) cierto?

(ii) Preguntas parciales

Preguntan por cualquiera de los elementos de la oración (sujeto, objetos directos e indirectos, complementos circunstanciales y hasta por la misma acción verbal). Llevan una frase interrogativa antepuesta al resto de la oración y tienen entonación descendente (la línea melódica baja al final de la oración). Pueden ser directas (EJEMPLO A) o indirectas (B).

EJEMPLO A: ¿A qué director le dieron el Óscar?
¿Qué está haciendo Fulanito?

EJEMPLO B: Le comunicó cuándo se llevaría a cabo la reunión.
No especificaron a quién iban ellos a traer.

En las parciales, se cambia el orden del sujeto y del verbo; el sujeto aparece después del verbo tanto en las directas como en las indirectas, especialmente cuando la frase interrogativa cuestiona un argumento del verbo. Aunque la norma general invierte el orden del sujeto y verbo, a veces este cambio no aparece, especialmente con *por qué*:

¿Por qué nunca me dices <u>tú</u> la verdad?

¿Por qué <u>tú</u> nunca me dices la verdad?

(iii) Preguntas eco

Este subtipo aparece cuando el hablante no ha oído lo que se acaba de decir, o no puede creerlo. Lo que busca es la repetición de lo ya dicho. Lo más característico es su entonación: tienen entonación ascendente pronunciada (a excepción de las preguntas introducidas por *cómo que*, ver más abajo). En las preguntas eco parciales, la frase interrogativa también recibe mayor prominencia acentual. Consideremos los ejemplos siguientes.

¿A cuántos invitaron?

¿Con quién se casó?

Por escrito, las dos oraciones son ambiguas: pueden interpretarse como preguntas parciales no eco [cf. (ii)] o como preguntas parciales eco. Pero en el habla la ambigüedad desaparece debido a la entonación. En oposición a la entonación descendente de la pregunta parcial no eco, en la pregunta eco la entonación sube. Además, los pronombres interrogativos *cuántos* y *con quién* se pronuncian con fuerza para demostrar sorpresa o duda ante lo que se acaba de decir. En la escritura pueden representarse así:

¿A CUÁNTOS invitaron?

¿Con QUIÉN se casó?

En las preguntas eco parciales el sintagma interrogativo tampoco tiene necesariamente que ponerse delante. Puede aparecer exactamente donde le corresponde, según la función que tiene dentro de la oración, objeto directo en el EJEMPLO A y objeto de preposición en el B.

EJEMPLO A: ¿Me dijiste que invitaron a CUÁNTOS?
           ¿Le regalaron QUÉ COSA a Marianita?

EJEMPLO B: ¿Juntaste cien firmas para QUÉ organización?
           ¿Confirmaron la cita con QUIÉN?

Las preguntas eco se diferencian de las preguntas totales en que la entonación ascendente es más pronunciada y en que uno de los elementos oracionales tiende a destacarse por la prominencia acentual (en mayúsculas).

¿Los esperas EL QUINCE?

¿Es que dijiste que lo DESPIDIERON?

Un subtipo de preguntas eco especial son las introducidas por la expresión *cómo que*. En ellas el *cómo* lleva acentuación fuerte pero la entonación tiende a ser descendente.

¿CÓMO que no vendrás?

¿CÓMO que dónde lo he puesto? ¡En tu cuarto!

Práctica

A. En los ejemplos siguientes, haga preguntas cuya respuesta sea el sintagma subrayado.

MODELO: Fulanito viene <u>todas las semanas</u>.
          ¿Con qué frecuencia / cada cuánto / cuándo viene Fulanito?

1. Abrirán desde las doce hasta <u>las seis</u>.
2. Se expenderán <u>las localidades</u> a partir de mañana.

3. El programa consta de <u>ocho</u> temas principales.
4. <u>Al finalizar la guerra</u> se firmó la paz.
5. Se identifica con <u>el orden y la autoridad</u>.
6. <u>La ministra</u> pronunciará el discurso.
7. Se cortó el dedo <u>sin pensar</u>.
8. Recibieron ayuda de <u>sus vecinos</u>.
9. Podrán <u>jugar</u> cuando terminen sus tareas.
10. Lo mandan <u>al Perú</u> en unos días.

B. Dé dos ejemplos de cada uno de los siguientes subtipos de preguntas.

1. pregunta total directa
2. pregunta eco con *cómo que*
3. pregunta total alternativa
4. pregunta total con coletilla
5. pregunta parcial indirecta

C. Interprete las siguientes preguntas como eco (recordando la entonación que las caracteriza) y respóndalas adecuadamente.

MODELO: ¿Lo compraste dónde?
            —*Pues en el lugar de siempre, no sé por qué actúas tan sorprendido.*

1. ¿Querían contratar a quién?
2. ¿Cómo que quién no lo defendió?
3. ¿Qué es lo que predicaban?
4. ¿Cómo que se desintegró?
5. ¿Te costó cuánto?
6. ¿Por quién votaron?
7. ¿Suspendieron el examen de lógica?
8. ¿Eliminaron cuántos puestos?

Análisis

Los angloparlantes tienen dificultad en cambiar al español el **how...?** Parte del problema es que el español usa muchas expresiones y el inglés sólo una. Veamos algunos ejemplos.

¿Cuántos años tiene?

¿Con qué frecuencia vas al teatro?

¿Cada cuánto lo ves?

¿Cuánto mide esta alfombra?

¿Qué grosor tiene su cadena de oro?

¿Cuán difícil es ese teorema?

Luego de leer Whitley, 1986, críticamente, haga una lista de todas las posibilidades y prepare una estrategia para enseñar este tema a estudiantes universitarios angloparlantes de primer año.

5.3 EXCLAMATIVAS

Comunican emociones de todo tipo (enfado, alegría, compasión, etcétera). Lo característico de ellas es la entonación. Por lo demás, casi cualquier tipo de oración (con la salvedad apuntada abajo) puede interpretarse como exclamativa si se le da la entonación adecuada: mayor amplitud en las curvas melódicas. Las clasificamos en dos subtipos principales: las que no están introducidas por una frase especial (EJEMPLO A) y las que aparecen introducidas por las frases *qué*, *cuánto*, *cuán* y *cómo* (B).

EJEMPLO A: ¡Se la ve tan hermosa!
¡No me interrumpas más!
¡Las cosas están al rojo vivo!
¡La de cuentos que te podría hacer!

EJEMPLO B: ¡Qué travieso es!
¡Cuántas horas de trabajo se le han venido abajo!
¡Cuán felices se ven!
¡Cómo está de pálida!
¡Con qué aplomo se presentó ese cara dura!
¡Qué chiste tan verde nos contaron!

Cuánto, *qué* + *sustantivo/adjetivo* y *cuánta/o(s)* + *sustantivo* pueden aparecer seguidos por la conjunción *que*.

¡Cuánto (que) te extraño!

¡Qué cara (que) traes!

¡Qué bueno (que) está!

¡Cuántos chicos (que) tienen!

Para que una exclamación sea apropiada tiene que hacer referencia a uno de los puntos extremos de una escala. Además no pueden negarse pues presuponen la veracidad de lo enunciado, por lo que los ejemplos siguientes no están bien formados.

#¡Qué bueno que no está!

#¡Cuán felices no se ven!

También existen exclamaciones sin verbo.

¡Tarambana!

¡Qué asquete!

Práctica

A. Pase las siguientes oraciones a exclamativas con *qué, cuánto, cuán, cómo*.

1. Son <u>verdaderamente</u> simpáticos.
2. Le han dado <u>muchos</u> regalos.
3. Están <u>muy</u> morenos.
4. Tienen <u>cinco</u> gatos.
5. Estudia el piano con <u>gran</u> entusiasmo.

5.4 OTROS VALORES COMUNICATIVOS

Además de afirmar, negar, interrogar y exclamar, el hablante tiene distintas posibilidades para expresar otros valores comunicativos como probabilidad, duda y deseos. Analizamos a continuación algunas de estas expresiones; nos concentramos en expresiones que tienen alguna manifestación morfo-sintáctica.

(i) Posibilidad y probabilidad

El idioma tiene varios medios para expresar posibilidad y probabilidad.

(a) Los futuros y los condicionales. Se usan para expresar posibilidad, conjetura o vacilación en el presente o el pasado.

Será el cartero.	Probablemente es el cartero.
Ya se habrán ido.	Probablemente ya se fueron/se han ido.
Serían las ocho.	Probablemente eran las ocho.

(b) Los verbos modales *poder*, *deber* y *deber de* **en el condicional o el imperfecto del subjuntivo.** Tanto el condicional como el subjuntivo (en general) se usan cuando no se afirma un hecho. Presentamos los ejemplos con un contexto para subrayar el significado de no realidad.

—¿Supiste que ya aceptaron la oferta de tus rivales?

—¡Podrían/pudieran habernos notificado!

—¿Y dónde estará tu marido?

—Debería de / debiera de estar en su despacho pero no te lo aseguro.

(ii) Duda con adverbios

Expresa un juicio menos seguro que el que indica posibilidad o probabilidad. Las *oraciones dubitativas* generalmente se introducen con un adverbio de duda como *tal vez*, *quizá*, *acaso*. Suelen llevar el verbo en subjuntivo o condicional, aunque también se usan otras formas del indicativo para la duda muy atenuada.

Tal vez venga esta tarde.

Acaso les haya agradecido su atención.

Quizás estudia/estudiaría menos de lo que imaginamos.

(iii) Deseos y exhortaciones

Las *oraciones desiderativas* se caracterizan por llevar el verbo en subjuntivo. La expresión temporal nos da una información muy práctica: indica si el deseo puede realizarse o no. Así, con el verbo en el presente, el deseo se ve como posible en el presente o el futuro.

¡Ojalá haga buen tiempo!

¡Que te salga el trabajo ese!

Pero si el verbo no está en presente, su realización como posible o imposible depende de si se interpreta en su valor de pasado (imposible) o futuro (posible).

¡Ojalá se hubiera caído al mar el otro día!   (pero no se cayó)

¡Ojalá acertara la lotería de mañana!   (hay posibilidades de hacerlo)

¡Ojalá que lo haya llamado ya!   (depende de si lo llamó o no)

Otras expresiones también sirven para expresar deseos. En los siguientes ejemplos *así* y *quién* pueden ser sustituidos por *ojalá* sin cambio de significado.

¡Así te hubieras roto el pescuezo!   (pero no se lo rompió)

¡Quién pudiera verla!   (pero no puede)

Las exhortaciones son deseos fuertes. Se usan para ejercer influencia (convencer, rogar, mandar y prohibir):

(a)   Con *querer, desear* y *rogar* en el condicional o imperfecto de subjuntivo para señalar educación o cortesía.

Quisiera que le prestara más atención a su proyecto.

Desearía que fueras menos agresivo.

Le rogaría que no llamara a altas horas de la noche.

(b) Con el imperativo o el subjuntivo.

Venid.

No lo molestes.

¡Que salga!

(c) Con el infinitivo en el habla coloquial y en carteles.

No sacar las manos por las ventanillas.

¡A comer!

¡A no molestar!

(d) Con el futuro para expresar una orden fuerte.

No matarás.

Te arrepentirás de tus acciones.

(e) Con expresiones sin verbo.

¡A las dos!

¡Con toda seguridad!

En el capítulo III, 8 se explica más profundamente las oraciones desiderativas y exhortativas.

Cambie los siguientes ejemplos para expresar los valores comunicativos indicados.

> MODELO: Sería a la madrugada. (probabilidad)
> *Probablemente era a la madrugada.*

1. Estudiaba medicina. (posibilidad)
2. Termina en la cárcel. (deseo realizable)
3. La abuela está mejor hoy. (deseo)
4. Tú me vienes a ver mañana. (exhortación)
5. Me gusta que nos visite frecuentemente. (exhortación deferencial)
6. Uds. se quitan los zapatos con barro. (exhortación)
7. Inmigraron hace cinco años. (duda)
8. Visitaron a sus abuelos. (probabilidad con verbo modal)
9. Tú consigues un coche usado en buenas condiciones. (deseo realizable)
10. Tenemos un millón de dólares. (deseo no realizable)
11. Están mirando el partido de tenis. (posibilidad)
12. Recorre todos los países de Europa. (duda)
13. Se mudaron a una casa nueva. (probabilidad con verbo modal)
14. Le había presentado a su asesor. (posibilidad)
15. Están preparando algo secreto. (probabilidad)
16. Consiguió lo que buscaba. (deseo)

A. Con frecuencia, es difícil separar las oraciones desiderativas de las exhortativas. Considere el ejemplo *¡Que entre!* ¿Es una orden o un deseo, o ambas cosas? ¿De qué depende la interpretación? Haga oraciones que se puedan entender tanto como desiderativas o exhortativas. Llegue a una idea general sobre su uso.

B. Prepare un esquema donde se resuman los distintos valores comunicativos de las oraciones. Incluya los subtipos cuando sea necesario.

EJERCICIOS FINALES

A. En el siguiente párrafo clasifique las oraciones compuestas. Identifique y explique las partes en que se dividen.

Llenó la bañera, vació un puñado de sales que llenaron el agua con espuma fragante y allí me sumergí, primero con timidez y luego con un suspiro de placer. Cuando ya comenzaba a dormirme entre vapores de jazmín y merengue de jabón, reapareció la Señora con un guante de crin para refregarme. Después me ayudó a secarme, me puso talco borbotado en las axilas y unas gotas de perfume en el cuello.

Extracto de la novela *Eva Luna* de Isabel Allende (1992, Barcelona: Ed. Plaza & Janés, S.A., 120–1).

B. En la siguiente carta, clasifique las oraciones subordinadas según su subtipo; observe sus valores comunicativos.

Querida amiga:

Perdóname que no te haya escrito antes, pero es que estaba en un dilema que me tenía indecisa. Ya en mi última te conté que estaba investigando qué universidades ofrecían un programa graduado de Estudios Latinoamericanos que se pudiera combinar con arte. Encontré unas pocas y les escribí a todas pidiendo información. Luego comenzó el largo proceso de rellenar formularios, conseguir cartas de recomendación y escribir un ensayito explicando por qué uno quiere asistir imprescindiblemente a esa universidad. ¡Qué monótono me resultó esto! Y en el momento que uno pone las cartas en el correo, comienza uno de los dos períodos de ansiedad; el primero es el de espera. ¿Te aceptarán o te rechazarán? Uno se pregunta quién tomará una decisión que puede afectar tu vida en base a unos pocos papelitos. Por suerte, me aceptaron en varias universidades buenas, o tal vez por desgracia. Me explico. Si me hubieran aceptado en una sola, la decisión hubiera quedado fuera de mis manos y punto. Sin embargo, me tocó barajar cinco opciones, con el resultado que un día estaba lista para aceptar una y al día siguiente otra. Este es el segundo período de ansiedad. Pero ya decidí, voy a la Universidad de San Luis aunque aún no sé cómo voy a pagar mi primer año de estudios. Lo que me atrae es que es una ciudad grande con influencia y afluencia de hispanos de todas partes lo que me hace pensar que habrá mucha oportunidad para empaparme de arte. Estoy encantada con mi decisión y me siento libre. A pesar de esto, hay una cosa pequeña que aún me preocupa: ¿qué si viene el gran terremoto que dicen que va a llegar algún día y me caigo al océano con todos los demás? Ahora que lo pienso, tal vez no sea una cosa pequeña.

Saludos a tu novio y un gran abrazo para ti de,

Juana

¿Ha encontrado oraciones que no se corresponden a las opciones aquí explicadas?

C. Analice y clasifique las oraciones en el pasaje siguiente.

La señorita Inés y mi patrón me curaron las magulladuras con compresas de hielo y después tiñeron con anilina negra mi mejor vestido, para el cementerio. Al día siguiente yo continuaba afiebrada y con la cara deforme, pero la maestra insistió en que me vistiera de luto de pies a cabeza, con medias oscuras y un velo en la cabeza, como era la costumbre, para asistir al funeral de Zulema, demorado más allá de las veinticuatro horas reglamentarias, porque no habían encontrado un médico forense para hacer la autopsia. Hay que salir al encuentro de los chismes, dijo la maestra. No se presentó el cura, para que quedara muy claro que se trataba de un suicidio y no de un crimen, como andaban murmurando los guardias. Por respeto al turco y para molestar al Teniente, toda Agua Santa desfiló ante la tumba y cada uno me abrazó y me dio el pésame como si en verdad yo fuera la hija de Zulema y no la sospechosa de haberla asesinado.

Extracto de la novela *Eva Luna* de Isabel Allende (1992, Barcelona: Ed. Plaza & Janés, S.A., 198).

LECTURAS ADICIONALES

Todas las gramáticas tradicionales (véase la lista en el Prefacio) describen y clasifican los distintos tipos de oraciones. Para un tratado reciente y asequible, se recomienda consultar Campos (1993). Bosque (1989) y Demonte (1990) son estudios que analizan distintos aspectos de los constituyentes de la oración.

Suñer (1983), Jaeggli (1986) y Hernanz (1990) investigan las características de los sujetos tácitos. Whitley (1986) estudia la gran variedad de equivalents en español para el interrogativo *how* del inglés.

El verbo y los significados de las formas verbales

EL DIARIO

Martes, 14 de octubre

¿Dónde estará la alcaldesa?

El portavoz del Ayuntamiento responde a las acusaciones de corrupción en una rueda de prensa

El nuevo caso cifra el número de hispanohablantes en todo el mundo en más de 280 millones El nuevo caso cifra el número de hispanohablantes en todo el mundo en más de 280 millonesEl nuevo caso cifra el número de hispanohablantes en todo el mundo en más de 280

El nuevo caso cifra el número de hispanohablantes en todo el mundo en más de 280 millones El nuevo caso cifra el número de hispanohablantes en todo el mundo en más de 280 millonesEl nuevo caso cifra el número de hispanohablantes en

60

CAPÍTULO 3
El verbo y los significados
de las formas verbales

1. INTRODUCCIÓN

En este capítulo veremos los conocimientos que tiene el hispanohablante sobre el verbo: su estructura morfológica, su clasificación según el significado léxico y los problemas gramaticales típicos (el pretérito/imperfecto, el indicativo/subjuntivo, etcétera).

Pero antes de leer estos temas, utilice sus conocimientos sobre las formas verbales para solucionar los siguientes ejercicios.

Para empezar...

A. Repase los nombres que reciben las siguientes formas verbales del indicativo.

_____ **1.** salté	a.	progresivo condicional
_____ **2.** estábamos leyendo	b.	forma compuesta del futuro
	c.	progresivo futuro
_____ **3.** has salido	d.	imperfecto
_____ **4.** están escuchando	e.	forma compuesta del presente
	f.	progresivo imperfecto
_____ **5.** estuve jugando	g.	forma compuesta del condicional
_____ **6.** habían llegado	h.	pretérito
	i.	condicional
_____ **7.** esperaríamos	j.	progresivo presente
_____ **8.** estarán saludando	k.	progresivo pretérito
	l.	forma compuesta del pasado
_____ **9.** habremos terminado		
_____ **10.** estarías nadando		
_____ **11.** habrías invitado		
_____ **12.** solíamos		

B. Las formas verbales se pueden clasificar según el tipo de información que expresan. Después de averiguar en el glosario los conceptos de la derecha, indique la clase de información expresada al comparar los siguientes pares de oraciones.

_____ **1.** (a) No *hay* problema.	a.	modo
(b) No *habrá* problema.	b.	aspecto
	c.	tiempo
_____ **2.** (a) Creo que *es* verdad.	d.	relación secuencial
(b) No creo que *sea* verdad.		
_____ **3.** (a) *Estuvimos* en Marruecos.		
(b) *Estábamos* en Marruecos.		
_____ **4.** (a) Ya *fuimos* al mercado.		
(b) Ya *habíamos ido* al mercado.		

C. Defina *acción* y *estado*. Después decida si los siguientes verbos expresan una acción o un estado. ¿Cuáles son los más difíciles de clasificar? ¿Por qué?

1. escribir
2. lavar
3. estar
4. residir
5. golpear
6. gustar

7. oír
8. quedar
9. pensar
10. caminar
11. estudiar
12. existir

D. Todos los idiomas del mundo tienen los medios para relacionar una acción o un estado con un determinado tiempo, incluso cuando no todas las lenguas expresan el tiempo de la misma manera. Identifique el tiempo de la forma verbal en las siguientes oraciones e indique su referencia temporal (presente, pasado, futuro).

MODELO: El payaso no tiene nada en la mano.
tiene: tiempo verbal = presente; referencia temporal = presente

1. Aquí *viene* mi abuelo.
2. *Salimos* de vacaciones en dos semanas.
3. En 1992 se *celebran* los Juegos Olímpicos en Barcelona.
4. No *harán* nada para ayudarte.
5. ¿Qué hora *será* ahora mismo?
6. Anoche *estoy* en un bar y se me *acerca* un tipo muy raro. No *sabía* qué hacer.

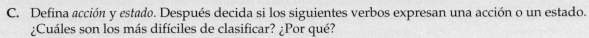

2. LA MORFOLOGÍA DEL VERBO

Cada forma verbal tiene dos clases de significado: el **léxico,** que define la propia situación en el mundo real, y el **gramatical,** que especifica los conceptos gramaticales como el número y persona del sujeto y otros conceptos que relacionan la situación con el acto de comunicación (por ejemplo, el tiempo o modo gramatical). Veamos las siguientes formas *no conjugadas* que clasifican los verbos según su vocal temática (el morfema que funciona como marcador de clase, *a, e* o *i*):

compr-a-r	*entend-e-r*	*viv-i-r*
compr-a-ndo	*entend-ie-ndo*	*viv-ie-ndo*
compr-a-do	*entend-i-do*	*viv-i-do*

Cada forma está subdividida en otras partes, en *morfemas* o unidades mínimas de significado. ¿Cuál es el morfema compartido por todas las formas de un determinado verbo? Es la raíz léxica (*compr-, entend-, viv-*), la que define la situación del mundo real en oposición a todos los otros morfemas de significado gramatical. En los ejemplos anteriores, el primer término de cada columna es el infinitivo, que se diferencia de todas las otras formas verbales porque lleva solamente el marcador de clase (*compr-**a**-r, entend-**e**-r, viv-**i**-r*) y el de infinitivo (*-r*). Las segundas y terceras formas de cada columna llevan más significado gramatical (la variación de la vocal se debe a la diptongación de *e > ie*). El morfema *-ndo* es el marcador de gerundio, que a nivel semántico expresa la duración de la situación (la situación se está realizando). El morfema *-do* es el marcador del participio pasado y expresa la terminación de la situación.

un morfema léxico
un morfema que expresa una situación, entidad o concepto en el mundo real

un morfema gramatical
un morfema que expresa una categoría gramatical (persona, número, tiempo, aspecto, etcétera)

62

CAPÍTULO 3
El verbo y los significados
de las formas verbales

A diferencia de estas formas *no conjugadas*, las siguientes son *conjugadas*.

compr-a-ra-s   entend-ie-ra-s   viv-ie-ra-s

En ellas, además de la raíz y de la vocal temática, se encuentra el marcador de persona/número del sujeto *-s* (que coincide con el sujeto gramatical *tú*). También tenemos el morfema *-ra*, que indica cómo el hablante organiza y presenta la situación concreta del mundo real: la referencia temporal es al pasado (en contraste con el presente *compres*) y el modo utilizado es el subjuntivo (opuesto al indicativo *compraste/comprabas*). También sabemos que la situación es no anterior (en oposición a la forma compuesta *hubieras comprado*) y que es una forma no progresiva (en contraposición al progresivo *estuvieras comprando*). Con toda esta información construimos el significado gramatical completo.

Pero esto no quiere decir que todas las formas verbales en español tengan un morfema diferente para cada categoría gramatical. Debido a la evolución de la lengua española, se han perdido morfemas. Por ello, algunos morfemas gramaticales del español moderno representan más de una categoría gramatical y, en otros casos, algunas categorías no se expresan abiertamente. ¿Cuáles serán las categorías que expresan las siguientes formas verbales de *comprar*? Recuerde que el primer morfema de cada forma es la raíz léxica y los demás morfemas expresan los conceptos gramaticales.

	presente indicativo	presente subjuntivo	pretérito indicativo	imperfecto subjuntivo
yo	compr-o	compr-e	compr-é	compr-a-ra
tú	compr-a-s	compr-e-s	compr-a-ste	compr-a-ra-s
él, etc.	compr-a	compr-e	compr-ó	compr-a-ra
nosotros	compr-a-mos	compr-e-mos	compr-a-mos	compr-á-ra-mos
vosotros	compr-á-is	compr-é-is	compr-a-ste-is	compr-a-ra-is
ellos, etc.	compr-a-n	compr-e-n	compr-a-ro-n	compr-a-ra-n

Como hemos explicado, cada formal verbal expresa diferente cantidad de información gramatical. Por ejemplo, la forma *compraras* del imperfecto subjuntivo tiene un morfema para cada categoría gramatical, pero otras formas distinguen los mismos conceptos gramaticales con menos morfemas (*compro* y *compré* del presente indicativo y pretérito indicativo, respectivamente). Hay otras que no distinguen toda la información gramatical (*compre* del presente subjuntivo no diferencia entre primera y tercera persona; *compramos* es tanto una forma del presente indicativo como del pretérito indicativo).

En resumen, el español tiene una morfología verbal muy variada en inflexiones, pero no existe una correspondencia total entre morfemas y categorías gramaticales.

Análisis

A. Compare la variedad de significado en las formas verbales de las siguientes oraciones. Si una forma verbal expresa más significado que otra, ¿cómo se equilibra esta diferencia?

MODELO: *Salimos* de la casa y vimos a un amigo.
            Saliendo de la casa vimos a un amigo.

Salimos expresa persona/número del sujeto y otras categorías gramaticales (tiempo, aspecto, modo); mientras el gerundio *saliendo* sólo expresa duración. Sin embargo, se sabe por el contexto que el tiempo y persona/número de *saliendo* son los mismos que *vimos*.

1. Cuando *terminaron* de cenar fueron al cine.
   Terminada la cena fueron al cine.
2. *Aparcó* el coche y descubrió que tenía una llanta pinchada.
   Al *aparcar* el coche descubrió que tenía una llanta pinchada.
3. El partido comenzó mucho antes de que *llegáramos* al estadio.
   El partido comenzó mucho antes de *llegar* al estadio.
4. Logré que *lo hiciera*.
   Logré *hacerlo*.
5. En una conferencia de prensa que *se celebró* el jueves pasado...
   En una conferencia de prensa *celebrada* el jueves pasado...

B. En las siguientes formas, separe la raíz léxica de los morfemas gramaticales. ¿Qué información indican el conjunto de morfemas gramaticales?

MODELO: habl-ó
          -tercera persona singular del pretérito indicativo

1.	hablo	6.	hable
2.	amaste	7.	camináramos
3.	dábamos	8.	hemos salido
4.	deberá	9.	estaba cenando
5.	estudiaría	10.	hubieras ganado

C. Ya hemos visto que puede haber variantes de un morfema (la vocal temática en *entender* y *entendiendo*). Identifique los morfemas que se alejan de su forma normal. ¿Es un morfema léxico o uno gramatical? ¿Cómo se explica su irregularidad? ¿En qué otras formas del verbo se encuentra la misma variación?

MODELO: viste (de *vestir*)
          La vocal de la raíz léxica es irregular porque *vestir* es un verbo de tipo e > i (como *pedir*, *servir*); también el gerundio *vistiendo*, algunas formas del pretérito (*vistió*, etcétera), el subjuntivo presente (*vista*, etcétera), el subjuntivo imperfecto (*vistiera*, etcétera).

1.	duerme	8.	tuviste
2.	pidió	9.	rieron
3.	entiendo	10.	tiñó
4.	sintiera	11.	conozco
5.	sabría	12.	tengo
6.	saldremos	13.	estoy
7.	iban	14.	dijeron

D. La variación del ejercicio anterior es variación fonológica, que tiene repercusiones en la ortografía. También hay variantes sólo ortográficas: el sonido no cambia, pero sí la ortografía. Identifique la variación ortográfica de las siguientes formas e indique la norma ortográfica.

1.	concluyendo	6.	protejo
2.	toque	7.	mezo
3.	pagué	8.	alcance
4.	creyendo	9.	averigüe
5.	distingamos	10.	construyó

64

CAPÍTULO 3
El verbo y los significados
de las formas verbales

3. *LAS CLASES LÉXICAS DE VERBOS*

la situación
la acción o estado expresado
por el verbo

Antes de estudiar el significado gramatical de las formas verbales, debemos analizar la competencia del hablante que clasifica los significados léxicos. La identificación de clases nos ayudará a entender el funcionamiento de las categorías gramaticales. Clasificamos los verbos según: (1) las características concretas que muestran las situaciones expresadas por ellos, y (2) el valor comunicativo en la expresión de opiniones sobre otras situaciones. La primera característica se centra en la diferencia entre acciones y estados, mientras la segunda realza el significado del verbo de una oración principal con respecto a la situación expresada en una cláusula subordinada nominal (véase el capítulo II, 4.2 y 5.4).

3.1 *ACCIONES Y ESTADOS*

Todas las situaciones posibles se dividen en dos grandes clases: acciones y estados. Una *acción* es una situación en que por lo menos un participante actúa de forma dinámica. En un *estado*, aunque haya participantes, su papel no es dinámico. Por ejemplo, el verbo *saltar* expresa una acción, porque por lo menos un participante está obligado a actuar. Pero el verbo *gustar* expresa un estado, una relación no activa entre personas o entidades. La siguiente clasificación nos será muy útil para el análisis de oraciones.

(i) Verbos de acción física

Expresan una acción dinámica que requiere un esfuerzo físico, como *saltar, cocinar, robar, nadar, salir* y *andar,* entre muchos otros.

(ii) Verbos de existencia y de estado físico

El sujeto del verbo se encuentra en un determinado estado o condición: los verbos de existencia (*haber* y *existir*), los que expresan permanencia (*permanecer, quedar, continuar*) y otros estados físicos (*estar, vivir, residir*).

(iii) Verbos mentales

Expresan un estado o proceso mental: *reflexionar, meditar, estudiar, planear, querer, reconocer, preferir, recordar, olvidar(se), presentir, gustar.*

(iv) Verbos de percepción

Son los verbos que se refieren a los sentidos: *ver, oír, sentir, oler, palpar, mirar, escuchar, fijarse en, percibir.*

Como veremos en la sección 6, la clasificación de los verbos entre acciones y estados será imprescindible para estudiar el contraste entre el pretérito y el imperfecto.

3.2 *LA EXPRESIÓN DE OPINIONES HACIA OTRAS SITUACIONES*

La otra forma de clasificar los verbos es analizar el valor comunicativo de un verbo principal cuando expresa una opinión sobre una situación incluida en una cláusula subordinada nominal (véase el capítulo II, 4.2 y 5.4). Las distintas clases de verbos son las siguientes.

(i) Verbos de afirmación/negación

Estos verbos permiten que el hablante afirme, niegue o exprese duda o posibilidad sobre la verdad de otra situación; son verbos de estado mental como *creer*, *negar* y *dudar*.

(ii) Verbos de comunicación

Explican cómo se ha comunicado la información. Pueden ser verbos de acciones físicas (*decir*, *escribir*, *sollozar*), verbos de estado mental (*asegurar*, *mencionar*) o verbos de ambos tipos (*señalar*).

(iii) Verbos de conocimiento o aprendizaje

Son los verbos de estado mental que indican la forma en que se ha adquirido o perdido información. Por ejemplo, *aprender*, *deducir*, *comprender*, los verbos de memoria [*recordar*, *olvidar*(*se*)] y los de predicción (*predecir*, *presentir*, *profetizar*).

(iv) Verbos desiderativos

Son los de estado mental que expresan deseo (*querer*), preferencia (*preferir*) o necesidad (*necesitar*).

(v) Verbos de influencia

Son verbos de acción mental que expresan una opinión sobre la realización de otra situación. Puede ser una petición (*pedir*), un mandato (*ordenar*), una sugerencia (*proponer*), un permiso (*dejar*) u otra actitud que influya la realización o no realización de una situación.

(vi) Verbos de evaluación personal

Son verbos que indican una emoción u otra opinión personal. Son verbos de estado mental como *enojar*, *gustar*, *alegrar*, *caer bien*, etcétera.

En la sección 8 utilizaremos estas clases para explicar los usos contextuales de los modos.

Análisis

A. Clasifique los siguientes verbos como acción física, existencia, estado físico, estado mental o verbo de percepción.

MODELO: lavar: *acción física*

1.	pintar	**11.**	esperar
2.	existir	**12.**	ser
3.	creer	**13.**	apuntar
4.	probar	**14.**	gritar
5.	parecer	**15.**	encantar
6.	matar	**16.**	postular
7.	preferir	**17.**	dar
8.	comprar	**18.**	afirmar
9.	merendar	**19.**	sentir
10.	darse cuenta	**20.**	descubrir

B. Decida la clase de opinión que expresa cada verbo.

> MODELO: permitir
> *Es un verbo de influencia que expresa permiso.*

1. suponer
2. tener ganas
3. exigir
4. fascinar
5. olvidar
6. parecer
7. sugerir
8. reconocer
9. impedir
10. darse cuenta
11. telefonear
12. deplorar
13. convenir
14. estar seguro
15. rogar
16. cuchichear
17. estar contento
18. aprobar
19. preferir
20. percibir

4. LAS FORMAS SIMPLES Y LA EXPRESIÓN DEL TIEMPO

En los siguientes apartados analizaremos el significado gramatical del verbo español. Además de estudiar los diversos usos contextuales de las formas verbales, explicaremos la unidad semántica que les permite tener dicha variedad de usos. Comenzamos examinando los siguientes casos (las presentamos en primera persona singular *yo* aunque sabemos que otras formas se diferencian por la desinencia persona/número del sujeto).

Forma Simple		Forma Compuesta
vivo	**Presente**	*he vivido*
viví/vivía	**Pasado**	*había vivido*
viviré	**Futuro**	*habré vivido*
viviría	**Condicional**	*habría vivido*

Estas formas verbales se dividen de acuerdo con dos factores principales. Por un lado se puede clasificar una forma verbal según el tiempo (presente vs. pasado vs. futuro vs. condicional). Por otro, según la expresión de una relación secuencial (forma simple de la izquierda vs. forma compuesta de la derecha).

Es imprescindible que el hablante y el oyente sepan la referencia temporal de una situación; en la mayoría de los casos, esta información la expresa el verbo. Puede haber una referencia al presente, al pasado, al futuro o una referencia a una situación hipotética que carece de toda referencia temporal.

> *Vivo* en una ciudad grande.   (en el presente)
> *Viví/Vivía* en una ciudad grande.   (en el pasado)
> *Viviré* en una ciudad grande.   (en el futuro)
> *Viviría* en una ciudad grande.   (hipotético)

Con estos datos podemos deducir que una forma del presente se refiere a una situación que tiene lugar en el presente, que una forma del pasado relaciona una situación que pertenece temporalmente al pasado, que una forma del futuro siempre une una situación al futuro y que la forma condicional se usa solamente para las situaciones hipotéticas. Sin embargo, es fácil comprobar que no hay una correspondencia total entre el tiempo en el mundo real y el tiempo de la forma verbal utilizado para comunicar una situación.

Te *veo* en un rato. (forma = *presente*, situación = *futuro*)
¿Dónde *estará* papá ahora? (forma = *futuro*, situación = *presente*)
¿*Podías* hacerme un favor? (forma = *pasado*, situación = *presente*)

Aunque la función del tiempo es la de permitir que el hablante haga referencias temporales sobre situaciones en el mundo real, las formas temporales no coinciden necesariamente con un concepto cronológico del tiempo. Analicemos más detenidamente cada uno de los tiempos verbales.

(i) El presente

Es el tiempo más básico porque hace referencia a un período determinado que coincide con el "presente" o momento de la comunicación. El hablante no solamente *habla* en ese momento, sino también *observa* y *es testigo* de todo lo que ocurre durante ese período de tiempo. El presente comparte esta objetividad del momento de comunicación.

el presente
el tiempo gramatical con que el hablante asocia una situación al momento de habla

EJEMPLO A: Aquí *viene* el desfile.

EJEMPLO B: Quito *es* la capital del Ecuador.

EJEMPLO C: Ignacio me *dice* que vas a estudiar en el extranjero.

EJEMPLO D: Mis tíos *salen* a las tres de la tarde en el tren expreso.

En todas estas oraciones se encuentra la forma del presente, pero las referencias temporales son muy diferentes. En el EJEMPLO A el presente se utiliza para describir una situación que tiene lugar en el momento de hablar; lo que el hablante está observando es lo más objetivo posible. Pero aunque no esté observando una situación, puede darle el mismo grado de objetividad como si tuviera esa situación delante de sus ojos, usando la forma del presente. Por ejemplo, en el B tenemos un hecho verdadero e intemporal que se describe con la forma objetiva del presente porque tiene validez en todo momento (pasado, futuro, presente). En el C aunque la situación *decir* es un acto que se realizó en el pasado, el hablante puede darle más vida "trayéndola" al presente. Y en el D se trae al presente una acción planeada para el futuro, dándole una objetividad que sólo se puede expresar con esta forma. Podemos generalizar que, a pesar de que una situación no pertenezca concretamente al presente cronológico, se puede utilizar esta forma para darle la misma objetividad que tienen las situaciones que ocurren en el presente cronológico.

Cuando el hablante no incluye la situación dentro de la perspectiva del presente, está obligado a incluirla dentro de otra perspectiva.

(ii) El pasado

Consideremos los siguientes ejemplos:

el pasado
el tiempo gramatical con que el hablante asocia una situación con un tiempo anterior al presente

EJEMPLO A: *Vinieron* a visitarme ayer.

EJEMPLO B: *Quería* hablar con Ud. ahora.

EJEMPLO C: Me dijo que *estuviera* allí mañana a las seis.

68

CAPÍTULO 3
El verbo y los significados
de las formas verbales

En el EJEMPLO A la situación del verbo pertenece al pasado, por lo que se emplea una forma del pasado para relacionar la situación con ese período temporal. Sin embargo, en el B se usa una forma del pasado aunque la situación *querer* pertenece al presente (es ahora mismo que el hablante quiere conversar). Asociar una situación del presente a la forma del pasado tiene un valor comunicativo especial: la situación se presenta de una manera menos real. En este caso, el resultado comunicativo es de *cortesía*. Por último, en el C la situación expresada por *estar* pertenece al futuro y no al pasado, pero como el verbo *decir* establece una situación en el pasado, el hablante puede incluir la situación *estar* dentro de la misma perspectiva de pasado.

el futuro
tiempo gramatical con
que el hablante hace
una predicción

(iii) El futuro

También hay varias referencias temporales que se pueden expresar con la forma del futuro.

EJEMPLO A: *Estaré* en mi despacho el jueves que viene.

EJEMPLO B: ¿*Estará* el profesor en su despacho ahora?

Si el presente es el tiempo de verificación o confirmación, y el pasado un tiempo menos objetivo (una realidad que no se observa), entonces el futuro es el tiempo de la predicción. Se emplea con situaciones planeadas para el futuro, como en el EJEMPLO A. Pero la perspectiva de predicción también sirve para conjeturar (preguntarse) sobre el presente, como se ve en el B.

el condicional
tiempo gramatical con que el
hablante expresa una
situación hipotética

(iv) El condicional

Esta cuarta forma verbal se opone a las otras tres porque presenta la situación del verbo como una situación hipotética. Excluye cualquier perspectiva temporal. Veamos algunos ejemplos.

Podríamos salir luego (si me ayudaras con los quehaceres domésticos).

Sería un buen presentador de televisión (si tuviera la oportunidad).

El condicional presenta algo hipotético. Expresa una situación que depende totalmente de la realización de otra y que en el momento del habla no tiene ninguna validez en el mundo real.

Recordando que la forma del futuro le permite al hablante conjeturar sobre el presente (*Todos estarán en casa ahora*), análogamente es posible hacer una conjetura sobre el pasado con la forma del condicional.

—¿Dónde *estarían* todos ayer a esta hora?

—*Estarían* en el partido.

Dado que una conjetura es una situación hipotética, el significado de no temporalidad e hipótesis del condicional expresa esta actitud de probabilidad en el pasado. En el ejemplo arriba el interrogador pregunta dónde estaban todos y al mismo tiempo manifiesta el carácter especulativo de su pregunta. El que contesta *tampoco sabe con seguridad* si todos estaban en el partido o no, por lo que emplea el condicional para conjeturar sobre la situación en el pasado.

A. Complete los espacios en blanco con la forma apropiada del presente, futuro o condicional. Explique su selección de tiempo.

Mañana (1. ser) _____ el Domingo de Ramos y el joven nazareno (2. tener) _____ mucha ilusión de salir con su cofradía. Ésta (3. ir) _____ a ser su primera Semana Santa de nazareno y por lo tanto (4. ser) _____ un día muy especial. Si fuera un domingo como cualquier otro (5. dormir) _____ hasta muy tarde, (6. comer) _____ el tradicional almuerzo y por la tarde (7. juntarse) _____ con sus amigos. Pero no (8. ser) _____ así mañana porque (9. tener) _____ que prepararse para hacer penitencia con su Cristo y su Virgen durante el recorrido por las calles del casco antiguo de la ciudad. El joven (10. levantarse) _____ muy temprano y (11. ponerse) _____ su mejor ropa con la medalla de su hermandad. Ya en la calle (12. encontrarse) _____ con algunos compañeros de la misma cofradía para ver los pasos que (13. aguardar) _____ preparados en su templo. La ciudad (14. lucir) _____ de hermosa y él (15. esperar) _____ las procesiones de los hermanos de las nueve cofradías a quienes les (16. tocar) _____ salir a lo largo de esa tarde y esa noche. Luego toda la familia (17. reunirse) _____ en casa para compartir la suculenta comida. ¿(18. Hacer) _____ una siesta hoy? Es dudoso porque (19. estar) _____ ansioso por incorporarse a su primera procesión como nazareno. Las mujeres de la casa le (20. ayudar) _____ a colocarse la túnica y la faja de esparto, y una vez puestas las sandalias, (21. ajustarse) _____ el capirote en la cabeza y (22. partir) _____ en silencio. En la iglesia (23. coger) _____ el cirio y (24. incorporarse) _____ a la fila para esperar la hora de la salida. Durante el largo recorrido no (25. poder) _____ decir palabra y, aunque (26. haber) _____ poca oportunidad para descansar, no le (27. importar) _____ pues (28. estar) _____ a punto de realizar uno de los mayores sueños de su vida.

B. Cambie las siguientes oraciones de conjetura con el verbo *preguntarse* a otras que utilicen el futuro o el condicional para expresar el mismo valor comunicativo.

MODELO: Me pregunto qué hora es (ahora). → *¿Qué hora será?*
            Me pregunto qué hora era (cuando me llamaron). → *¿Qué hora sería?*

1. Me pregunto si tienes suficiente dinero para pagar el alquiler.
2. Me pregunto cuánto cuesta el nuevo diccionario.
3. Me pregunto dónde estaban ellos cuando los necesitaba.

4. Me pregunto adónde iremos para las vacaciones este año.
5. Me pregunto si era verdad lo que el profesor dijo sobre el examen.
6. Me pregunto cuál es la solución para este problema económico.
7. Me pregunto qué hacen mis amigos los fines de semana.
8. Me pregunto si es que nadie ha podido venir por la lluvia.
9. Me pregunto si algún día viviremos en otro planeta.
10. Me pregunto si lo hemos convencido con nuestros argumentos.

C. Teniendo en cuenta lo dicho sobre las perspectivas con que el hablante puede asociar una situación, construya oraciones que cumplan con las siguientes perspectivas y referencias temporales.

1. una acción o estado que tiene lugar en el momento de hablar
2. una acción o estado planeado o anticipado en el futuro
3. una acción o estado que tenía o tuvo lugar en el pasado
4. una acción o estado habitual (pasado, presente y futuro)
5. probabilidad sobre una acción o estado en el pasado
6. probabilidad sobre una acción o estado en el presente
7. un deseo cortés en el presente y otro deseo todavía más cortés en el presente
8. una hipótesis sobre una acción o estado en el futuro
9. hacer más real para el oyente una acción o estado en el pasado
10. una hipótesis sobre una acción o estado en el presente
11. una hipótesis sobre una acción o estado en el pasado
12. una acción o estado en el futuro expresada con más seguridad que con el futuro

Análisis

A. Para las siguientes oraciones, identifique el tiempo de la forma verbal y su referencia temporal. Explique por qué se puede usar dicho tiempo para esa referencia.

MODELOS: Mi prima *trabaja* en una tienda de deportes.
tiempo = el presente, referencia temporal = habitual
(La perspectiva del presente engloba un hecho intemporal o habitual que tiene validez en todo momento: pasado, presente, futuro.)
Tendríamos que levantarnos más temprano.
tiempo = condicional, referencia temporal = futuro
(El condicional expresa una situación hipotética en el presente, pasado o futuro.)

1. Míreme. Primero *meto* dos huevos en el bol y los *bato*.
2. *Cenáis* a las siete en punto.
3. *Iremos* a Bruselas y luego *seguiremos* hasta Amsterdam.
4. *Almorzaron* con sus padres en un restaurante muy típico.
5. ¿Dónde *trabajaría* ella en aquel entonces?
6. El mes que viene *salimos* para Londres.
7. La tierra *gira* alrededor del sol.
8. Ya *serán* las ocho y *debemos* estar en casa.
9. Ayer *llamo* a mi padre y *coge* el teléfono mi abuelo.
10. No te *veo*. ¿Qué *haces*?
11. Quería que Uds. *volvieran* mañana.
12. ¿Qué *haces* los fines de semana?
13. ¿Qué edad *tendría* su esposo cuando se casaron?

14. En 1492 se *escribe* la primera gramática de la lengua española.
15. ¿Me *puedes* abrir la ventana?
16. ¿Cómo *será* el nuevo novio de Marta?
17. Todos menos José María se *marchan* en mayo.
18. ¿Por qué te *contaba* semejantes cosas?
19. ¿Cómo *sería* el Madrid del siglo XVIII?
20. Siempre *van* de vacaciones la primera quincena de agosto.

B. La forma condicional presenta una situación hipotética que excluye cualquier perspectiva temporal. Amplíe el contexto de las siguientes oraciones con una cláusula con *si* + un verbo en *subjuntivo imperfecto* para señalar que la situación es hipotética.

MODELO: Lo *llevaríamos* con nosotros.
            Si fuera mayor lo llevaríamos con nosotros.

1. Seguro que la hija nuestra no se *comportaría* tan mal.
2. Se lo *podría* hacer de otra forma.
3. Me escribieron que *vendrían*.
4. *Sería* una maravilla que la semana que viene hicieras las compras tú.
5. Estamos de acuerdo que el mejor candidato *sería* otro.
6. En ese caso los empresarios se *saldrían* con la suya.
7. Nuestros planes *darían* un nuevo impulso a la solución del problema.

C. Además de expresar el tiempo de una situación, una forma verbal puede expresar un valor comunicativo especial, por ejemplo, la forma del pasado para la expresión de cortesía. Consulte a varios hispanohablantes para averiguar el valor comunicativo de las formas verbales de los siguientes grupos de oraciones.

1. *Quiero* quedarme en casa contigo hoy.
   Quería quedarme en casa contigo hoy.
   Querría quedarme en casa contigo hoy.
2. ¿*Puede* pasarme las albóndigas?
   ¿*Podía* pasarme las albóndigas?
   ¿*Podría* pasarme las albóndigas?
3. No *debes* hacer eso en casa.
   No *debías* hacer eso en casa.
   No *deberías* hacer eso en casa.
4. Me lo *explicas* o no te *ayudo* más.
   Me lo *explicarás* o no te *ayudaré* más.
5. ¿Cómo te *atreves* a decirle eso?
   ¿Cómo te *atreverás* a decirle eso?

D. Traduzca las siguientes oraciones a su lengua nativa o a otro idioma que Ud. domine. ¿Qué formas verbales corresponden a las referencias temporales en español? ¿Influye que la situación del verbo sea una acción o un estado? Describa estas diferencias.

1. (a) ¿Qué *lees* ahora?
   (b) Pasado mañana *estoy* en la oficina todo el día.
   (c) *Vamos* al teatro esta noche.
   (d) *Comemos* en casa a las dos.
   (e) Nos *vemos* en clase, ¿de acuerdo?
   (f) Primero *abro* la caja, luego *saco* una bolsa,...

2. (a) *¿Será* que ya no les interesan?
   (b) Ahora mismo el profesor *estará* tomando un café.
   (c) Nos *encontraremos* mañana a las diez, ¿no?
3. (a) ¿Me *podías* prestar un poco de dinero?
   (b) *Deberíamos* regalarle algo para su cumpleaños.
   (c) *Quería* presentarle a mi amigo Juan Carlos.
   (d) Yo *pensaba* pedirte un favor.
   (e) *Pensé* que ya no me reconocerías.

5. LAS FORMAS COMPUESTAS Y LA EXPRESIÓN DE ANTERIORIDAD

El español también tiene formas compuestas que permiten al hablante expresar una relación secuencial por encima de la perspectiva temporal. Observe este contraste en los siguientes ejemplos.

> EJEMPLO A: *Escribí / Escribía* una carta a mis abuelos.
> Ya *había escrito* una carta a mis abuelos cuando me llamaron.
>
> EJEMPLO B: *Terminaré* el trabajo para el jueves.
> *Habré terminado* el trabajo para el jueves.
>
> EJEMPLO C: Te *haría* el favor.
> Te *habría hecho* el favor.
>
> EJEMPLO D: *Lavo* el coche con frecuencia.
> *He lavado* el coche (hoy).

la anterioridad
una expresión de una relación secuencial en que una situación se localiza temporalmente previa a otra situación

Empezamos con los EJEMPLOS A–C, donde se puede ver más claro el significado de las formas compuestas. Las formas compuestas sitúan la acción como anterior a otra situación (*cuando me llamaron*), o anterior a un período de tiempo (*el jueves*). En contraposición, las formas simples presentan una situación relacionada con un tiempo determinado, sin expresar una relación secuencial explícita. De esta manera el hablante puede ordenar concretamente la situación como anterior en el pasado (EJEMPLO A), en el futuro (B) o en un tiempo hipotético (el condicional de C). La forma compuesta en D es distinta; en vez de localizar la situación como anterior a otra situación o período de tiempo, el punto de referencia es el presente mismo. La forma compuesta del presente, a diferencia de las otras formas compuestas, es capaz de caracterizar la situación temporalmente como anterior al presente. Por lo tanto, en el español hay más de una forma que puede asociar una situación al pasado; sin embargo, esto no significa que las formas simples del pasado (el pretérito y el imperfecto que se discutirán en el próximo apartado) y la compuesta del presente tengan el mismo valor comunicativo. Mientras que las formas simples asocian la situación a la perspectiva del pasado sin ninguna unión con el presente, la forma compuesta del presente siempre tiene el momento de comunicación en cuenta. Por ejemplo, en D el hablante ha escogido la forma compuesta del presente para señalar la importancia de este período o para subrayar la situación como recién realizada.

A. Cambie las formas simples a formas compuestas sin cambiar el tiempo. Amplíe las oraciones con un contexto apropiado que explique la diferencia de significado.

MODELO: *Fui* a la biblioteca.
Había ido a la biblioteca y por eso no estaba en casa cuando tú pasaste.

1. *Vivo* en una callecita no muy lejos de la avenida principal.
2. *Compraré* el periódico de hoy.
3. *Estarían* muy descontentos con su decisión.
4. María José *invitó* a ese chico pesado a la fiesta.
5. La policía *disparó* contra los manifestantes.
6. Les *gustaría* que tú les *escribieras* una nota.
7. *Estudiaré* para el examen de biología.
8. Mi nuevo vecino me *presenta* a mucha gente.
9. *Montaría* un nuevo negocio en el corazón de la ciudad.
10. *Estudio* todos los días a la misma hora.
11. *Comparte* su casa con otros cuatro estudiantes.
12. Los maleantes se *rindieron* a la policía.
13. *Fue* condenado a morir.
14. No *confío* en sus promesas.

B. Construya oraciones con formas compuestas que expresen las siguientes relaciones.

1. una acción en el futuro anterior a otra acción en el futuro
2. una acción en el pasado anterior a un tiempo específico en el pasado
3. un estado que se inició en el pasado y continúa en el presente
4. una acción en el pasado anterior a otra en el pasado
5. una acción en el pasado que ocurrió recientemente
6. una acción o estado que nunca ha ocurrido

A. ¿Cuál es el valor comunicativo de la forma compuesta del presente en las siguientes oraciones? ¿Influye que la situación sea una acción o un estado?

MODELO: *Hemos residido* en el extranjero durante muchos años.
La forma compuesta sitúa la situación como anterior al presente, pero la forma presente mantiene la perspectiva del presente; dado que *residir* expresa un estado, posiblemente haya empezado en el pasado y continúe en el presente.

1. Mis padres *han comprado* un coche nuevo.
2. *He vivido* en este apartamento por mucho tiempo.
3. ¿Adónde se *han ido*?
4. No *has mencionado* nada del accidente.
5. Ese problema *ha existido* durante muchos años.
6. Yo *he jugado* al tenis muchas veces. Tú no eres capaz de vencerme.
7. Guam nunca *ha sido* un estado de los Estados Unidos de América.
8. *Ha muerto* uno de mis mejores amigos.

B. Recordando los significados del futuro y del condicional discutidos en la sección 4, analice el valor comunicativo de las formas verbales en las siguientes oraciones. ¿A qué se debe cada uso?

1. ¿Qué *habrá hecho* esta vez?
2. Los *habrían invitado* a pesar de que sugerimos que no.
3. Le *habrá hecho* daño.
4. Ya *habría muerto* cuando llegó su familia.

C. Hay dos formas posibles para describir una situación en el pasado, y también hay preferencias de dialecto en dialecto. Por ejemplo, en todos los dialectos del español se puede emplear una forma simple del pasado para situaciones terminadas en el pasado. En España a veces se utiliza la forma compuesta del presente para esto. Analice este uso y luego cámbielos a una forma simple del pasado.

1. El pasado fin de semana *hemos ido* a Cádiz.
2. Ayer me *he comprado* un traje nuevo.
3. El año pasado no *hemos ido* de vacaciones.
4. ¿Por qué no *habéis asistido* a la reunión del miércoles?
5. Ayer mis primos *han estado* en la feria.

6. EL PRETÉRITO Y EL IMPERFECTO: LA EXPRESIÓN DE LA ESTRUCTURA DE SITUACIONES EN EL PASADO

Miércoles, 12 de noviembre

Acciones de la banca subieron el 3.5%

La Bolsa ayer alcanzó un máximo histórico a la vez que nuevos informes señalaban la buena marcha de la economía

El nuevo censo cifra el número de hispanohablantes en todo el mundo en más de 280 millones. El nuevo censo cifra el número de hispanohablantes en todo el mundo en más de 280 millones. El nuevo censo cifra el número de hispanohablantes en todo el mundo en más de 280

El nuevo censo cifra el número de hispanohablantes en todo el mundo en más de 280 millones. El nuevo censo cifra el número de hispanohablantes en todo el mundo en más de 280 millones. El nuevo censo cifra el número de hispanohablantes en

En este apartado tratamos uno de los temas más difíciles para los no hispano-hablantes: las diferencias de uso entre las dos formas simples del pasado, el pretérito y el imperfecto. ¿Cuánto sabe Ud. sobre los usos de estas dos formas? Compruebe sus conocimientos resolviendo los siguientes ejercicios.

Para empezar...

Mientras va llenando los espacios en blanco con la forma apropiada del pretérito o imperfecto, pregúntese: ¿Por qué elijo una forma y no la otra? Apunte "las reglas" para el uso del pretérito y para el uso del imperfecto. Luego compare estas reglas con las que se presentan en esta sección.

1. Ayer unos amigos me (preguntar) _____ si yo (querer) _____ ir de compras con ellos. (Yo) les (contestar) _____ que no (poder) _____ porque (tener) _____ mucho que hacer, pero ellos (insistir) _____ tanto que no (tener) _____ más remedio que acompañarlos.

2. Mientras mi abuelo (trabajar) _____ como miembro del cuerpo diplomático, mi madre y toda su familia (pasar) _____ dos años en Río de Janeiro, que en aquel entonces (ser) _____ la capital de Brasil. Cuando mis hermanos y yo (ser) _____ muy jóvenes, nuestra madre siempre nos (contar) _____ historias sobre el carnaval, las playas de Copacabana y los muchos viajes que ellos (hacer) _____ por todos los países de Latino-américa. También nos (decir) _____ que cuando la familia (saber) _____ que (ir) _____ a trasladar a mi abuelo a otro país, todos se (poner) _____ muy tristes porque les (gustar) _____ mucho la vida en ese "país tropical".

3. Anoche yo (estar) _____ muy aburrido y (decidir) _____ dar un paseo por mi barrio. Dado que (tener) _____ ganas de tomar un café y un pastelito, me (dirigir) _____ hacia la zona comercial del pueblo. A mitad de camino me (dar) _____ cuenta de que (estar) _____ muy oscuro y que (hacer) _____ mucho viento. De repente (comenzar) _____ a llover y (tener) _____ que correr para refugiarme debajo de un árbol. En seguida (tronar) _____ y (caer) _____ un rayo en otro árbol que se (encontrar) _____ a unos cien metros de dónde me (encontrar) _____ en ese momento. Cuando (pensar) _____ que (haber) _____ pasado el peligro, (correr) _____ rápidamente hasta mi casa y me (conformar) _____ con un café instantáneo y unas galletas rancias que (sobrar) _____ de la última fiesta que (nosotros) (organizar) _____ en casa ya (hacer) _____ unas semanas.

6.1 INTRODUCCIÓN

Hemos explicado que el verbo en español se usa para representar situaciones concretas, y que el hablante puede usar varias formas para organizar la expresión de una situación temporalmente. En esta sección veremos que hay formas gramaticales que permiten al hablante representar situaciones según su estructura

76

CAPÍTULO 3
El verbo y los significados
de las formas verbales

el aspecto
la categoría gramatical con
que el hablante representa
una situación según su
estructura interna (inicio,
medio, terminación)

interna, lo que se llama *el aspecto.* Entre otras cosas, este término implica que cada situación, para que se realice y sea parte del mundo real, tiene que empezar, tener una duración determinada y, en muchos casos, terminar.

Además de formas gramaticales, también existen en el español formas léxicas que le dan al hablante la oportunidad de expresar la estructura de una situación. Por ejemplo, el inicio se puede expresar fácilmente con el verbo *empezar a* o *comenzar a.*

EJEMPLO A: Ayer *empecé a* trabajar a las ocho.

EJEMPLO B: Siempre *empiezo a* trabajar a las ocho.

EJEMPLO C: Mañana *empezaré* a trabajar a las ocho.

EJEMPLO D: Si pudiera *empezaría* a trabajar a las ocho.

En todas estas oraciones *empezar a* señala que el hablante se refiere al comienzo de la situación, lo que se llama el aspecto iniciativo o incoativo. Es interesante que con este verbo se pueda expresar el aspecto iniciativo en el pasado (EJEMPLO A), en el presente (B), en el futuro (C) o con una referencia temporal hipotética (D). Esto significa que la expresión léxica del aspecto no tiene límites en cuanto al tiempo verbal. Hay formas léxicas para expresar la duración de una situación, o sea, el aspecto durativo o imperfectivo (*continuar / seguir trabajando, estar en pleno trabajo, estar en el acto de trabajar*), y para referirse al aspecto terminativo (*acabar / terminar de trabajar*).

Además de la expresión léxica, el español, como muchas otras lenguas, emplea formas gramaticales para señalar el aspecto de una situación. Las formas gramaticales del pretérito (*yo salí*) y del imperfecto (*yo salía*) sirven para diferenciar los varios aspectos de una situación que *se asocian a la perspectiva del pasado.* Debemos destacar que aunque la función del aspecto léxico es la de marcar el aspecto preciso de una situación (inicio, duración, terminación), el objetivo del aspecto gramatical es otro. Sería un error comparar el aspecto gramatical con una estrecha interpretación de la estructura de una situación. Los libros de texto que señalan, por ejemplo, que el contraste de aspectos se refiere a la terminación/no terminación de situaciones en el pasado, no toman en cuenta el hecho de que muchas situaciones han terminado, ya que ambas formas se refieren a un tiempo anterior al del habla. Estudiemos los siguientes ejemplos.

Anoche *bailábamos* en una discoteca...

Anoche *bailamos* en una discoteca...

Seguramente en el momento de hacer estos enunciados el hablante y sus compañeros no siguen bailando en la discoteca. En los dos casos la acción expresada por el verbo ha terminado. Esto sugiere que puede haber cierta subjetividad en la expresión del aspecto con estas formas gramaticales; por ello no es necesario que exista una correspondencia total entre la estructura de la situación en el mundo real y los usos del contraste pretérito/imperfecto.

La diferencia básica entre estas dos formas está relacionada con el aspecto de la situación que *el hablante quiere señalar.* Así, en los siguientes ejemplos, se utiliza el imperfecto para subrayar el aspecto durativo o **el medio** de la situación (EJEMPLO E). El uso del pretérito subraya el aspecto terminativo o **la terminación** de la situación (F), aunque dentro de un contexto especial el pretérito también puede subrayar el aspecto iniciativo o **el inicio** de la situación (G).

EJEMPLO E: A esa hora *hacía* la maleta.   (durativo)

EJEMPLO F: *Hice* la maleta por la noche.   (terminativo)

EJEMPLO G: De repente *llovió*.   (iniciativo = *empezó a llover*)

Podemos representar la oposición con el siguiente diagrama, donde el imperfecto con su enfoque en el medio de la situación contrasta con los dos extremos (inicio y terminación) expresados por el pretérito.

inicio (G)   *terminación* (F)

pretérito |————————————→| **pretérito**

                              imperfecto

                                medio (E)

Esta diferencia tiene utilidad tanto para una situación que consta de un solo hecho como para la repetición del mismo hecho.

EJEMPLO H: El año pasado *cenamos* fuera de casa   (terminativo)
a menudo.

EJEMPLO I: El año pasado *cenábamos* fuera de casa   (durativo)
a menudo.

EJEMPLO J: Apartir de entonces *cenamos* fuera de   (iniciativo)
casa a menudo.

De los tres posibles aspectos, comprobaremos que el contraste gramatical más significativo es el que distingue el aspecto terminativo del durativo.

Análisis

A. Identifique el aspecto léxico que definen los siguientes verbos. Si el aspecto no es uno de los explicados arriba, dé una descripción aspectual del verbo con sus propias palabras.

MODELO: *comenzar*: expresa el aspecto iniciativo

acabar	estar centrado en	soler
acostumbrar	conseguir	principiar
llegar a	ponerse a	echar(se) a
estar en medio de	llevar a cabo	dejar de
volver a	estar a punto de	lograr
finalizar	emprender	

B. Identifique la forma del verbo (pretérito, imperfecto) y el aspecto (iniciativo, durativo, terminativo) que expresa. Note que algunas pueden ser ambiguas.

MODELO: No me *importaba* un bledo su opinión.
imperfecto; expresa el aspecto durativo

1. Se *escuchó* una explosión.
2. Todos *fueron* a la sesión de las ocho.
3. De repente *cantaron* unos pájaros.
4. Esta mañana el jefe *estuvo* aquí a las siete y media.
5. Mi padre se *puso* muy enfadado conmigo.
6. No se *encontraba* bien.
7. Se *vio* que el tren ya había partido.
8. La carta no *era* lo que yo *creía*.
9. Me *miró* fijamente.

10. Se *alegraron* de que tú aceptaras el convite.
11. Mi sobrinita *caminó* a los ocho meses.
12. *Dijeron* que no.

6.2 ACCIONES Y ESTADOS

Antes de estudiar las características especiales del aspecto, hagamos unas observaciones sobre la clasificación de las situaciones en acciones y estados introducida en la sección 3.1. Ahora interesa preguntarnos: ¿Cuáles son las características generales de las acciones y los estados? Las acciones, ya que son actividades dinámicas con un progreso natural durante su desarrollo, generalmente necesitan un fin. La acción de *pegar*, por ejemplo, no puede considerarse una situación del mundo real hasta completarse, o sea, hasta que dos superficies estén pegadas. De igual forma, no se puede hablar de la acción de *romper* en *El niño rompió el vaso* hasta que el objeto esté hecho trozos. Aunque las acciones se pueden repetir y la serie de repeticiones puede continuar hasta el infinito, la acción en sí tiene que realizarse por lo menos una vez para ser una acción. En cambio, un estado es una situación que no tiene que llegar a un fin para realizarse. El estado de *sufrir*, por ejemplo, puede continuar indeterminadamente a lo largo del tiempo o puede terminar. Podemos representar esta diferencia con los siguientes diagramas.

ACCIÓN | → |

ESTADO | → (|)

Empecemos el tema del contraste pretérito/imperfecto con los siguientes ejemplos, siempre teniendo en cuenta la diferencia entre acción y estado. Para el verbo de acción *salir*, ¿cuál es la oración que no necesita ninguna explicación para que el oyente entienda el mensaje del hablante?

EJEMPLO A: Anoche *salimos* a las ocho.

EJEMPLO B: Anoche *salíamos* a las ocho.

La respuesta es el A, porque el uso del pretérito coincide totalmente con el concepto de una acción como una situación terminada. Asimismo la representación de la terminación de la acción en una narración avanza la historia (*Anoche salimos a las ocho, fuimos a un café en el centro del pueblo y charlamos hasta las diez de la noche*). En el B, sin embargo, el uso del imperfecto coincide mejor con el concepto durativo y continuado de una acción: la historia para y el oyente está obligado a deducir un contexto lógico con la idea de duración del acto de *salir* a las ocho (*Anoche salíamos a las ocho cuando sonó el teléfono*).

Para un verbo de estado la relación entre la clase de situación y el uso del pretérito o del imperfecto es parecida.

EJEMPLO C: Mi padre *fue* electricista.

EJEMPLO D: Mi padre *era* electricista.

En una narración el uso del pretérito en el EJEMPLO C avanza la historia (*Mi padre fue electricista, se jubiló a los 65 años y se fue a California para vivir cerca de su hermano menor*). El imperfecto en el D hace que la historia tarde en completarse. El oyente necesita oír más información sobre la situación (*Mi padre era electricista y era un electricista muy bueno; Mi padre era electricista y a los 45 años lo eligieron presidente del sindicato).*

Los estados también pueden tener un fin. Esta finalidad le da al hablante cierta libertad en la expresión del aspecto. ¿Querrá el hablante subrayar la duración del estado (imperfecto) o acentuar que el estado ha terminado en el pasado (pretérito)? Sin un contexto más amplio, tanto el EJEMPLO C como el D comunican una situación en el pasado que comenzó, tuvo una duración limitada y terminó. Sin embargo, hay una diferencia en el valor comunicativo: en C el hablante acentúa la terminación del estado, mientras que en D acentúa la duración.

Recordemos que el hablante no está obligado a limitar su representación de acciones a las realizadas o a aquéllas en progreso. Entre las necesidades comunicativas del hablante está la de expresar *la intención* de realizar una acción en un momento dado en el pasado, sea una acción que se llevó a cabo o no. En este caso se emplea el imperfecto porque el uso del pretérito expresaría la acción como terminada, lo que no sería cierto en ese momento de la narración.

Venían a visitarnos en junio (y efectivamente vinieron).

Venían a visitarnos en junio (pero luego cambiaron de planes y no vinieron).

En cambio, el uso del pretérito siempre representa una acción terminada en el pasado:

Vinieron a visitarnos en junio (= sí vinieron).

Práctica

A. En las siguientes oraciones se puede utilizar tanto el pretérito como el imperfecto. ¿De qué depende el uso de cada forma? Concrete contextos apropiados.

MODELO: Anoche nosotros (jugar) _____ a los naipes.
El uso del pretérito (*jugamos*) presenta la situación como *terminada* (*Anoche jugamos a los naipes hasta las once*); el imperfecto (*jugábamos*) subraya la duración y permitiría hablar de otra situación que tuvo lugar (*Anoche jugábamos a los naipes cuando de repente sonó la alarma antirrobo*) o tenía lugar mientras jugábamos (*Anoche jugábamos a los naipes y charlábamos de las vacaciones*).

1. María Angeles (aparcar) _____ el coche.

2. Esta mañana mis amigos me (esperar) _____ en la esquina.

3. Mi abuelo (ser) _____ un hombre alto y delgado.

4. Ayer yo (tomar) _____ una cerveza.

5. ¿Dónde (estar) _____ tú anoche? Yo (estar) _____ en casa.

6. Nadie le (ver) _____ la cara.

7. Nosotros (residir) _____ en las afueras de la ciudad.

8. Los niños (llorar) _____ y (pedir) _____ más caramelos.

9. El profesor (seguir) _____ hablando.

10. Su madre (permanecer) _____ sin empleo por la tontería de su marido.

B. El pretérito en las oraciones siguientes expresa una acción realizada. Cambie el verbo al imperfecto y cree dos contextos, uno que representa una acción realizada y otro que representa una intención en el pasado.

MODELO: Compraron un coche nuevo.
(Cuando los vi) compraban un coche nuevo y de hecho compraron uno muy bonito.
Compraban un coche nuevo pero cambiaron de opinión al enterarse de las condiciones del crédito.

1. Loli invitó a todos los amigos.
2. Aparqué el coche en la acera.
3. Enviaron el paquete por avión.
4. Fuiste a Italia para las vacaciones de agosto.
5. La profesora dio un examen el viernes.
6. Arreglaron la chapa del coche.
7. Barrimos el suelo del garaje.
8. José María no pagó el precio que el agente le pidió.
9. Mi papá reservó una mesa para doce.
10. Le ofrecieron un buen puesto a mi hermana mayor.

C. También se puede expresar una intención con el imperfecto de *pensar* o *ir a*: **Pensaban** *comprar una casa nueva,* **Iban a** *comprar una casa nueva.* ¿Por qué se usa el imperfecto y no el pretérito? ¿Qué indicará el uso del pretérito en estas mismas oraciones? Cambie las oraciones del ejercicio anterior empleando una de estas opciones.

Análisis

A. Analice el contraste entre el pretérito y el imperfecto, teniendo en cuenta la diferencia entre acciones y estados.

MODELO: No *fue* así.
No *era* así.
El uso del pretérito acentúa la terminación; el imperfecto acentúa su duración; *ser* es un verbo de estado y estos verbos admiten estas dos perspectivas.

1. El mes pasado *estuvimos* en Marruecos.
   El mes pasado *estábamos* en Marruecos.
2. Esta mañana *estuve* aquí a las siete y media.
   Esta mañana *estaba* aquí a las siete y media.
3. Ayer *hizo* mucho calor.
   Ayer *hacía* mucho calor.
4. Anoche *estudié* en la biblioteca.
   Anoche *estudiaba* en la biblioteca.
5. Juan Luis *vino* con su suegra.
   Juan Luis *venía* con su suegra pero acabó quedándose en casa.
6. Desde entonces *fue* peor.
   Desde entonces *era* peor.
7. No *comprendió* tu actitud.
   No *comprendía* tu actitud.

8. *Insistió* en que sería posible devolver el dinero.
   Insistía en que sería posible devolver el dinero.
9. *Cobraron* mucho por el arreglo de la casa.
   Cobraban mucho por el arreglo de la casa.
10. *Fuimos* a la playa todos los fines de semana.
    Íbamos a la playa todos los fines de semana.
11. Se *acostumbró* a las nuevas normas.
    Se *acostumbraba* a las nuevas normas.
12. Se *casaron* el año pasado.
    Se *casaban* el año pasado pero se arrepintieron.

B. Traduzca las siguientes oraciones a su lengua materna, prestando atención a los equivalentes de las formas verbales que se emplean en español:

1. Ayer *salíamos* a tomar copas con el primo de María Ángeles.
   Ayer *salimos* a tomar copas con el primo de María Ángeles.
2. Ayer *hacía* un tiempo estupendo.
   Ayer *hizo* un tiempo estupendo.

   ¿Influye en la selección de forma verbal el hecho de que sea una acción (*salir*) o un estado (*hacer + expresión de tiempo*)? Construya en los dos idiomas diez oraciones que ilustren este contraste.

6.3 FORMAS LÉXICAS QUE INFLUYEN EN LA SELECCIÓN DEL ASPECTO

Aunque el hablante tiene cierta libertad en la descripción de situaciones en el pasado, observemos que ciertos verbos y formas léxicas temporales necesitan el uso de una u otra forma.

(i) Verbos de comunicación

Estos verbos se emplean en el pretérito cuando van delante de la información que se comunica.

Me comunicó:	"Quiero ir"	→	Me *comunicó* que quería ir.
Le dije:	"No fui"	→	Le *dije* que no fui/había ido.
Le preguntó:	"¿Te gusta?"	→	Le *preguntó* si le gustaba.

Aquí el verbo de comunicación (*comunicar, decir, preguntar*) se usa con el pretérito para limitar la duración del proceso de comunicación. El otro verbo (*querer, ir, gustar*) está en pretérito o imperfecto según las normas de uso. Sin embargo, se empleará el imperfecto del verbo de comunicación si otra acción interrumpe el proceso de comunicación (*Me **contaba** todos sus secretos cuando tú entraste*) o la comunicación se repite (*Me **decía** constantemente que no*).

El empleo del imperfecto en el segundo verbo de la oración es igual a la fórmula que se utiliza con la forma presente.

Me comunica que quiere ir.	→	Me comunicó que *quería* ir.
Le digo que no voy.	→	Le dije que no *iba*.
Le pregunta si le gusta.	→	Le preguntó si le *gustaba*.

82

CAPÍTULO 3
El verbo y los significados
de las formas verbales

(ii) Expresiones adverbiales temporales

Por su significado, algunas expresiones adverbiales limitan la duración de una acción o estado, por lo que se emplean en el pretérito.

Estuvimos en la playa *por dos horas*.

Leí *hasta las tres de la madrugada*.

Hablé con el jefe *varias veces*.

Dado el carácter limitativo de las expresiones adverbiales, el uso del pretérito es lo normal. Pero si por alguna razón comunicativa se prefiere acentuar la duración de la situación, se usa el imperfecto (pero el contexto se amplía).

EJEMPLO A: Estábamos en la playa *por dos horas* cuando empezó a llover.

EJEMPLO B: *Hasta el año pasado* comprábamos toda la comida en el mercado.

EJEMPLO C: Hablaba con el jefe *varias veces* cada mes.

¿Cuál es el valor comunicativo del imperfecto en estos contextos? En el EJEMPLO A esta forma señala el medio del tiempo delimitado; en el B contrasta lo que es válido hoy con lo que fue/era la norma en el pasado; en el C acentúa el medio de la serie de repeticiones.

Otras expresiones sugieren la repetición de una acción o estado. En este caso usamos el imperfecto para describir el medio de la serie de repeticiones si la perspectiva de duración del hablante coincide con la duración comunicada por la expresión adverbial.

Íbamos a la playa *los domingos*.

Y *siempre* nos bañábamos a la misma hora.

La fábrica armaba cien coches *por semana*.

Sin embargo, si por alguna razón comunicativa el hablante prefiere acentuar la terminación de la serie, usará el pretérito.

Fuimos a la playa los domingos hasta que el tiempo empeoró.

Siempre nos bañamos a la misma hora.

La fábrica armó cien coches *por semana* hasta que quebró.

El uso del pretérito en estas oraciones da finalidad a las repetidas excursiones a la playa, a los baños y a la producción sistemática de la fábrica, respectivamente.

La mayoría de las otras expresiones adverbiales no limita necesariamente el tiempo.

El año pasado los tres estudiaron en una academia.

El año pasado los tres estudiaban en una academia.

Práctica

A. En estas oraciones decida si se puede utilizar sólo el pretérito o el imperfecto, y dé la forma verbal apropiada del verbo.

MODELO: Generalmente durante la semana yo (despertarme) _____ antes de las seis.
me despertaba: El adverbio *generalmente* sugiere la repetición de la acción y por eso se prefiere el uso del imperfecto para realzar el medio de una serie de situaciones.

1. Nosotros nunca (desayunar) _____ antes de las nueve.

2. ¿Me dices que tú (estar) _____ en Londres por dos semanas?

3. Alberto y Carolina siempre (ir) _____ con nosotros al teatro.

4. ¿Quién les (informar) _____ que los otros no venían?

5. El año pasado todos (venir) _____ a clase todos los días.

6. Nosotros (quedarnos) _____ en el casino hasta que se nos acabó el dinero.

7. A veces Uds. (pedir) _____ paella, ¿verdad?

8. Yo le (decir) _____ a Felicia que lo mandara a hacer.

B. Haga una lista de diez verbos de comunicación y utilícelos en el pasado.

Análisis

A. Traduzca las siguientes oraciones a su idioma materno o a otro que domine. Ponga atención en las formas verbales. ¿Influye en la traducción que el verbo sea de acción o de estado?

1. Me dijeron que *eran* las ocho.
2. Le escribí que *regresábamos* a mediados de junio.
3. Nos explicaron que lo *hacían* cuanto antes.
4. Le señalé que no *tenía* suficiente dinero.
5. ¿Quién te dijo que *iba* a ser así?
6. Añadió que no *necesitaba* saber más.

B. ¿Las siguientes expresiones se emplean con el pretérito, con el imperfecto o con ambos? Dé ejemplos. Este ejercicio está especialmente pensado para enseñar las posibilidades de las dos formas aspectuales.

siempre/nunca	en aquellos tiempos	el mes pasado
varios años	por siete días	cada tanto
a veces	diez veces	hasta el lunes
habitualmente	anteayer	generalmente
casi nunca	todos los fines de semana	por fin
ya	al rato	antes/después

6.4 EL CONTRASTE PRETÉRITO E IMPERFECTO DENTRO DEL DISCURSO

Analicemos ahora los valores comunicativos de las dos formas aspectuales del pasado dentro del discurso. La *narración* es un relato que tiene una serie de acontecimientos en el pasado, cada uno con una cierta duración. El contraste pretérito/imperfecto tiene gran utilidad para el discurso narrativo y permite las siguientes posibilidades.

1. acciones consecutivas terminadas que aparecen en el pretérito

⊢—| ⊢—| ⊢—|

Anoche *vi* el telediario de las seis, *cené* a las siete y me *acosté* a las diez.

84

CAPÍTULO 3
El verbo y los significados
de las formas verbales

2. acciones consecutivas en las que el hablante presta atención a la duración de cada acción con el imperfecto

Jugaba al tenis y luego me *bañaba* en el mar.

3. acciones simultáneas terminadas que se relatan con el pretérito

Javier *tocó* la guitarra y los otros *bailaron*.

4. acciones simultáneas durativas con el imperfecto

¡Qué divertido! ¡Todos *bailaban* y *cantaban*!

El relato de acciones consecutivas y simultáneas es muy útil para la narración. Pero el verdadero valor comunicativo del contraste pretérito/imperfecto está en que el hablante puede realzar la importancia de una situación (acción o estado) en un momento determinado de la narración. A lo largo de un relato a veces interesa que una situación sirva de fondo (imperfecto) para la realización y terminación de otra situación (pretérito).

Observe las distintas posibilidades que se encuentran en las siguientes oraciones.

Como *hacía* mal tiempo *estuve* en casa toda la tarde.

Era muy joven cuando *reconoció* sus poderes mentales.

Cuando *arreglaba* la casa *encontré* tu pendiente.

Me *fui* porque el dependiente *era* antipático.

Cuando un verbo expresa un estado personal o la hora, y el otro una acción, el verbo de estado sirve de fondo y se emplea en el imperfecto porque el estado era válido cuando se realizó (o empezó a realizarse) la acción del otro verbo.

Bebió tres vasos de agua porque *tenía* mucha sed.

Tenía quince años cuando mi padre me dejó conducir el coche por primera vez.

Eran las tres cuando por fin llegaron los invitados.

Práctica

A. Construya oraciones con los siguientes verbos utilizando el primero como fondo para el segundo.

1. estar cansado / hacer una siesta
2. ser tarde / ir al teatro
3. regresar a casa / parar a tomar una copa
4. estar de vacaciones / leer varias novelas

5. preparar la comida / sacar la basura
6. ser el siglo XVI / la capital trasladarse de Toledo a Madrid
7. tener seis años / viajar al extranjero por primera vez
8. el viento soplar fuerte / cortarse la electricidad
9. cortar el césped / descubrir un anillo de oro
10. abrir el programa del correo electrónico / el ordenador estropearse

B. Llene los espacios en blanco con la forma correcta del pretérito o imperfecto. Señale cada verbo con (→) para mostrar que la situación continúa en ese momento de la narración y sirve de fondo, o con (|) para indicar que es una acción terminada y que la narración sigue.

(1. Ser) _____ el siglo XIV en la ciudad de Sevilla y (2. haber) _____ un rey que (3. llamarse) _____ don Pedro el Cruel o el Justiciero. Le (4. decir) _____ cruel por la forma que (5. tener) _____ de matar a sus víctimas y la sangre fría que (6. mostrar) _____. Este señor incluso (7. matar) _____ a su madre estrangulándola con sus propias manos y también (8. mandar) _____ cortarles la cabeza a sus hermanos por temor de que le pudieran arrebatar el trono. Le (9. decir) _____ el Justiciero porque siempre (10. hacer) _____ justicia. En esta época también (11. existir) _____ una monja de clausura que (12. llamarse) _____ doña María Coronel. Esta monjita (13. ser) _____ una mujer muy bella. Entonces el rey un día (14. entrar) _____ en el convento donde ella (15. estar) _____ y cuando la (16. ver) _____ el rey (17. enamorarse) _____ de ella. Él (18. pensar) _____ que (19. poder) _____ acceder a su capricho, pero ella (20. ser) _____ fiel a su celibato y lo (21. rechazar) _____. El rey (22. insistir) _____ todos los días yendo al convento. Pero ella no lo (23. querer) _____ recibir. Entonces un día doña María Coronel (24. coger) _____ un perol lleno de aceite hirviendo y se lo (25. rociar) _____ por su propia cara. De esa forma sería una mujer marcada y el rey dejaría de mirarla. Con el tiempo ella (26. morir) _____ y las otras monjitas (27. intentar) _____ hacer desaparecer su cadáver metiéndolo en cal viva. Pero por lo visto su cuerpo (28. ser) _____ incorruptible y la cal no le (29. hacer) _____ nada. Actualmente su cuerpo momificado yace en el convento llamado el Convento de Doña María Coronel, al cual los fieles acuden un día al año cuando las monjitas exponen el cuerpo para la oración.

C. Utilice las siguientes expresiones para relatar una historia en el pasado. Elija los personajes que quiera y use otros verbos si los necesita.

acostarse tarde   ver a un amigo
levantarse tarde   decirle

tener prisa	estar mojado
desayunar rápido	ir a un café
salir de casa	hablar de la escuela
llover	mirar el reloj
volver a casa	ser hora de clase
buscar el paraguas	coger el autobús por fin
esperar el autobús	llegar a clase tarde

Análisis

A. Analice las siguientes narraciones, indicando la relación secuencial o simultánea que una situación tiene con la otra. Explique el significado de cada forma verbal.

MODELO: *Era* muy tarde y por eso nos *marchamos*.
     Un estado (*era tarde*) sirve de fondo para una acción (*nos marchamos*).

1. Me *dio* la llave y *entré* en el apartamento.
2. *Estudiábamos* y *escuchábamos* música.
3. Los *invité* a la fiesta y les *dije* que sería muy divertida.
4. María Dolores se *puso* la chaqueta mía y yo me *puse* la de ella.
5. *Hacía* calor y *llovía*.
6. *Tenía* tanta hambre que me *comí* tres bocadillos de tortilla.
7. Carmen nos *escribió* que *viajaba* el lunes.
8. El paquete *pesaba* tanto que no lo *pude* levantar.

B. Se usan las *oraciones indirectas* para recontar lo que otra persona ha dicho. En las siguientes oraciones, ¿es la situación del verbo en cursiva simultánea anterior o posterior al acto de comunicación en el pasado? ¿Influye que la situación sea una acción o estado?

1. Nos informaron que no lo *hacían*.
   Nos informaron que no lo *hicieron*.
2. ¿Te explicó que no *era* así?
   ¿Te explicó que no *fue* así?
3. Insistí en que no *había* suficiente tiempo.
   Insistí en que no *hubo* suficiente tiempo.
4. Luisa nos avisó que su hermano *venía* a vernos.
   Luisa nos avisó que su hermano *vino* a vernos (pero no nos encontró).
5. El secretario reiteró que nuestro abogado no *tenía* cita esa tarde.
   El secretario reiteró que nuestro abogado no *tuvo* cita esa tarde.

C. Estudie los usos del pretérito y del imperfecto en las siguientes oraciones con *cuando*. Quizás le ayude traducir las oraciones a su lengua materna.

Cuando yo me *levanté*, ella se *sentó*.

Cuando yo me *levantaba*, ella se *sentó*.

Cuando yo me *levantaba*, ella se *sentaba*.

Cuando yo me *levanté*, ella se *sentaba*.

Ahora compruebe cómo funcionan las siguientes expresiones con los verbos en el pasado.

mientras	puesto que
nada más que	una vez que
después (de) que	siempre que
si	como

D. Explique los usos del pretérito y del imperfecto en la siguiente narración.

Ayer yo *tenía* los ingredientes de una paella y unas sardinas frescas, y *pensaba* comer en casa. Pero *era* un día tan espléndido que no lo *pensé* dos veces y *decidí* llamar a unos amigos para invitarlos a ir al campo a preparar la comida. Ellos *trajeron* vino, cerveza y algunos refrescos a mi casa; *nos subimos* al coche y *salimos*. A la media hora *llegamos* a un campo que *estaba* cerca de un pueblo. Allí *había* una zona con muchos pinos y hierba verde. *Era* un lugar muy bonito porque al lado nuestro *había* una torre árabe y una ermita con una virgen pequeñita a la que vienen a ver en peregrinación muchas personas todos los años. En otra época *hubo* en esta zona un asentamiento de los árabes y por eso tiene mucho encanto. *Comenzamos* primero por encender una fogata para hacer la paella y asar las sardinas. Dos de los amigos se *dedicaron* a la búsqueda de leña para el fuego y los demás *empezamos* con los preparativos de la comida. Mientras se *hacía* la paella *jugamos* un partido de fútbol. *Fue* muy entretenido y un poco agotador. La paella *salió* buenísima y las sardinas exquisitas. Después de la comida nos *empeñamos* en hacer la fogata más grande de todas las que *había* por allí. *Era* inmensa y nos *encontrábamos* muy calentitos. *Contamos* historias y chistes muy graciosos hasta que *llegó* la noche. Ya que *era* tarde nos *marchamos* para casa. *Fue* un día que lo *pasé* estupendo.

6.5 OTROS USOS DEL PRETÉRITO E IMPERFECTO

Hemos establecido que el contraste entre las dos formas aspectuales del pasado acentúa la diferencia entre un enfoque en la terminación (pretérito) y un enfoque en la duración de la situación (imperfecto). Pero estas dos formas tienen también algunos otros usos que explicamos a continuación.

(i) La expresión de situaciones dinámicas con el pretérito

Recordemos que una acción se diferencia por la necesidad de tener un fin, mientras que un estado se extiende a lo largo del tiempo, y que hay una coincidencia natural entre el pretérito y una acción, por un lado, y el imperfecto y un estado, por el otro.

ACCIÓN ⊢———⊣	PRETÉRITO ⊢———⊣
ESTADO ⊢———→	IMPERFECTO ⊢———→

Si se usa el pretérito con un estado, el resultado suele ser una limitación en la duración de dicho estado.

Hizo mucho sol ayer.

Y *estuvimos* en el campo todo el día.

Sin embargo, para algunos verbos hay otra posibilidad. Se puede transformar el estado en una situación más dinámica al limitarlo con el uso del pretérito.

EJEMPLO A: Él no *conocía* a nadie.

EJEMPLO B: Él no *conoció* a nadie.

88

CAPÍTULO 3
El verbo y los significados
de las formas verbales

En el EJEMPLO A el uso del imperfecto y la duración de la situación nos da la interpretación de un estado (*tener conocimiento de*). Pero el uso del pretérito en el B transforma ese estado en una acción (*llegar a conocer*). Otros verbos de este tipo incluyen los siguientes.

Sabía que no había otro remedio.

Supo que no había otro remedio.　　　(*llegó a saber, se enteró de, descubrió que no había otro remedio*)

Quería invitarme a un café.

Quiso invitarme a un café.　　　(*intentó invitarme*)

No *quería* invitarme a un café.

No *quiso* invitarme a un café.　　　(*se negó a/rehusó invitarme*)

Podía alcanzar la rama más alta.

Pudo alcanzar la rama más alta.　　　(*logró alcanzar*)

No *podía* alcanzar la rama más alta.

No *pudo* alcanzar la rama más alta.　　　(*no logró alcanzar*)

Tenía varias cartas.

Tuvo varias cartas.　　　(*recibió*)

Estaba en el trabajo a las ocho.

Estuvo en el trabajo a las ocho.　　　(*llegó*)

Tenía que hacer muchas cosas.

Tuvo que hacer muchas cosas.　　　(*tenía que hacerlas y las hizo*)

Pero esto no significa que sea imposible utilizar el pretérito de estos verbos con un significado estativo. Se puede limitar la duración del estado igual que se limita la duración de cualquier otro verbo de estado.

¿Quién lo *conoció* mejor?

Lo *supe* hasta que me presenté al examen.

Quiso el bocadillo más grande pero le di el más pequeño.

No lo *pudimos* creer a pesar de que nos lo juró.

Estuvimos aquí todo el día.

Tuve muchos problemas el año pasado.

(ii) La representación del inicio de una situación con el pretérito

El contraste de las formas aspectuales subraya la diferencia entre una visión de una situación terminada (pretérito) en oposición a una en desarrollo (imperfecto). Pero a veces, la presencia de ciertas formas léxicas o contextos puede atraer la atención al inicio de la situación (aspecto iniciativo o incoativo).

Ayer *cenamos* a las ocho.

De repente *granizó*.

El niño *corrió* hacia el coche.

Deducimos que la situación (*cenar, granizar, correr*) era válida después de iniciarse y observamos que el pretérito acentúa el aspecto iniciativo. Pero esta interpretación está condicionada por las formas léxicas y el contexto. Por ejemplo, con las mismas formas léxicas el imperfecto puede representar también el inicio de cada *repetición* de la situación.

Siempre *cenábamos* a las ocho.

De repente *llovía* a diario.

Cada vez que su padre se distraía, el niño *corría* hacia el coche.

Dentro de un contexto apropiado, tampoco es automático que estas formas léxicas expresen el inicio de la situación. En los ejemplos siguientes es evidente que tenemos la representación de una acción terminada.

Ya no *cenamos* a las ocho después del cambio de hora.

De repente *cayó* un chaparrón (= *llovió*) que duró cinco minutos.

Súbitamente el niño *corrió* hasta el coche.

(iii) La delimitación de la duración de un estado con el pretérito

Aunque los estados suelen continuar a lo largo del tiempo, el hablante tiene la libertad de centrarse en un período más concreto. De esta forma puede acentuar el período que más le interese.

EJEMPLO A: Sus heridas *fueron* muy graves.

EJEMPLO B: Me *gustó* esa película horrores.

EJEMPLO C: Ayer *fue* un día tan espléndido que aprovechamos para ir a remar.

En el EJEMPLO A es muy probable que las heridas siguieran siendo muy graves después que la persona fuera herida, pero el uso del pretérito concentra toda la atención en el accidente. Se destaca un período de tiempo más limitado que coincide con el accidente mismo. En el B el hablante centra su reacción positiva dentro de los límites temporales de la película, aunque se puede deducir que la película siguió gustándole por más tiempo. Y aunque en el C sería muy razonable emplear el verbo *ser* con el imperfecto, el hablante prefiere limitar el día a sus veinticuatro horas para separar el día de ayer del día de hoy.

(iv) El condicional reemplazado por el imperfecto

La forma condicional del verbo *(comería)* representa una situación hipotética fuera de todos los conceptos temporales. Por esta razón es común en el español coloquial que el imperfecto sustituya la forma condicional (ambas formas pueden expresar la situación como no realizada).

Yo *iría* contigo si tuviera suficiente dinero.→

Yo *iba* contigo si tuviera suficiente dinero.

Práctica

A. Haga oraciones con el pretérito y el imperfecto, y explique la diferencia de significado.

1. Tú (saber) que me habían engañado.
2. Nosotros lo (conocer) cuando estudiábamos en la universidad.
3. Aunque ellos no (poder) acompañarnos no me quejo.
4. Mariluz (querer) meter toda la ropa en una sola maleta.
5. Mi esposa y yo no (poder) invitar a todos los amigos.
6. El diputado no (querer) hacer ninguna declaración a la prensa.

B. Cambie los verbos de las oraciones a continuación por uno de los siguientes: *saber*, *conocer*, *querer*, *poder*, *tener*.

1. ¿Cuándo *te enteraste* de que había sido yo?
2. Después de mucho discutir *conseguimos* convencerlo.
3. El ladrón *intentó* abrir la puerta pero no *se las arregló*.
4. *Me lo presentaron* el año pasado.
5. *Se negó* a decirnos la verdad.
6. Por fin *descubrí* dónde comprarlo más barato.
7. Jamás *llegaron a hacer*lo de una forma adecuada.
8. ¿*Recibiste* una carta de tus padres ayer?

C. Después de estudiar los contextos, complete cada grupo de oraciones con las formas correctas del verbo. Señale el aspecto representado por la forma verbal.

1. (a) Anoche mi compañero y yo (*estudiar*) cuando se cortaron las luces.
   (b) Anoche mi compañero y yo (*estudiar*) hasta que nos agotamos.
   (c) Anoche mi compañero y yo (*estudiar*) a las siete en punto.

2. (a) (*Nevar*) durante toda la noche y una buena parte del día siguiente.
   (b) Al bajar la temperatura (*nevar*).
   (c) (*Nevar*) cuando salí del trabajo.

3. (a) Nosotros (*estar*) en el parque toda la tarde.
   (b) Nosotros (*estar*) en el parque a las seis en punto.
   (c) Nosotros (*estar*) en el parque cuando lo cerraron.

4. (a) Encendimos la fogata y al momento (*estar*) calentitos.
   (b) Nosotros (*estar*) calentitos hasta que se apagó la fogata.
   (c) Nosotros (*estar*) calentitos y contábamos chistes.

D. Haga oraciones en que un adverbio con el pretérito fuerce el enfoque en el inicio de un estado o acción.

MODELO: ser un mejor profesor
         Desde aquel día fue un mejor profesor.

1. gritar
2. estar triste
3. llorar
4. ver televisión
5. escribir poesías
6. jugar a baloncesto
7. mirar
8. hacer caso
9. golpear
10. Fumar

E. Cambie las formas condicionales de las siguientes oraciones al imperfecto y explique por qué se pueden utilizar ambas formas.

1. Te *sentirías* muy mal luego de ese rechazo.
2. Me dijeron que la boda *sería* por la tarde.
3. Si me hubieras escuchado no *tendrías* tantas dificultades.
4. Seguro que él te *ayudaría* a conseguir otro trabajo.
5. Los *invitaríamos* si fueran más compatibles con los otros.

A. Es posible emplear el pretérito para transformar un estado en una situación más dinámica. ¿Porqué hacen lo mismo las formas compuestas de las siguientes oraciones? ¿Qué significan, entonces, estas formas verbales?

1. No *hemos conocido* a nadie que nos caiga bien.
2. *He podido* ponerme en contacto con ella.
3. Nunca *habrías querido* aprender a conducir si no fuera por mis empeños.
4. *Habían tenido* que quedarse en casa todo el día.
5. No *he tenido* ningún mensaje hoy.

B. En las siguientes oraciones indique la clase de verbo y analice el contraste entre el pretérito y el imperfecto.

1. *Pensé* que sería interesante que todos fueran.
   Pensaba que sería interesante que todos fueran.
2. Me *encantó* su forma de contar chistes.
   Me *encantaba* su forma de contar chistes.
3. *Creí* que eso no le importaba.
   Creía que eso no le importaba.
4. Tu tío *fue* muy bueno conmigo.
   Tu tío *era* muy bueno conmigo.
5. Esa foto no *debía* publicarse.
   Esa foto no *debió* publicarse.
6. La fiesta *estaba* muy buena.
   La fiesta *estuvo* muy buena.
7. *Estábamos* muy cómodos al lado de la chimenea.
   Estuvimos muy cómodos al lado de la chimenea.
8. *Veía* que la situación estaba mala.
   Vi que la situación estaba mala.
9. No *era* nada fácil convencerlo.
   No *fue* nada fácil convencerlo.
10. *Debía* de haberlo hecho con más atención al detalle.
    Debió de haberlo hecho con más atención al detalle.

C. Hay contextos en que se encuentra el imperfecto aunque se podría emplear el pretérito para expresar una acción o estado terminado. Estudie el uso del imperfecto en las oraciones siguientes e intente explicar por qué el imperfecto es compatible con estos contextos.

1. "No es posible", *informaba* el jefe. "¿Por qué tiene que ser así?" *indagaba* el alumno.
2. Un pescador y un joven de doce años murieron el jueves pasado al caer al mar, y un paracaidista *fallecía* ayer en las costas.
3. Vamos a jugar. Yo *era* el rey y tú *eras* la reina.
4. Anoche Juanito soñó con que yo le *cortaba* los pelos con los dientes y me los *comía*.
5. La duquesa se enamoró de un hombre bastante más joven, con el que *contraía* matrimonio.
6. *Ponía* las manos en los bolsillos y se *iba*.
7. Sus seguidores glorificaron la matanza en un comunicado en el que él *era* declarado "mártir".
8. No, esta vez Uds. *eran* los malos y nosotros *éramos* los buenos.

92

CAPÍTULO 3
El verbo y los significados
de las formas verbales

El imperfecto también tiene usos más difíciles de manipular dentro del discurso. Los describimos aquí para dar una idea de las posibilidades de la expresión comunicativa de esta forma.

(v) La prolongación de las acciones

Si con el pretérito el hablante tiene la capacidad de limitar la duración de un estado, entonces es lógico que con el imperfecto sea posible prolongar la percepción de la duración de una acción. Esta manipulación ocurre con los verbos de comunicación.

Me *decía* que Paco se había matado.

"No es posible", *informaba* el jefe.

"¿Por qué tiene que ser así?" *indagaba* el alumno.

Se consigue este mismo valor comunicativo con otros verbos, especialmente en el estilo periodístico donde el contraste entre el pretérito y el imperfecto permite controlar la percepción de la duración de situaciones ya terminadas.

Un pescador y un joven de doce años *murieron* el jueves al caer al mar, y un paracaidista *fallecía* ayer en las costas.

6.6 RESUMEN DEL CONTRASTE PRETÉRITO E IMPERFECTO

El pretérito y el imperfecto son las formas aspectuales que le permiten al hablante acentuar una parte determinada de la estructura de una acción o estado, o de una serie de repeticiones en el pasado: el inicio, el medio o la terminación. La diferencia básica está en que el imperfecto se centra en el medio de la situación y el pretérito en la terminación. En contextos apropiados, el pretérito también puede atraer la atención al inicio de una situación. Con ciertos verbos de estado, sirve para convertir un estado en una acción. Los siguientes ejemplos ilustran lo ya dicho.

terminación:	*Llovió* durante toda la noche.
medio:	*Llovía* cuando me desperté.
inicio:	De repente *llovió*.
estado → acción:	Por fin *conocí* a Pepe. (= me lo presentaron)

Lo importante de este contraste son las posibilidades para relatar acontecimientos. El hablante puede jugar con los valores comunicativos que estas dos formas aspectuales representan en la narración. La distinción básica se explica con el avance de la narración que se consigue con el pretérito, y la detención momentánea que se consigue con el imperfecto y que permite que una acción o estado sirva de fondo para otras situaciones. En el ejemplo abajo el tiempo sirve de fondo para las otras dos acciones.

Hacía mucho calor, nos *quitamos* las chaquetas y *pedimos* una bebida.

En un momento dado de la narración, el pretérito también puede perceptualmente delimitar la duración de un estado y concentrarse en el período temporal de la situación.

Me *gustaron* sus comentarios.

Creí que todo se iba a resolver.

Por su parte, el imperfecto puede prolongar la percepción de la duración de una acción terminada (*"No es posible"*, **informaba** *el jefe*), acentuar la irrealidad en sueños y juegos (*Soñé que de repente me* **despertaba**) y sustituir al condicional en el habla coloquial (*Yo* **iba** *si tuviera suficiente dinero*).

7. LAS FORMAS PROGRESIVAS: LA EXPRESIÓN DE ACTIVIDAD

Todas las formas verbales que hemos estudiado hasta ahora tienen una forma paralela que se compone del verbo *estar* más el gerundio: el progresivo (*estoy escribiendo*). La caracterización de la situación que se consigue con el progresivo no tiene nada que ver con el tiempo. En cambio, sea cual fuera el valor temporal, el hablante puede acentuar la situación como *acción*. Veamos los siguientes ejemplos.

Rafaela *está haciendo* un guiso.

Rafaela *hace* un guiso.

Habíamos estado trabajando todo el mes.

Habíamos trabajado todo el mes.

Todos *estaban llegando* cuando descubrimos que no había pan.

Todos *llegaban* cuando descubrimos que no había pan.

En estos pares de oraciones hay una diferencia entre la caracterización de la situación con la forma no progresiva y la progresiva. En los dos casos tenemos una acción, pero con el progresivo el hablante está dando fuerza al carácter dinámico de la acción. Deducimos, entonces, que el progresivo es otra manifestación del aspecto, ya que el hablante está manipulando no el valor temporal de la situación, sino su estructura interna.

Este énfasis en el carácter activo de la situación tiene varios valores comunicativos. Veamos algunos ejemplos.

EJEMPLO A: ¿Qué *haces*?
             ¿Qué *estás haciendo*?

EJEMPLO B: ¿Qué *hacías*?
             ¿Qué *estabas haciendo*?

La forma simple del presente del EJEMPLO A y la forma del imperfecto en el B pueden representar una situación habitual o una situación que se realiza (o que se realizaba) en un momento determinado. Puesto que la forma progresiva insiste en lo activo, sirve para concretar la referencia temporal, porque en el A la situación se refiere al momento del habla y en el B, a un momento determinado en el pasado.

Otro valor comunicativo se comprueba en las siguientes oraciones.

Comen muy tarde.

Están comiendo muy tarde.

En las dos oraciones la forma verbal puede referirse a una acción habitual, y ninguna expresa necesariamente una acción que se lleva a cabo en el momento del habla. Con el progresivo, el énfasis en el carácter activo de la acción sugiere dos posibilidades. Por un lado, puede ser que el hablante esté llamando la atención al hecho de comer muy tarde. Pero por otro lado, también es posible

94

CAPÍTULO 3
El verbo y los significados
de las formas verbales

que al acentuar la parte activa, el hablante haga una comparación entre lo que es la costumbre ahora y lo que era normal antes (*Están comiendo muy tarde, antes comían más temprano*).

Práctica

A. Cambie el verbo de las siguientes oraciones al progresivo y explique la diferencia de uso.

1. Todos mis compañeros *estudian* en la biblioteca pública.
2. No me gusta la forma en que ese tipo me *mira*.
3. Los niños *inventan* enfermedades para no tener que ir al colegio.
4. El nuevo tratamiento *produce* efectos muy favorables.
5. *Recuerdo* las muchas veces que me engañaron.
6. *Veo* que ninguna de las opciones me conviene.
7. *Había llovido* mucho la noche anterior.
8. Se *enfada* porque no puede salirse con la suya.
9. *Viven* en la sierra muy cerca de la casa de los padres de ella.
10. Últimamente no *come* carne ni pescado.

B. Construya oraciones con el progresivo para expresar las siguientes situaciones.

1. el precio de la gasolina ha subido y cuesta mucho
2. la biblioteca no estaba abierta y teníamos que estudiar en la cafetería
3. la gente no usa el tabaco tanto como antes
4. mis tíos viven en un hotel porque vendieron su casa
5. en primavera los agricultores sembrarán maíz en lugar de patatas
6. Ricardo quiere perder 5 kilos y por eso no come ni pasta ni pan
7. el mes pasado mi padre anduvo al trabajo porque se le estropeó la moto
8. esta temporada el equipo de fútbol jugará en un nuevo estadio

Análisis

A. Explique la diferencia entre el uso de la forma no progresiva y la progresiva en las siguientes oraciones.

1. *Escribe* en la otra habitación.
   Está escribiendo en la otra habitación.
2. Mañana *hablaré* con el Presidente del Gobierno.
   Mañana *estaré hablando* con el Presidente del Gobierno.
3. ¿En qué *piensas*?
   ¿En qué *estás pensando*?
4. *Vemos* muchas películas extranjeras.
   Estamos viendo muchas películas extranjeras.
5. Ya *habíamos hablado* con el dueño.
   Ya *habíamos estado hablando* con el dueño.
6. Se *acostumbran* a las dificultades.
   Se *están acostumbrando* a las dificultades.

7. Me *despierto* a las cinco de la mañana.
Me *estoy despertando* a las cinco de la mañana.

8. Se *alejaban* poco a poco.
Se *estaban alejando* poco a poco.

B. ¿Cuáles son los significados de las formas progresivas de las siguientes oraciones? ¿Por qué pueden tener estos significados?

1. No *estoy conociendo* a nadie.
2. Lo *estaban sabiendo* todo.
3. En estos días no *estoy pudiendo* hacer lo que tengo que hacer.
4. ¿*Estás queriendo* que me enfade o qué?
5. No lo hace porque no lo *está queriendo* hacer.
6. No *estaba pudiendo* resolver sus problemas económicos.

C. En inglés se puede expresar la oración (a) con la forma simple del presente o con la forma progresiva del presente. Y mientras que la oración (b) no es gramatical en español, lo es en inglés tanto con la forma simple del presente como con la forma progresiva. ¿Por qué? ¿Qué sugiere este hecho sobre el significado del progresivo en inglés en comparación con su significado de actividad en español?

(a) Nos *marchamos* de aquí mañana.
(b) *Nos *estamos marchando* de aquí mañana.

Analice las siguientes oraciones. Para que sean correctas, ¿a qué tienen que referirse? ¿Ocurre lo mismo en inglés?

1. Me dijo que *salía* del trabajo a las seis.
2. Me dijo que *estaba saliendo* del trabajo a las seis.

D. Explique las maneras en que el hablante caracteriza la misma situación pasada con las siguientes formas verbales.

1. Ayer *almorzábamos* en casa de unos amigos.
2. Ayer *estábamos almorzando* en casa de unos amigos.
3. Ayer *almorzamos* en casa de unos amigos.
4. Ayer *estuvimos almorzando* en casa de unos amigos.

E. Hemos visto en el ejercicio B que el uso del progresivo con determinados verbos de estado puede transformar un estado en una situación más dinámica (*No estoy conociendo a nadie.*). ¿Cuál es el efecto comunicativo de utilizar el progresivo con los siguientes verbos de estado?

1. *Estamos teniendo* muchos problemas últimamente.
2. No me *está gustando* nada.
3. Sólo *está existiendo* por las drogas.
4. *Está conteniendo* las lágrimas.
5. Nos *está importando* cada vez más.
6. Esta palabra ahora *está significando* algo totalmente distinto.
7. *Están teniendo* un resultado muy positivo.

F. Hemos dicho que el contraste pretérito/imperfecto y el contraste progresivo/no progresivo son distinciones aspectuales. ¿Cuál es la diferencia? Compare la expresión del aspecto en español con su expresión en su idioma materno.

96

CAPÍTULO 3
El verbo y los significados
de las formas verbales

8. LAS FORMAS DEL INDICATIVO Y SUBJUNTIVO: LA EXPRESIÓN DE AFIRMACIÓN/NEGACIÓN, OPINIONES Y ACTITUDES

Lunes, 17 de diciembre

El presidente desmiente que se encuentre incapacitado

Otro candidato emplaza al presidente a que diga si se presentará en las elecciones primarias

Otra dificultad para los no hispanohablantes es el uso de los modos indicativo y subjuntivo. Antes de analizar este tema, ayudaría concretar cuánto sabe Ud. solucionando los siguientes ejercicios.

Para empezar...

A. Los siguientes verbos principales introducen cláusulas subordinadas nominales (véase el capítulo II, 4.2).

(a) ¿Qué clase de opinión expresa cada uno sobre la situación en la cláusula (véase la sección 3.2)?

(b) ¿Necesitan los verbos el indicativo o el subjuntivo? Construya oraciones para ejemplificar su decisión. En caso de que un verbo o expresión admita las dos posibilidades, dé oraciones que demuestran el contraste.

(c) Intente hacer una lista de "reglas" para la selección de modo y compare estas reglas con las que se presentan en este capítulo.

1. negar que
2. resultar que
3. no creer que
4. descubrir que
5. darse cuenta de que

6. exigir que
7. decir que
8. parecer ridículo que
9. convenir que
10. comunicar que

B. Prepárese para la discusión de las cláusulas subordinadas adverbiales procediendo como en el ejercicio anterior. ¿A qué clase pertenece cada conjunción adverbial (véase el capítulo II, 4.2)? Se usa el indicativo o el subjuntivo? ¿Admite alguna conjunción ambos modos?

1. hasta que
2. ya que
3. con tal de que
4. tan pronto como
5. a menos que

6. porque
7. sin que
8. cuando
9. así que
10. en lugar de que

C. Para las siguientes cláusulas relativas (véase el capítulo II, 4.2), ¿qué factor determina la selección de modo?

1. ¿Conoces a alguien que haya estudiado en Australia?
2. Conozco a alguien que ha estudiado en Australia.
3. Quieren comprar un apartamento que está al lado del mar.
4. Quieren comprar un apartamento que esté al lado del mar.
5. Dame el dinero que tienes.
6. Dame el dinero que tengas.

D. En las oraciones siguientes se emplea el subjuntivo. ¿Deberá usarse el subjuntivo presente o el subjuntivo pasado? ¿Por qué?

1. Me dijo que prefería que tú le (llevar) el paquete mañana y no hoy.
2. Le compré una nueva camisa para que no se (poner) una vieja para ir a la fiesta.
3. Es imposible que ellos (venir) aquí anoche sin avisarnos.
4. Me alegré de que nadie se (oponer) a mis planes.
5. Dudaban que tú y yo (ser) gemelos.

E. Entreviste a varios hispanohablantes para comprobar si las siguientes oraciones son gramaticales, menos naturales que otras, etcétera. ¿Admiten también el modo contrario?

1. Amelia no cree que Eduardo le va a regalar un anillo para su cumpleaños.
2. ¿Crees que sean capaces de echarte otra broma?
3. Me alegro de que no hay clase los sábados.
4. No te he telefoneado porque necesite tu ayuda…

F. ¿Cuándo se usará oraciones como la primera y cuándo como la segunda?

1. Si te acompañó, seguro que tú pagaste las entradas.
2. Si te hubiera acompañado, seguro que tú habrías pagado las entradas.

8.1 INTRODUCCIÓN

Como ya hemos visto, en el español una forma verbal conjugada incluye información sobre la manera en que el hablante organiza la situación temporal y aspectualmente. En este apartado vamos a ver que también se incluye información sobre el *modo* con que el hablante precisa su actitud u opinión hacia la información que comunica.

98

CAPÍTULO 3
El verbo y los significados
de las formas verbales

el modo
la categoría gramatical con
que el hablante indica su
actitud u opinión sobre la
información comunicada

Aunque existen cuatro formas simples y cuatro compuestas para el indicativo, el subjuntivo se limita a dos simples y dos compuestas. Además hay dos formas del subjuntivo imperfecto, una que utiliza el sufijo -*ra* y otra que utiliza -*se*. La primera forma es la más frecuente, y por tanto, la preferida en los métodos de enseñanza.

En el siguiente recuadro se resumen las correspondencias entre los tiempos de *los modos.* En el subjuntivo, el futuro se une al presente, y el condicional y las dos formas del pasado (pretérito e imperfecto) se unen al pasado.

Formas del indicativo	Formas del subjuntivo
Presente, Futuro	*Subjuntivo presente*
Creo que *está* aquí.	
Creo que *estará* aquí.	No creo que *esté* aquí.
Presente perfecto, Futuro perfecto	*Subjuntivo perfecto*
Creo que *ha estado* aquí.	
Creo que *habrá estado* aquí.	No creo que *haya estado* aquí.
Condicional, Pretérito/Imperfecto	*Subjuntivo imperfecto*
Creí que *estaría* aquí.	
Creí que *estaba/estuvo* aquí.	No creí que *estuviera/estuviese* aquí.
Pasado perfecto, Condicional perfecto	*Subjuntivo pluscuamperfecto*
Creí que *había estado* aquí.	
Creí que *habría estado* aquí.	No creí que *hubiera/hubiese estado* aquí.

Recordemos que mientras las formas regulares del indicativo toman su raíz del infinitivo (*viv-ir* > *viv-o*), el subjuntivo presente toma su raíz de la primera persona singular del indicativo.

com-er: com-o   →   com-a, com-as, com-amos, etcétera
ten-er: teng-o   →   teng-a, teng-as, teng-amos, etcétera

El subjuntivo imperfecto, por su parte, usa la tercera personal plural del pretérito para su formación.

com-er: com-ieron   →   com-iera, com-ieras, com-iéramos, etcétera
ten-er: tuv-ieron   →   tuv-iera, tuv-ieras, tuv-iéramos, etcétera

Nuestro estudio de los modos demostrará que, como los contrastes de tiempo y aspecto, el contraste entre el indicativo y el subjuntivo también es lógico. En las secciones siguientes confirmaremos que el modo indicativo presenta una situación como un hecho objetivo y que el subjuntivo expresa una opinión o actitud que reduce la objetividad de la situación.

Práctica

Cambie las siguientes oraciones afirmativas a negativas, sabiendo que la negativa necesita el subjuntivo. Preste atención a la forma temporal del subjuntivo.

MODELO: Es cierto que te ayudaré. → *No es cierto que te ayude.*
             Es cierto que te ayuda. → *No es cierto que te ayude.*

1. (a) Parecía que había sido así.
   (b) Parecía que habría sido así.

2. (a) Era seguro que estarían estudiando.
   (b) Era seguro que estaban estudiando.
   (c) Era seguro que estuvieron estudiando.

3. (a) Es obvio que nos hemos equivocado.
   (b) Es obvio que nos habremos equivocado.
   (c) Era obvio que nos equivocamos.

8.2 EL CONTRASTE DEL INDICATIVO Y SUBJUNTIVO EN ORACIONES SIMPLES

Comencemos a estudiar los modos con las siguientes oraciones simples.

Tú *eres* un buen alumno.

Tú *no eres* un buen alumno.

Tanto en la oración afirmativa como en la negativa, el hablante comunica información que considera verdadera. Asimismo el hablante le puede pedir al oyente que opine sobre la veracidad de la situación mediante una pregunta (*¿Eres tú un buen alumno?* / *¿No eres tú un buen alumno?*). Esto significa que el uso del indicativo está poco relacionado con la veracidad de la situación *en el mundo externo*. Lo que importa es la opinión o actitud que el hablante desea expresar sobre la situación en un momento determinado. Por lo tanto, ya que los seres humanos son capaces de mentir (algunos mejor que otros), sea cual sea la verdad, siempre se puede presentar una situación como un hecho verdadero. Efectivamente, éste es el significado del indicativo, el de afirmar una situación sin reserva alguna y sin expresar opinión alguna que pudiera atenuar la veracidad de la situación.

Dado este significado del indicativo, es lógico que se use mayoritariamente en las oraciones simples. Sin embargo, cuando la caracterización de la situación no coincide con este significado de afirmación, también puede emplearse el subjuntivo. Hay cinco usos principales del subjuntivo en oraciones simples.

1. En general los mandatos se forman con el subjuntivo, precisamente porque su significado no está relacionado con la afirmación de una situación, sino con el deseo de que se realice algo.

   ¡*Salga* de aquí!

   ¡*Déjen*me en paz!

2. El subjuntivo presente y el imperfecto se utilizan frecuentemente en expresiones de posibilidad o reserva (EJEMPLO A), o en una cláusula introducida con *que* para limitar los conocimientos (y responsabilidad) del sujeto (B).

   EJEMPLO A: *Cobren* lo que *cobren*, no hay otro remedio que comprarlo.
   Sea lo que *fuera*, no estoy de acuerdo.
   Vengas o no *vengas*, me da igual.
   Lo *haga* Ud. o no, no le vamos a pagar más.

   EJEMPLO B: Que nosotros *sepamos*, es el único competente.
   Que yo *recuerde*, fue Miguel el que sugirió eso.

100

CAPÍTULO 3
El verbo y los significados
de las formas verbales

3. Las expresiones desiderativas con *ojalá (que)* y *quién* tampoco afirman, por lo que se emplean con el subjuntivo (véase el capítulo II, 5.4).

EJEMPLO C: Ojalá que no *esté lloviendo* (ahora, mañana, la semana que viene, etcétera).
Ojalá que no *estuviera lloviendo* (pero la verdad es que sí está lloviendo).

EJEMPLO D: ¡Quién *fuera* millonaria!
¡Quién *hubiera* pensado en eso antes!

En el EJEMPLO C se usa el subjuntivo presente si se refiere a una situación no confirmada en el presente o en el futuro, y el subjuntivo imperfecto si es una irrealidad. En el D el subjuntivo imperfecto con *quién* (que se refiere al hablante *yo*) también expresa una irrealidad.

4. Además es posible utilizar el subjuntivo en una oración simple cuando un adverbio de duda o posibilidad (*quizá(s), tal vez, acaso, probablemente, posiblemente*) precede al verbo, dado que el significado no coincide con la afirmación.

Quizás no sea demasiado tarde.

Tal vez no *hayan* conseguido las entradas.

Posiblemente no *viniera* nadie.

Pero si el hablante quiere reducir el valor del adverbio, empleará el indicativo para acercarse más a la afirmación de la situación (*Quizás no es demasiado tarde porque todavía no han salido de la reunión*).

5. Con los verbos *poder, querer* y *deber* frecuentemente se emplea el subjuntivo imperfecto para lograr un efecto comunicativo que supera la estricta interpretación de afirmación del indicativo.

EJEMPLO E: ¿*Pudiera* abrirme la ventana?

EJEMPLO F: *Quisiera* quedarme aquí.

EJEMPLO G: No *debieras* reñirle tanto.

La forma *pudiera* del EJEMPLO E resulta mucho más cortés que la forma *puede* por dos razones: su valor temporal es pasado (en oposición a la objetividad del presente) y el modo subjuntivo no relaciona la situación con un hecho objetivo. En F y G se da la misma doble negación de la realidad, y atenúa el *querer* y el *deber*. Recuerde que en la sección 4 vimos que el imperfecto y el condicional también pueden alejarse de la objetividad del presente y sugerir los mismos valores comunicativos. Pero no olvide que por su doble negación de la objetividad del presente (pasado y subjuntivo), el imperfecto del subjuntivo es la forma que más se aleja de lo objetivo del presente (véase el último ejercicio de esta sección).

Práctica

A. Cambie las siguientes oraciones con *ojalá que* a otras con una expresión de posibilidad y construya otra situación apropiada.

MODELO: Ojalá que todos vengan.
Vengan o no vengan, yo me voy a divertir.

1. Ojalá que hayan desayunado ya.
2. Ojalá que no sea la verdad.
3. Ojalá que sepan llegar bien.
4. Ojalá que el avión no se haya retrasado.
5. Ojalá que no cueste demasiado.
6. Ojalá que no haya renunciado a su cargo.
7. Ojalá que yo pueda.
8. Ojalá que todos salgamos bien en el examen.

B. En las siguientes oraciones se encuentra el indicativo con adverbios dubitativos. Cambie los verbos al subjuntivo para acentuar la duda.

MODELO: Quizás no te conviene esa hora.
           Quizás no te convenga esa hora.

1. Posiblemente mañana voy al hipermercado a hacer las compras.
2. Tal vez mi hermano ha engordado un poco.
3. Pienso que quizás lloverá más esta primavera que la del año pasado.
4. Tal vez lo amó lo suficiente para no odiarlo.
5. Probablemente tendré más ganas mañana.
6. Posiblemente comió demasiado.
7. Quizás puede que sea así.
8. Tal vez lo que desearía es que lo animaran.

Análisis

A. ¿Qué significan las siguientes expresiones? ¿Por qué se emplea el subjuntivo? Haga cinco oraciones más con *ni que*.

1. ¡Ni que llore!
2. ¡Ni que se arranque los pelos!
3. ¡Ni que fuera Dios!
4. ¡Ni que te estuvieran regalando las cosas!

B. Un mandato es una directiva (un enunciado con el que una persona intenta conseguir que otra persona haga algo). Estudie los siguientes ejemplos y explique por qué las siguientes formas verbales funcionan como opciones para hacer una directiva.

1. Me pones una cerveza.
2. ¿Me pones una cerveza?
3. Me pondrás una cerveza.
4. ¿Me pondrás una cerveza?
5. ¿Me pondrías una cerveza?
6. ¿Me quieres poner una cerveza?
7. ¿Me puedes poner una cerveza?
8. Haces el favor de ponerme una cerveza.

C. Explique los significados de las siguientes formas verbales y el valor comunicativo que se puede relacionar con el uso de cada una.

1. (a) *Debe* hablar contigo.
   (b) *Debía* hablar contigo.
   (c) *Debería* hablar contigo.
   (d) *Debiera* hablar contigo.

2. (a) ¿Me *puede* dejar un bolígrafo?

(b) ¿Me *podía* dejar un bolígrafo?

(c) ¿Me *podría* dejar un bolígrafo?

(d) ¿Me *pudiera* dejar un bolígrafo?

3. (a) *Quiero* comer pollo al ajillo.

(b) *Quería* comer pollo al ajillo.

(c) *Querría* comer pollo al ajillo.

(d) *Quisiera* comer pollo al ajillo.

8.3 EL CONTRASTE ENTRE EL INDICATIVO Y EL SUBJUNTIVO EN ORACIONES COMPLEJAS

La oración simple le permite al hablante hacer enunciados básicos sobre el mundo real. Pero también lo limita, ya que no le permite expresar opiniones más extensas. Por eso, el hablante, con la oración compleja, tiene más posibilidades de expresión que con la oración simple; puede adoptar distintas posturas o incluir más información en su mensaje. Tres son los tipos de cláusulas subordinadas en las oraciones complejas (véase el capítulo II, 4.2).

Nominal:	Quiero *que tú vayas con nosotros.*
Adverbial:	No voy al museo *porque no me interesa.*
Adjetival o relativa:	Le gustó mucho el libro *que tú le regalaste.*

En las siguientes secciones analizaremos los diferentes usos de las oraciones complejas para: (1) definir la afirmación en una forma más precisa que con una oración simple (**Creo que** *tú eres un buen alumno.*), o negar o atenuar esa afirmación (**No creo que** *tú seas un buen alumno.*); (2) afirmar o negar la veracidad de la información sobre la manera, el lugar, la cantidad o el tiempo (*Tú eras un buen alumno* **cuando vivías con tu madre.**); (3) afirmar, negar o expresar duda sobre la existencia de entidades (*Le dimos el premio al alumno* **que fue el mejor.**); (4) expresar un deseo, una petición u otra actitud hacia la realización o no realización de una situación (**Quiero que** *tú seas un buen alumno.*); (5) hacer una evaluación personal (**Me gusta que** *tú seas un buen alumno.*) y (6) establecer una relación de interdependencia entre una situación y otra (*Nunca vas a ser un buen alumno* **a menos que te esfuerces más.**). Examinaremos por partes el contraste de modo en cada una de estas clases de información. Será útil repasar las clases léxicas de verbos (sección 3.2). También analizaremos el tiempo del verbo principal para decidir el de la oración subordinada.

8.3.1 La afirmación/negación de situaciones en cláusulas nominales

En la sección 3.2 señalamos que existen varias clases de verbos que se emplean con cláusulas nominales para concretar la actitud del hablante respecto a la veracidad de la situación de la cláusula subordinada. Analizaremos primero los verbos cuyos significados se limitan a la afirmación o negación. Luego estudiaremos los verbos de comunicación, conocimiento/aprendizaje y percepción.

(i) Verbos de afirmación/negación

Estos verbos permiten al hablante definir de forma exacta su opinión afirmativa o negativa sobre una situación. Para utilizar el indicativo es imprescindible que el significado del verbo afirme sin reserva. La falta de este tipo de afirmación necesita el subjuntivo. Los siguientes ejemplos muestran que, en general, el significado del verbo engloba la afirmación o la no afirmación:

> *Creo* que los intereses *han bajado* mucho.
>
> *No creo* que los intereses *hayan bajado* mucho.
>
> *No dudo* que los intereses *bajarán* más.
>
> *Dudo* que los intereses *bajen* más.

Creer y *no dudar* afirman la veracidad de la situación y con ambas expresiones se emplea el indicativo. En cambio, *no creer* y *dudar* son dos maneras de negar o expresar reserva sobre la veracidad de la situación y necesitan el subjuntivo porque no afirman, sino que niegan y ponen en duda, respectivamente.

Sin embargo, los usos del indicativo y del subjuntivo con los verbos de afirmación/negación a veces no corresponden a normas exactas en que los significados léxicos determinan categóricamente el uso de un modo o el otro. ¿Qué ocurre en un contexto en el que el verbo expresa la falta de afirmación de un tercero, pero el hablante sabe que la información es verdad? Pues tiene la opción de destacar la veracidad de la situación y utilizar el indicativo como modo de afirmación.

> No cree que nosotros lo *hayamos comprado* por tan poco dinero.
>
> No cree que nosotros lo *hemos comprado* por tan poco dinero.
>
> Negó que yo lo *hubiera* vencido.
>
> Negó que yo lo *había* vencido.

En la primera oración de cada par, el empleo del subjuntivo coincide con la falta de afirmación del sujeto del verbo principal. En cambio, en la segunda, en lugar de utilizar el subjuntivo para reflejar la opinión no afirmativa del *sujeto* de la oración, el *hablante* sobrepone su propia opinión para afirmar la veracidad de la situación. ¿Y qué ocurre con verbos de afirmación si el hablante no desea expresar una opinión afirmativa? Empleará el subjuntivo para evitar la afirmación que coincidiría con el uso del indicativo.

> No dudan que *hay* mucho que investigar.
>
> No dudan que *haya* mucho que investigar.
>
> No negó que *había* un problema.
>
> No negó que *hubiera* un problema.

El uso del subjuntivo con *no dudar* y *no negar* es apropiado cuando el hablante no quiere opinar sobre la veracidad de la cláusula subordinada.

Práctica

A. Clasifique los verbos principales de las siguientes oraciones según sean de afirmación o expresen una opinión que no afirma. Complete los espacios en blanco con la forma correcta del indicativo o del subjuntivo.

MODELO: Es verdad que el jefe me lo (decir) _____ así.
Es verdad = afirmación: *dijo*

1. He dado por hecho que tú (quererse) _____ salir con la tuya.

2. Es probable que la reunión (adelantarse) _____.

3. Dudo que ellos lo (poder) _____ conseguir para hoy.

4. Tenemos que concluir que (faltar) _____ mucho para comprobarlo.

5. Es indiscutible que ella (estar) _____ hablando de otra persona.

6. El primer testigo negará que el acusado (ser) _____ un conocido suyo.

7. No cabe duda de que a ti te (interesar) _____ hacerlo de otra forma.

8. Resulta que esa empresa (tener) _____ demasiados empleados.

9. Es cierto que (haber) _____ otra votación.

10. No aseguran que (pagar) _____ todos los gastos.

B. Analice los siguientes verbos principales como en el ejercicio anterior. Luego complete las oraciones de una manera original, siempre recordando la diferencia entre el indicativo y el subjuntivo.

1. Concluí que...
2. Pasó que...
3. Es imposible que...
4. Pusieron en duda que...
5. Doy por hecho que...
6. Niego que...
7. Era dudoso que...
8. Sospechaban que...
9. Parece que...
10. Parece una mentira que...

C. Identifique la opinión que expresan los verbos de las siguientes oraciones y luego cambie el verbo al otro modo y explique la opinión del hablante.

MODELO: Juan no cree que lo hayan invitado a la fiesta.
(subjuntivo porque no hay afirmación, sino negación) >
Juan no cree que lo han invitado a la fiesta.
(el indicativo afirma que es verdad aunque el sujeto no lo crea)

1. ¿Dudaste que yo *tuviera* razón?
2. ¿No consideraron que *fuera* un animal de raza?
3. El alumno no negó que se *había* copiado en el examen.
4. No dudaron que los otros *estuvieron implicados* en el escándalo.
5. Mi prima niega que *quiera* salir con mi mejor amigo.
6. El abogado puso en duda que yo *fuera* un cómplice en el robo.
7. Miguel Ángel no dudaba que me *invitarían* a la fiesta.
8. ¿Crees que le *ganará* esta vez?
9. No me imaginaba que el asunto *saliera* así.
10. No sospechaba que le *dieran* una fiesta para su cumpleaños.

D. Construya oraciones con verbos de afirmación, negación o duda que expresen las siguientes opiniones hacia la información comunicada.

1. mi cumpleaños es hoy pero mis amigos no lo saben
2. mi cuñado está engañando a mi hermana pero ella no lo cree
3. mi compañera de apartamento comió todo el chocolate pero lo niega
4. es posible que todos se pongan de acuerdo y el jefe no lo duda
5. hay una posibilidad de que él pueda llegar a tiempo y yo no lo niego

A. Los siguientes verbos son personales, o sea, toman un sujeto personal (*Yo considero que...*): *considerar, creer, desmentir, dudar, estar seguro, imaginarse, negar, poner en claro, poner en duda, sospechar, suponer, dar por hecho*. Decida si expresan afirmación sin reserva, teniendo en cuenta el valor afirmativo o negativo de la expresión. Clasifíquelos según su uso con el indicativo o el subjuntivo. Haga un recuadro con ejemplos de la siguiente forma.

Indicativo = afirmación	*Subjuntivo = negación o reserva*
creer	no creer
Creo que viene.	No creo que venga.
no dudar	dudar
No dudo que viene.	Dudo que venga.

B. Los siguientes verbos no son personales, o sea, no toman un sujeto personal (*Es cierto que...*): *ser cierto, ser claro, ser dudoso, ser evidente, ser (im)posible, ser (im)probable, ser indiscutible, ser indudable, ser una mentira, ser obvio, ser seguro, ser verdad, parecer, pasar, resultar*. Clasifíquelos según las instrucciones del ejercicio anterior.

C. Los verbos de las siguientes oraciones afirman la información que les sigue en español. Traduzca las siguientes oraciones a su lengua nativa para comprobar si tienen el mismo grado de afirmación.

    1. Parece que la perrita se ha perdido.
    2. Pienso que se las va a arreglar en cualquier situación.
    3. Supongo que tú quieres cambiar este regalo por otro.
    4. Sospecho que están todos fuera de circulación.
    5. Me temo que no lo vamos a terminar hoy.
    6. Creo que va a llover durante el partido.

(ii) Verbos de comunicación, conocimiento/aprendizaje y percepción

En vez de utilizar un determinado verbo para concretar el grado de afirmación o negación, el hablante puede emplear un verbo que *presupone* la veracidad de la información. Esta clase de verbos se divide en tres subtipos: los de comunicación (EJEMPLO A), los de conocimiento o aprendizaje que expresan algo sobre la forma en que se ha aprendido la información (B) y los de percepción que expresan conocimientos logrados por medio de uno de los sentidos (C).

EJEMPLO A: Confirmó que nadie *estaba* de acuerdo.
                No confirmó que nadie *estaba* de acuerdo.

EJEMPLO B: Descubrí que *había* por lo menos dos soluciones.
                No descubrí que *había* por lo menos dos soluciones.

EJEMPLO C: Vieron que no nos *interesaba*.
                No vieron que no nos *interesaba*.

La forma afirmativa y la negativa de estos verbos usan el indicativo, porque en los dos casos el hablante está relatando un hecho verdadero. Sin embargo, con la forma negativa del verbo, el hablante puede utilizar el subjuntivo *si quiere expresar reserva* sobre la veracidad de la situación.

106

CAPÍTULO 3
El verbo y los significados
de las formas verbales

No quiere confirmar que se *hayan equivocado*.

No descubrieron que *hubiera* otro problema.

No viste que *estuviera queriendo* quitarnos el sitio.

En este caso el hablante prefiere no presentar la situación como verdadera y elige el subjuntivo.

Práctica

A. Identifique la clase del verbo principal (comunicación, conocimiento/aprendizaje, percepción). Cambie la opinión afirmativa a una opinión menos segura utilizando el subjuntivo.

MODELO: No me di cuenta de que los niños entraron a esa hora.
darse cuenta = verbo de conocimiento/aprendizaje
No me di cuenta de que los niños entraran a esa hora.

1. No nos fijamos en que había más de treinta personas en la sala.
2. No me olvido de que tú tienes razón.
3. Nunca me percibí de que él come con la mano izquierda.
4. ¿No tomaste en consideración que el jueves es día festivo?
5. El abogado no me tuvo que clarificar que mis derechos eran otros.
6. No reconocen que sus acciones son una barbaridad.
7. No comentó que los estudiantes se habían copiado en el examen.
8. No confiesa que toda esa historia ha sido una mentira.

B. Complete los espacios en blanco teniendo en cuenta que el primer hablante expresa reserva y el segundo afirma.

MODELO: —Yo no le puse en claro que (tener) *tuviera* que venir aquí hoy.
—Pues, yo sí. Le expliqué que (tener) *tenía* que estar aquí a las seis.

1. —No nos dimos cuenta de que Uds. (ser) _____ los últimos.
    —Pues, ese señor confirmó que nosotros (ser) _____ los últimos.

2. —No me percibí que ese chico me (estar) _____ mirando.
    —Pues, hace un rato me di cuenta de que te (mirar) _____.

3. —Maruja no contó con que (venir) _____ tantos.
    —Pues, se olvidó de que (venir) _____ todos sus socios.

4. —No se acordaron de que tú (necesitar) _____ el coche.
    —Pues, les dije que lo (necesitar) _____ todo el día de hoy.

5. —Yo no digo que ellos (ser) _____ incompetentes.
    —Pues, yo te digo que (ser) _____ más incompetentes que nadie.

8.3.2 La afirmación/negación de situaciones en cláusulas adverbiales

Hasta ahora hemos presentado verbos que sirven para afirmar, negar o atenuar la posible afirmación de otra situación. Pero existen otros casos en que la estructura de la oración obliga al hablante a incorporar el valor afirmativo o negativo de la proposición. Examinemos los siguientes ejemplos con cláusulas adverbiales de manera (EJEMPLO A), de lugar (B) y de cantidad (C):

EJEMPLO A: Lo haces *como puedes.*
             Lo harás *como puedas.*

EJEMPLO B: Lo pondré *donde tú quieres.*
             Lo pondré *donde tú quieras.*

EJEMPLO C: Páguele *cuanto pide.*
             Páguele *cuanto pida.*

Aunque la intención del hablante en el EJEMPLO A no sea la de mostrar si él sabe cómo el oyente puede hacerlo, o en el B dónde quiere que se lo ponga, o en el C cuánto se pide, en los tres casos está obligado a utilizar el indicativo si lo sabe y el subjuntivo si no lo sabe. Por lo tanto, el resultado es el mismo que con los verbos de afirmación/negación: el uso del indicativo *para un hecho verdadero* (afirmación) y el uso del subjuntivo para algo que el hablante no puede afirmar porque *no es parte de su experiencia* (falta de afirmación).

El hablante tiene la misma necesidad de afirmar o no afirmar con las cláusulas adverbiales temporales de los siguientes ejemplos.

EJEMPLO D: Voy a trabajar *hasta que me saquen* a tomar una copa.
             Trabajé *hasta que me sacaron* a tomar una copa.

EJEMPLO E: *Nada más que termine de leer* este libro me regalarán otro.
             Nada más que terminé de leer este libro me regalaron otro.

Si el hablante no está seguro de que lo vayan a sacar en el EJEMPLO D, ni de terminar de leer el libro en el E, emplea el subjuntivo (falta de afirmación). Por el contrario, si está seguro que lo sacaron en el D y que terminó de leer el libro en el E usa el indicativo, porque los actos de *trabajar, regalar, sacar* y *terminar de leer* son situaciones ya conocidas y por ende parte de la experiencia del hablante (afirmación).

Además de las expresiones de manera, lugar, cantidad y tiempo, hay otras que funcionan de la misma forma.

EJEMPLO F: *A pesar de que nos quieras acompañar* no hay sitio para ti.

EJEMPLO G: *A pesar de que nos quieres acompañar* no hay sitio para ti.

En el EJEMPLO F el hablante no sabe si el oyente quiere acompañarlos o no y por eso usa el subjuntivo (falta de afirmación), mientras que en el G confirma este hecho con el indicativo (afirmación). (Para el uso del subjuntivo con información confirmada véase la sección 8.4.)

Sin embargo, incluso cuando el hablante no tiene duda sobre la realización de una situación, puede presuponer su veracidad y utilizar el subjuntivo para lograr otro valor comunicativo. En los siguientes ejemplos, su uso en la oración subordinada expresa una opinión evaluativa en la que el hablante opina sobre la necesidad de una situación para la realización de la otra.

EJEMPLO H: Aunque *has* venido en persona, no te voy a dar lo que me has pedido.
             Aunque *hayas* venido en persona, no te voy a dar lo que me has pedido.

EJEMPLO I: A pesar de que *tienes* coche, no voy a salir contigo.
           A pesar de que *tengas* coche, no voy a salir contigo.

108

CAPÍTULO 3
El verbo y los significados
de las formas verbales

En la primera oración del EJEMPLO H se afirma pero en la segunda se presupone la afirmación. En el EJEMPLO I, la primera oración afirma el tener coche y la segunda implica que para el hablante el tener coche no es suficiente como para aceptar la invitación.

Práctica

A. Clasifique las expresiones adverbiales de las siguientes oraciones (tiempo, lugar, manera, cantidad, otro). Llene los espacios en blanco con la forma apropiada del verbo y explique el uso del indicativo o subjuntivo.

> MODELO: Vamos a salir nada más que tú (terminar) *termines*.
> tiempo: S *termines* porque es una situación no experimentada en el futuro que el hablante no puede afirmar (falta de afirmación)

1. No se acostaron hasta que los niños (dormirse) _____.
2. Por mucho que yo la (respetar) _____ no acepto lo que ha hecho.
3. Ese chico no va a estar contento aunque ellos le (regalar) _____ un nuevo coche.
4. Cuando yo (entrar) _____ a la sala el profesor ya (salir) _____.
5. Pensábamos arreglar el cuarto como ellos (querer) _____.
6. No lo van a contratar a pesar de que (tener) _____ las mejores credenciales.
7. Te devolveré el dinero tan pronto como el jefe me (pagar) _____.
8. Nos hacen ese favor siempre que nosotros se lo (pedir) _____.
9. Me sentía obligado a salir con ellos aun cuando no me (apetecer) _____.
10. Después de que tú me (avisar) _____ hablaré con la directora.
11. Mientras ellos no (estar) _____ de acuerdo no podremos hacer nada.
12. Cuanto más (hablar) _____ menos bien me (caer) _____.
13. Te acompañaré hasta donde tú (querer) _____.
14. Una vez que él (dimitir) _____ todo volvió a la normalidad.
15. Escribí la carta tal como tú me (decir) _____.

B. Dé un equivalente para las siguientes expresiones adverbiales y utilícelo en una oración.

luego que   por más (menos) que
como   a medida que
pese a que   nada más que
bien que   siempre que

C. Construya oraciones en que el hablante presupone la veracidad de la información y la evalúa con el subjuntivo.

> MODELO: Carlos quiere hablar contigo y te va a llamar. (aunque)
> Aunque Carlos quiera hablar conmigo no voy a contestar el teléfono cuando llame.

1. Hace muy buen tiempo hoy pero no voy al parque. (a pesar que)
2. Tengo coche pero voy al trabajo en autobús. (aunque)
3. Mi padre tiene 65 años pero no piensa jubilarse. (aunque)
4. Me queda mucho para estudiar pero voy a salir esta noche. (pese a que)
5. Ella es la jefa pero no tiene derecho a hablarme así. (aunque)

Análisis

A. Estudie las siguientes oraciones. Explique los contextos temporales en que se suele utilizar el indicativo y el subjuntivo, según la capacidad del hablante para afirmar la veracidad de la situación.

1. Aunque llueve con frecuencia siempre damos un paseo por la tarde.
2. Aunque llueva vamos a dar un paseo por la tarde.
3. Aunque llovía con frecuencia siempre dábamos un paseo por la tarde.
4. Aunque llovió mucho ayer dimos un paseo por la tarde.
5. Aunque lloviera íbamos a dar un paseo por la tarde.
6. Aunque lloviera daríamos un paseo esta tarde.

B. Los verbos *pensar*, *querer* y *poder* por su significado asocian la situación a un tiempo venidero tanto en el presente como en el pasado. Compruebe el efecto que esto tiene en el empleo del modo analizando las siguientes oraciones.

1. Pensamos salir nada más que nos den el visto bueno.
   Pensábamos salir nada más que nos dieran el visto bueno.
2. Quiero estudiar entretanto que tú hagas gimnasia.
   Quería estudiar entretanto que tú hicieras gimnasia.
3. Puedes venir a casa en cuanto terminemos de comer.
   Podías venir a casa en cuanto termináramos de comer.

Ahora explique el uso del indicativo en la cláusula subordinada del siguiente ejemplo:

   No pudieron acostarse hasta que los niños se durmieron.

C. Busque los significados de las siguientes oraciones en su idioma materno.

1. Siempre que tú quieras lo haré a tu manera.
   Siempre que lo veo me da repugnancia.
2. Mientras duermo la siesta los niños juegan un partido de fútbol.
   Se quedarían en el cuarto con los niños mientras que no se durmieran.
3. Cada vez que pienso en eso me asusta.
   Siempre que pienso en eso me asusta.
4. A medida que iba creciendo se ponía más guapo.
   Debes contestar las cartas a medida que las recibas.
5. Luego que terminemos de comer iré a la piscina.
   Después de que terminemos de comer iré a la piscina.
6. Me lo explicó como tú se lo dijiste.
   Hazlo como tú quieras porque ya me da lo mismo.
7. Te llamaremos tan pronto como llegue a casa.
   Te llamaremos nada más que llegue a casa.

D. Recuerde que se emplea el subjuntivo con una situación no experimentada por el hablante. Sin embargo, en el habla coloquial el hablante puede dar por entendida la situación (debido a experiencias previas) y utilizar el indicativo presuponiendo que la situación se realizará. Cambie las siguientes oraciones al indicativo para que el hablante presuponga la realización de una acción en el futuro.

MODELO: Cuando *esté* en Portugal voy a comer muchos mariscos.
   Cuando *estoy* en Portugal voy a comer muchos mariscos.

1. Pues yo friego las vajillas mientras tú *tiendas* la ropa y luego vamos al nuevo centro comercial.
2. Como siempre lo voy a hacer de la manera que tú me *digas*.
3. Llegará tan pronto como *empecemos* a comer.
4. Estará trabajando hasta que *apaguemos* las luces.
5. Cortaré el pan como a ti te *guste*.

8.3.3 *La afirmación/negación de la existencia de entidades en cláusulas adjetivales*

Además de utilizar el contraste de modos para afirmar o negar la veracidad de situaciones en el mundo real, la misma distinción se emplea para afirmar o negar la identificación de entidades en las cláusulas adjetivales o relativas. Veamos algunos ejemplos.

EJEMPLO A: Hay siete alumnos en esta clase que *se gradúan* este año.

EJEMPLO B: No hay ningún alumno en esta clase que *se gradúe* este año.

En el EJEMPLO A la afirmación de la existencia de los siete alumnos necesita el indicativo, mientras que la negación de la existencia en el B pide el subjuntivo. Estos ejemplos muestran el caso más extremo de afirmación/negación y corresponden al contraste para la comprobación de la veracidad de situaciones (*creer* vs. *no creer*). Del mismo modo que usamos expresiones léxicas para atenuar la afirmación de una situación, el hablante puede aumentar o atenuar su actitud hacia la existencia de una entidad con el contraste indicativo/subjuntivo.

EJEMPLO C: Voy a comprar una casa que no *sea* tan triste como ésta.

EJEMPLO D: Voy a comprar una casa que no *es* tan triste como ésta.

En el EJEMPLO C el uso del subjuntivo no niega la existencia de una casa más alegre, sino que niega la identificación de la misma. El hablante no tiene una casa concreta en mente. En cambio en el D, el hablante sí afirma la existencia y la identificación. Consideremos dos oraciones más.

EJEMPLO E: Los que *vengan* temprano tendrán que esperar.

EJEMPLO F: Los que *vienen* temprano tendrán que esperar.

El uso del subjuntivo en el EJEMPLO E expresa que el hablante no puede o no quiere afirmar que unos invitados llegarán temprano o que, por lo menos, no los puede identificar (¿cuáles son?). Por el contrario, el indicativo en el F afirma que algunos vendrán temprano, aunque no se sepa quiénes son.

El uso del indicativo o subjuntivo no siempre depende de la identificación del referente del sustantivo modificado por la cláusula adjetival. Pero siempre habrá algo en el contexto que señale la selección de un modo o el otro. Por ejemplo, en la siguiente oración se usa el indicativo para afirmar que el hablante conoce las características de la persona inexistente.

No existe la persona que tú **quieres** conocer.

Práctica

A. Complete los espacios en blanco con la forma correcta del verbo. Explique el uso del indicativo (I) o subjuntivo (S). A veces se pueden emplear los dos modos.

MODELO: Te van a regalar los pantalones que te (gustar) _____.
S: *gusten* si no se sabe cuáles son (falta de identificación); I: *gustan* si se sabe cuáles son (afirmación de existencia e identificación)

1. No hay ninguna transgresión que (ser) _____ peor que lo que tú has hecho.
2. ¿Dónde está el periódico que yo (comprar) _____ esta mañana?
3. Cómprate el coche que te (agradar) _____ más.
4. Esa chica es la que me (invitar) _____ a salir la semana pasada.
5. Los alumnos que (salir) _____ bien en este examen no estarán obligados a tomar el próximo.
6. Lo que tú (sugerir) _____ era muy discutible.
7. Los invitados que no (venir) _____ tampoco nos darán regalos.
8. ¿Qué pensaste tú del chiste que (contar) _____ su tío?
9. Todos teníamos mucha ilusión de conocer a la chica que (traer) _____ Juan Manuel.
10. No dijo nada que (entusiasmarme) _____.
11. La forma en que tú le (hablar) _____ no me hace gracia.
12. El día en que yo (jubilarme) _____ será tan feliz como el día en que tú (jubilarte) _____.
13. Me alegro de que hayas encontrado la camisa que tú (querer) _____.
14. Tengo amigos que a mis padres les (caer) _____ muy bien.

B. Construya oraciones compuestas según el modelo.

MODELO: Compré un ordenador nuevo. Tiene mucha más memoria que el antiguo.
Compré un ordenador nuevo que tiene mucha más memoria que el antiguo.

Voy a comprar un ordenador nuevo. Espero que funcione mejor que el antiguo.
Voy a comprar un ordenador nuevo que funcione mejor que el antiguo.

1. Encontré una cartera en la calle. Contenía mucho dinero.
2. Estoy buscando a una compañera. Dijo que me ayudaría con la tarea.
3. Algunos árboles están muertos pero no sé cuáles son. Los voy a cortar.
4. Todavía estamos esperando un informe. Esperamos que tenga todos los datos.
5. Quiero un reloj nuevo pero no tengo mucho dinero. No existe ninguno.
6. Fuimos a una conferencia anoche. No estuvo nada mal.
7. El primero del mes mi esposa va a jubilarse. Le voy a dar un buen regalo.
8. Pienso lavar la ropa. Por lo menos la ropa más sucia si la puedo separar.

Análisis

A. Calcule cuánta información tiene el hablante sobre la identificación de las entidades en las siguientes oraciones. ¿Cómo se explica el contraste indicativo/subjuntivo para sugerir esta información?

1. El electricista que tú *llamaste* acaba de llegar.
Me voy a conformar con el electricista que tú *llames*.
2. Dije que iba a felicitar al alumno que *salió* mejor en el examen.
Dije que iba a felicitar al alumno que *saliera* mejor en el examen.

3. Hay un señor en la puerta que *quiere* hablar contigo.

Puede haber un señor en la puerta que *quiera* hablar contigo.

4. Busco una foto que me *parece* muy graciosa.

Busco una foto que me *parezca* muy graciosa.

5. Quienes *llegan* primero serán premiados.

Quienes *lleguen* primero serán premiados.

6. Espero que me digan lo que *tengo* que hacer.

Espero que me digan lo que *tenga* que hacer.

B. Hay casos en que el uso del indicativo o subjuntivo no depende de la identificación del referente del sustantivo modificado por la cláusula adjetival. Analice el uso del modo en las siguientes cláusulas.

1. (a) No existe ninguna persona que tú *quieras* conocer.

   (b) No existe la persona que tú *quieres* conocer.

2. (a) Sé de unos pocos alumnos que *son* capaces de pagar esa cantidad de dinero.

   (b) Sé de pocos alumnos que *sean* capaces de pagar esa cantidad de dinero.

3. (a) Queremos éste porque preferimos comprar uno que nos *dura* mucho tiempo.

   (b) Queremos éste porque preferimos comprar uno que nos *dure* mucho tiempo.

4. (a) Éste es el libro más maravilloso que *he leído*.

   (b) Éste es el libro más maravilloso que *haya leído*.

8.3.4 La expresión de deseos e influencia en cláusulas nominales

Hasta ahora hemos visto que el *indicativo* coincide con la afirmación de la veracidad de situaciones y la afirmación de la existencia o identificación de entidades. Cualquier uso de una forma verbal que no esté relacionado con la afirmación requerirá el subjuntivo. Dos de estos casos son el uso del subjuntivo en cláusulas nominales después de verbos que expresan deseo e influencia.

(i) Verbos desiderativos

Es una clase importante, ya que en la comunicación expresamos con frecuencia deseos y otras actitudes relacionadas. Se emplea el subjuntivo porque el significado de estos verbos no se asocia a la afirmación de una situación, sino al deseo (EJEMPLO A), a la preferencia (B) o a la necesidad (C) de que se realice algo.

EJEMPLO A: Quiero que todo te *salga* bien.

EJEMPLO B: Prefería que todo te *saliera* bien.

EJEMPLO C: Será necesario que todo te *salga* bien.

(ii) Verbos de influencia

Otra clase importante está formada por los verbos que expresan influencia sobre la realización de una situación. Las actitudes precisas son diversas: mandatos (EJEMPLO A), permiso (B), petición (C), sugerencia (D), aprobación/ desaprobación (E) y cualquier otra actitud que intente influir la realización o no realización de una situación (F). Se emplea el subjuntivo porque la actitud de influencia no está relacionada con la afirmación, sino con la realización potencial de la situación:

EJEMPLO A: Nos exigieron que *regresáramos* otro día.

EJEMPLO B: El poli permitía que *pasara* quienquiera.

EJEMPLO C: Pedirán que nosotros *llevemos* algo para comer.

EJEMPLO D: Pensábamos sugerir que *dejaran* a los niños en casa.

EJEMPLO E: No están de acuerdo con que *veamos* la película que tú has escogido.

EJEMPLO F: Por fin logró que el ayudante lo *hiciera*.

Aunque sea una situación que en realidad se ha realizado (B y F), siempre se emplea el subjuntivo porque la actitud se refiere a lo que se necesita para que una situación tenga lugar o no.

Práctica

A. ¿Son los siguientes verbos y expresiones de deseo o de influencia? Haga oraciones prestando atención a la actitud exacta que cada uno expresa hacia la realización de la situación.

1. todos deseamos / Uds. pasarlo bien
2. convendrá / todos llegar puntualmente
3. no pudo evitar / haber más problemas
4. no fue necesario / tú repetírmelo
5. va a proponer / nosotros dejar este trabajo para otro día
6. pienso impedir / todos ser invitados
7. se opuso a / los alumnos volver a tomar el examen
8. no dejaré / cada uno pagar su propia comida
9. nunca se prohíbe / los extraños fumar en el sitio de no fumadores
10. pidieron / los alumnos devolver todos los libros
11. es urgente /nosotros reunirnos esta tarde
12. esperamos / no poner la misma película en el avión

B. Busque verbos y expresiones que el hispanohablante puede utilizar para expresar las siguientes actitudes hacia la realización de una situación. Ilustre con oraciones.

1. deseo
2. preferencia
3. necesidad
4. mandatos
5. permiso
6. petición
7. sugerencia
8. aprobación/desaprobación

Análisis

A. ¿Cuáles de las siguientes cláusulas simples podrían aparecer subordinadas a un verbo? ¿Cuál sería el verbo? ¿Cuál sería el sujeto de este verbo?

1. ¡Que no grites!
2. Que no puede ser así.
3. A que no sabes la respuesta.
4. Que seáis puntuales.
5. Que no quiero.
6. Que no tardes.
7. Que no les interesa.
8. A que sí.
9. Que lo pases bien.
10. Que yo sepa, no.

B. Es posible formar frases con algunos sustantivos derivados que subordinan una cláusula nominal. El modo que determina dichos sustantivos es igual al que determinan los términos de donde provienen. Utilice los siguientes verbos para crear expresiones nominales e investigue el uso del indicativo o subjuntivo.

> MODELO: ser improbable
> *la improbabilidad de que me toque la lotería* (S porque no es una afirmación)

1.	amenazar →	**11.**	dudar →
2.	ser posible →	**12.**	presentir →
3.	desear →	**13.**	proclamar →
4.	sugerir →	**14.**	confesar →
5.	afirmar →	**15.**	necesitar →
6.	opinar →	**16.**	esperar →
7.	concluir →	**17.**	proponer →
8.	suponer →	**18.**	recomendar →
9.	ser probable →	**19.**	aconsejar →
10.	sospechar →	**20.**	arriesgar →

C. Recuerde que los verbos de deseo e influencia piden el subjuntivo en la cláusula subordinada. Construya oraciones teniendo en cuenta que la afirmación no es lo más importante, sino la expresión de deseo o influencia.

1. La mayoría votará contra la iniciativa. No lo pudieron impedir.
2. Todos nos acompañaron. Es lo que queríamos.
3. No pude llevar el coche a la playa. Mis padres lo prohiberon.
4. Le regalé la chaqueta azul. Rafael me lo pidió.
5. Ella y yo compramos la pizza a medias. Ella lo propuso.
6. Lo llevamos al hospital. Fue imprescindible.
7. Los niños quedaron con los abuelos unos días. Se lo rogamos.
8. Nos pagaron antes de fin de mes. A todos nos convenía.

8.3.5 *La evaluación de situaciones en cláusulas nominales*

En vez de afirmar la situación de una cláusula nominal, el hablante puede dar por entendida la veracidad de la situación y expresar una opinión personal sobre el hecho. En este caso se emplea el subjuntivo, porque esta actitud hacia la situación sobrepasa el significado del uso del indicativo: afirmar y sólo afirmar. No importa que el verbo sea afirmativo o negativo, porque en los dos casos el hablante está examinando la situación de una forma personal: expresa algo que sobrepasa la simple aseveración.

> Estoy contenta de que se lo *hayas* dicho.
>
> No estoy contenta de que se lo *hayas* dicho.
>
> Me gusta que todo *esté* bien arregladito.
>
> No me gusta que todo *esté* bien arregladito.

En algunos contextos, el subjuntivo puede expresar un doble sentido de subjetividad. Por ejemplo, este modo es necesario en la siguiente oración porque se trata de una evaluación personal y también porque se refiere a una situación no realizada.

Agradecería que todo *estuviera* bien arreglado.

Los adjetivos y sustantivos que expresan una evaluación personal con *ser* o *estar* también se utilizan con los verbos *parecer*, *considerar* y *ver* para expresar una actitud parecida.

Me parece justo que lo *solucionaran* así.

Consideramos ridículo que Uds. *hicieran* eso.

Veo inoportuno que *vengan* a esta hora.

Resultó complicado que Mari *llegara* sin avisar.

Práctica

A. Use el significado de cada una de las siguientes palabras para crear dos expresiones de evaluación personal. Utilícelas en oraciones.

MODELO: alegre
estoy alegre de que, me alegra que, me alegro de que, me da mucha alegría que
Me da mucha alegría que hayan pensado en mí.

1. triste	**5.** divertido	**9** interesante	**13.** lamentable
2. enojado	**6.** molestia	**10.** indignante	**14.** sorprendente
3. vergüenza	**7.** emocionante	**11.** irritante	**15.** deplorable
4. extraño	**8.** tragedia	**12.** inquietante	**16.** cansado

B. Examine personalmente las siguientes oraciones.

MODELO: Mis padres vienen a visitarme el sábado.
Me alegro de que (Me molesta que, etcétera) mis padres vengan a visitarme el sábado.

1. No tenemos clases los sábados.
2. Quizás haya un examen en esta clase la semana que viene.
3. La gente está reciclando cada vez más.
4. Mi equipo favorito no ganó la semana pasada.
5. Los coches cuestan mucho más que antes.
6. Hubo una fiesta el sábado y no me invitaron.
7. Ahora mismo tengo un promedio de sobresaliente en esta clase.
8. Algún día habrá trenes de alta velocidad por todo el mundo.
9. En ese bar se paga una bebida y se beben dos.
10. Están estallando guerras por todo el mundo.

C. Algunos verbos en español pertenecen a más de una de las clases explicadas. Por ejemplo, el verbo *decir* es un verbo de comunicación (*Me dijo que no le interesaba*), pero con el subjuntivo se convierte en verbo de influencia (*Me dijo que no me fuera*). Explique las dos posibilidades para los siguientes verbos y complete las oraciones con la forma correcta del verbo.

decir	gritar	insistir (en)	sentir
comunicar	telefonear	escribir	temer(se)
avisar			

1. Siempre me dice que él (ir) _____ y luego no (ir) _____.

   Siempre me dice que yo (ir) _____.

2. Le grité que no (hacer) _____ falta pan.

   Le grité que (traer) _____ pan para el almuerzo.

3. Insiste en que no (ser) _____ una buena idea.

   Insiste en que nosotros lo (hacer) _____ de la misma manera.

4. Siento mucho que tú no (haber) _____ ganado.

   Siento que tú no (ganar) _____ esta vez.

5. Temo que (ir) _____ a llover esta tarde.

   Temo que por la noche (entrar) _____ ladrones por esa ventana.

¿Puede pensar en otros verbos que pertenezcan a más de una clase y que cambien entre indicativo y subjuntivo? Forme oraciones con ellos.

Análisis

Se usa el subjuntivo después de los verbos de evaluación personal porque, aunque la situación de la cláusula subordinada sea afirmada, la opinión evaluativa sobrepasa los límites de una mera afirmación. Pero en el habla coloquial, el hablante puede usar el indicativo para acentuar la veracidad de la situación dejando que el significado léxico del verbo exprese la evaluación personal. Cuando sea posible, cambie los verbos de la cláusula subordinada al indicativo y explique la diferencia.

1. Me gusta que todos *estén* aquí.
2. Es urgente que *lleves* el paquete al correo hoy.
3. Lamento que no *hayas podido* ir con nosotros.
4. ¡Qué bueno que te *hayas acordado* de mí!
5. Me encantaría que Uds. se *quedaran* a comer con nosotros.

8.3.6 Las relaciones de interdependencia con cláusulas adverbiales

A menudo la opinión del hablante está formada por una relación interdependiente entre el significado léxico del verbo principal y la situación de una cláusula adverbial. Para las relaciones *causales* en que la afirmación de un hecho verdadero afirma la veracidad de otro, se emplea el indicativo.

No vamos esta tarde *porque* va a llover.

Ya que es tarde no tendremos tiempo para ir de compras.

Es *tan* temprano *que* las tiendas no están abiertas.

Vamos a hacer otra cosa *pues* tú te opones a mis planes.

Los padres de Elena nos vienen a visitar en esas fechas, *así que* no iremos de vacaciones hasta finales de mes.

En todas estas oraciones el hablante afirma las dos situaciones, y por lo tanto emplea el indicativo. Sin embargo, igual que con *aunque* y *a pesar (de) que* (vea la sección 8.3.2), el uso del subjuntivo con *porque* expresa una opinión evaluativa en la que el hablante opina sobre la importancia de una situación para la realización de la otra:

Te lo digo porque *necesitas* que te lo diga.

No te lo digo porque *necesites* que te lo diga, sino para tranquilizarme.

El indicativo de la primera oración corresponde a una afirmación. El subjuntivo de la segunda implica que, aunque es verdad que el interlocutor necesita que le diga algo, ésa no es la razón por la cual se lo dice.

Sin embargo, otras relaciones interdependientes implican una condición en que la realización de una situación depende de otra. En este caso se emplea el subjuntivo. No se trata de una simple afirmación de dos hechos, sino de la imposición de una situación como condición para que ocurra la otra. Esta clase incluye las expresiones finales (*para que, a fin de que*), las condicionales [*con tal (de) que, a menos que*], las de posibilidad [(*en) caso (de) que*], las contradictorias (*sin que, en vez de que*) y la expresión temporal *antes (de) que* (véase el capítulo II, 4.2).

Nos invitó *para que* no lo criticáramos.

Con tal de que me ayudes iré contigo.

Caso que tengas hambre te he dejado comida en el frigorífico.

No lo podrás hacer *sin que* te ayudemos.

Salieron *antes de que* sus padres llegaran.

Puede parecer contradictorio que el subjuntivo se utilice después de *antes de que* en la última oración. Pero aunque sea una situación realizada y experimentada en el pasado, el significado de la expresión implica una relación de interdependencia que sobrepasa la simple afirmación. Por eso es obligatorio el uso del subjuntivo.

Práctica

A. Llene los espacios en blanco de las siguientes oraciones con la forma apropiada del verbo y explique la relación interdependiente entre las dos situaciones.

MODELO: Dado que ellos no (venir) _____ es mejor que nos vayamos.
vienen (indicativo): que no vienen es una verdad; la relación es causal

1. Vamos de vacaciones en mayo a menos que el jefe no nos (dar) _____ permiso.

2. Ya que (ser) _____ sábado tendremos tiempo para ir de compras.

3. Saca al perro antes de que tú lo (olvidar) _____.

4. Me prestó el dinero con tal de que le (devolver) _____ el doble.

5. Marisa no pudo ir porque (estar) _____ muy enferma.

6. Ven tú en vez de que (venir) _____ ellos.

7. Llámame antes de las nueve para que te (decir) _____ mis planes.

8. Los niños estudiaron mucho así que (pasar) _____ todos sus exámenes.

9. Sin que nosotros (ahorrar) _____ más dinero no habrá suficiente para pagar todos los gastos del viaje.

10. A no ser que ellos me (ayudar) _____ no podía hacer los deberes.

11. Llámale antes de que te (llamar) _____ a ti.

12. Siempre me invitaban a fin de que me (acompañar) _____ Marisa.

B. Recuerde que además de *porque,* los nexos adverbiales *aunque* y *a pesar (de) que / pese a que* (sección 8.3.2) pueden utilizar el subjuntivo para negar la importancia de una situación para la realización de otra. Cambie las siguientes oraciones empleando el subjuntivo para destacar la falta de importancia de un hecho.

1. No voy a la fiesta porque tengo otros planes (no porque va mi antiguo novio).
2. Anoche me acosté tarde porque no tenía sueño (no porque que tenía que trabajar hoy).
3. Soy el menor de dos hermanos pero mis padres no favorecen a m hermano mayor. (aunque)
4. Hoy era el último día de clase pero el profesor no vino a clase. (a pesar de que)
5. Se negó a ayudarme porque estaba enfadado conmigo (no porque estaba enfermo).
6. Insistió mucho pero no le presté el coche. (pese a que)

C. Dé por lo menos un equivalente para cada una de las siguientes expresiones y utilícelo en una oración. Asegúrese que las expresiones equivalentes usen el mismo modo.

ya que	así que	porque	con tal (de) que
a menos que	para que	caso que	en vez de que

D. Cuando existe una preposición para sustituir la expresión adverbial es mejor utilizar un infinitivo si el sujeto de los dos verbos es el mismo (*Antes de salir llamé a Pepe*). Repase todas las conjunciones adverbiales que hemos estudiado hasta ahora y haga una lista de las que tienen preposiciones paralelas. Construya diez oraciones para comprobar cómo funcionan.

Ahora sustituya los verbos de las siguientes oraciones con un infinitivo *si es posible*.

1. Te lo traeré tan pronto como pueda.
2. Voy a trabajar hoy hasta que no pueda más.
3. Antes de que volvamos a casa pasaremos por el mercado.
4. Ya que no podemos salir vamos a poner un vídeo.
5. Saqué la basura para que no lo tuviera que hacer por la mañana.
6. Me avisó apenas decidió ver la película del canal dos.
7. En caso de que me necesites tienes mi número de teléfono.
8. Fabián no pensaba venir a menos que tú vinieras también.
9. En vez de que les escribamos una carta, les mandamos un fax.
10. No nos llamaron así que no van a estar enterados del tema.

E. En el español coloquial se sustituye *porque* con *que.* Cambie dicha expresión en las siguientes oraciones por *que* según el modelo.

MODELO: Cúbrete la cara porque te van a reconocer.
Cúbrete la cara, que te van a reconocer.

1. Debes llevar mucho dinero porque ese sitio es muy caro.
2. Tienes que trabajar bien porque están pensando en despedirte.
3. Se callaron porque nadie los escuchaba.
4. No terminaron de presentar el proyecto porque no había tiempo.
5. Te lo he dicho porque no lo sabías.
6. No voy a comprar las acciones porque sería una mala inversión.

8.3.7 Las cláusulas con si

Aunque *si* expresa una relación de interdependencia como *(en) caso (de) que,* su significado no es exactamente igual.

Si Rafael *va* contigo, tú pagarás las entradas.

Si Rafael *iba* contigo, tú pagabas las entradas.

Si Rafael *fue* contigo, tú pagaste las entradas.

En oposición a lo que ocurre con *(en) caso (de) que*, en estas oraciones el significado de *si* supone la veracidad de la situación y por eso siempre se emplea una forma del indicativo. Pero *si* también se utiliza para proposiciones irreales.

Si Rafael *fuera* contigo (pero no va), tú pagarías las entradas.

Si Rafael *hubiera* ido contigo (pero no fue), tú habrías pagado las entradas.

En este caso una forma del subjuntivo imperfecto coincide con la imposibilidad de afirmar un hecho irreal. En resumen, se puede utilizar o el indicativo (situación asumida como verídica) o el subjuntivo imperfecto (situación irreal) con una cláusula con *si*, pero nunca el subjuntivo presente.

Como si requiere el subjuntivo porque siempre expresa una irrealidad:

Me riñe como si *fuera* mi padre (pero no lo es).

Actúa como si *estuviera* en su casa (pero no está).

Práctica

 Complete los espacios en blanco con una forma apropiada del verbo.

1. Avísame si (descubrir) _____ una solución.
2. Si yo (entrar) _____, él salía.
3. Me dicen que conduzco como si (ser) _____ piloto.
4. Si tú me (conocer) _____ mejor, no pensarías mal de mí.
5. Si ellos (pagar) _____ la factura, no les habrían cortado la luz.
6. Si nosotros lo (saber) _____, no le habríamos ayudado tanto.
7. Estábamos gastando dinero como si nos (haber) _____ tocado la lotería.
8. Si tú (salir) _____ esta noche, ten cuidado de no tomar demasiado.
9. Si yo (recomendar) _____ que ella no viniera, siempre venía.
10. Si no (hacer) _____ tanto calor iríamos al partido esta tarde.
11. Si tú me (prestar) _____ el dinero te invitaré a comer.
12. Si ellos no (llegar) _____ para las ocho yo habría salido sin ellos.

Análisis

 Existe mucha variación de formas verbales en las oraciones irreales con *si*; incluso otra construcción puede sustituir a la cláusula con *si* (véase 5–8 a continuación). Identifique la variación en las siguientes oraciones y explique la relación entre el significado de la forma verbal dada y el de la sustitución. ¿Cuáles usos se restringirán al habla coloquial informal?

1. Si supiera la verdad, te la *decía*.
2. Si hubieras llegado a tiempo, *hubieras visto* a tu tío.
3. Si fuera millonario, me *compro* un cochazo.
4. Si *comías* más te verías mucho mejor.
5. *De haberla visto*, yo la habría invitado.

6. *Despedido* de esa forma, yo en su lugar la habría denunciado.
7. *Esforzándote* más podrías terminarlo en un día.
8. *De comer*, comería un postre.

8.4 SECUENCIA DE TIEMPOS CON EL SUBJUNTIVO

Los gramáticos han sugerido que las formas del indicativo en cláusulas subordinadas tienen gran libertad en la selección de tiempos. En cambio, las formas del subjuntivo en las subordinadas siguen una regla de concordancia temporal: el tiempo del verbo en la cláusula subordinada es el mismo que el del verbo principal. Recordemos lo ya dicho en la sección 8.1, que al haber sólo dos tiempos del subjuntivo es necesario unir las formas pasadas del indicativo (pretérito, imperfecto) y el condicional, en oposición a las formas no pasadas (presente, futuro). Los siguientes ejemplos muestran que la expresión de los tiempos del indicativo está controlada sólo por la referencia temporal que quiera imponer el hablante. (Para el rasgo ±pasado, el primer caso se refiere al tiempo del verbo principal, y el segundo al de la cláusula subordinada.)

-pas...-pas	Me *dice* que todos *vienen / vendrán*.
+pas...+pas	Me *diría/dijo* que todos *vinieron / venían*.
-pas...+pas	Me *habrá dicho* que todos *vinieron / habrían venido*.
+pas...-pas	Me *dijo* que todos *vienen / vendrán*.

En contrapartida, las oraciones siguientes nos hacen pensar en una regla estricta de concordancia temporal para los tiempos del subjuntivo.

-pas...-pas	*Quiero* que lo *hagas* cuanto antes.
+pas...+pas	*Quería* que lo *hicieras* cuanto antes.
-pas...+pas	**Quiero* que lo *hicieras* cuanto antes.
+pas...-pas	**Quería* que lo *hagas* cuanto antes.

Pero esta regla de concordancia temporal, ¿será una regla o una tendencia? Tanto en el habla como en lo escrito, encontramos ejemplos usados por hispanohablantes que no siguen esta regla de concordancia temporal.

No *conozco* a ningún amigo tuyo que *viniera* a la fiesta.

Te *dejaron* unas instrucciones que te *puedan* ayudar a resolver el problema.

Me *quedo* aquí caso que *salieran* atrasados.

Me *prometió* mucho a fin de que le *ayude*.

Lamento que Uds. lo *visitaran*.

Se *alegraron* que yo *esté* aquí con vosotros.

En estas oraciones es lógico que el tiempo de la oración subordinada cambie con respecto al del verbo principal. En cada caso la situación de un verbo se relaciona con un tiempo distinto al del otro verbo. Además, se confirma que la falta de concordancia es posible en todas las clases de oraciones compuestas. Las cláusulas adjetivales y adverbiales no ponen limitaciones sobre la variación de tiempos. En cambio, en las cláusulas nominales es necesario tomar en consideración la clase semántica del verbo principal. Repasemos los verbos de evaluación personal, los de influencia, los de afirmación/negación y los de deseo.

(i) Verbos de evaluación personal

Con esta clase de verbos debemos diferenciar los verbos de sujeto personal y las expresiones impersonales. Los ejemplos muestran que se permite la secuencia -pas...+pas para los dos tipos de sujeto, mientras que sólo se admite la secuencia +pas...-pas con los verbos personales.

-pas...+pas	Me *alegro* que Uds. lo *visitaran* con tanta frecuencia.
	Es una lástima que Uds. lo *visitaran* con tanta frecuencia.
+pas...-pas	*Lamentó* que Uds. lo *visiten* con tanta frecuencia.
	Era normal que Uds. lo *visiten* con tanta frecuencia.

(ii) Verbos de influencia

La idea de influencia obliga a que la situación del verbo de la cláusula subordinada sea futura con respecto a la del verbo principal; es imposible ejercer influencia en el presente sobre una situación en el pasado. Pero desde el pasado sí se puede influir en la realización de una situación en un tiempo posterior (el presente o el futuro) si el sujeto es personal. Sin embargo, para los sujetos impersonales es difícil que el verbo principal esté en el pasado y el de la cláusula subordinada en el presente porque no hay un actor (el sujeto) que produzca influencia.

-pas...+pas	*Manda* que *estuvieran* allí para las ocho.
	Es aconsejable que *estuvieran* allí para las ocho.
+pas...-pas	*Mandó* que *estén* allí para las ocho.
	Era recomendable que *estén* allí para las ocho.

(iii) Verbos de afirmación/negación

Con estos verbos, sea el sujeto personal o impersonal, en el presente se puede expresar una opinión sobre la veracidad de una situación en el pasado. Pero no se pueden expresar opiniones desde el pasado sobre situaciones del presente, porque éstas aún no han ocurrido.

-pas...+pas	No *creo* que *viniera* todos los días.
	Dudo que *viniera* todos los días.
	Es posible que *viniera* todos los días.
+pas...-pas	*No *creía* que *venga* todos los días.
	Dudaba que *venga* todos los días.
	Era posible que *venga* todos los días.

(iv) Verbos de deseo

Es con este tipo de verbo, y sólo con éste, que la regla estricta de concordancia temporal es válida. Es imposible expresar en el presente el deseo de que se realice una situación en el pasado. Estos verbos tampoco permiten que se exprese en el pasado un deseo para la realización de una situación en el presente.

-pas...+pas	*Quiero* que me *avisara*.
	Es deseable que me *avisara*.
+pas...-pas	*Quería* que me *avise* cuanto antes.
	Era deseable que me *avise* cuanto antes.

Práctica

 Complete con la forma correcta del subjuntivo presente o imperfecto, y comente la secuencia de tiempos.

1. Quería que nosotros (ir) _____ al cine mañana.
2. Me alegro de que tú (estar) _____ en la reunión de ayer.
3. No fue obvio que te (interesar) _____ el fútbol.
4. Esperan que los otros (llegar) _____ hoy.
5. Exigieron que nosotros (entregar) _____ los libros para el jueves que viene.
6. ¿Estás contento de que ellos te (obsequiar) _____ eso?
7. Me invitaron a fin de que yo los (invitar) _____ a ellos la próxima vez.
8. No me parece que los otros (contribuir) _____ tanto como tú.
9. Buscaba un traje que le (servir) _____ para la boda del sábado.
10. Era lamentable que las tiendas (estar) _____ cerradas los días festivos.
11. Todos los padres prohibieron que sus hijos (ir) _____ en la excursión de fin de curso.
12. Sería interesante que los invitados (traer) _____ algo para la cena mañana.

Análisis

A. Estudie las siguientes oraciones y explique la secuencia de tiempos. ¿Se respeta la regla de concordancia temporal? Si no, ¿por qué es válida?

1. Acordaron ayer lanzar un ultimátum para que cesen de inmediato los ataques.
2. Nadie creyó que las acciones de los altos cargos dieran ese resultado.
3. Estaban dispuestos a realizar ataques contra quienes violen las resoluciones.
4. Es posible que no comprendieras su actitud y por eso no aceptaste la misión.
5. Esperaban que todos se callaran en la reunión de la semana entrante.
6. Buscaban un libro que nos ayude para el examen a final de mayo.
7. Ruegan que no tardemos mucho en llenar las solicitudes de becas.
8. Mi padre habló con los socios a fin de que me den un puesto para el verano.

B. Estudie las siguientes oraciones con verbos de percepción y preste atención a la secuencia de tiempos. Por ejemplo, ¿tiene el verbo *ver* el mismo significado en 1 que en 2? ¿Cuál es la diferencia? ¿Cómo influye en el significado del verbo la secuencia estricta de tiempos verbales en oposición a lo que pasa cuando no se da tal concordancia?

1. Veo que se te acerca.
2. Veo que se te acercó.
3. Oyeron que toca la guitarra en un bar.
4. Oí que ponías la llave en la cerradura.
5. ¿Viste que la invitaron al congreso de México?
6. Sentí que bajaron/*bajan las escaleras a las seis.
7. Podemos oler que están/estuvieron limpiando con lejía.

¿En qué casos se puede hablar de percepción *directa*? ¿Y en qué situaciones no se consigue esta interpretación?

8.5 RESUMEN DEL CONTRASTE INDICATIVO Y SUBJUNTIVO

En las secciones anteriores hemos investigado los usos del indicativo y del subjuntivo. Tanto en las oraciones independientes como en las subordinadas nominales, adjetivales y adverbiales, hemos visto que el verdadero contraste es sólo uno. Si la intención del hablante es la de afirmar sin reserva y sin otro comentario, se emplea el indicativo porque su significado es la afirmación *incondicional*.

1. la aseveración en las oraciones independientes (*Nadie vino a la reunión.*)
2. la afirmación de situaciones en cláusulas nominales (*Creo que me debe dinero.*)
3. la afirmación de la existencia o identificación de entidades en cláusulas adjetivales (*Tengo un problema que no puedo resolver.*)
4. la afirmación de información en cláusulas adverbiales (*Trabajé hasta que me telefonearon.*)
5. la afirmación de situaciones en relaciones causales en cláusulas adverbiales (*No vino porque no tiene coche.*)

Pero si el hablante expresa cualquier otra actitud u opinión que no sea una simple afirmación, o expresa una afirmación menos segura, se usa el subjuntivo porque su significado se opone a la afirmación incondicional. Es decir, el subjuntivo acentúa:

1. la falta de afirmación en oraciones independientes (*Quizás no vengan.*)
2. la expresión de negación o reserva en cláusulas nominales (*Dudo que vengan.*)
3. la expresión de deseos (*Quiero que todos asistan a la reunión.*) e influencia (*No permitió que nadie hablara.*) en cláusulas nominales
4. la evaluación de situaciones en cláusulas nominales (*Me alegro de que hayáis venido.*)
5. la falta de afirmación de la existencia o falta de identificación de entidades en cláusulas adjetivales (*No hay ningún coche que me agrade.*)
6. la falta de afirmación de información en cláusulas adverbiales (*Vamos a salir cuando nos telefoneen.*)
7. la expresión de relaciones condicionales en cláusulas adverbiales (*Me dieron la dirección para que fuéramos a visitarlos el domingo.*)

Recuerde que, aunque la acción se haya realizado y no esté en duda, se usa el subjuntivo si la intención del hablante no es la de destacar este hecho.

En otras palabras, la afirmación categórica pide el indicativo. Cualquier otra situación no presentada como afirmación categórica pide el subjuntivo.

Dada la lógica del contraste entre los dos modos, es normal que encontremos usos de un modo o el otro que no siguen las normas prescriptivas de las gramáticas tradicionales o de los libros de texto (recordemos la sección 8.4). Tampoco nos debe sorprender que el estudio detallado de los modos en el español actual muestra que la regla de concordancia temporal con el subjuntivo no sea tan estricta (véase la sección 8.5). Todo esto se debe a que la actitud con la que el hablante caracteriza una situación y su temporalidad depende totalmente de las necesidades comunicativas en un momento determinado, y no de reglas que emanan exclusivamente de los significados léxicos de los verbos.

124

CAPÍTULO 3
El verbo y los significados
de las formas verbales

EJERCICIOS FINALES

Práctica

A. Complete con la forma apropiada del pretérito o imperfecto, y explique su selección de forma aspectual.

Las once mil vírgenes

Luego de apoderarse fácilmente de la isla de Trinidad en 1797, el general inglés Abercromby se (1. dirigir) _____ hacia Puerto Rico con propósito de conquistarla. Don Ramón de Castro, gobernador de la isla en esa época, (2. poner) _____ la ciudad en estado de defensa pero no (3. poder) _____ evitar el desembarco de los ingleses. El sitio (4. comenzar) _____ el 17 de abril y para el 29 todavía (5. continuar) _____ una lucha recia.

Castro (6. pedir) _____ al obispo Trespalacios que organizara una rogativa para implorar la ayuda divina. Se (7. determinar) _____ que la rogativa sería dedicada a Santa Catalina y también a Santa Úrsula y las once mil vírgenes. Toda la ciudad (8. planear) _____ participar en la procesión que (9. ir) _____ a salir de la Catedral recorriendo las calles de la capital con velas y antorchas. Al romper el alba, se (10. pensar) _____ regresar al templo para una misa cantada.

Esa noche (11. repicar) _____ las campanas de todas las iglesias en la ciudad y los ingleses, al notar el revuelo y las luminarias, (12. pensar) _____ que los sitiados (13. estar) _____ recibiendo refuerzo de los campos. Cuando Abercromby se (14. dar) _____ cuenta de que según (15. avanzar) _____ la noche se (16. acrecentar) _____ las luces y el área que (17. cubrir) _____, (18. reunir) _____ a sus tropas. (19. Saber) _____ que sus hombres (20. estar) _____ debilitados por la disentería y que no (21. poder) _____ enfrentarse victoriosamente a los vecinos de los campos que (22. venir) _____ a socorrer la capital. Además, (23. llevar) _____ ya cerca de un mes tratando de conquistar la ciudad y no (24. haber) _____ podido adelantar nada desde el primer día. Así, al día siguiente, primero de mayo, los ingleses se (25. embarcar) _____ en retirada.

Algunos cuentan que la noche de la rogativa, las balas que (26. lanzar) _____ el cañón enemigo no (27. penetrar) _____ en la ciudad y que justo al entrar la rogativa en la Catedral,

(28. terminar) _____ el cañoneo y se (29. dar) _____ la retirada. Se dice que las once mil vírgenes (30. salvar) _____ la ciudad del asedio inglés. Hoy en día existe en el viejo San Juan una estatua conmemorativa de este evento conocida como "La rogativa".

—(Adaptado de *Leyendas puertorriqueñas*, Cayetano Coll y Toste (5a. ed., 1988). Esmaco Printers Corp., 217–220.)

B. Complete con la forma conjugada correcta del indicativo, subjuntivo o infinitivo. Explique su selección.

Guanina

Cuando (1. llegar) _____ los conquistadores españoles a la isla de Borinquén, que se (2. llamar) _____ hoy en día Puerto Rico, el cacique taíno los (3. recibir) _____ con buena voluntad porque (4. creer) _____ que (5. ser) _____ seres inmortales. Al (6. pasar) _____ el tiempo, sin embargo, los abusos cometidos (7. obligar) _____ a que los indios se (8. rebelar) _____.

En esa época, la sobrina del cacique (9. llevar) _____ amores con don Cristóbal de Sotomayor, un valiente hidalgo. Cuando (10. saber) _____ que su raza tramaba una emboscada para (11. matar) _____ a don Cristóbal, se (12. apresurar) _____ a avisarle y le (13. proponer) _____ que se (14. escapar) _____. Como (15. estar) _____ confiado de la mansedumbre de los taínos, el amante rehusó (16. tomar) _____ en serio la advertencia. Un intérprete también le (17. informar) _____ que (18. correr) _____ riesgo y (19. sugerir) _____ que ellos (20. huir) _____. Pero don Cristóbal se (21. negar) _____ y (22. sostener) _____ que (23. ir) _____ a salir a plena luz del día con la frente en alto.

Al día siguiente el hidalgo (24. llamar) _____ a Guaybaná, que (25. ser) _____ hermano de Guanina y sucesor del cacique, para (26. anunciar) _____ su viaje y (27. ordenar) _____ que (28. disponer) _____ varios naboríes a su servicio. Su intérprete le (29. advertir) _____ que el revelar su trayectoria (30. ser) _____ mortal pero don Cristóbal (31. insistir) _____ en que él no (32. tener) _____ miedo. Guanina le (33. implorar) _____ que la (34. llevar) _____ consigo, pero él (35. rehusar) _____ y le (36. prometer) _____ venir a buscarla tan pronto como (37. poder) _____. Se (38. besar) _____ sin (39. hablar) _____. Al (40. salir)

_____ dos lágrimas se (41. escapar) _____ de los ojos de don Cristóbal en tributo de amor a aquella india que (42. estar) _____ sacrificando la lealtad a su raza por él.

En la comitiva el intérprete (43. ir) _____ a la retaguardia y don Cristóbal con cinco compañeros de armas a la vanguardia. Guaybaná, con su guanín de oro al pecho, (44. dirigir) _____ trescientos indios armados. Dando voces se (45. aproximar) _____ y (46. acometer) _____ contra el pequeño grupo castellano. En la cruenta batalla el último español en caer (47. ser) _____ don Cristóbal, quien (48. luchar) _____ valerosamente y (49. morir) _____ mientras (50. dar) _____ el frente al enemigo. Los indígenas (51. decidir) _____ hacerle los honores que le (52. corresponder) _____ como cacique español.

(53. Encontrar) _____ a Guanina lavándole el rostro y besándolo; ésta no dejó que lo (54. tocar) _____. Guaybaná ordenó que se (55. respetar) _____ el dolor de su hermana y (56. anunciar) _____ que (57. ir) _____ a sacrificarla sobre la tumba de Sotomayor para que le (58. acompañar) _____ en la otra vida. Al día siguiente la (59. encontrar) _____ muerta, con la cabeza recostada sobre el pecho de su amante. En el lugar donde los (60. enterrar) _____, (61. crecer) _____ una enorme ceiba y se cuenta que se escuchan cantos de amor cada día al caer el sol.

—(Adaptado de *Leyendas puertorriqueñas*, Cayetano Coll y Toste (5a. ed., 1988). Esmaco Printers Corp., 176–184.)

Análisis

A. Los verbos de afirmación/negación *saber* e *ignorar* ocurren tanto con cláusulas con *que* como con *si*. Estudie los siguientes ejemplos y explique cómo funcionan.

Ignacio sabe que hay un examen.
Ignacio sabe si hay un examen.
Ignacio no sabe que hay un examen.
Ignacio no sabe si hay un examen.

Ignacio sabía que había un examen.
Ignacio sabía si había un examen.
Ignacio no sabía que había/hubiera un examen.
Ignacio no sabía si había un examen.

Ignacio ignora que hay un examen.
Ignacio ignora si hay un examen.
Ignacio no ignora que hay un examen.
Ignacio no ignora si hay un examen.

Ignacio ignoraba que había/hubiera un examen.
Ignacio ignoraba si había un examen.
Ignacio no ignoraba que había un examen.
Ignacio no ignoraba si había un examen.

B. Explique el uso del indicativo en la cláusula subordinada de las siguientes oraciones.

1. No les importaba que yo *tenía* el cumpleaños de Drea...
2. Nadie creyó que las ondas del escándalo se *propagarían* como un seísmo de intensidad creciente hasta los últimos días del año.
3. Voy a poner la mesa mientras tú *preparas* las bebidas.
4. Negaron que *habían entrado* en la casa.
5. ¿Dudas que *puedo* levantar pesas de cien kilos?
6. Siento que no te *encuentras* bien.
7. Es extraordinario que *ganó* la carrera.
8. Cuando *estoy* en Madrid, pasaré una semana en El Prado.
9. De verdad pusieron en duda que *era* culpable.
10. Me entusiasma que *estará* con nosotros en unos días.

C. Explique el uso del subjuntivo en las siguientes oraciones.

1. ...todo puede ocurrir, empezando porque no *haya* quórum suficiente.
2. Dejé a una persona que te *espiara*.
3. Yo creo que porque *tenga* el SIDA no hay que despreciarle.
4. La más grande escuadra de aviones que yo *haya* visto...
5. No negaron que su agente les *hubiera* engañado.
6. ...parece que con este programa este partido se *haya* vestido de social y socialista...
7. Aunque *haya* ganado muchos galardones con sus películas, no tienen por qué gustarme.
8. ¿Crees que *haya* suficiente comida para todos?
9. No dudo que este libro se *publique* dentro de un año.
10. A pesar de que hoy no *sea* domingo, las tiendas están cerradas.

D. Un uso especial del subjuntivo imperfecto se da cuando sustituye a la forma compuesta del pasado (*habíamos hablado* → *habláramos*). Cambie las formas del subjuntivo de las siguientes oraciones a la forma compuesta.

1. Después de que lo *conociéramos* mejor, nos caía bien.
2. Desde que *ganara* las elecciones, el público no volvió a verlo.
3. Cuando *leyera* la noticia, decidió llamar a la policía.
4. Mi hermana y yo vimos esta película después de que Franco *muriera*.
5. Ya que le *comprara* el regalo, se lo regalé aunque no era su cumpleaños.
6. Lo escribí durante el mes siguiente a que *ocurriera*.

LECTURAS ADICIONALES

Hay varios estudios generales sobre el sistema verbal del español: el descriptivo de Rallides (1971), el capítulo 14 del ya mencionado Bull (1965), Bosque (1990b) y los capítulos 3 y 4 de King (1992). Se puede encontrar más información sobre formas específicas de los tiempos en los siguientes estudios: Lozano (1988) para el condicional, Silva-Corvalán (1983) para varias formas verbales y Studerus (1975 & 1978) para la expresión de mandatos y otros imperativos.

128

CAPÍTULO 3
El verbo y los significados
de las formas verbales

También existen trabajos muy útiles sobre el aspecto. Guitart (1978) estudia varios problemas en la interpretación del contraste pretérito/imperfecto, Bolinger (1963) se concentra en el aspecto iniciativo, y Studerus (1989) y De Mello (1989) en el pretérito de verbos tipo *conocer*. Un excelente trabajo sobre la enseñanza del pretérito/imperfecto es Westfall & Foerster (1996). Nuestro análisis del progresivo está documentado en King & Suñer (1980a & 1980b). Otro estudio interesante sobre el progresivo es Gonzales (1995).

La investigación sobre el indicativo y el subjuntivo en español es abundante y diversa. Además de las obras generales citadas arriba y la multitud de gramáticas de la lengua española, existen otros estudios que intentan aclarar varios aspectos de este problema. Goldin (1974), Bergen (1978) y Terrell & Hooper (1974) están entre los primeros que buscan una unidad de significado para el subjuntivo. Lavandera (1983) es un buen trabajo sobre la pragmática de los modos, mientras que Suñer & Padilla (1987) ha servido de base para nuestra discusión sobre la legitimidad de la regla de concordancia de tiempos en el subjuntivo. Borrego, Asencio & Prieto (1986) y Bosque (1990a) son tratados extensos de los usos contextuales del subjuntivo. Un estudio de carácter pedagógico es Blake (1985). Terrell, Baycroft & Perrone (1987) investiga la adquisición del subjuntivo español como idioma extranjero.

CAPÍTULO IV

El sustantivo y sus modificadores

EL DIARIO

Martes, 15 de enero

Crisis por la fuerte subida de los precios de medicamentos

Médicos, farmacéuticos y consumidores apoyan la iniciativa de los senadores que votarán contra el impopular plan del gobierno nacional

El nuevo caso cifra el número de hispanohablantes en todo el mundo en más de 280 millones El nuevo caso cifra el número de hispanohablantes en todo el mundo en más de 280 milloneael nuevo caso cifra el número de hispanohablantes en todo el mundo en más de 280

El nuevo caso cifra el número de hispanohablantes en todo el mundo en más de 280 millones El nuevo caso cifra el número de hispanohablantes en todo el mundo en más de 280 milloneael nuevo caso cifra el número de hispanohablantes en

Este capítulo estudia las intuiciones inconscientes que debe tener el hablante sobre el sintagma nominal. Nos concentramos en la estructura del sustantivo, las categorías gramaticales de género y número, la clasificación léxica de los sustantivos, los significados de los determinantes, y el adjetivo y su colocación con respecto al sustantivo modificado. Los siguientes ejercicios ayudarán a comprender los primeros temas.

Para empezar...

A. Muchos sustantivos en español tienen una forma masculina y otra femenina. ¿Tienen los siguientes sustantivos masculinos una forma femenina? Consulte un diccionario (o a un hispanohablante) si es necesario.

1. el dueño
2. el jefe
3. el cliente
4. el rector
5. el canadiense
6. el modelo
7. el piloto
8. el papa
9. el naranjo
10. el orden
11. el médico
12. el abogado
13. el juez
14. el cura
15. el pago

B. Dé la forma plural de los siguientes sustantivos y haga una lista de las normas para la pluralización de estos elementos en español.

1. la manga
2. el parque
3. la perdiz
4. el farol
5. el irlandés
6. el marroquí
7. el taxi
8. el menú
9. el martes
10. el tórax

C. ¿Por qué serán agramaticales las siguientes oraciones?

1. *Mis padres fueron al taller a recoger coche.
2. *Metió un arroz en la olla.
3. *La novia tuvo lugar a las ocho de la tarde.
4. *Se cayó al suelo un trozo de ambición.
5. *Mi tío está embarazado y dará a luz en diciembre.
6. *La piedra suspiró fuertemente.
7. *No conozco a ese libro.
8. *Los niños fluyen por las montañas.
9. *Subieron a las maletas.
10. *Hoy en día coches son muy caros.
11. *Señor Martínez está en el vestíbulo.
12. *¿Has dicho que vives en calle Bermúdez?
13. *Duele mi cabeza.
14. *La señora Seda, ¿cómo está Ud?
15. *Aquel libro que tengo en la mano es tuyo.

el sustantivo
la categoría léxica que
representa entidades en las
situaciones expresadas
por verbos

El sustantivo es la categoría léxica que funciona como núcleo del sintagma nominal. Semánticamente su función es la de representar las entidades (*mujer, tigre, árbol*) que participan en las acciones y estados de los verbos. Pero nuestra capacidad de comunicación se limitaría mucho si no pudiéramos hablar sobre las relaciones abstractas (*el amor, el odio, la envidia, la justicia, el desafío*, etcétera), que también son representadas por el sustantivo. También hay formas nominales para acciones y estados (*el combate, la destrucción, el deseo*).

En español los sustantivos tienen género y número gramatical. Esto significa que se dividen en femeninos (*silla* y *clase*) y masculinos (*atún* y *papel*), y que se distingue una forma singular (*caja*) y una plural (*cajas*). El sustantivo puede estar acompañado de modificadores, sean determinantes o adjetivos. Los determinantes son el definido (*el* coche), el indefinido (*un* coche), el demostrativo (*ese* coche) y el posesivo (*mi* coche). El adjetivo puede ser un cuantificador (*pocos* coches), un adjetivo descriptivo (coche *rojo*), un sintagma preposicional (el coche *de mi padre*) o una oración subordinada que sirve como adjetivo (el coche *que compró mi padre*). Si es posible, los modificadores concuerdan en género y número con el sustantivo

> *la* poc*a* cerveza doméstic*a*
> *las* poc*as* sillas cómod*as*
> *el* otr*o* museo modern*o*
> *los* otr*os* alumnos interesad*os*

Podemos deducir, entonces, que al igual que el verbo, el significado de un sustantivo se divide entre un significado léxico (que define la entidad o concepto del mundo real) y otro gramatical. Veamos los siguientes ejemplos:

> niñ-o-Ø   niñ-o-s
> niñ-a-Ø   niñ-a-s

Con este sustantivo se muestra la máxima expresión de significado posible. El morfema *niñ-* define el sustantivo léxicamente, mientras que los demás son morfemas de significado gramatical: la alternancia de *o* y *a* para el género masculino y femenino, respectivamente, y la oposición entre Ø y *s* para el número (singular y plural). A pesar de que todos los sustantivos tienen género gramatical, la inflexión del sustantivo respecto al género es variable. Con los sustantivos *parque* y *clase*, por ejemplo, el género no tiene manifestación morfológica:

> parque-Ø   parque-s
> clase-Ø   clase-s

Ambos sustantivos llevan la vocal *e*, pero uno es masculino (*el parque*) y el otro es femenino (*la clase*). Estudiamos los detalles del género gramatical en la próxima sección.

Identifique los constituyentes del sintagma nominal. Explique la concordancia de todos los modificadores.

> MODELO: los problemas económicos
> *los* = determinante definido, *problemas* = sustantivo masc. plural, *económicos* = adjetivo descriptivo. El determinante y el adjetivo concuerdan en número y género con el sustantivo.

1.	una pared blanca	**6.**	el regalo que me dejaste
2.	el marido de Luisa	**7.**	varias personas
3.	muchos problemas	**8.**	unos informes interesantes y otros menos valiosos
4.	la mirada	**9.**	mis parientes
5.	estos otros amigos	**10.**	la nueva blusa de ella

2. *EL GÉNERO GRAMATICAL*

el género
la categoría gramatical que divide los sustantivos en masculinos y femeninos

Las lenguas del mundo se diferencian por la presencia o la ausencia de *género* gramatical. Algunos idiomas (como el español) dividen los sustantivos en dos grupos: sustantivos masculinos y sustantivos femeninos. A veces esta distinción tiene una correspondencia semántica, como en la diferenciación de sexo en los sustantivos animados. En algunos de ellos, el sexo se distingue por sustantivos completamente diferentes (*hombre/mujer, varón/hembra, nuera/yerno, vaca/toro*). Pero en la mayoría de los casos el español utiliza la flexión para identificar el sexo con el género gramatical: la oposición de desinencia (*a/o, a/e, a/ø*) en el EJEMPLO A y una distinción tácita en el B.

EJEMPLO A:	la secretaria/el secretario	la española/el español
	la giganta/el gigante	la alemana/el alemán
	la dependienta/el dependiente	la tutora/el tutor
	la marquesa/el marqués	

EJEMPLO B:	la acróbata/el acróbata	la aspirante/el aspirante
	la pianista/el pianista	la infiel/el infiel
	la suicida/el suicida	la testigo/el testigo
	la taxista/el taxista	la joven/el joven
	la israelita/el israelita	la atleta/el atleta
	la compatriota/el compatriota	la estadounidense/el estadounidense

En oposición a estos sustantivos, existen otros que arbitrariamente usan un género o el otro. Nombran al referente del sustantivo sin relacionarlo con un sexo concreto; o sea, estos sustantivos abarcan los referentes de ambos sexos.

> *la ángel/el ángel   la víctima/*el víctima   la persona/*el persona

Sin embargo, para la mayor parte de los sustantivos no existe correlación entre el género gramatical y el género semántico: *coche, bulto, clima*, son masculinos mientras *especie, mano, bola* son femeninos. No hay razón natural que determine esta diferencia. Esto hace más difícil la identificación del género de un sustantivo, porque su significado no ayuda en este respecto. A pesar de esto es posible clasificar las desinencias por su tendencia a representar un género o el otro. Los sustantivos del EJEMPLO C son femeninos y otros sustantivos con las mismas desinencias suelen ser del mismo género. Los sustantivos del EJEMPLO D muestran las terminaciones más comunes de los sustantivos masculinos.

EJEMPLO C	la acer*a*	la ser*ie*	la col*itis*
	la facilida*d*	la sensate*z*	la muche*dumbre*
	la opin*ión*	la te*sis*	

EJEMPLO D	el arro*yo*	el marte*s*	el argo*t*
	el faro*l*	el rub*í*	el féni*x*
	el and*én*	el tab*ú*	el bue*y*
	el parqu*e*	el relo*j*	el ultimátu*m*
	el tumo*r*		

Pero las "reglas" para la correlación entre desinencia y género tienen sus excepciones. Estudie el género de los siguientes sustantivos.

el clima, el mapa, el problema, el sistema, el idioma, el drama, el tema, el día, el matiz, el lápiz, el pez

la mano, la sal, la cárcel, la catedral, la miel, la piel, la señal, la terminal, la imagen, la razón, la labor, la ley

la base, la calle, la carne, la clase, la corriente, la fe, la frase, la gente, la leche, la mente, la muerte, la nieve, la noche, la nube, la torre

Muchas veces el género sirve para distinguir léxicamente dos entidades (*naranjo/naranja*), aún en aquellos casos en que no hay diferencia morfológica entre la forma masculina y la femenina (*cometa*). Estudie los siguientes pares y compruebe las diferencias de significado:

la ayuda/el ayuda	la mandarina/el mandarino
la capital/el capital	la naranja/el naranjo
la cereza/el cerezo	la oliva/el olivo
la cesta/el cesto	la orden/el orden
la ciruela/el ciruelo	la paga/el pago
la corte/el corte	la papa/el papa
la cura/el cura	la policía/el policía
la escolta/el escolta	la radio/el radio
la frente/el frente	la suela/el suelo
la guía/el guía	la talla/el tallo
la libra/el libro	la vela/el velo

Práctica

A. En el español contemporáneo hay variación en la forma femenina de algunos sustantivos. Para los siguientes sustantivos masculinos, ¿cuáles serán las formas femeninas? ¿Habrá más de una forma? ¿Por qué?

1. el abogado	7. el testigo	13. el decano	19. el químico
2. el médico	8. el juez	14. el presidente	20. el modisto
3. el actor	9. el fiscal	15. el detective	21. el portavoz
4. el cónsul	10. el concejal	16. el poeta	
5. el piloto	11. el jefe	17. el cónyuge	
6. el modelo	12. el arquitecto	18. el ingeniero	

B. Los sustantivos compuestos están formados por (1) una forma verbal y un sustantivo, (2) un adjetivo y un sustantivo, (3) un sustantivo y un sustantivo, (4) un adjetivo y un adjetivo o (5) un verbo y un verbo. Partiendo de los siguientes pares, construya sustantivos compuestos. Fíjese bien en el género.

> MODELO: abrir / latas
>   *el abrelatas*

1. tocar / discos   sacar / corchos
   rascar / cielos   sacar / puntas
   parar / aguas   cortar / césped
   parar / choques   cazar / torpedos
   parar / sol   contar / kilómetros
   parar / brisas   lavar / vajillas
   limpiar / parabrisas
2. alta / voz   mal / decir
   mini / falda   mal / hechor
   mal / humor   media / noche
3. boca / calle   boca / manga
   punta / pie   casa / cuna
   compra / venta   hoja / lata
4. sordo / mudo
5. sube / baja

¿De qué categorías léxicas se componen los siguientes sustantivos?

correveidile   sinsabor
hazmerreír   contrarrevolución
hacelotodo   quehaceres
sabelotodo

Análisis

A. El significado de *la guía* es ambiguo. ¿Por qué? ¿Qué otros sustantivos se comportan así?

B. Analice el género de los siguientes sustantivos: la mujer objeto, el paquete bomba, la carta bomba, la pantera macho, el pájaro hembra, la mujer sacerdote. ¿Puede encontrar otros de este tipo?

C. Observe el comportamiento de los siguientes sustantivos. ¿Son masculinos o femeninos? ¿Cuál será la razón de la alternancia de los de tipo 1?

1. el agua sucia   las aguas sucias
2. la hacienda inmensa   las haciendas inmensas
3. el arco   los arcos

¿Se clasifican los siguientes sustantivos junto con 1, 2 ó 3?

ama, ángulo, árbol, ardilla, antecámara, altar, alza, altura, aula, ambiente, amanecer, águila, apio, ave, amapola, arma, animal, andanza, hada, aprendizaje, amnistía, amistad, alternativa, hambre, amor, antena, alma, ánima, almohada, alquiler

D. Comente las reglas para el género y número de los resultantes sustantivos compuestos de Práctica B. ¿Pertenece alguno al tipo 1 del ejercicio Análisis C?

-*S* es el morfema emblemático de la expresión de pluralidad, tanto para el sustantivo como para sus modificadores.

la otra casa moderna → la*s* otra*s* casa*s* moderna*s*

Sin embargo, a veces este morfema se manifiesta como -*es*, y en otros casos como ∅. A continuación resumimos las normas de esta variación.

1. Se usa -*s* para formar el plural de los sustantivos que terminan en una vocal no acentuada, y una *á*, *é* u *ó* acentuadas.

casa	→	casas	tribu	→	tribus
clase	→	clases	sofá	→	sofás
caqui	→	caquis	café	→	cafés
voto	→	votos	bongó	→	bongós

2. El morfema de pluralidad es -*es:*

    (a) si el sustantivo termina en una consonante que no sea *s* ni *x*.

facultad	→	facultad*es*
reloj	→	reloj*es*
papel	→	papel*es*
andén	→	anden*es*
señor	→	señor*es*
lápiz	→	lápic*es* (*z* > *c* ortográficamente)

    (b) si termina en *s* y la última sílaba de la palabra está acentuada:

portugués	→	portugueses
as	→	ases

    (c) si termina en la vocal acentuada *í* o la vocal acentuada *ú:*

rubí	→	rubíes
hindú	→	hindúes

    En el español moderno esta norma es opcional, puesto que *rubís*, etcétera, coexisten con las formas plurales con -*es*.

3. el morfema de pluralidad se realiza como ∅ si el sustantivo termina en -*s* o -*x* precedida de una vocal no acentuada.

lunes	→	lunes
tesis	→	tesis
fénix	→	fénix

4. En los préstamos que terminan en -*t* no hay consenso sobre la pluralidad; aunque se favorece el uso de -*s*, el habla popular permite su expresión con ∅:

el ballet	→	los ballet(s)
el complot	→	los complot(s)
el debut	→	los debut(s)
el robot	→	los robot(s)
el argot	→	los argot(s)

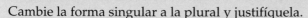
Cambie la forma singular a la plural y justifíquela.

1.	brazo	**6.**	cordobés	**11.**	parachoques
2.	poli	**7.**	atlas	**12.**	parasol
3.	túnel	**8.**	carácter	**13.**	malhechor
4.	facultad	**9.**	tórax	**14.**	altavoz
5.	capitán	**10.**	iraquí		

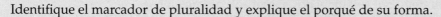

Análisis

Identifique el marcador de pluralidad y explique el porqué de su forma.

1.	las pelotas	**6.**	los reyes	**11.**	los yanquis
2.	las actitudes	**7.**	los almanaques	**12.**	los ingleses
3.	los pies	**8.**	los marroquíes	**13.**	las tesis
4.	los papás	**9.**	los peces	**14.**	las actrices
5.	los albañiles	**10.**	los martes	**15.**	los canapés

4. LAS CLASES LÉXICAS DE SUSTANTIVOS

La clasificación de los sustantivos léxicos se basa en varios factores que nos ayudan a entender cómo funcionan sintáctica y semánticamente. A continuación analizamos algunas de las clases más importantes.

(i) Sustantivos comunes y propios

Al pensar en la identificación de entidades, podríamos pensar que lo más eficaz sería darle un nombre concreto a cada entidad. Efectivamente se hace con muchísimas cosas que se reconocen por su **nombre propio:** María Eugenia Vargas Rodríguez, el Museo del Prado, la Universidad Nacional Autónoma de México, el océano Pacífico. Pero la memoria del ser humano no puede guardar un nombre propio para cada entidad concreta. Por eso en la mayoría de los casos es suficiente agrupar las entidades según sus características compartidas y darle a cada grupo un **nombre común:** *animal, coche, hombre, fruta.* Muchas veces hay un término general (*herramienta*) y otros términos que corresponden a subgrupos o distintas características que son controlados culturalmente (el concepto de *tenaza* se debe limitar a los hispanohablantes que tengan experiencia con este término).

(ii) Sustantivos contables y no contables

Otra manera de clasificar los sustantivos es comprobando si se pueden contar sus referentes. Hay los que se pueden contar porque son entidades con límites físicos definidos (*silla, gato, pera*). Pero hay otros que no tienen límites (*agua, dinero, arena*) o consistencia concreta alguna (*justicia, envidia*), por lo que no son contables. Esto significa que se puede utilizar números con los contables, pero es necesario señalar una cantidad con los no contables.

> Contables: una silla, tres gatos, varias peras
>
> No contables: un vaso de agua, una gran cantidad de dinero, un kilo
>   de arena

(iii) Entidades y sucesos

Otra forma de clasificar los sustantivos es distinguiendo entre referentes que son entidades (*autobús, bebida, nuez*) y referentes que son sucesos (*boda, explosión, huelga*). Sin embargo, algunos sustantivos pueden representar tanto una entidad como un suceso (una *sinfonía* en su forma escrita y su interpretación).

Análisis

A. ¿Estos sustantivos son contables o no contables?

calentador	pan	nieve	ojo
harina	miel	calle	mayonesa
moneda	orgullo	venganza	aceite
tentación	pelota	cerveza	botella
frigorífico	azúcar	novela	jerez
sangre	celos	avaricia	tinta

B. ¿Qué representan los siguientes sustantivos: una entidad, un suceso o ambos conceptos? Explique su decisión con oraciones.

1. relato	5. manifestación	9. narración	13. incidente
2. reunión	6. casamiento	10. conferencia	14. sinfonía
3. acontecimiento	7. lectura	11. fiesta	15. discurso
4. clase	8. concierto	12. recital	16. recitación

C. ¿Cómo se pueden organizar los siguientes grupos de nombres comunes?

1. mujer, chica, hembra, moza, niña, señorita
2. coche, furgoneta, tren, vehículo, camioneta, deportivo
3. cereza, fruta, guinda, manzana, pera
4. tigre, puma, león, gato, animal
5. árbol, limonero, naranjo, frutal, manzano

D. En general, no se puede utilizar un determinante con un sustantivo propio. ¿En qué contexto(s) serían válidas las siguientes oraciones?

1. María no viene.
2. La otra María no viene.
3. La María esa no viene.
4. Mi María no viene.
5. Una de las Marías viene.
6. La pobre María no viene.

E. Los siguientes sustantivos son *colectivos* porque el significado de su forma singular se refiere a un conjunto de entidades. ¿Son los sustantivos colectivos contables o no contables? Busque más ejemplos de sustantivos colectivos.

la gente   la multitud
el comité   el montón
la muchedumbre

F. Estudie las siguientes oraciones. ¿Qué tipo de distinción está en juego en cuanto a los sustantivos? ¿Tienen estas distinciones consecuencias sintácticas?

1.   Voy a la biblioteca a buscar un libro.
    Voy a la biblioteca a buscar el libro.
    *Voy a la biblioteca a buscar libro.
    *Voy al super a comprar un azúcar.
    Voy al super a comprar el azúcar.
    Voy al super a comprar azúcar.
2.   La boda tuvo lugar en la Iglesia de San Nicolás.
    *El policía tuvo lugar en la Iglesia de San Nicolás.
    La boda fue en la Iglesia de San Nicolás.
    *La boda estuvo en la Iglesia de San Nicolás.
3.   Pensamos visitar el Museo de Juguetes.
    Pensamos visitar el interesante Museo de Juguetes.
    *Pensamos visitar el Museo de Juguetes moderno.

Ahora cambie los sustantivos al plural. ¿Qué ha descubierto? Ahora utilice un sustantivo colectivo en oraciones similares para comprobar su comportamiento sintáctico.

G. Los siguientes sustantivos son contables en el español. Confirme si lo son también en su lengua nativa.

un chisme   un negocio
un consejo   una noticia
un cubierto   un relámpago
un dulce   una tontería
una mercancía   una tostada
un mueble   un trueno

5. EL DETERMINANTE DEFINIDO Y EL INDEFINIDO: LA IDENTIFICACIÓN DE REFERENTES

5.1 LA IDENTIFICACIÓN DE REFERENTES DENTRO DEL DISCURSO

Entre los determinantes figuran el definido y el indefinido. Estas formas flexionales muestran concordancia en género y número con el sustantivo modificado:

la   canción   *el*   baile
las canciones   *los* bailes

una	canción	*un*	baile
unas	canciones	*unos*	bailes

139

*El determinante definido
y el indefinido: la identificación
de referentes*

Hay muchas teorías sobre los significados de estos determinantes. Su mismo nombre explica una de las hipótesis, que el referente del sustantivo es definido o indefinido en la mente del hablante. También se dice que el determinante definido representa un referente específico en el mundo real, mientras que el indefinido representa un referente no específico. Pero estas conclusions fallan ya que la identificación de referentes en el mundo real no es consecuencia del uso de un determinante u otro.

Ayer vino *un* carpintero a mi casa. Era *el* carpintero más torpe que haya conocido.

Los dos empleos del sustantivo *carpintero* representan al mismo referente en el mundo real, y esa entidad (en este caso una persona) es identificable y específica para el hablante tanto en el primer uso como en el segundo. Hay un carpintero que el hablante ha conocido y no hay duda sobre su identificación.

La modificación de un sustantivo por un determinante no es obligatoria en todo contexto, y esto contribuye a crear confusión.

Tengo coche. Te recogeré en tu casa.

Aquí el referente de *coche* es tan específico como el referente de *carpintero* en el ejemplo anterior, porque el hablante debe poder identificar su propio coche.

Dadas estas contradicciones, nos parece imprescindible considerar que el verdadero contraste es tripartito. El determinante definido no sólo contrasta con el indefinido, sino que la presencia de un determinante contrasta también con su ausencia. Por lo tanto, ¿qué significan los contrastes en las siguientes oraciones?

EJEMPLO A: Tengo el coche. Te recogeré en tu casa.

EJEMPLO B: Tengo un coche. Te recogeré en tu casa.

EJEMPLO C: Tengo coche. Te recogeré en tu casa.

Aunque la realidad objetiva de las tres oraciones es la misma, la forma de organizar esa realidad no es igual. Y a pesar de que el referente del sustantivo *coche* en los tres casos es específico y existe como una entidad concreta en el mundo real, esos datos no tienen la misma importancia para el hablante en las tres oraciones. Compruebe a cuál de las siguientes actitudes pertenece cada una de las tres oraciones anteriores.

1. El hablante presupone la existencia de su coche específico y caracteriza el estado de tener un coche.

2. El hablante hace referencia a un coche específico y al mismo tiempo deja saber que existen otros coches.

3. El hablante hace referencia a un coche específico y al mismo tiempo no le importa que existan otros referentes del sustantivo.

La actitud 1 es la del EJEMPLO C, porque el hablante está pensando en lo que representa el *tener* un coche: movilidad y el medio de recoger a otra persona, entre otras cosas. La 2 corresponde al B, dado que el hablante prefiere conceptualizar el coche como una entidad individualizada aunque admite que el suyo no es el único. La 3 es la actitud del A y es muy parecida a 2. En los dos casos el coche es una entidad individualizada, pero se diferencia en que no le interesan otros posibles referentes del sustantivo: es el suyo del que está hablando. Vemos que la distinción entre el uso del determinante definido, el determinante indefinido y la ausencia de determinante es subjetiva. El valor comunicativo del contraste no diferencia entre tres realidades distintas, sino entre tres formas distintas de ver la misma realidad.

Una fórmula común del discurso es utilizar el determinante indefinido al mencionar el sustantivo por primera vez (información nueva) y luego utilizar el definido cuando seguimos nombrando al referente (información conocida).

EJEMPLO A: Mamá, hay *un* hombre a la puerta. Es *el* hombre que estuvo aquí el mes pasado.

EJEMPLO B: Llegó *una* chica de ojos oscuros y nadie *la* reconoció.

Aunque el referente de cada sustantivo es el mismo, en cada caso el hablante lo está conceptualizando de forma distinta. Con el determinante indefinido, es un hombre entre muchos de los que pudieran haber aparecido (EJEMPLO A) y una chica entre muchas que tiene los ojos oscuros (B). Por eso se emplea el determinante indefinido para presentar el sustantivo como información nueva. En cambio, el definido señala que al hablante ya no le interesan otros posibles referentes, porque es sólo el hombre ya identificado y la chica a que ya se ha referido los que tienen toda la atención del hablante. Aunque esta fórmula tiene mucha utilidad en la narración, no olvide que es un posible uso comunicativo, pero no una regla. El discurso es flexible ya que el hablante puede cambiar su organización de las entidades para acentuar el referente entre otros o señalar que es uno de los muchos posibles, según las necesidades de la comunicación.

Ricardo vio *el* piso de tres dormitorios y me dijo que le parecía *un* piso estupendo.

En esta narración el uso del definido expresa que la existencia del piso no es información nueva para el hablante y el oyente. En cambio, el uso del indefinido corresponde al deseo del hablante de admitir la existencia de otros pisos (algunos no tan estupendos) y de esa forma establecer un contraste.

Análisis

A. Comente la forma en que el hablante organiza el referente del sustantivo según el determinante en cursiva.

MODELO: —¿Tienes Ø teléfono? —Sí, tengo *uno* en casa y otro móvil.
Sin modificación: Se presupone la existencia de un teléfono específico para caracterizar el estado de tener un teléfono.

uno: Identifica un teléfono determinado, pero al mismo tiempo supone que existen otros (en este contexto, contrasta con el teléfono móvil).

1. No quiero *el* vestido que tú escogiste. Quiero *uno* que esté más de moda.
2. Ha sido inculpado d*el* octavo asesinato.
3. El gobierno ha empezado a dar Ø signos de flaqueza.
4. Me voy a comprar *un* equipo de música mejor que *el* tuyo.
5. *Los* libros que están en la mesa son para ti. Son *unos* libros que ya no me hacen falta.
6. ¿Tienes Ø reloj? Quiero saber *la* hora.

7. Estuvieron buscando Ø secretaria y por fin encontraron *una*, pero no me cae tan bien como *la* que tuvieron antes.

8. La falta de Ø pruebas nos obligó a olvidar el asunto.

B. Analice las siguientes oraciones según la información que lleva el determinante dentro del discurso. ¿En qué oraciones se puede suponer la identificación previa del referente?

1. Mis amigos me dieron *un* regalo y de verdad fue *el* que me gustó más.
2. *El* regalo que me dieron fue *una* camisa que compraron en la India.
3. Era *un* día muy lindo y quizás *el* mejor de la primavera.
4. Era *el* mejor día de la primavera aunque *un* día un poco lluvioso.

5.2 *LOS USOS OBLIGATORIOS DEL DETERMINANTE DEFINIDO*

Hay varios contextos en que el uso del determinante definido es obligatorio en español.

(i) para caracterizar un concepto general o *genérico*, o sea, para reunir todos los posibles referentes del sustantivo sin enfocar en ninguno.

El plátano es una fruta muy sabrosa.

Los plátanos son muy sabrosos.

El pan es un alimento básico.

En ese caso prefiero *el* socialismo.

Han enviado el mensaje a *los* usuarios.

Estoy buscando un libro sobre *el* arte moderno.

Para un sustantivo contable (*plátano*) tanto la forma singular como la plural puede expresar una generalización, pero para los no contables (*pan*) sólo se emplea la forma singular con la misma intención. El único caso en que el empleo del determinante definido es opcional para expresar un concepto general es con un infinitivo usado como sustantivo:

(*El*) Pasear es muy relajante pero (*el*) correr cansa mucho.

(ii) con nombres comunes (calle, avenida, plaza, cordillera, océano, lago, isla, puente, edificio, siglo, títulos) que preceden a un sustantivo propio o forman parte de un sustantivo propio:

La sucursal del banco que acepta los pagos está en *la* calle Laraña.

El lago Titicaca se encuentra en la frontera entre Perú y Bolivia.

El príncipe Felipe es hijo d*el* rey Juan Carlos y *la* reina Sofía y nieto d*el* rey Alfonso XIII.

No tuvimos tiempo para visitar *el* Museo de la Nación porque decidimos ir a*l* Museo de Oro.

La ciudad de México está en *el* Distrito Federal.

(iii) **con un sustantivo propio modificado por un adjetivo (o un sintagma preposicional o cláusula adjetival) y con el adjetivo o sustantivo en un título apositivo:**

Conozco Lima, pero *la* Lima que yo conozco es *la* Lima moderna no *la* Lima colonial.

La reina Juana *la* Loca y su esposo Felipe *el* Hermoso fueron los padres de Carlos V, *el* Sacro Emperador Romano Germánico.

Nótese que no todos los adjetivos en títulos son apositivos (*los Reyes Católicos*).

(iv) **con un apellido que se usa como nombre de pila, se refiere a un matrimonio o a todos los miembros de la familia o se usa como sustantivo común:**

El Suárez no ha venido hoy.

Hemos invitado a *los* Berenguer a cenar.

Mi hermana se cree *la* Einstein de la familia.

(v) **con títulos cuando se habla de una persona (no a la persona):**

— Señor Gómez, ¿ha entrevistado usted a*l* señor González?

— No, don Álvaro, *el* señor González está en la sala de espera.

(vi) **para especificar una hora, un mes, una semana, un día o una comida:**

El partido de fútbol comienza a *las* dos, no a *la* una.

No pudieron venir *el* mes pasado pero vendrán *la* semana que viene.

¿Os podéis reunir conmigo *el* viernes? Tengo muchas clases *los* jueves.

Se sirve *el* desayuno entre *las* siete y *las* diez, *el* almuerzo a partir de *la* una y *la* cena hasta *las* nueve y media.

(vii) **con expresiones de cantidad:**

El aparcamiento cuesta 2 soles *la* hora y 300 soles *el* mes.

Debido a la sequía la lechuga está a 15 pesos *la* unidad, los tomates a 20 pesos *el* kilo.

En resumen, lo que tienen todos estos usos en común es que el determinante definido conceptualiza al referente como el representante de todos los posibles referentes (i) o como una entidad individualizada (ii–vii).

Práctica

A. Use los siguientes sustantivos en oraciones para que denoten todos los posibles referentes. Varíe el uso del sustantivo como sujeto, objeto directo, objecto indirecto y objeto de preposición.

MODELO: arroz
    El arroz es un alimento básico en muchos países.

1. bicicleta	**3.** actor del cine	**5.** diversión
2. televisión	**4.** oxígeno	**6.** música

7.	venganza	10.	hora de ocio
8.	película de horror	11.	mueble antiguo
9.	ley	12.	verano

13.	teléfono
14.	grasa
15.	arma

¿En qué oraciones ha preferido utilizar un sustantivo contable en plural? ¿Por qué? Ahora traduzca las oraciones a su lengua materna para comprobar cómo se forman las proposiciones genéricas en ella.

B. Complete las siguientes oraciones con el determinante definido apropiado. ¿Hay oraciones en que su uso es opcional? Tenga en cuenta su lengua materna para comparar la manera en que se llevan a cabo estos casos de identificación.

MODELO: Quisiera haber vivido en ___ París de los años veinte.
el: el determinante definido es obligatorio con un nombre propio modificado por un adjetivo (en este caso es un SP usado como adjetivo)

1. Piensan pasar las vacaciones en ___ India.
2. Llevo varios años viviendo en ___ calle Ardilla.
3. ___ tecnología ha cambiado muchos aspectos de ___ vida cotidiana.
4. Nunca he cruzado ___ océano Atlántico en barco.
5. Pretende ser ___ Cervantes del siglo XX.
6. ___ González no pueden venir a la fiesta.
7. Estoy leyendo un libro interesantísimo sobre ___ Latinoamérica colonial.
8. ___ Profesor Gómez Bueno no va a dar la clase.
9. María ___ Sangrienta fue una de las reinas de ___ Inglaterra de ___ siglo XVI.
10. ___ lago Superior es muy grande y ___ río Amazonas es muy largo.
11. Me gustó mucho ___ Picasso que vimos en el museo.
12. Son ___ dos y media y la reunión empieza a ___ tres.
13. Vamos a un tablao flamenco ___ sábado porque no trabajamos ___ domingos.
14. ___ mes pasado estuvimos en la playa.
15. Ella me prepara ___ cena pero ___ almuerzo me lo tengo que hacer yo.
16. En España me cobraron doce euros ___ hora.
17. ___ patata, ___ arroz, ___ maíz y ___ trigo son productos alimenticios básicos.
18. ___ levantarme muy temprano nunca ha sido una costumbre mía.

Análisis

A. ¿Cuáles de las siguientes oraciones expresan un concepto genérico? ¿Cómo se explica el uso del determinante definido en las otras oraciones? Traduzca las oraciones a su idioma materno para constatar cómo expresa el concepto genérico.

1. El vino es muy caro.
2. El vino en esta tienda es muy caro.
3. Los hombres no valen nada.
4. Los hombres de esta familia no valen nada.
5. El coche es un vehículo útil pero no imprescindible.

B. Estudie los siguientes ejemplos. ¿Son proposiciones genéricas? ¿Cuáles podrían expresar una proposición genérica utilizando sólo el determinante definido?

1. Todas las culturas tienen un concepto de la familia.
2. Todos los coches son vehículos de transporte.
3. Todo hombre es perezoso.
4. Todas las cervezas son efervescentes.
5. Estuvimos allí todo el día.
6. Estamos allí todos los días.

C. Estudie las siguientes oraciones que contienen sustantivos que representan estaciones, meses e idiomas. ¿Funcionan como sustantivos comunes o sustantivos propios?

1. El otoño es mi estación favorita. Siempre paso un fin de semana en las montañas en (el) otoño.
2. Marzo y abril usualmente son meses desagradables pero me encantó el marzo primaveral de este año.
3. El catalán es una lengua derivada del latín. Se habla (el) catalán en Cataluña, la comunidad autónoma de Valencia y las islas Baleares. En estas regiones se escucha el catalán hablado en la calle y en varios canales de radio y televisión.

D. En el español contemporáneo hay variación en el uso del determinante definido con nombres de países y agrupaciones geográficas provenientes de sustantivos comunes. Entreviste a varios hispanohablantes o investigue en periódicos de varios países hispanos para analizar esta variación con los siguientes nombres de países e islas.

1. En ___ Estados Unidos hay muchos inmigrantes de ___ América del Sur.
2. ___ Perú, ___ Brasil, ___ Paraguay, ___ Argentina y ___ Chile tienen frontera con ___ Bolivia.
3. ___ Reino Unido está constituido por ___ Inglaterra, ___ Escocia y/e ___ Irlanda del Norte.
4. ___ ciudad de México, ___ ciudad de Panamá y ___ ciudad de Guatemala son capitales centroamericanas.
5. Nunca he viajado a ___ Baleares ni a ___ Canarias, pero soy uno de los pocos que ha estado en ___ Maldivas.

E. Busque los significados de los siguientes acrónimos y analice el uso del determinante definido en cada uno.

1. O.N.U.
2. O.T.A.N.
3. T.L.C.
4. O.E.A.
5. MERCOSUR
6. U.E.
7. D.C. (Washington) y D.F. (México)
8. P.S.O.E. y P.P. de España
9. P.R.I. de México
10. A.V.E. y R.E.N.F.E. de España

5.3 EL DETERMINANTE DEFINIDO Y LA IDENTIFICACIÓN DE POSEEDORES

El significado de identificación del determinante definido es tan fuerte en el español que en muchos contextos es innecesario el uso de un determinante posesivo. Con partes del cuerpo y ropa, se supone la identificación del poseedor, especialmente cuando éste se identifica por un pronombre de objeto indirecto (A) o uno con función reflexiva (B).

EJEMPLO A: Me duele la garganta.
*Me duele mi garganta.

EJEMPLO B: Me quité las botas.
Me quité mis botas.

145

*El determinante definido
y el indefinido: la identificación
de referentes*

En el EJEMPLO A se prefiere el uso del determinante definido porque el poseedor y el que experimenta la situación obligatoriamente son la misma persona. En el B el uso del determinante definido es lo preferido, pero en oposición al A, sí es posible que el poseedor y el actor no tengan el mismo referente (*Me quité sus botas cuando se enteró de que me las había puesto*).

El determinante definido puede sustituir al posesivo incluso cuando no hay un objeto indirecto o un pronombre reflexivo. Sólo es necesario que el poseedor esté identificado dentro del discurso.

Tiene los ojos azules.

Sus ojos son azules.

Llevaba al niño en el hombro.

Llevaba al niño en su hombro.

Aunque lo poseído no sea una parte del cuerpo o ropa, es posible utilizar el determinante definido en vez del posesivo siempre que no se impida la identificación del poseedor.

No dejes el coche en la esquina.

No dejes tu coche en la esquina.

Está hablando con la madre.

Está hablando con su madre.

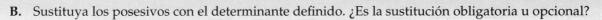

Práctica

 A. Construya oraciones en que un pronombre de objeto indirecto o de uso reflexivo expresa el poseedor según el modelo.

MODELO: a él / torcí / brazo derecho   > *A él le torcí el brazo derecho.*
yo / lastimé / pie   > *(Yo) Me lastimé un pie.*

1. a ella / el primo ofrecer / mano
2. a mí / el primo partir / nariz
3. él / quitar / zapatos cuando entra
4. ¿a Lucía / molestar / una picadura?
5. al señor / un ladrón robar / cartera / ayer
6. el payaso / ver / cara pintada / en el espejo
7. a él / la madre todavía lavar / ropa
8. al niño / el hermano desarmar / rompecabezas / otra vez

B. Sustituya los posesivos con el determinante definido. ¿Es la sustitución obligatoria u opcional?

MODELO: ¿Dónde tienes *tu* coche?
¿Dónde tienes el coche?: Con el uso del determinante definido se supone la identidad del poseedor; es opcional.

1. Apuntó *su* rifle y disparó.
2. Se lastimó *su* brazo izquierdo subiendo la escalera.
3. Tengo a *mi* hermano en el extranjero.
4. A Cristina no le vi *su* cara.
5. Me quitaron *mi* cartera sin que me diera cuenta.
6. Hemos dejado a *nuestros* hijos en *nuestra* casa.
7. Voy a poner *mis* libros en la mesa, ¿vale?
8. Se pusieron *sus* trajes de flamenca y salieron a la feria.
9. Se me perdieron *mis* gafas.
10. ¿Dónde sueles tender *tu* ropa?
11. Necesito limpiar *mis* zapatos.
12. ¿Cómo está *tu* abuelo?
13. No puede encontrar *sus* llaves.
14. Llevaba a la niñita en *sus* brazos.
15. Se le cayó *su* cerveza.

5.4 SUSTANTIVOS SIN MODIFICACIÓN PARA EXPRESAR LA FALTA DE INDIVIDUALIZACIÓN

Hemos visto en la Sección 5.1 que la no utilización de un determinante supone que el hablante está centrado en las características del referente y no en su identificación (*Tengo coche* vs. *Tengo un/el coche*). Pero este uso está limitado, ya que lo normal para un sustantivo es identificar una entidad, no acentuar solamente sus características. Examinaremos por turno la falta de modificación del sustantivo en los siguientes contextos sintácticos: el sustantivo como sujeto, como complemento del verbo y como objeto de preposición.

(i) el sustantivo como sujeto

El contexto sintáctico en que se limita más la falta de modificación es el de sujeto delante del verbo. En general, el sustantivo sujeto tiene que ser modificado por un determinante o por un adjetivo, seguir al verbo o ser parte de una lista.

EJEMPLO A: *Niños juegan en el parque.

EJEMPLO B: Los niños no juegan en el parque.

EJEMPLO C: Niños traviesos juegan en el parque.

EJEMPLO D: Juegan niños en el parque.

EJEMPLO E: Niños y niñas juegan en el parque.

En el EJEMPLO C el adjetivo establece un contraste. En el EJEMPLO D el que el sujeto no se encuentre en posición preverbal le permite quedar sin modificación. En el E la enumeración de una lista destaca cada uno de los sustantivos como parte de un grupo. Los únicos contextos que admiten un sujeto antepuesto al verbo sin modificación corresponden a estilos muy especiales: el periodístico de titulares y anuncios, y refranes.

Periodístico: Cliente denuncia abogado por fraude.
Albañil busca empleo.

Refranes: Pobreza no es vileza.
Dádivas mueven montañas.

Práctica

A. Recuerde que un sustantivo sin modificador puede estar en posición postverbal lo cual es normal para el sujeto en una pregunta. Conteste las preguntas abajo poniendo el sujeto antes del verbo si es posible. Explique por qué la oración es grammatical o no grammatical.

MODELO: ¿Se reunieron los directores ayer?
Sí, los directores se reunieron ayer.
El sujeto está modificado y por eso puede estar antes del verbo.

1. ¿Llegaron unos hombres a la puerta?
2. ¿Salieron jóvenes del cine?
3. ¿Existen problemas de los que no quieres hablar?
4. ¿Corrían perros y gatos por todas partes?
5. ¿No pueden entrar chicos sin pagar?
6. ¿Cuestan los libros mucho más que antes?
7. ¿Está saliendo gente del cine?
8. ¿Sale agua fría del grifo?

B. En los titulares periodísticos tanto el tiempo del verbo como la modificación de un sustantivo es variable. Cambie los siguientes titulares a oraciones que respeten el uso del pretérito o imperfecto para expresar situaciones en el pasado, las reglas para la modificación de un sustantivo y otras normas que estén en juego.

MODELO: "Mujer asesina esposo"
Una mujer asesinó al (a su) esposo.

1. "Bombas hacen explosión en plaza céntrica"
2. "Incendio deja cuatro muertos"
3. "Internet sustituirá telefonía tradicional en pocos años"
4. "Policía detiene dos personas con cocaína en máximo estado de pureza"
5. "Tribunal de Justicia Deportiva anula partido arbitrado por juez corrupto"

C. Los títulos que forman parte de un sintagma nominal llevan determinante. Cambie los siguientes sujetos a formas vocativas en oraciones interrogativas y elimine el determinante.

MODELO: El señor Barrutia no está de acuerdo.
Señor Barrutia, ¿está Ud. de acuerdo?

1. La profesora Súarez no tiene hijos.
2. La doctora Medina estudió en el extranjero.
3. El director Vázquez dimitió.
4. La presidenta García se reunirá con la junta directiva.

Análisis

A. En general, la posposición del sujeto en inglés no es factible y en español no se permite un sustantivo como sujeto preverbal sin modificación. Estudie las siguientes oraciones en los dos idiomas y explique cómo cada uno posibilita la posposición del sujeto.

The guests come late.

*Come the guests late.

Here come the guests late.

Guests come late.

Los invitados llegan tarde.

Llegan tarde los invitados.

*Invitados llegan tarde.

(ii) sustantivos contables y no contables como complemento de verbo

un sustantivo contable
su referente es una entidad discreta que se puede contar (*libro, día*)

un sustantivo no contable
su referente es una entidad discreta que no se puede contar (*leche, justicia*)

En los demás contextos sintácticos la distinción entre *sustantivos contables* y *no contables* es muy importante. Recuerde que en la Sección 5.4 vimos que los sustantivos contables son entidades con límites físicos que se pueden contar (*una silla, dos sillas*) mientras que los sustantivos no contables no tienen límites (*agua*) o no son entidades (los sustantivos abstractos como *justicia* y *envidia*). Por lo tanto existe una relación entre lo contable/no contable y el número gramatical:

CONTABLE	libro	libros
NO CONTABLE	agua	*aguas

Los contables permiten la pluralización porque se pueden contar y los no contables no la permiten porque no hay entidades con límites para contar.

	Complemento de *ser*	Objeto directo	Objeto de preposición
CONTABLE	*Es libro. Son libros.	*Compré libro. Compré libros.	*Saqué la información de libro. Saqué la información de libros.
NO CONTABLE	Es agua. *Son aguas.	Compré agua. *Compré aguas.	Estas botellas son para agua. *Estas botellas son para aguas.

En otras palabras, la pluralización crea entidades concretas en forma de cantidades, tipos o marcas que sí se pueden contar.

Más problemático es el uso de un sustantivo contable en singular sin determinante. La no utilización de un determinante supone que el hablante está centrado en las características del referente y no en su identificación, aunque lo normal para un sustantivo es identificar una entidad, no acentuar solamente sus características. Podemos proponer la siguiente norma: si el contexto le permite al hablante acentuar solamente las características del sustantivo sin individualizar su referente, el determinante no es necesario. Vamos a examinar tres contextos sintácticos para descubrir los factores que influyen en la aceptabilidad de la ausencia de determinante con un sustantivo contable singular.

(a) Se permite la falta de modificación con ciertos complementos del verbo copulativo *ser*. Ya hemos visto que en general después de *ser* un sustantivo contable en singular requiere modificación (**Es libro*) en oposición al sustantivo en plural (*Son libros*). Pero veamos los siguientes ejemplos:

Él es el profesor, no es el camarero.

Él es profesor, no es camarero.

149

*El determinante definido
y el indefinido: la identificación
de referentes*

El hablante no usará el determinante indefinido *un* con profesor después de *ser* porque se centra en las características y no en individualizar el referente. Otros ejemplos permitidos llevan sustantivos que nombran oficios, religiones, partidos políticos, nacionalidades o cualquier agrupación en que se acentúan las características de sus miembros. Examinemos unos ejemplos:

Mi tío es abogado.

Mi tío es un abogado competente.

Mis tíos son abogados.

Mis tíos son abogados competentes.

Con el sustantivo de oficio *abogado* no utilizamos el determinante indefinido porque el sustantivo clasifica al referente como miembro de un grupo, y tal como un adjetivo, lo caracteriza. En realidad, el uso del determinante indefinido, tanto singular (*Mi tío es un abogado*) como plural (*Mis tíos son unos abogados*), no es apropiado en todo contexto porque obliga a preguntarse el motivo de la individualización. Sin embargo, el incluir un adjetivo con el sustantivo singular obliga el uso del determinante (*Mi tío es un abogado competente*). Al calificar al referente, el sustantivo se emplea en forma más referencial que cualitativa.

(b) El uso poco común de un sustantivo contable singular como complemento directo sin determinante, depende de la interacción entre los significados del verbo transitivo y el sustantivo. Esta combinación debe permitir la conceptualización de las características del referente, y no causar su individualización.

EJEMPLO A: *Compraron libro.

EJEMPLO B: No tengo lápiz.

EJEMPLO C: ¿Quién ha traído paraguas?

EJEMPLO D: Están buscando casa.

En el EJEMPLO A es imposible idear un valor comunicativo de descripción, referente a la compra de un libro, mientras sí que tiene sentido realzar sólo las características que supone el tener un lápiz (*puedo escribir*) en el B, el haber traído un paraguas (*no me voy a mojar*) en el C y el estar buscando una casa (*estoy sin casa*) en el D.

Práctica

A. Aunque no solemos emplear números con los sustantivos no contables, sí podemos utilizar un determinante o un número para referirnos a un subtipo o a una determinada cantidad. Explique el significado de los siguientes sustantivos no contables con determinantes. Utilícelos en frases u oraciones. ¿Funcionan así en su lengua materna?

MODELO: un vino
           Se refiere a una cantidad o a un tipo: una copa de vino/un vino seco.

1. un ajo	4. un chicle	7. un jabón	10. una lechuga
2. un aceite	5. un helado	8. una justicia	11. una tiza
3. una cerveza	6. un honor	9. una leche	12. un agua

B. Complete los espacios en blanco con un determinante indefinido si es posible. Explique su inclusión o exclusión. ¿Es este uso obligatorio o opcional?

> MODELO: Sí, es ___ harina, pero no es ___ harina muy fina.
> *Sí, es harina, pero no es una harina muy fina.*
> (*harina* es un sustantivo no contable singular que bloquea el determinante indefinido; en *una harina muy fina* el sustantivo denota una cantidad o clase y permite el determinante)

1. Lo que fue ___ piedra ahora es nada más que ___ polvo.
2. Mi suegro es ___ socialista y ___ socialista empedernido.
3. —¿Eso es ___ arroz? —Sí, es ___ arroz que sólo se encuentra en la tienda de la esquina.
4. Todos los regalos fueron ___ prendas de ropa, pero no me regalaron ni una camisa.
5. Hemos probado hoy vinos de casi todas las provincias del norte y todos son ___ vinos muy buenos.
6. La mayoría de los profesores de español son ___ sudamericanos.
7. Los dos son ___ amigos muy buenos de mi jefe.
8. La nueva juez es ___ católica y su esposo es ___ judío ortoxodo.
9. Los que trabajan en aquella tienda de informática son ___ técnicos incompetentes.
10. Para mí *Lo que el viento se llevó* es ___ película que todo el mundo debería ver por lo menos una vez.

C. Utilice los siguientes verbos y sustantivos contables para crear oraciones en que el sustantivo en singular funcione como objeto directo y no esté modificado por determinante.

> MODELO: tener / corbata
> *Tengo corbata, lo que me hace falta es una chaqueta.*

1. traer / coche
2. buscar / vivienda
3. necesitar / bolígrafo
4. llevar / suéter
5. tener / lavadora

Análisis

A. Analice la posibilidad de eliminar el determinante indefinido. Explique por qué se puede o no se puede excluir.

> MODELO: —¿Trajiste unos libros? —Sí, traje una novela para ti.
> *Libros:* Se puede usar sin determinante porque es un sustantivo contable plural.
> *Novela:* No se puede usar sin determinante porque es un sustantivo contable singular; *traer novela* no permite idear un valor comunicativo de descripción (tampoco sería posible *traer libro* por la misma razón).

1. ¿Conseguiste *una* entrada para el partido?
2. Esta mañana pinté *una* pared y me quedan dos para esta tarde.
3. Has comido *una* tortilla. ¿Qué más quieres?
4. Encontraron *una* casa y les encanta el barrio.
5. Han realizado *unas* pruebas con mucho éxito.
6. Compraron *un* coche y se lo entregan mañana mismo.
7. Buscan *una* niñera.

El es el sintagma preposicional contexto sintáctico que menos pide la modificación del sustantivo. Es común que un sintagma preposicional sirva como adjetivo para modificar el sustantivo de una forma general sin expresar referentes específicos (véase la sección 5.2 del capítulo VI). Recuerde que para un sustantivo no contable singular, esto significa que la ausencia de determinante es la norma porque tampoco se permite la pluralización.

los actos de violencia

*los actos de una violencia

*los actos de la violencia

*los actos de violencias

*los actos de unas violencias

*los actos de las violencias

También recuerde que si en un contexto determinado un sustantivo usualmente no contable aparece en plural, eso significa que la pluralización crea entidades (tipos, cantidades, etcétera) y permite su uso sin determinante (*una subasta de vinos*).

La única restricción con un sustantivo no contable es la agramaticalidad causada por la falta de modificación de uno singular porque la caracterización de una entidad (no un grupo) obliga su individualización.

el dinero usado *en pagos políticos*

el dinero usado *en unos pagos políticos que se descubrieron recientemente*

el dinero usado *en los pagos políticos que se descubrieron recientemente*

*el dinero usado *en pago político*

*el dinero usado *en un pago político que se descubrió el año pasado*

el dinero usado *en el pago político que se descubrió el año pasado*

Hay algunos contextos en que se emplee un sustantivo contable singular sin determinante en un sintagma preposicional. Primero, hay varias expresiones formadas por las preposiciones *como* y *de* que sólo se pueden emplear si el referente del sustantivo está identificado por otro elemento de la oración, lo que hace innecesario individualizarlo.

(a) Estoy trabajando *de guardaespaldas*. (*Yo = un guardaespaldas*)

(b) *Como resultado* de los donativos pudieron ampliar el edificio. (*Que pudieron ampliar el edificio = el* o *un resultado*)

Con las preposiciones *sin* y *con* es muy frecuente no modificar el sustantivo contable para describir el estado en que se encuentra el sujeto aunque haya un referente para el sustantivo.

Mi compañera salió esta mañana tarde *sin paraguas*.

Escribió el informe *con lápiz* y ahora es difícil leerlo de noche.

Manolito se fue a la universidad y ahora su padre está triste y *sin hijo*.

También hay ciertas expresiones en que el sustantivo no puede tener referente. La falta de modificación acentúa las características del sustantivo de una manera adjetival o adverbial.

de carácter temporal	*de caracteres temporales
de segunda mano	*de segundas manos
a última hora	*a últimas horas
a primera hora	*a primeras horas

Con *a*, *de* y *en* se utiliza un sustantivo sin determinante referido a un lugar cuando se reduce la identificación del *sitio* para acentuar la actividad que se realiza en él.

EJEMPLO A: Estamos en casa.
Venimos de casa.
Vamos a casa.

EJEMPLO B: Estamos en misa.
Venimos de misa.
Vamos a misa.

En A vemos que podemos estar en casa aunque vivamos al aire libre, de la misma forma que en B acudir a una misa no necesita que haya un techo para realizar la ceremonia. El uso de un determinante individualiza el sitio, por ejemplo, *en la casa* (*de los Gómez*) o *a la misa* (*de las doce*). Este uso está más limitado en el español que en otros idiomas y hay que aprender las preposiciones y sustantivos con los que se puede omitir el determinante.

*Estoy en trabajo.

*Venimos de escuela.

*Vamos a centro.

Hay otros contextos en que no se emplea el determinante indefinido en español.

(a) Los adjetivos cuantificadores *otro*, *varios* y *tal*:

Dame Ø *otra* cerveza, por favor.

Me dijo que Ø *varios* miembros del comité votaron que no.

No lo habríamos hecho de *tal* Ø manera.

Con *cierto* el determinante es opcional (*He visto a (una) cierta persona que no me cae bien*).

(b) con la palabra exclamativa ¡*Qué!*:

¡*Qué* Ø sorpresa! ¡*Qué* Ø regalo más bonito!

153

*El determinante definido
y el indefinido: la identificación
de referentes*

(c) con los números *mil* y *cien*:

Los mejores premios son de dos mil y Ø *mil* dólares, pero todos los concursantes ganarán por lo menos Ø *cien* dólares.

Finalmente, tanto el uso del determinante definido como el indefinido es opcional con sustantivos apositivos:

Jaén, *una* ciudad en el sur de España, es la capital de su provincia y Burgos, *la* capital de otra provincia, está en el norte.

Jaén, Ø ciudad en el sur de España, es la capital de su provincia y Burgos, capital de otra provincia, está en el norte.

Práctica

A. Explique la falta de determinante con los siguientes sustantivos en cursiva que funcionan como objeto de preposición. ¿Cuál sería la diferencia al incluir un determinante?

MODELO: Compraron una casa de *categoría*.
            El sustantivo es descriptivo y no se puede utilizar un determinante.

1. Dame una taza para *café*.
2. La falta de *cariño* siempre es un problema.
3. Había mucho dinero procedente de *empresas extranjeras*.
4. Ya han dictado órdenes de *embargo*.
5. Ha habido varios atentados contra *profesores*.
6. Todavía no me he enterado del número de *víctimas*.
7. Los detuvieron por *entrada ilegal*.
8. Como *máximo* responsable todo dependía de él.
9. Buenos Aires, *capital* de Argentina, es una gran ciudad.
10. Ganaron para su causa a *influyentes políticos*.
11. La discriminación entre *visitantes y residentes*...
12. Hay tarifas especiales para *grupos e investigadores*.
13. Apenas es una fórmula posible de *compromiso*.
14. Van a rifar el premio a *última hora* de la noche.
15. Han utilizado esta resolución como *moneda de negociación*.
16. Recomiendan una presencia extranjera de *carácter temporal*.
17. El jefe se unió ayer a *altos cargos* de su equipo.
18. Escogí un coche de *segunda mano* porque no tenía interés en *coches nuevos*.

B. ¿Es la omisión del determinante indefinido obligatoria u opcional? Tenga en cuenta su lengua materna para comparar la eliminación del determinante.

MODELO: ¿Tienes Ø reloj?
            opcional: se puede omitir el determinante indefinido después del verbo *tener*
            (¿Tienes un reloj?)

1. En México me dieron más de Ø mil pesos por Ø cien dólares.
2. Sería mejor que buscáramos Ø otra solución.

3. Han venido Ø ciertos alumnos sin haber preparado la lección.
4. ¿Cómo que te dejaron entrar con Ø perro?
5. Había Ø problema con la instalación del aparato.
6. Mi prima Elena es Ø ingeniera; es una ingeniera muy competente.
7. ¡Qué Ø susto! ¡Qué Ø demonios!
8. Me dijeron que tal Ø sugerencia no era apropiada.
9. Estuvimos buscando Ø casa por el barrio tuyo.
10. Los Azahares, Ø aldea de Andalucía, es muy pintoresco.
11. Deliberaron varias horas y pronunciaron un veredicto de Ø culpabilidad.
12. No puedo sacar al Turco porque se le perdió la correa para Ø perros.

Análisis

Traduzca las siguientes oraciones a su lengua nativa para comparar el uso de los determinantes.

1. Llegaron tarde del trabajo.
2. —¿De dónde vienen? —De clase.
3. Mi sobrinito todavía no va al colegio.
4. Ayer fui a visitar a un amigo que está en el hospital.
5. Han ido al centro a hacer compras.
6. La abuela se queda en cama.
7. Salíamos de misa esta mañana cuando vimos a los abuelos que iban a la iglesia.
8. Hoy estaré en el trabajo hasta las seis.

6. LOS DEMOSTRATIVOS Y LOS POSESIVOS: LA EXPRESIÓN DE RELACIONES ESPACIALES

En cualquier idioma es imprescindible tener una forma establecida para la expresión de las relaciones espaciales. El hablante es el centro sobre el que se organiza el espacio, aunque también hay un oyente con su propio espacio. Y subordinado a los dos interlocutores habrá otro espacio ilimitado y alejado del hablante y del oyente. Esta organización de las relaciones espaciales se llama la *deíxis*, que a veces se manifiesta en formas léxicas.

aquí/acá	(orientación hacia el hablante)
allí/allá/ahí	(orientación hacia el oyente)
más allá	(orientación ajena a los interlocutores)

Pero también se encuentran formas deícticas entre las formas gramaticales del lenguaje. Una de sus manifestaciones más importantes es la persona gramatical que diferencia los sujetos de los verbos. Utilicemos los pronombres personales de sujeto y complemento para mostrar la organización deíctica (véase el capítulo v).

1ª persona [+hablante]	yo me	nosotros/as nos
2ª persona [+oyente]	tú te	vosotros/as os
3ª persona [- hablante] [- oyente]	él, ella, usted lo, la, le, se	ellos, ellas, ustedes los, las, les, se

Con este esquema vemos que la persona gramatical se organiza según dos conceptos: la oposición entre hablante y oyente, y la inclusión/exclusión de personas. La primera persona se refiere al hablante, la segunda al oyente y la tercera a personas y entidades excluidas del espacio del hablante y del oyente. La idea es perfecta, pero en la práctica aparece un problema. ¿Qué pronombres no ocupan un lugar apropiado dentro del esquema? *Usted* y *ustedes*, que aunque de tercera persona, se refieren a personas que desempeñan el papel de oyente. Esta organización de espacio no se limita a la distancia física, sino que también representa la distancia *psicológica*. Alejar a la persona con quien el hablante se está comunicando es una forma de crear distancia. En la comunicación se convierte en el concepto de *formalidad*. Por tanto la idea es perfecta y el sistema permite lograr un valor comunicativo muy útil.

Algunos determinantes se basan en la deíxis, entre ellos los posesivos. Estas formas representan poseedores que se corresponden con los sujetos gramaticales.

[+hablante]	mi, mis	nuestro/a, nuestros/as
[+oyente]	tu, tus	vuestro/a, vuestros/as
[- hablante] [- oyente]	su, sus	su, sus

También los demostrativos participan en el sistema deíctico para darnos las siguientes posibilidades de organizar las referencias a entidades a nivel espacial.

[+hablante]	este, esta, esto	estos, estas
[+oyente]	ese, esa, eso	esos, esas
[- hablante] [- oyente]	aquel, aquella, aquello	aquellos, aquellas

Esta organización permite al hablante distinguir con exactitud entre las tres posibles referencias espaciales.

¿Te gusta *este* disco que tengo aquí o prefieres *ése* que tú tienes?

Bueno, para decirte la verdad mi preferido es *aquél* que tiene Luis.

Pero el hablante tiene cierta libertad con la organización de su espacio. Por ejemplo, el hablante puede emplear *ese* para referirse a una entidad que no está cerca del oyente, si no le interesa acentuar la distancia que expresaría con *aquel*.

Mira *ese* coche.

De la misma manera, el hablante puede acentuar la distancia espacial o temporal utilizando *aquel* o emplear la forma más neutra *ese*.

> En *aquel* año...
>
> En *ese* año...

Práctica

Complete las siguientes oraciones con una de las siguientes formas neutras: *eso, esto, aquello, ello*.

1. ¿Has puesto la mesa y colocado las sillas? Estoy en _____.
2. Está comiendo con las manos. _____ no me gusta nada.
3. _____ es muy difícil porque la masa se está poniendo muy blanda.
4. ¿Te acuerdas de los problemas con el coche? _____ fue una pesadilla.
5. ¿Sabes que mañana es el cumpleaños de Toni? Estoy pensando en _____.

Análisis

A. Comente la persona gramatical de los sujetos y objetos de las siguientes oraciones.

1. *Las mujeres* trabajamos más horas.
2. *Los políticos* sois unos cerdos.
3. A *los profesores* nos gusta que los alumnos hablen en clase.
4. *Los alumnos* preferimos que los profesores hablen.
5. Nos dieron incrementos de sueldo a *todos los empleados*.

B. Analice los demostrativos de las siguientes oraciones y señale las referencias espaciales o temporales que expresan. ¿En cuáles se podría emplear otro demostrativo?

1. *Este* libro es mucho más interesante que el otro.
2. Prefiero *ese* pantalón que está en el escaparate.
3. *Estos* resultados han sido espectaculares.
4. *Esta* vez no se ha salido con la suya.
5. *Este* hombre es uno de mis mejores amigos.
6. *Ese* individuo se convirtió en una de las personas más conocidas del país.
7. En *aquella* época invirtieron en las empresas más pequeñas.
8. No había forma de corroborar *ésos* y otros datos.
9. En Madrid anunciaron una nueva iniciativa para solucionar el problema de la contaminación en *esa* ciudad.
10. Se presentó la mujer del fallecido y *ésta* estuvo muy molesta.
11. *Este* coche que tenemos ahora es mejor que *ése* que tuvimos antes.
12. En *aquel* momento se especuló con que habían llamado al jefe.
13. *Ese* período de reflexión fue forzosamente corto.
14. En todos *estos* años no hemos podido comprarlo.
15. Fulanito le dio un puñetazo a Menganito y luego *éste* le cerró un ojo a *aquél*.

157

*El adjetivo: la limitación
y descripción del referente
del sustantivo*

7. EL ADJETIVO: LA LIMITACIÓN Y DESCRIPCIÓN DEL REFERENTE DEL SUSTANTIVO

Para empezar...

A. Los adjetivos se dividen en dos clases: los *cuantificadores* que enumeran entidades y los *descriptivos* o cualificativos que describen características. ¿A qué clase pertenecerán los siguientes adjetivos?

1. redondo
2. cuatro
3. varios
4. amarillo
5. inteligente
6. viejo
7. numerosos
8. llano

B. Para las oraciones siguientes, decida si el adjetivo entre paréntesis se puede poner antes y después del sustantivo en cursiva. Consulte con varios hispanohablantes para comprobar sus intuiciones. Utilice sus conclusiones para hacer una lista de las "reglas" sobre la colocación del adjetivo. Luego compare sus reglas con la discusión en esta sección.

1. Me encanta pasear de noche por el *Puente de San Nicolás*. (impresionante)
2. Vi una foto del *lago Taupo*. ¿Está en Nueva Zelanda? (transparente)
3. Sí, está en la *Isla*. (Norte)
4. Sólo hay una *estación* en esta ciudad. (principal)
5. Conocí a tus *amigos* en la fiesta de anoche. (simpático)
6. La *iglesia* fue destruida para construir la nueva. (antiguo)
7. Creo que los dos están hablando del *terreno*. (mismo)
8. Les sancionaron por sus *actividades*. (ilegal)
9. ¿Publicaron sus *estudios*? (sociológico)
10. Sí, se publicaron en una *revista*. (conocida)

7.1 LA POSICIÓN DE LOS ADJETIVOS CUANTIFICADORES Y DESCRIPTIVOS

Sintácticamente hay semejanza entre la función del determinante y el adjetivo, ya que los dos modifican al sustantivo y concuerdan con él en género y número. Sin embargo, en oposición a la función del determinante como identificador, el adjetivo sirve para cuantificar o cualificar el sustantivo de forma más concreta. Esto significa que los adjetivos se dividen en dos grandes clases: los *cuantificadores* (o limitativos) que enumeran las entidades, y los *descriptivos* (o cualificativos) que describen las características de las entidades.

EJEMPLO A: *Muchas* mujeres trabajan hoy en día.
              Distintas opiniones influyeron en la decisión.

EJEMPLO B: El gobierno *socialista* sigue en el poder.
              Es de esperar que las iniciativas *nuevas* solucionen el problema.

Por lo general, el cuantificador se identifica con los determinantes porque también suele anteponerse al sustantivo (EJEMPLO A). En cambio, el adjetivo descriptivo se pospone al sustantivo (B). Pero también hay otra diferencia importante para la comprensión de la posición de estos modificadores. El adjetivo cuantificador enumera al referente del sustantivo. No tiene ningún valor contrastivo, excepto el contraste inherente que existe entre formas léxicas específicas (*muchos* vs. *pocos, algún* vs. *ningún*, etcétera). En cambio, el descriptivo representa características, limita los posibles referentes del sustantivo y puede contrastar un referente con otros. Los siguientes ejemplos muestran los papeles que las dos clases de adjetivos tienen.

> EJEMPLO C: *varios* parques
>
> EJEMPLO D: *varios* parques *nacionales*
>
> EJEMPLO E: *varios* parques *nacionales extensos*

Mientras el cuantificador *varios* ayuda a interpretar el número de referentes, los adjetivos descriptivos limitan los posibles referentes del sustantivo. Observen que los posibles referentes del EJEMPLO E son menos que los del D y los del EJEMPLO D menos que los del C. Además el contraste es una de las características inherentes a los descriptivos porque D establece que hay parques no nacionales y E que hay parques nacionales no extensos.

La distinción entre **sustantivos propios** (*Bolivia*) y **comunes** (*país*) facilita un apropiado punto de partida para discutir la posición de los adjetivos descriptivos. Hemos visto que el adjetivo descriptivo es inherentemente contrastivo y prefiere la posposición. En cambio, la posibilidad de contrastar el referente de un sustantivo propio con otro posible referente queda minimizada porque un sustantivo propio suele tener un único referente.

> el muy visitado Museo del Prado
>
> el lindo Parque Central
>
> el largo y alto Puente Veinticinco de Abril de Lisboa

Al no haber otros posibles referentes, su posición coincide con la anteposición del determinante y del adjetivo cuantificador. El contraste sólo se logra con un sustantivo propio cuando contrasta con sí mismo, o sea, al hacer una referencia a un tiempo determinado o a una parte del referente:

> la España medieval
>
> la Latinoamérica colonial
>
> el Parque Central sur

En los dos primeros ejemplos una época contrasta con otra (la España medieval y la renacentista; la Latinoamérica colonial y la moderna), y en el último una zona del parque contrasta con otra. (Observe que la modificación de un sustantivo propio por un adjetivo obliga a incluir el determinante definido: *España→ la España medieval*).

A diferencia del sustantivo propio, el común puede tener numerosos referentes. Por lo tanto, el adjetivo descriptivo limita los posibles referentes y realiza su papel básico de contrastar un referente específico (sustantivo singular) o referentes (sustantivo plural) con otros. Este valor coincide con la posposición.

> el científico famoso
>
> una profesora competente
>
> estas calles estrechas

La posposición de los adjetivos acentúa el contraste de sus significados: científico famoso en oposición a otros que no lo son, etcétera. ¿Sería posible anular el valor contrastivo del adjetivo? Pues, si el hablante da la identificación del

un sustantivo propio
un sustantivo que identifica una persona o una entidad individual (*Juan Carlos, las Montañas Rocosas*)

un sustantivo común
un sustantivo que no identifica personas o entidades individuales, sino las características que sirven para identificar posibles referentes del sustantivo (*rey, país, montaña*)

referente por conocida, eliminando la necesidad de contraste, el adjetivo queda bien antepuesto al sustantivo.

Conocí al famoso científico.

Han contratado a una competente profesora.

Esta estrecha calle es muy larga.

La anteposición del adjetivo significa que, para el hablante, el referente del sustantivo común está absolutamente identificado: podría facilitar el nombre del científico (el famoso doctor Cienfuegos), el de la profesora (la competente profesora Jiménez), y así sucesivamente.

Práctica

A. Clasifique los siguientes adjetivos (cuantificador o descriptivo) y use cada uno en un sintagma nominal en la posición que le corresponda, explicando su función en relación con el sustantivo.

bajo	interesante	poco	redondo
generoso	mucho	gracioso	diversos
numerosos	difícil	oscuro	automático

B. Utilice el adjetivo para modificar el sustantivo propio y explique la posición que ha escogido.

MODELO: Avenida de las Américas (larga)
la larga Avenida de las Américas (no hay contraste)

1. Madrid / turístico
2. el mar Negro / inmenso
3. los Andes / altos
4. París / napoleónico
5. Europa / central
6. el desierto del Sahara / ancho
7. Centroamérica / estrecho
8. África / musulmán
9. Rusia / europeo
10. el Aeropuerto de Ezeiza / moderno

C. Haga oraciones con el adjetivo en posición de contraste. Luego anteponga el adjetivo ampliando la oración para que haya un contexto que explique su anteposición.

MODELO: la alfombra / suave
Espero que escojas la alfombra suave.
No te voy a prestar la suave alfombra de mi dormitorio.

1. el salón / amplio
2. los días / feliz
3. su tío / delgado
4. los besos / fuerte
5. los alquileres /caro
6. este río / profundo
7. unos elefantes / pequeño
8. una escultura / impresionante
9. las mesas / redondo
10. los profesores /excelente
11. un problema / enorme
12. varias soluciones / peligroso

D. Haga oraciones con los siguientes sustantivos y adjetivos que correspondan a la información entre paréntesis, según el modelo.

MODELO: alumnos de esta clase / perezosos (todos lo son)
Los perezosos alumnos de esta clase no sacan buenas notas.

1. coche de mi padre / fantástico (sólo tiene un coche)
2. fontanero / incompetente (hay otro que es competente)

3. aviones de esta línea aérea / modernos (no todos lo son)
4. valores de esa gente / tradicionales (todos lo son)
5. autor de ese delito / conocido (sólo hay un autor de ese delito)
6. mis primos / aburridos (todos lo son)
7. los periódicos / sensacionalistas (no todos lo son)
8. las estrellas / brillantes (no todas lo son)

7.2 LAS CLASES DE ADJETIVOS DESCRIPTIVOS

Podríamos deducir que el problema de la colocación del adjetivo en español es fácil: en oposición al cuantificador que siempre se antepone, el descriptivo se antepone o se pospone según la identificación del referente del sustantivo que modifica. Pero otros factores influyen en la posición del adjetivo. Uno de ellos es el tipo de significado que el adjetivo expresa. Tomemos como ejemplos *bueno*, *rojo* e *interesante*, y decidamos a cuál de los siguientes grupos pertenece cada adjetivo.

1. El significado del adjetivo es muy contrastivo; sería difícil asociar la característica a un sustantivo sin oponer su referente a otros posibles.

2. El significado del adjetivo es muy amplio y poco preciso; no se puede imaginar la característica exacta a que se refiere sin considerar el sustantivo que modifica.

3. El significado del adjetivo no es muy contrastivo ni tiene un sentido demasiado amplio.

Compruebe si ha acertado. La clase 1 abarca *rojo*, porque los colores figuran entre los adjetivos que acentúan un contraste entre un significado y otro. La 2 es mostrada por *bueno*, ya que, aunque es una valoración positiva, es imposible concretar su significado exacto sin saber el sustantivo a que se refiere. El adjetivo *bueno* asociado al sustantivo *amigo* tiene un sentido muy diferente al que tiene con *coche:* las características que debe tener un amigo para ser bueno no son las mismas que las de un coche. La clase 3 incluye *interesante* porque es un adjetivo normal y corriente. Los siguientes ejemplos ilustran las tres clases.

EJEMPLO A: El coche rojo es de un amigo mío.
*El rojo coche es de un amigo mío.

EJEMPLO B: Rafael es un amigo bueno.
Rafael es un buen amigo.

EJEMPLO C: Me compré un ejemplar de su libro interesante.
Me compré un ejemplar de su interesante libro.

Las oraciones en el EJEMPLO A comprueban que el colocar un adjetivo de la clase 1 antes del sustantivo no es fácil, porque es demasiado contrastivo. En el B la anteposición de *bueno* permite que se interprete con respecto a lo que es necesario para ser un buen amigo, no un buen ladrón u otro concepto, mientras que la posposición acentúa solamente el valor positivo sin unir esa valoración a un concepto más concreto. En oposición a las otras dos clases, los ejemplos en el C muestran que la clase más general y neutra permite libremente la posposición para acentuar un contraste y la anteposición cuando el contraste no es necesario.

Decida si cada adjetivo pertenece a uno de los tres grupos definidos arriba. Compruebe su decisión creando oraciones y poniendo al adjetivo antes y después del sustantivo para comprobar la validez de cada posición.

aristocrático	cuadrangular	acerbo
puro	grande	triste
plástico	caprichoso	diferente
nuevo	asiático	corto
ruidoso	político	espacial
judío	suave	liberal
económico	anaranjado	

¿Cuáles son los adjetivos que prefieren la posposición porque sus significados son muy contrastivos? ¿Y cuáles son los adjetivos que tienen significados muy amplios para los que la posición ayuda a determinar su significado exacto? Analizaremos estos adjetivos descriptivos por partes.

(i) Clase 1

Los adjetivos muy contrastivos son los que identifican el referente del sustantivo como el miembro de un grupo: los que expresan colores (*rojo, morado*), los de nacionalidad/ciudadanía (*venezolano, madrileño, gallego, sudamericano*), los de religión (*católico, protestante*), los de partidos o filosofía políticos (*socialista, marxista*) y los que expresan descripciones concretas en que el significado de un adjetivo contrasta con los de los otros (*plástico, metálico,* etcétera). Dado su alto nivel de contraste, los adjetivos de esta clase tienden a posponerse al sustantivo. A estos subgrupos se les unen otros pares de adjetivos cuyos significados acentúan un contraste (*cerrado/abierto, civil/militar, urbano/rural, local/federal*).

Para los siguientes adjetivos dé otro con significado opuesto para comprobar que son adjetivos muy contrastivos que prefieren la posposición. Utilice los dos en oraciones según el modelo.

MODELO: psicológico
sociológico

Es un problema psicológico; no es un problema sociológico.
*Es un psicológico problema; no es un sociológico problema.

1.	abierto	**6.**	automático
2.	plateado	**7.**	nacional
3.	renacentista	**8.**	primario
4.	materno	**9.**	doméstico
5.	aéreo	**10.**	izquierdo

(ii) Clase 2

Para los adjetivos que tienen un significado muy amplio hay que tener en cuenta el sustantivo que modifican para entender sus verdaderas connotaciones. Los adjetivos más representativos de esta clase son *bueno, malo, mejor, peor, nuevo, viejo* y *grande*. ¿Cuáles son exactamente sus significados? Son conceptos poco precisos por dos razones. Primero, no existe ninguna norma que señale la cualidad exacta entre lo que es bueno/mejor por un lado, y malo/peor por otro, ni lo que es nuevo o viejo. Segundo, lo que es bueno o malo para una persona no es necesariamente igual para otra, y lo que es nuevo o viejo para uno no tiene que ser lo mismo para otro. Por lo tanto, la posposición de estos adjetivos acentúa el concepto más general y muestra el contraste del adjetivo con otros adjetivos. En cambio, la anteposición define el significado según las características del sustantivo. Por consiguiente, hay que pensar en otros sustantivos si queremos conseguir un contraste.

Es una película buena.
No es una buena película, el libro es mejor.

Felipe es un actor malo.
Felipe no es necesariamente un mal actor, es un peor director.

Otros adjetivos de este grupo tienen un significado más descriptivo y contrastivo en posposición mientras que el significado en anteposición es limitativo o menos exacto.

Tú tienes algunas ideas ciertas. (ideas verdaderas o correctas)
No entiendo ciertas ideas que tú tienes. (determinadas ideas)

Los alumnos pobres no pudieron pagar la matrícula. (estudiantes de poco dinero)
Los pobres alumnos salieron mal en el examen. (sin suerte/malos estudiantes/que dan lástima)

Práctica

A. Anteponga el adjetivo al sustantivo y explique el significado exacto del adjetivo en anteposición. ¿Cuál será el valor comunicativo de la posposición?

1. Ese jugador de fútbol tiene *piernas*. (bueno)
2. Es un *marido*, pero es un *padre*. (bueno, mejor)
3. Mi *casa* tiene dos plantas. (nuevo)
4. Han comprado un *coche*. (grande)
5. Mi padre es un *conductor*. (malo)

B. Otros adjetivos también pueden tener connotaciones distintas según su posición. A veces la anteposición hace que el significado se interprete en relación con el sustantivo y otras veces la misma posición expresa una connotación distinta a la de la posposición. Explique los ejemplos siguientes. Si es necesario consulte varias gramáticas para comprobar las diferencias de significado.

1. Mi *amigo* tiene setenta años. (viejo)
   Mi *amigo* no es tan viejo. (viejo)
2. Ese *profesor* tiene muchos problemas económicos. (pobre)
   Ese *profesor* tiene muchos problemas de salud. (pobre)
3. El *parque* es más bonito que el nuevo. (antiguo)
   El *parque* no era muy antiguo cuando construyeron el nuevo. (antiguo)

4. Todos los *funcionarios* miden por lo menos 1,75. (alto)
   Todos los *funcionarios* tienen mucha responsabilidad. (alto)
5. Ese zumo no contiene conservantes, es *zumo*. (puro)
   Ese zumo no es una mezcla, es *zumo*. (puro)
6. Es un *contable* y no es ambicioso. (simple)
   Es un *contable* que no es muy inteligente. (simple)
7. Siempre ha sido un *amigo*. (verdadero)
   La *historia* es otra. (verdadero)
8. Ese velero es verdaderamente un velero, es un *velero*. (real)
   Ese velero pertenece a los reyes, es un *velero*. (real)

C. Estudie y explique la diferencia que determine la posición del adjetivo. ¿Son adjetivos cuantificadores o descriptivos?

1. Juan es *medio* español.
   Juan es un alumno *medio*.
2. Hay que tener en cuenta la *misma* sugerencia.
   Hay que tener en cuenta la sugerencia *misma*.
3. Fue su *propia* propuesta la que aprobamos por unanimidad.
   Fue su propuesta *propia* la que aprobamos por unanimidad.
4. Su *único* hijo ganó otro premio.
   Su hijo *único* ganó otro premio.
5. Tiré *varios* discos que tenía.
   Tiré unos discos *varios*.
6. Nos acompañan en *raras* ocasiones.
   Nos acompañan en ocasiones *raras*.

¿Cómo señala su idioma materno u otro que conozca bien estas diferencias?

D. ¿Son estos adjetivos cuantificadores o descriptivos? ¿Varían sus significados según su posición?

1. Nunca se me hubiera ocurrido *semejante* cosa.
   Nunca se me hubiera ocurrido cosa *semejante*.
2. Voy a comprar *cualquier* revista.
   Voy a comprar una revista *cualquiera*.
3. Hágalo de la *siguiente* manera.
   Hágalo de la manera *siguiente*.
4. La *próxima* semana vamos a tener una reunión.
   La semana *próxima* vamos a tener una reunión.

Análisis

A. Aunque el valor comunicativo de los adjetivos muy contrastivos pida la posposición, es posible que la identificación absoluta del referente del sustantivo permita la anteposición. Por ejemplo, uno de los pocos usos de un adjetivo de color en anteposición en el español hablado es *la blanca nieve* porque toda la nieve es blanca. Sin embargo, no es infrecuente encontrar adjetivos muy contrastivos en anteposición en el estilo periodístico y literario. Estudie los siguientes ejemplos y explique su anteposicón y luego cambia el adjetivo a posposición.

1. La *alemana* BMW compite cara a cara con la *japonesa* Honda.
2. El *verde* prado abrigaba a un centenar de gansos migratorios.

3. Los *salvajes* leones estaban adormecidos al sol.
4. Las modelos exhibieron lencería para el Día de San Valentín en una *céntrica* calle de Londres.
5. Las telenovelas suministran *popular* entretenimiento a mucha gente.

B. Aunque la connotación de algunos adjetivos cambia según su posición, a veces es posible obtener la connotación de la posposición incluso cuando el adjetivo aparece antepuesto. Estudie las siguientes oraciones y explique los significados de los adjetivos. ¿Cómo se explica la anteposición con el significado de posposición?

1. Los *pobres* hombres de aquel sindicato son cada día más pobres.
2. Todavía se escucha bien el *antiguo* fonógrafo.
3. Mi *viejo* amigo Alberto va a cumplir ochenta y cinco años.
4. Las *grandes* casas de ese barrio son todas mansiones.
5. Las *nuevas* normas son muy exigentes.
6. Los *ricos* empresarios siempre salen con la suya.
7. Los *altos* funcionarios se dieron la cabeza contra el dintel de esa puerta.

C. Aunque la anteposición es lo normal para los demostrativos, los posesivos y *algún*, la posposición es posible. ¿Tiene el mismo significado que la anteposición? ¿Cuál es la diferencia entre las siguientes oraciones? Construya un contexto apropiado para explicarla.

1. *Este* libro no me interesa.
   El libro *este* no me interesa.
2. *Mis* planes son más ambiciosos.
   Los planes *míos* son más ambiciosos.
3. Ud. quiere coger *esa* calle.
   Ud. quiere coger la calle *esa*.
4. Tengo *algún* dinero.
   No tengo dinero *alguno*.

Ahora estudie las siguientes posibilidades y explique la no validez de (b).

(a) Un amigo mío te quiere conocer.
(b) *Un amigo este te quiere conocer.

D. Estudie las siguientes frases con más de un adjetivo. ¿Puede explicar las normas para la posición de cada uno?

1. una clase del arte español renacentista
2. una clase del importante arte español renacentista
3. una clase del importante y conocido arte español renacentista
4. una clase del arte español y portugués
5. una clase del arte español, portugués y latinoamericano

E. Muchos idiomas no utilizan la posición del adjetivo para lograr un valor comunicativo de contrastividad. ¿Cómo se consigue el contraste en su lengua materna u otra con que esté familiarizado? Idee ejemplos para hacernos ver las diferencias.

Práctica

Anteponga o posponga el adjetivo al sustantivo, según sea necesario. Explique por qué la posición es válida y también su valor comunicativo.

1. Vamos a hacer un recorrido por el *río Amazonas*. (largo)
2. A mí me encanta la *calle* en que tú vives. (tranquila)
3. Hay dos *cámaras*. (legislativas)
4. Los *vuelos* llegan a otra terminal. (internacionales)
5. Quisiera haber vivido en *Londres*. (victoriano)
6. El secretario no me lo dijo. Fue el *jefe* el que me lo dijo. (mismo)
7. Sus *ideas* no tienen mucho sentido. (complicadas)
8. Hemos comprado una *mesa*. (desmontable)
9. He leído tres *novelas*. (galdosianas)
10. Tus *abuelos* vienen en verano. (queridos)
11. Su *esposo* no quiere pagar el precio. (tacaño)
12. Existen *fallos* en su trabajo. (numerosos)
13. Aunque comamos pescado preferimos el *vino*. (tinto)
14. Es una isla serena del *Caribe*. (pacífico)
15. Sus *gritos* se oían por todo el barrio. (espantosos)
16. El *teatro* que estás buscando ya no existe. (antiguo)
17. La *canción* es popular en toda Europa. (española)
18. Pero ése es un *problema*. (secundario)
19. La *cuestión* hizo pensar a todos. (simple)
20. El *traje* de Ángel les dio envidia a todos los hombres. (elegante)
21. El *brocado* causaba admiración. (rico)
22. ¿Quién lleva la *contabilidad*? (general)
23. La *elite* política prefiere otra solución. (vieja)
24. Tienen muchas *cuentas*. (bancarias)

Análisis

Explique los usos de los determinantes y la posición de los adjetivos.

¿Mendicidad o teatro?

En parte debido al alto desempleo, todas las ciudades grandes padecen de una proliferación de pordioseros. Pero, ¿serán mendigos verdaderos o serán embaucadores que se aprovechan del buen corazón de los ciudadanos? Ésta es una pregunta que cada vez encuentro más difícil de responder. Sin negar la existencia de personas necesitadas, voy a contarles un par de episodios que me han convertido en escéptica.

Tomemos, por ejemplo, el caso del paciente muchacho que se arrodilla en la mitad de una acera céntrica muy transitada. Es un joven no mal parecido que se pasa horas con los brazos abiertos, arrodillado sobre un cojín, la cara pálida y enjuta, los ojos bajos, una manta contra el frío sobre los hombros, con una cajita delante y con un cartel de *Tengo hambre* capaz de destrozarle el corazón al más empedernido. Le tenía mucha lástima hasta que, por pura casualidad, lo vi preparándose para el "acto". Primero se quitó una bonita chaqueta de cuero, luego se emblanqueció el rostro con algún polvo, se echó la manta raída al hombro, guardó el resto de sus pertenencias detrás de las matas de un patio para luego salir a cumplir su turno de arrodillado.

O la mujer que se acerca a los turistas extranjeros hablándoles en alemán y con los ojos llorosos, ansiosa de contarles sus penas. Le han robado y, aunque ha telefoneado a su familia en Alemania, el dinero no llegará hasta dos días más tarde y, por supuesto, necesita para comer (aunque confiesa que sí tiene alojamiento). ¿Le podrían facilitar algún dinero? Su actuación es tan convincente que uno sólo puede complacerla. Totalmente emocionada, ella le besa la mano al benefactor con profundo y "sincero" agradecimiento. ¿Pero qué hace uno cuando la ve dos semanas más tarde representando la misma parodia? Yo lo que hice fue ocultarme detrás de un árbol para observarla. ¡Esta mujer no necesitará el dinero para comer, pero se lo merece por el teatro de calidad que ofrece!

También está la variación sobre el tema anterior de la ingeniosa ciega de Madrid de la que me habló un amigo. Ésta es una señora ya mayor y conocida en un barrio del centro, que debe haber tomado lecciones avanzadas de actuación. Usa como enganche el que en España los ciegos vendan billetes de lotería. A los gritos y entre espasmos violentos de llanto clama que le han robado los billetes de lotería y el dinero que tenía, mientras exclama que qué gente tan perversa hay en el mundo que hasta son capaces de robarle a una pobre ciega. Naturalmente, los transeúntes se apresuran a hacer una colecta para la infortunada. Estoy segura que esta buena señora debe hacerse de más dinero con su treta que cualquier obrero que se gana los garbanzos honestamente con el sudor de su frente.

Por desgracia, casos como éstos, en los que la buena voluntad de las personas es traicionada, alimenta un injustificado sentimiento de rechazo general hacia la pobreza y nos hace olvidar el problema de fondo: la existencia de una sociedad que genera mendicidad y teatro.

LECTURAS ADICIONALES

Teschner & Russell (1984) contiene un resumen muy completo del género de los sustantivos según sus terminaciones. Bergen (1980) añade a la morfología del género interesantes notas sobre el significado del género. Harris (1991) le da un enfoque contemporáneo a este problema tradicional. Por su parte, Prado (1989) estudia el problema del número gramatical y sus consecuencias semánticas.

Entre los excelentes estudios clásicos de los determinantes se encuentran Alarcos Llorach (1967), Alonso (1951) y Lázaro Carreter (1980). Bergen (1977) analiza el problema de los sustantivos contables y no contables. Klein-Andreu (1975) presenta un análisis pragmático de los usos de los determinantes definido e indefinido. King (1992: Capítulo 7) investiga la base semántico-pragmática de los determinantes. Dentro de su amplio estudio sobre el orden de palabras en español, Suñer (1982) investiga el uso de los determinantes y la ausencia de modificación en el sustantivo en su interrelación con el orden del sujeto y del verbo como también se hace en el libro editado por Bosque (1996).

Un análisis sintáctico de la posición del adjetivo es el de Luján (1980). Se trata la pragmática de este problema en Klein-Andreu (1983), y Demonte (1982) aclara varias dudas sobre la alternancia en la posición del adjetivo.

CAPÍTULO V

Los pronombres personales

EL DIARIO

Martes, 19 de febrero

Anuncios Clasificados

Se busca carpintero con experiencia en arreglo de muebles antiguos. Tel. 433-78-90.

Se necesita azafatas para congresos. Buen sueldo. Preséntese Calle Piedras 88, 3 A.

Se venden varias parcelas a 25 kms. de la ciudad a precios muy interesantes. Escriba Aptdo 422.

Se necesita gente comercial. Carnet de conducir y disponibilidad para viajar. Tel. 433-32-17.

Si le han robado el coche, llámenos. Especializados en búsqueda de vehículos. Detectives privados. Tel. 432-90-87.

Se busca a los tres individuos que testimoniaron el robo del bolso a una señora extranjera en la Calle Vírgenes, domingo al mediodía. Se recompensará su ayuda. Toda discreción. Tel. 432-56-78.

1. INTRODUCCIÓN

Cuando examinamos los pronombres personales españoles debemos separar dos nociones que forman parte de la competencia de los hispanohablantes: lo *mecánico* y lo *conceptual*. Estas nociones representan distintos tipos de conocimientos. Los asuntos mecánicos son aquéllos donde la estructura del idioma nos manda el camino a seguir. Cuando actúan mecánicamente, tanto los nativos como los no nativos, tienen poco que pensar. Lo mecánico incluye normas propias del español como, por ejemplo, la forma de los pronombres, su posición con respecto al verbo y su posición con respecto a otros pronombres, entre otras.

> Pon*le* un poco más de azúcar.   (cf. *Le pon un poco más de azúcar.)
>
> Ya *se lo* di.   (cf. *Ya le lo di. / *Ya lo se di.)

En cambio, los temas conceptuales incluyen los casos en los que el hablante tiene cierta libertad para decidir el valor comunicativo que le quiere imprimir al mensaje. Aquí hay lugar para elegir una construcción sobre otra, por ejemplo, cuándo y dónde se pueden usar algunos pronombres, y el significado que añaden a la situación descrita por la cláusula.

> *Le* compré el coche *a* María.   Compré el coche *de* María.

Lo conceptual es lo más difícil de aprender para los no nativos. Muchas veces la diferencia entre construcciones lleva matices sutiles difíciles de explicar. Por ejemplo, si consideramos las dos oraciones arriba, vemos que en la de la izquierda la secuencia *le . . . a María* permite la interpretación de *María* como poseedora del coche, pero también como la que lo recibe (véase la sección 3.4 para más detalles). En la oración de la derecha *de María* sólo puede interpretarse como poseedora.

Comenzamos con lo mecánico. Pero antes de empezar, deberíamos repasar las secciones 3.2 (Número de argumentos y tipos de verbos) y 3.4 (La identificación del sujeto y del objeto) del capítulo II.

2. LO MECÁNICO

Este apartado sobre los pronombres tiene varias secciones. Estudiaremos la forma, la posición, la duplicación en general, una característica especial de la duplicación de los indirectos, el *se* espúreo, el orden y la "subida" de los pronombres átonos.

Para tener una idea general, haga los siguientes ejercicios.

Para empezar...

A. Recuerde que los pronombres se emplean en sintagmas nominales y que cada sintagma nominal de una oración tiene una función gramatical: sujeto, objeto directo, objeto indirecto, objeto de preposición. Identifique la función gramatical de los pronombres de las siguientes oraciones.

1. *Ud.* ha sido muy amable.
2. El director desea hablar con *Ud.*
3. *Me* regalaron un surtido de chocolates.
4. Hicieron los planes entre *sí* sin consultar con nadie.
5. Conocí a Mercedes anoche pero no *la* invité a la fiesta.
6. El comité ejecutivo *les* avisó que no había fondos para su nuevo proyecto.
7. *Se* sentó y *se* escribió una nota para no olvidar el cumpleaños de su marido.
8. Conóce*te* a ti mismo, dice el refrán.
9. ¿Esto es para *ellos* o para *mí*?
10. ¿Quién *lo* hará? ¿*Tú* o tu colega?

B. Todas las oraciones siguientes son agramaticales. Primero, analice por qué lo son. Segundo, consulte a dos o tres hispanohablantes para confirmar sus conclusiones.

1. *A Juan no gustan los sombreros.
2. *La niña había perdídolos ayer.
3. *Este cuadro, me compró mi cuñado.
4. *Lo conjeturaba poder hacer.
5. *¡Te queda quieto!
6. *A nosotros nos aburrimos esas películas.
7. *Las flores le las he traído para tu abuelita.
8. *Vió a ellos.
9. *¡Me se comió los chocolates!
10. *No te traje los apuntes; se olvidaron.
11. *Los compré los melones.
12. *Tráelo a mí.

2.1 SUBTIPOS DE PRONOMBRES

El español actual divide los pronombres personales en dos grupos principales. Basado en la distinción de función gramatical, el primer grupo separa los pronombres en *átonos* y *tónicos*. **Los átonos** siempre se respaldan en el verbo y, por lo tanto, nunca aparecen en las posiciones canónicas de sujeto, objeto y frase preposicional; tampoco llevan prominencia acentual. En cambio **los tónicos** sí aparecen en posiciones canónicas y aún por sí solos. El EJEMPLO A compara las posiciones canónicas del inglés y del español, mientras que el B contrasta la posición de los pronombres en los dos idiomas.

el pronombre átono
el pronombre que no puede aparecer por sí solo y no lleva prominencia acentual
(*lo te*, etcétera)

EJEMPLO A: [Charo] read [a review of the book] . . .
[Charo] leyó [una reseña del libro] . . .
EJEMPLO B: . . . and then she bought **it** for you.
. . . y luego (ella) **lo** compró para ti.   (*compró **lo***)

el pronombre tónico
el pronombre que puede aparecer por sí solo y lleva prominencia acentual
(*él, tú*, etcétera)

El segundo grupo principal los separa según su función en pronombres de primera y segunda persona, y los de tercera persona. Si combinamos estos hechos terminamos con los recuadros siguientes:

	Sujeto (tónicos)	Objeto (átonos)		Objeto de preposición (tónicos)	
1a. personas	yo/nosotros	me/nos		mí / nosotros	
2a. personas	tú/vosotros	te/os		ti / vosotros	

	Sujeto (tónicos)	Obj. dir. (átonos)	Obj. ind. (átonos)	Refl. (átono)	Obj. prep. (tónico)
3a. personas	Él/ella/Ud. ellos/ellas/Uds.	lo/la los/las	le les	se	sí

Las dos partes del recuadro muestran distintos grados de dificultad. Los pronombres de primera y segunda persona sólo distinguen tres formas: la de sujeto, la de objeto y la de objeto de preposición (que en el plural coinciden con las del sujeto). Estos pronombres no diferencian los objetos directos de los indirectos y tampoco señalan claramente si el objeto está usado en forma reflexiva. Observemos el *me* de los siguientes ejemplos.

Briana *me* saludó desde la esquina.	(*me* = objeto directo)
Me recomendaron un libro de un autor nuevo.	(*me* = objeto indirecto)
Me lavé los dientes hace unos segundos.	(*me* = uso reflexivo)

La función del *me* en estas oraciones la deducimos del contexto y del contenido léxico del verbo y no del *me* mismo. La ventaja de esta inexactitud en las primeras y segundas personas es que se vuelve innecesario decidir si el objeto es directo o indirecto, o si representa un uso reflexivo o no. En cambio, para las terceras personas, es necesario poder distinguir estas funciones para los pronombres que no tienen uso reflexivo (EJEMPLO A abajo). Sin embargo, el uso reflexivo del *se* ignora totalmente la oposición entre ambos tipos de objeto (B).

EJEMPLO A:	*Lo* vi con mis propios ojos.	(objeto directo)
	Les prohibieron pasar.	(objeto indirecto)
EJEMPLO B:	*Se* peinó de una manera extraña.	(uso reflexivo, objeto directo)
	Se lavaron las manos en la piscina.	(uso reflexivo, objeto indirecto)

Pero no todos los dialectos del español siguen estrictamente el sistema pronominal presentado en los recuadros, o sea, al *sistema etimológico*. En gran parte de la península ibérica y en la región del Caribe, se usan las formas *le/les* para el objeto directo cuando éste se refiere a una persona (en algunas regiones limitado a los de sexo masculino). Esta variedad se conoce con el nombre de **"leísmo"**, un fenómeno totalmente aceptado en todas las regiones del mundo hispano aunque no todos sus hablantes lo empleen.

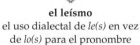

el leísmo
el uso dialectal de *le(s)* en vez de *lo(s)* para el pronombre de objeto directo masculino (***Le** invité.*)

| *Le* vi en la playa. | (cf. *Lo* vi en la playa.) |
| *Les* acarició suavemente hasta que se calmaron. | (cf. *Los* acarició suavemente...) |

En cambio, existen otras variantes sociolingüísticas mucho menos prestigiosas, al extremo que muchos tachan a los hablantes de estos dialectos como gente de poca educación. El "loísmo" consiste en usar el *lo(s)* tanto para los objetos directos como indirectos masculinos (EJEMPLO C), y el "laísmo" emplea *la(s)* para los directos e indirectos femeninos (D).

EJEMPLO C: *Los* tocó vivir tiempos difíciles.
             Lo di el libro que quería.

EJEMPLO D: *La* otorgaron un premio a su hija por una poesía.
             Las regalamos unos caramelos porque se portaron muy bien.

Práctica

 A. En las siguientes oraciones, identifique los distintos tipos de pronombres según su función y especifique si el pronombre es átono o tónico.

> MODELO: ¿Conseguiste tú que lo hiciera?
> *tú*: 2a. persona singular que funciona como sujeto; pronombre tónico
> *lo*: 3a. persona masc. singular que funciona como O.D.; pronombre átono

1. Nosotros lo quitamos por él.
2. Le quitó el juguete.
3. Se quitó el guante derecho.
4. Nos hablaba muy bajito a nosotros y a su tío.
5. Se hablaba a sí mismo.
6. A ellos les entusiasmó la propuesta.
7. La pobre señora se desmayó por el calor.
8. ¿Me estás pidiendo que te ayude?
9. Prefiero no hacerlo.
10. Joselito se lava los dientes con jabón.

B. En las siguientes oraciones los pronombres de objeto directo se conforman con las normas de los hablantes no "leístas". Tranfórmelos siempre y cuando sea factible al dialecto "leísta".

1. Los vimos en compañía de sus novias.
2. La situación lo forzó a suspender una conferencia de prensa.
3. Lo tenían en las manos cuando los sorprendieron.
4. La apoyan mayoritariamente y sin titubeos.
5. Hasta ayer los exhibieron en esa galería de arte.
6. Al muchachito, lo bendijeron durante la ceremonia.
7. Los recibimos de manos del cartero.
8. ¿Por cuánto te dijeron que lo consiguieron?
9. Los felicitaron por su esfuerzo y dedicación.
10. Las compramos en la tienda de la esquina.
11. Las conocimos en la universidad.

Análisis

Los pronombres objeto de preposición van precedidos, lógicamente, por una preposición.

Nunca lo pudiera haber hecho *sin* <u>ti</u>.

1. Construya ocho oraciones con distintas preposiciones y estos pronombres.
2. La preposición *con* tiene cierto efecto con algunos pronombres en singular. ¿Cuál es? Dé ejemplos tanto en singular como plural para ver la diferencia.
3. Ahora observe el contraste entre (a) y (b). ¿Cuál es la razón? Explique claramente.
    (a) Juan no puede consigo.
         Pili se la trajo consigo.

4. También existen algunas preposiciones y adverbios que usan la forma de los pronombres sujeto con todas las personas; una de ellas es *según*.

Según <u>tú</u>, el mercado de valores va a sufrir una caída importante.

Busque cuáles son las otras preposiciones dando ejemplos.

2.2 POSICIÓN DE LOS PRONOMBRES ÁTONOS

Los pronombres átonos siguen reglas mecánicas en cuanto a su colocación con respecto al verbo; estas reglas tienen en cuenta la forma del verbo.

1. Si el verbo está conjugado, el pronombre lo precede.

> *Lo* compré.
> Mariana *le* habló ayer.

2. Si el verbo es un infinitivo o un gerundio no acompañado por otro verbo conjugado, el pronombre aparece pospuesto a estas formas no personales formando con ellas una sola palabra escrita.

> Amar*te* es imposible.
> Alejándo*se* por la llanura se veía un rebaño de ovejas.

Pero estos pronombres nunca pueden unirse al participio pasado.

> *comído*lo

3. En los mandatos el pronombre sigue al verbo cuando es afirmativo, pero lo precede si es negativo.

> Contésta*me*.   No *me* contestes.
> Presta*os* los libros.   No *os* prestéis los libros.

4. Cuando se juntan dos o más verbos en una misma cláusula, puede que el pronombre átono no esté junto al verbo al que realmente pertenece (véase el capítulo II.3). Clasificamos este proceso dentro de lo mecánico porque la posición del pronombre no influye en el significado de la oración.

EJEMPLO A:	Estaba escribiéndolo.	Lo estaba escribiendo.
EJEMPLO B:	María puede hacerlo.	María lo puede hacer.
EJEMPLO C:	Iba a terminarla hoy.	La iba a terminar hoy.
EJEMPLO D:	Dejó comprárselo.	Se lo dejó comprar.
EJEMPLO E:	Vio construirla.	La vio construir.
EJEMPLO F:	Quiere conquistarlo.	Lo quiere conquistar.
	Piensa escribirlo.	Lo piensa escribir.

En la columna de la derecha los pronombres objeto han "subido" hasta anteponerse al primer verbo. Este proceso no es general ya que los pronombres no pueden unirse con cualquier verbo que preceda al verbo que los origina.

Anhela hacerlo.	*Lo anhela hacer.
Consideraba hacerlo.	*Lo consideraba hacer.
Sugirió hacerlo.	*Lo sugirió hacer.
Exigió hacerlo.	*Lo exigió hacer.

Pero sí podemos combinar más de uno de los verbos que aceptan esta subida, por lo que el pronombre puede quedarse con el verbo intermedio o subir hasta el primer verbo.

Puedes ir a hacer*lo*.

Puedes ir*lo* a hacer.

Lo puedes ir a hacer.

Debes comenzar a estudiar*la*.

Debes comenzar*la* a estudiar.

La debes comenzar a estudiar.

A pesar de las diferencias dialectales, hay bastante acuerdo entre los hispanohablantes respecto a los tipos de verbos que permiten la subida de los pronombres objeto. Son el auxiliar *estar* (EJEMPLO A), los modales o aspectuales (B), los semiauxiliares de movimiento (C), los causativos *dejar* y *hacer* (D), los de percepción (E) y algunos otros (F). Cuanto menos contenido léxico tenga el primer verbo, más posibilidades existen de que acepte el pronombre átono. Precisamente esto hace que los verbos "auxiliares" (en un sentido amplio del término) sean los más comunes en este proceso. La subida se da con más frecuencia en el habla que en el lenguaje escrito.

El aprendiz de español debe recordar que siempre es correcto dejar estos pronombres con el verbo al que pertenecen.

Práctica

A. Decida si la subida de pronombres átonos es posible en los ejemplos siguientes. Reescriba los ejemplos en caso de que lo sea. Identifique los tipos de verbos que permiten la subida de los átonos.

1. Pasaremos a analizarlo en un minuto.
2. ¿Volviste a verla en 1992?
3. Cree habérsela entregado.
4. Terminé de escribirlos.
5. Conseguimos convencerla.
6. Debió prohibírtelo.
7. ¿Dudas poderme ayudar?
8. Aprendieron a recitarlas.
9. ¡Habérmelo dicho!
10. Negó deberle ese dinero.
11. Hasta llegaron a comprárselo.
12. Le escuché tocarlo en el Teatro Colón.
13. ¿Sabes arreglármelo?
14. Espera poder visitarla pronto.
15. Pienso hacerlo mañana.

B. Busque otros verbos pertenecientes a las clases que permiten la subida de los pronombres átonos y haga oraciones, mostrando las posibilidades de colocación.

2.3 DUPLICACIÓN CON LOS PRONOMBRES ÁTONOS

Bajo ciertas condiciones, los pronombres átonos duplican obligatoria u opcionalmente a los complementos objeto a los que se refieren.

1. Cuando el objeto directo o indirecto es un pronombre tónico, éste debe duplicarse obligatoriamente con el correspondiente átono.

   Me eligió *a mí.*   (cf. *Eligió *a mí.*)

   Lo escuchaba *a él.*   (cf. *Escuchaba *a él.*)

   Les entregó los papeles *a ellas.*   (cf. *Entregó los papeles *a ellas.*)

   Este tipo de oración se usa por motivos de énfasis (como en las dos primeras) pero también para aclarar la identidad del referente (como en la tercera oración, que también puede ser contrastiva). Naturalmente, las oraciones también son correctas con sólo el pronombre átono.

   Me eligió.
   Lo escuchaba.
   Les entregó los papeles.

2. Asimismo, cuando un objeto directo o indirecto aparece antepuesto a la oración, debe ser duplicado por el pronombre átono correferente.

   A los niños, ya *los* acostó.   (cf. **A los niños*, ya acostó.)

   El vino tinto, yo *lo* prefiero
   bien fresco.   (cf. **El vino tinto*, yo prefiero bien fresco.)

   Y *a ti* ¿quién *te* dijo eso?   (cf. *Y *a ti* ¿quién dijo eso?)

3. Con los verbos tipo *gustarle a uno*, el uso de la frase nominal como objeto indirecto necesita la duplicación obligatoria con el pronombre átono (la primera oración). La segunda oración es también gramatical aunque el pronombre aparece por sí solo.

   Le faltaron varias diapositivas *al profesor.*
   (cf. **Faltaron varias diapositivas *al profesor.*)

   Me fascinan las pinturas abstractas.
   (cf. **Fascinan las pinturas abstractas.*)

4. Hay gran variedad dialectal e individual con la duplicación de otros sintagmas pospuestos al verbo que funcionan como objetos indirectos. Por ejemplo, se piensa que la duplicación es obligatoria en los dialectos del español del Caribe. En otros dialectos, las diferencias son sutiles y difíciles de definir, por lo que una norma segura para los no hispanohablantes es duplicar en toda ocasión ya que ésta siempre es correcta (pero véase la sección 3.4).

   Les dije *a todos* que los esperaba a las nueve.

   Le recomendaron un buen abogado *a Pepita.*

   Sin embargo, hay una diferencia básica entre los dos ejemplos a continuación. Mientras que la falta de duplicación en el primero puede ser válida en algunos dialectos, la ausencia de duplicación en el segundo causa agramaticalidad en todos los dialectos (un pronombre tónico debe duplicarse obligatoriamente).

> Mandaron el aviso *a todos los clientes*.
>
> *Mandaron el aviso *a ellos*.

Finalmente, reiteremos que todos los dialectos pueden emplear el pronombre átono sin tener que repetir el sintagma que funciona como objeto indirecto.

> *Les* contamos unos chistes muy graciosos pero nunca se rieron.
>
> *Le* repararon el coche rápidamente.

5. Los pronombres indirectos únicamente pueden duplicar una frase introducida por *a*. Por ejemplo, en el primer ejemplo el *le* no puede tener como referente a *su abuela* (esta frase nominal está precedida por *para*) sino que se refiere a una frase nominal no explícita; algo como lo que aparece en el segundo ejemplo.

> Le escribió una poesía para su abuela.
>
> Le escribió una poesía *a ella* para su abuela.

Asimismo, en la siguiente oración no existe confusión alguna sobre el sintagma correferente con *le*, sólo puede ser *a la maestra*.

> ¿Le mandó un ramo de flores *a la maestra* por su hija?

Práctica

A. Use un pronombre tónico para enfatizar o aclarar:

MODELO: Me eligieron. → *Me eligieron a mí.*

1. No la vi.
2. Le escribí ayer.
3. Lo contactaron con retraso.
4. Las consideraron demasiado avanzadas para ese puesto.
5. ¿Cuándo te entrevistaron?
6. Nos prometieron un viaje.
7. Les conté mis andanzas en México.
8. ¿Cuántos días os quedareis por aquí?

B. Preponga los objetos y haga los cambios necesarios.

MODELO: Ya compré el boleto. → *El boleto, ya lo compré.*

1. Notificaron a los usuarios.
2. Consiguieron la recomendación.
3. ¿Ya viste la película que ganó la Palma de Oro?
4. No des tu cartera a los chicos.
5. ¿Te presentaron a nuestros nuevos vecinos?
6. Mis padres me regalaron un reloj magnífico.
7. Decidimos aceptar la propuesta.
8. Mandó las tres cartas al presidente.

C. Examine los ejemplos siguientes y decida para cada oración si es gramatical o no. Explique su razonamiento y corrija las oraciones agramaticales.

> MODELO: A ella conviene tener unos días más.
> Es agramatical porque el O.I. *a ella* debe repetirse obligatoriamente:
> A ella *le* conviene tener unos días más.

1. Les escribieron a los parientes para las fiestas.
2. Pregunté a ellos si conocían a Marina.
3. ¿El frío? No podemos soportar.
4. Encantó el viaje a los muchachos.
5. La vi esa obra.
6. ¿Te golpeó?
7. Ayuda a mí.
8. Ya nos contestaron.
9. Las películas de terror, yo prohibiría.
10. Lo consiguió un puesto.
11. Di a ella que no me interrumpa.
12. ¿A ti importa que yo me siente aquí?

D. Haga oraciones con las siguientes secuencias de palabras sin cambiar el orden de los constituyentes; incluya un pronombre átono cuando sea apropiado. ¿Es su uso obligatorio en todos los dialectos, o varía dialectalmente?

1. el abuelo mandar una tarjeta mi primo para su graduación
2. a nosotros convenir tú comunicar la mala noticia a ellos
3. las uvas yo comprar en el supermercado pero los plátanos Elena comprar en la frutería
4. decir a sus amigos que a mí interesar mucho
5. a los niños a su cuidado María Luisa querer bien educados
6. a los estudiantes conseguir entradas gratis para el concierto
7. José coser los botones la camisa y zurcir el agujero los pantalones
8. los pasajeros enviar carta de reclamación la compañía aérea
9. a la nena no gustar que retar
10. a ella no importar nosotros no invitar su hermano

2.4 *EL* SE *ESPÚREO*

Dos pronombres que comienzan con *l-* no se llevan bien en español, por lo que el primero se transforma en *se*.

> *le(s) + lo(s) → se lo(s)
>
> *le(s) + la(s) → se la(s)

se espúreo o falso
le(s) → se delante de
lo(s) o *la(s)*

Llamaremos a este *se espúreo* puesto que es un *se* falso, es decir, un *le(s)* disfrazado de *se*. Veamos algunos ejemplos. Aunque se puede emplear cada pronombre que empieza con *l-* por separado sin ningún problema (EJEMPLO A), en cuanto se pronominalizan ambos sintagmas aparece la secuencia encabezada por *se* (B).

> EJEMPLO A: *Le* mandaron una foto de estudio (a Mara).
> *La* mandaron.

> EJEMPLO B: *Se la* mandaron (a Mara).   (cf. *Le la mandaron (a Mara).)

Cambie las siguientes oraciones según el modelo.

> MODELO:　　Le mandé el fax al interesado pero no incluí el presupuesto.
> *¿El fax? Se lo mandé al interesado pero no incluí el presupuesto.*

1. Le envié la carta a la empresa pero no envié el recibo.
2. Le di el dinero a Alberto pero no dije nada sobre el tema.
3. Les comuniqué la noticia pero no contesté la pregunta.
4. Le compré el billete pero no expliqué el horario de los trenes.
5. Les traje las compras pero no entregué las llaves.
6. Les conseguí las entradas pero no comenté nada sobre los lugares.
7. Le escribí el informe pero lo pasé a mano.
8. Les conté los chistes a mi madre pero los suavicé un poco.

2.5　EL ORDEN DE LOS PRONOMBRES ÁTONOS

Cuando dos o más de estos pronombres aparecen con el mismo verbo, siguen este orden estricto:

se	2a. persona	1a. persona	3a. persona
se	te os	me nos	lo(s) la(s) le(s)

Veamos el orden establecido en el recuadro con ejemplos con dos pronombres. Aunque discutiremos el significado y uso de estas secuencias en detalle en la sección 3.6, haga un esfuerzo para entenderlas.

Se me acabó la gasolina.

Se la mandé hace unos minutos.

Se os informará a su tiempo.

¿Te me comiste toda la sopa?

El queso, acuérdate que *te lo* prohibió el médico.

Nos lo dieron recientemente.

A nosotros, *nos la* arreglaron en un periquete.

Me le consiguieron un puesto a mi hija.

También pueden encontrarse ejemplos con tres pronombres, pero no es frecuente.

¿Un puesto? (Ellos) *Se me lo* consiguieron a mi hija.

Se me le robó la billetera.

Se nos la entregó luego de una gran introducción.

¿Ya *te me lo* notificó?

No se encuentran secuencias de cuatro, porque son imposibles de descifrar.

Cuando se presenta el orden de los pronombres como en el recuadro, surgen varias ventajas. Primero, este orden ignora la función o el uso que estos pronombres puedan tener, por lo que se simplifica el análisis. Segundo, no es posible que aparezcan juntos dos pronombres de la misma columna (EJEMPLO A) o que, con el mismo verbo, coincidan dos *se* con distintos usos (B).

EJEMPLO A: *Me nos* presentaron a nosotros.
　　　　　　　Lo les dieron a ellos.

EJEMPLO B: *Se se* arrepiente.
　　　　　　　Se se lavan las manos antes de comer.

Para expresar lo que se intenta en el EJEMPLO B, el idioma tiene otras posibilidades (recordar *Las oraciones impersonales* en el capítulo II, 4.1).

Uno se arrepiente a veces.

La gente se lava las manos antes de comer.

Observe, sin embargo, que dos *se* pueden aparecer juntos si dependen de distintos verbos.

Al dormir*se, se* cayó de la cama.

Tercero, el recuadro expresa que si usamos un *se,* éste siempre ocupa el primer lugar en una secuencia de pronombres, sea cual sea su interpretación (véase la sección 3.7), incluso cuando se trata de un *se* que proviene de *le(s):*

Luisa *se* la entregó a tu primo. (cf. Luisa *le* entregó la nota a tu primo.)

Práctica

Decida la gramaticalidad de las secuencias de pronombres. Corrija las oraciones agramaticales.

1. Me se acercó.
2. Nos te entrevistó.
3. Se lo ofrecieron.
4. La nos prestó.
5. Os lo mostramos.
6. ¿Te se me enojó?
7. Le me tiré a la garganta.
8. No me te vayas.

Análisis

Trate de traducir los ejemplos a su idioma nativo o a otro que domine para descubrir si hay diferencias entre las lenguas.

1. ¿Y si me le declaro ahora mismo?
2. Basta que uno se le acerque para que te muerda.
3. Ahora te lo miro.
4. ¿Se lo vas a regalar?
5. Os lo ruego.
6. ¿Se te lo entregó ya?
7. ¿Nos la traes, por favor?
8. ¿Te me lo robaron?

Esta sección estudia lo conceptual, o sea, el valor comunicativo que el hablante puede dar a lo que dice según la forma o construcción que elija. Examinaremos los distintos tipos de pronombres, el *lo* invariable, la variante argentina del *voseo*, y los usos de *se*.

Para empezar...

A. Decida si la eliminación del pronombre sujeto es posible. Explique por qué.

1. Miguel fue a Atenas y *él* trabajó en una academia de idiomas.
2. Vi a Marisa y Gabriel en el concierto pero sólo *ella* me saludó.
3. *Tú* me lo tienes que explicar, no ella.
4. Cantaba *ella* y bailaba *él*.
5. ¿Dijiste que venían Juan y Juana? Sólo *él*.

B. Identifique el sintagma correferente con el pronombre en cursiva.

1. Compraron un nuevo sofá y luego *lo* vendieron.
2. Yo estaba muy enfadada y en efecto *lo* estaba.
3. *Les* obsequiaron un regalo a los primeros cien clientes.
4. A Andrea no *le* gustaba que nosotros no estuviéramos de acuerdo.
5. La madre de la novia *se* sentó en el lado reservado para los invitados del novio.

3.1 LOS PRONOMBRES SUJETO

En un idioma como el español donde existe la posibilidad de eliminar el pronombre sujeto, su uso adopta valores comunicativos. En general, se elimina cuando el referente queda claro.

EJEMPLO A: Pedrito es un chico muy difícil; Ø tiene malas notas en la escuela, Ø se pelea, Ø no presta atención a sus padres y Ø causa numerosos problemas.

EJEMPLO B: Ø pueden quedar sobreentendidos.

EJEMPLO C: Los sujetos pronominales pueden quedar sobreentendidos.

En el EJEMPLO A el sujeto *Pedrito* de la primera oración queda sobreentendido en las siguientes. En el B no se expresa el sujeto, posiblemente porque los interlocutores saben cuál es su referente; puede que este sujeto se refiera a algo como en el C. Podemos conjeturar que el español permite los sujetos sobreentendidos porque la morfología verbal indica explícitamente la persona (1a., 2a. o 3a.), y la singularidad o pluralidad del sujeto. Esto facilita su identificación.

El uso de estos pronombres ayuda a aclarar ambigüedades. En el EJEMPLO D si el sujeto fuera tácito sería ambiguo entre primera y tercera persona, y en el E el oyente no sabría quién no vendrá.

EJEMPLO D: *Él* caminaba por el parque cuando comenzó a llover.

EJEMPLO E: Invité a Carmen y Lázaro, pero *ella* no puede venir.

También se usan los pronombres para indicar contraste (en mayúsculas): para identificar claramente a un referente (EJEMPLO F) o para repetir que fue Fulano y no Mengano quien realizó la acción (G).

> EJEMPLO F: TÚ te lo mereces por todo tu esfuerzo. (o sea, tú y sólo tú)
>
> EJEMPLO G: —¿Viste que Juan ganó la beca? —No, la ganó ELLA. (probablemente, apuntando a la persona).

La forma de la segunda persona plural *vosotros/as* y sus correspondientes formas de objeto no se usan en Hispanoamérica; en su lugar se emplea *Ud(s).* y sus formas correspondientes.

> Vosotras os veis muy guapas.   (España)
>
> Ustedes se ven muy bonitas.   (Hispanoamérica)

Práctica

MODELO: ¿Lo hiciste tú o ella?
              —Lo hice yo.

1. ¿Quién traerá el vino Juan o Pepe?
2. ¿Quién atrapó a los terroristas? ¿La policía o el servicio secreto?
3. ¿Quién vestirá a la beba?
4. ¿Quién pasó el examen sin dificultad, tú o tu compañera?
5. ¿Quién alquiló el coche? ¿Natalia?

3.2 LOS PRONOMBRES DE OBJETO DIRECTO

En gran medida, el empleo de estos pronombres en las terceras personas supone que el referente debe ser conocido por los interlocutores por el contexto, o por conocimiento común. Esto significa que una oración como el EJEMPLO A implica que los hablantes pueden identificar el referente de *la*, pues de lo contrario, se usaría el sustantivo (B).

> EJEMPLO A: Ya *la* vi.
>
> EJEMPLO B: Ya vi esa película. / Ya vi a la profesora, etcétera.

Esto no ocurre con las primeras y segundas personas, puesto que se refieren a los propios interlocutores, el hablante y el oyente.

> *Nos* conocemos bien.
>
> *Te* vi discutiendo con la jefa.

En la sección 2.3 ya se vio que los pronombres de objeto directo son obligatorios cuando el objeto directo aparece antepuesto a la oración.

> El libro de historia, ya *lo* devolví a la biblioteca.
>
> A Marianita, *la* llevo a la muestra de arte luego de la escuela.

Dialectalmente, también se usa la duplicación del objeto directo pospuesto (especialmente cuando es animado y definido) en varias zonas del mundo hispano.

Entre ellas, se encuentran la zona del Río de la Plata (Argentina, Uruguay y Paraguay) y partes del Perú. Esto significa que se oyen ejemplos como los siguientes.

EJEMPLO C: *Lo* vi *a Julián* comiendo empanadas.
             Las recogemos *a las niñas* luego de las cinco de la tarde.
             La quiero mucho *a mi gatita.*

La duplicación de los objetos directos inanimados varía de dialecto en dialecto. Algunos ejemplos aparecen a continuación. Notemos que la *a* personal no es obligatoria con los objetos directos inanimados.

Yo *la* tenía prevista *esta muerte.*

Ahora tiene que seguir usándo*lo el apellido.*

Lo vamos a empujar *al ómnibus.*

¿Existirá alguna diferencia entre una oración sin duplicación y una con duplicación? En general, parece que hay una diferencia sutil que los hablantes establecen inconscientemente. Se tiende a evitar la duplicación cuando se introduce por primera vez el referente del objeto directo en la conversación, o cuando el hablante y el oyente no comparten información sobre dicho referente. En oposición, se prefiere duplicar cuando el referente es conocido por los interlocutores, lo que ocurre en el EJEMPLO C arriba.

Aquí tenemos al Sr. García, que nos va a hablar sobre inversiones.

pero   Aquí *lo* tenemos nuevamente *al Sr. García,* que ya nos habló con anterioridad.

¿Conoces a Luisita, la mujer de Alfredo?

pero   *La* conozco *a Luisita* desde mi niñez.

Encontré a mi antiguo profesor en el supermercado Gigante.

pero   *Lo* encuentro *a mi antiguo profesor* casi todos los días en el gimnasio.

La duplicación también se encuentra en los dialectos leístas.

Le encontramos *a Paco* a las diez en punto.

Les persiguieron *a esos ladroncitos* hasta apresarles.

Análisis

Estudie los siguientes ejemplos y explique la diferencia entre la duplicación y falta de ella.

1. Ahora, según escuché, ha hecho ir a un tal Martínez; yo presente lo tengo al tal Martínez . . .
2. —Llámame a Doña María Josefa— le ordena. Hace días que quiere verla a la cuñada del Jaime.
3. Corrí hacia la esquina, en busca del agente que había visto antes. No estaba. Tomé por la calle transversal, me parece que es Viamonte y llegué a la esquina de Reconquista. Allí lo veo al agente. —"Venga, venga", grité, ...
4. El Sr. Gómez recomendó a su ayudante, pero ya lo habíamos entrevistado a José María.

3.3 EL LO INVARIABLE

Observemos los tres grupos de oraciones a continuación. ¿Funciona el *lo* en estos casos como objeto directo?

EJEMPLO A: —Necesito que te apures.   —Ya *lo* sé.
            —¿Crees que llegará lejos?   —*Lo* pongo en duda.
            —Mi marido está de viaje.   —¿*Lo* celebramos?

EJEMPLO B: —Los cuadros me
            parecieron muy buenos.   —Sí, a mí también me *lo* parecen.
            —¿Es ésta tu chaqueta?   —En verdad, no *lo* es.
            —¿Estás muy ocupada?   —Bueno, sí, *lo* estoy.

EJEMPLO C: ¡Que *lo* pases bien!
            Lo pasamos de lo mejor.
            ¿Me prometes que *lo* pasaremos muy bien?

A pesar de que por su forma este *lo,* al que llamaremos *invariable,* parece ser un objeto directo, no lo es. Se usa para referirse a ideas o algo ya expresado en forma completa. Por ejemplo, en la primera oración del EJEMPLO A su antecedente es *necesito que te apures* y no sólo *que te apures.* Asimismo se emplea para sustituir predicados nominales (los que aparecen con *ser, estar* y *parecer*) como en el B, y con la expresión en el C, que también se oye con *la* en lugar de *lo* en el Perú y algunas otras regiones.

Práctica

A. Conteste las siguientes preguntas con un pronombre de objeto directo o el *lo* invariable.

MODELO: ¿Conseguiste las entradas?
           Sí, las conseguí.

           ¿Estás agobiada?
           Sí, lo estoy.

1. ¿Es el doctor Rey buen profesor?
2. ¿Has revisado el coche este año?
3. ¿Trajiste la comida china para la cena?
4. ¿Hay muchos turistas en Sevilla?
5. ¿Está Luisa enfadada con sus padres otra vez?
6. ¿Puedes creer que arrestaron a Apolinario?
7. ¿Conseguiste que te extendieran el crédito?
8. ¿Ha negado Consuelo que lo hiciera queriendo?

B. Traduzca los siguientes mandatos a su lengua materna. Luego reemplace el pronombre en cursiva por una frase nominal y por una cláusula subordinada según el modelo.

MODELO: Díse*lo.*
           Dile el secreto. (*frase nominal*)
           Dile que lo esperamos mañana. (*cláusula subordinada*)

1. Contésta*selo.*
2. Pregúntame*lo.*
3. Analíza*selo.*
4. Escríbenos*lo.*
5. Cuénta*selo.*

A. En los siguientes ejemplos, explique el valor comunicativo de los pronombres tónicos.

MODELO: Gritaba él y lloraba ella.
Los dos pronombres sujetos se oponen; obsérvese el paralelismo en el orden de los constituyentes, que ayuda a acentuar el contraste entre las dos cláusulas.

1. No lo hice yo, lo hizo ella.
2. Se lo trajeron a Pepi, no a mí.
3. Él cantaba en la ducha esta mañana.
4. Puede que se lo lleven a ellos.
5. Contéstale a él.
6. ¿Conseguirá ella llevarlo a cabo?
7. Ni él, ni tú están (estáis) capacitados para esto.
8. —La apuesta, ¿la ganó Julián o Mercedes? —La ganó ella.

B. Identifique el *lo* invariable y explique a qué se refiere.

MODELO: —Estoy muy fastidiada por esa decisión.
—Y yo también lo estoy.
El *lo* se refiere a *muy fastidiada por esa decisión*.

1. Clara y Josefa son mujeres influyentes y también lo son sus hijas.
2. Llevaba una fortuna en su persona, menos mal que nadie lo sabía.
3. —Llueve constantemente desde hace un mes. —Sí, y yo ya no lo soporto más.
4. —Te veo muy pálida, ¿estás enferma? —No, por suerte no lo estoy.
5. —¿Considerarías un traslado a Nueva York? —¡Ni lo pienses!
6. —Necesito que me averigües eso. —Pues, ya me lo imaginaba.
7. —¿Es buen profesor? —Sí, verdaderamente *lo* es.
8. —¿Puedes creer que arrestaron a Apolinario? —No me *lo* creo.

3.4 LOS PRONOMBRES DE OBJETO INDIRECTO

Para empezar...

Los referentes de todos los pronombres en cursiva tienen un papel en la acción. Concrete el papel de cada uno. ¿Será el que recibe algo (el recibidor), el que se beneficia (el beneficiado), el que posee (el poseedor) o el que indica destino (destinatario o meta)?

1. *Nos* mandó una postal desde Tenerife.
2. ¿Ya *le* quitaste el abrigo a la niña?
3. *Les* encontramos una solución a nuestros tíos.
4. ¿Cuándo *te* sacan la muela del juicio?
5. Lo sorprendimos a papá lavándo*le* el coche.
6. *Se* raspó la rodilla y ahora *le* sangra.
7. ¿*Nos* dibujas un círculo perfecto?
8. No me animé a decir*le* la verdad.
9. *Le* diseñaron una casa mucho más grande de la que puede construir.
10. ¿Terminaste de pintar*le* el número a la casa?

Antes de pasar a los usos de los pronombres de objeto indirecto, veamos la semejanza entre el empleo de un pronombre átono (sección 3.2) y dejar el sujeto de la oración sobreentendido (sección 3.1):

EJEMPLO A: Mariana *le* entregó el regalo.

EJEMPLO B: Sobrevivió el accidente con apenas unas raspaduras.

Tanto el *le* en el EJEMPLO A como la terminación verbal en el B nos indican que cada uno de los referentes son tercera persona singular (pero no nos dicen si son masculinos o femeninos). Pero para que la comunicación sea informativa, tanto el hablante como el oyente deben conocer la identidad de los referentes. De lo contrario, no tendría sentido expresar estas aserciones. Incluso podemos afinar el paralelismo entre A y B aún más. Recordemos que las terminaciones verbales se llaman *concordancia* ya que concuerdan con el sujeto en persona, número y género. De igual manera podríamos clasificar a los pronombres de objeto indirecto como concordancia entre el objeto mismo y el sintagma nominal que duplican, ya sea éste léxico, *a su amiga Claudia* en el EJEMPLO C, o tácito como en el A.

EJEMPLO C: Mariana *le* entregó el regalo a su amiga Claudia.

La diferencia entre ambos tipos de concordancia es que la del sujeto-verbo es siempre obligatoria, pero la del objeto indirecto no lo es en la mayoría de los dialectos. Sin embargo, la concordancia del objeto indirecto ha ido ampliando su uso, tanto que ahora es obligatoria en algunas variedades del español. Esto refleja que es un proceso en desarrollo y puede que pierda su carácter opcional en otros dialectos en el futuro. Aun en aquellos dialectos donde la concordancia del objeto indirecto no es obligatoria (o sea, que aceptan oraciones como en *Mariana entregó el regalo a su amiga Claudia*), la duplicación obligatoria del objeto indirecto será más probable cuanto más conocido sea el referente del objeto indirecto para los interlocutores. Este mismo razonamiento explica la duplicación de los pronombres tónicos (véase la sección 2.3), ya que el uso de estos pronombres es apropiado sólo cuando sus referentes son identificables.

Ahora pasemos a los varios usos de los objetos indirectos: (1) el tercer argumento de un verbo transitivo (*dar*, *pedir*, etcétera), (2) el segundo argumento de verbos tipo *gustarle a uno*, (3) el papel temático de *involucrado* que denota interés u otro tipo de "involucramiento" en lo establecido por el verbo y (4) la expresión de posesión con prendas de vestir y partes del cuerpo.

(i) *Le(s)* **como tercer argumento**

Recordemos que los pronombres átonos se usan cuando el referente es conocido y que el hablante tiene la opción de emplear un pronombre tónico cuando tiene una razón específica:

Me escribieron una nota muy cordial. →

Me escribieron una nota muy cordial a mí, no a ti.

Le escribieron una nota muy cordial. →

Le escribieron una nota muy cordial a él, no a mí.

Tendemos a usar el *le(s)* como representante de todo el grupo, pues es el único de los indirectos que se distingue por su apariencia.

Es útil distinguir dos patrones básicos para los verbos según el número de argumentos que requieren. El primero está formado por verbos inherentemente

bitransitivo
un verbo transitivo con dos complementos, uno directo y otro indirecto (*mandar, donar*)

bitransitivos (como *mandar, recibir*) donde la preposición *a* introduce el tercer argumento. Ilustran el patrón a continuación:

> X verbo Y **a** Z

Nosotros mandamos un recado urgente **a** Kiko.

Juan recomendó su libro **a** la profesora.

Uno de los usos más comunes de los pronombres indirectos es precisamente para duplicar el tercer argumento de este tipo de verbos:

Le mandamos un recado urgente <u>a Kiko</u>.

Juan *le* recomendó su libro <u>a la profesora</u>.

Me dieron una noticia <u>a mí</u> que no me gustó nada.

Nos confiaron el secreto <u>a Patricia y a mí</u>.

El tercer argumento, el ente que recibe el referente del objeto directo (i.e., el *recibidor*), no tiene que ser necesariamente una persona:

Siempre *les* dan dinero <u>a sus museos favoritos</u>.

Le entregó puntualmente el manuscrito <u>a la editorial</u>.

Es precisamente este primer patrón de los bitransitivos inherentes que introduce su tercer argumento, el *recibidor,* con la preposición *a* donde la mayoría de los dialectos permiten la no duplicación obligatoria del tercer argumento, como en los dos primeros ejemplos de la subsección (i).

El segundo patrón lo forman verbos de dos argumentos (sujeto y objeto directo) que pueden completarse con un constituyente adjunto (en paréntesis).

Este segundo patrón puede representarse esquemáticamente de la siguiente manera:

> X verbo Y ({**por/para/de**}

Preste atención a las preposiciones que introducen los adjuntos:

Pepito planchó la ropa (**por** la mamá).

Briana pintó la lámpara (**para** su amiga).

Fregaron las manchas (**de** los cristales).

¿Pero cómo se puede usar un pronombre indirecto si estos verbos sólo tienen dos argumentos? La respuesta es que el pronombre indirecto les añade un tercer argumento; o sea, transforma al adjunto en un argumento, y convierte estos verbos en verbos de tres argumentos (o sea, en bitransitivos derivados). Pero como sabemos que los pronombres indirectos únicamente pueden duplicar un sintagma introducido por *a* (la regla mecánica en la sección 2.3.5), las preposiciones originales desaparecen:

a	recibidor
de	poseedor/dueño
para	meta/destinatario
por	beneficiado

Pepito planchó la ropa **por** la mamá. →

Pepito *le* planchó la ropa **a** la mamá.

Briana *le* pintó la lámpara **a** su amiga.

Les fregaron las manchas **a** los cristales.

¿**Al** niño?, *le* extrajeron un diente que tenía partido.

Nos sacaron una foto.

Le serruchó una pata **a** la banqueta.

La diferencia entre los dos patrones es que los verbos del segundo sólo tienen tres argumentos cuando coaparecen con el pronombre indirecto.

Lo interesante es que también los verbos bitransitivos (que ilustran el primer patrón) pueden desechar el tercer argumento inherente (introducido por *a*) e incorporar un adjunto. Así, aunque cualquier verbo de tres argumentos permite la pronominalización del objeto indirecto e incluso, de ambos objetos:

dar algo **a** alguien → darle algo → dárselo

escribir algo **a** alguien → escribirle algo → escribírselo

enviar algo **a** alguien → enviarle algo → enviárselo

El hecho de que también puedan agregar un adjunto tiende a crear ambigüedad. Por ejemplo, "enviárselo" no sólo puede interpretarse como "enviar algo a alguien," donde "a alguien" se entiende como la persona que recibe lo que se envía; dado el contexto apropiado, algo como *le enviamos el coche a Fulanito,* también puede entenderse como:

enviar algo **de** alguien (alguien indica el poseedor o dueño)

Enviamos el coche de Fulanito.

enviar algo **para** alguien (alguien = meta o destinatario)

Enviamos el coche para Fulanito.

enviar algo **por** alguien (alguien = beneficiado)

Enviamos el coche por Fulanito.

En consecuencia, con ambos patrones, el hablante tiene que decidir si necesita expresar el rol semántico del tercer argumento en forma explícita y no ambigua (y por lo tanto usar las preposiciones correspondientes), o si puede permitirse ser menos preciso (y entonces sólo usar el pronombre, o el pronombre y el sintagma correferente precedido por *a*). Entre los verbos del segundo patrón, hay un subgrupo (*perder, sacar, quitar, robar, expropiar,* etcétera.) que por su mismo significado léxico de pérdida hacia el tercer argumento, hacen que el referente del mismo se vea como *perdedor.*

Le robaron la pulsera a la mujer.

Les confiscaron el equipaje a varios viajeros.

Nos expropiaron las tierras que heredamos de nuestro abuelo.

Estas oraciones se pueden construir también con un adjunto introducido por *de:*

Robaron la pulsera **de** la mujer.

Confiscaron el equipaje **de** varios viajeros.

Expropiaron las tierras **de** nosotros (o las tierras nuestras) que heredamos de nuestro abuelo.

A pesar de esto, está claro que la interpretación de perdedor viene del significado léxico del verbo y no del *le(s)* o de la preposición *de.* Por tanto, considerando que el concepto que transmite es el de posesión, deducimos que el valor comunicativo del argumento queda perfectamente delimitado dentro del rol temático de poseedor o dueño en conjunción con el sentido del verbo. La interpretación del tercer argumento puede ser la misma en las dos oraciones siguientes, aunque sólo la segunda supone pérdida:

> Le compramos un coche al vendedor viejo.
>
> Le robaron la pulsera a la mujer.

Las dos expresan que el tercer argumento es en cierta manera el poseedor del objeto directo, pero no sabemos si son los dueños o no; de ahí que, ambas situaciones quepan dentro del rol temático de poseedor. Recordemos una vez más la regla mecánica dada en la sección 2.4: los pronombres indirectos solo pueden duplicar una frase introducida por *a*. Es decir, en el EJEMPLO A el *le* no puede correferir con *Rubén Darío* pues esta frase nominal está precedida por *de*. Por lo tanto, el *le* correfiere con una frase nominal sobreentendida como la subrayada en el B.

> EJEMPLO A: Le recitó una poesía de Rubén Darío.
>
> EJEMPLO B: Le recitó una poesía de Rubén Darío <u>a Juana</u>.

Al mismo tiempo, consideremos que la *a* es una palabra con muchas funciones. Por lo tanto, no cualquier frase introducida por *a* puede ser duplicada por un pronombre indirecto (los ejemplos de la derecha son agramaticales como posibles alternativas de los de la izquierda):

Se consagró *a* escribir su libro.	*Se le consagró.
Compró eso *a* hurtadillas.	*Le compró eso.
Hacía gimnasia *a* diario.	*Le hacía gimnasia.

Práctica

A. En las siguientes oraciones, use la forma apropiada del pronombre sugerido para formar oraciones donde el referente es conocido en el primer caso, y donde se agrega énfasis en el segundo.

> MODELO: Escribió un mensaje bastante desagradable. (a mí)
> *Me* escribió un mensaje bastante desagradable.
> *Me* escribió *a mí* un mensaje bastante desagradable.
>
> Escribió un mensaje bastante desagradable. (a ellos)
> *Les* escribió un mensaje bastante desagradable.
> *Les* escribió *a ellos* un mensaje bastante desagradable.

1. Un ayudante dio la clase del viernes. (a nosotros)
2. ¿El abogado ya hizo el contrato de alquiler? (a ti)
3. Hicieron un homenaje muy emocionante. (a vosotros)
4. ¿Mandaron los documentos con un mensajero? (a ellos)
5. El enfermero pasó el bisturí. (a ella)
6. Sacó una foto en blanco y negro. (a él)
7. Tu novio dejó el ramo de flores con el portero. (a ti)
8. Mandarán una torta helada esta misma noche. (a mí)

B. *X verbo Y a Z* Recuerde que en el primer patrón (*X verbo Y a Z*) se introduce el tercer argumento con a y se lo interpreta como *recibidor*. Construyan oraciones según el modelo y luego dupliquen con un pronombre átono.

MODELO: enviar
(alguien) enviar (algo) **a** (alguien)
Mi tío Santi envió un paquete a mi abuela.
Mi tío Santi *le* envió un paquete a mi abuela.

1. mandar
2. preparar
3. dar
4. conceder
5. atribuir
6. pasar
7. mostrar
8. confiar
9. aportar
10. recomendar

C. Construyan oraciones usando el segundo patrón (*X verbo Y [{**por/para/de**}]*. según el modelo y luego duplíquelas con un pronombre átono.

MODELO: Compramos una bolsa de naranjas. (unos hombres al lado de la carretera)
Compramos una bolsa de naranjas *de* unos hombres al lado de la carretera.
Les compramos una bolsa de naranjas *a* unos hombres al lado de la calle.

1. Arreglaba el lavavajillas. (su novia)
2. Compramos el televisor nuevo. (la pareja)
3. Destapó la botella de vino. (el huésped)
4. Acorté las patas de la mesa. (mi nietita)
5. Había limpiado la lámpara antigua. (sus padres)
6. Siempre cose los botones de la ropa. (el niño)
7. Añade un párrafo final. (el cuento)
8. Hace fotocopias. (los profesores)
9. El peluquero afeitó la barba. (Luis)
10. Adornemos la blusa con lentejuelas. (Susi)

D. Añada el objeto indirecto entre paréntesis a las siguientes oraciones. También construya paráfrasis con frases preposicionales para aclarar el rol temático del pronombre.

MODELO: Mara dijo una mentira. (su madre)
Mara *le* dijo una mentira *a* su madre.
Mara dijo una mentira *a/por* su madre.

1. Prepararemos una tremenda cena en cuanto vengan. (tus padres)
2. Cerró la puerta de súbito. (el desconocido)
3. Juliana lavó el coche. (su hermano)
4. El negociante vendió los terrenos. (el banco)
5. Miraba el tráfico de la izquierda. (su marido)
6. Desmontó la mesa plegable. (ellas)
7. Enseña un poema todos los viernes. (los alumnos)
8. ¿Encontraron contrabando de cigarrillos en el coche? (vosotros)
9. El médico sacó una bolita de naftalina de la nariz. (el niño)
10. Entregué las llaves. (el conserje)
11. ¿Hiciste las compras? (tu abuelita)
12. Pon el mantel. (la mesa)
13. Buscamos una casa aunque sin gran éxito. (nuestros amigos)
14. Expropiaron las tierras para construir una represa. (varios agricultores)
15. Pintó un cuadro al óleo. (su madrina)

Muy informalmente y teniendo en cuenta el orden más común de los constituyentes, los verbos del tipo *gustarle a uno* (*parecerle a uno*, *convenirle a uno*, etcétera) parecen tener los argumentos invertidos: lo que en otros verbos (como *decir* o *comer*) sería el objeto directo aquí es el sujeto y lo que en otros sería el sujeto, en éstos es el complemento de objeto indirecto (que puede ser tácito) correferente con el pronombre indirecto.

Les interesan [*las películas de terror* = sujeto] [*a los adolescentes* = obj. indirecto].

¿*Te* parece [*que van a invitarte* = sujeto]?

No *les* conviene reunirse a las siete (*a ellos*).

Le es imposible recibirte ahora al gerente.

¿No *te* caen antipáticos esos vendedores?

A este libro *le* faltan varias páginas.

Observemos que, en oposición a los verbos en (i), en los de este tipo el pronombre átono de objeto indirecto es obligatorio aún cuando duplica un sintagma nominal (ésta es una de las reglas mecánicas mencionadas anteriormente) por lo que es imposible construir una paráfrasis en que se obvia el *le(s)*.

* es imposible recibirte ahora al gerente

* a este libro faltan varias páginas

El rol temático del pronombre átono con estos verbos no es un rol activo puesto que el referente del pronombre parece ser más un observador que un participante; o sea, queda influido de una manera imprecisa por lo que indica el verbo. Llamaremos a éste el rol del ***involucrado*** o *interesado*. Apuntemos además que el sujeto tampoco se interpreta como agente de la acción.

Notemos que los verbos de tres argumentos, aunque admiten varios roles distintos, no aceptan el de *involucramiento o interés*.

involucrado
el rol temático del objeto indirecto con verbos de dos argumentos (*gustarle a uno*), con el *se me* de eventos no planificados, y hasta con verbos intransitivos (*nos llegaron tarde*)

Práctica

Haga oraciones con los siguientes verbos del tipo *gustarle a uno*, en los que la inclusión del objeto indirecto es obligatoria. Ponga cuidado en variar los pronombres.

MODELO: gustar
A todos les gusta el nuevo horario de clases.

1. agradar
2. caer bien/pesado
3. tocar
4. hacer falta
5. importar
6. sobrar
7. resultar fácil/duro
8. quedar
9. quedar bien/mal
10. apetecer
11. convenir
12. interesar
13. costar trabajo
14. fascinar
15. doler

Análisis

A. Aunque dijimos que los verbos como *gustarle a uno* siempre necesitan el pronombre átono, esto no es completamente cierto. Observe el contraste entre los pares de oraciones siguientes y explique la diferencia.

1. Gustó el postre.	Les/nos gustó el postre.
2. El humo molesta.	El humo nos molesta.
3. No interesa el arte abstracto.	No les interesa el arte abstracto.
4. Faltan expertos.	Nos/les faltan expertos.

También se oye *¿Duele?* de la boca de los médicos y *¿Gustas?* cuando se ofrece algo.

Investigue si es posible dejar de lado el pronombre átono con *caerle bien/mal, quedar bien/mal, tocarle a uno* y *bastar*. ¿Cree que estos últimos casos son similares a los anteriores? ¿Por qué?

B. Estudie el contraste entre los siguientes pares. Explique la diferencia entre ellos en oraciones originales donde el significado quede claro.

1.	servirlo	servirle	7.	gustarlo	gustarle
2.	creerlo	creerle	8.	sucederlo	sucederle
3.	pegarlo	pegarle	9.	pasarlo	pasarle
4.	ganarlo	ganarle	10.	importarlo	importarle
5.	robarlo	robarle	11.	sentarlo	sentarle
6.	pagarlo	pagarle	12.	llorarlo	llorarle

C. Determine cómo se traducen las oraciones del ejercicio C a su idioma materno o a otro que domine bien. Explique las diferencias y/o similitudes con el español.

(iii) Otros usos de los indirectos

Hasta ahora hemos examinado el uso de estos pronombres átonos de objeto indirecto con dos clases de verbos, los bitransitivos (inherentes o derivados) y los del tipo *gustarle a uno*. Pero además de estas dos clases, los pronombres pueden aparecer también con verbos intransitivos y transitivos para señalar simple involucramiento o interés en los hechos. A diferencia de los verbos como *gustarle a uno*, en este caso el pronombre átono no es argumental, es opcional y tampoco tiene paráfrasis con una preposición.

EJEMPLO A: *Nos* fracasó el experimento. (y esto nos afecta)

EJEMPLO B: Los invitados *nos* llegaron muy temprano. (y esto nos afectó)

EJEMPLO C: *Me* comió la sopa. (y esto me afectó porque no quedaba para mí)

EJEMPLO D: *Nos* vendió el piso. (el corredor de bienes raíces vendió el piso que íbamos a comprar nosotros)

Y este pronombre que señala involucramiento también coaparece con el *se*.

EJEMPLO A: ¡Se escapó el conejito! → ¡Se *le* escapó el conejito!

EJEMPLO B: Se cayó el florero → Se *me* cayó el florero.

EJEMPLO C: Se *le* suicidó su mejor amigo.

EJEMPLO D: Se *nos* cae mucho cabello en verano.

Aunque la tendencia sea interpretar el pronombre en cursiva como posesión, se debe reflexionar. De las cuatro oraciones, sólo la última podría interpretarse de manera clarísima como posesión. En las otras tres no es así. Por ejemplo, no hay forma de forzar posesión de *amigo* en el EJEMPLO C. Aunque A y B podrían sugerir posesión, esta lectura es incidental, dado que tanto *el conejito* como *el florero* pueden pertenecer a otra persona. Además, la persona ni siquiera tiene que tener el florero del EJEMPLO B en la mano; este artefacto podría haber estado en cualquier superficie y haberse caído. En resumen, la única generalización que se desprende de estos ejemplos es que el pronombre átono señala que su referente está, de una manera imprecisa, afectado o involucrado en lo que el verbo indica. (Examinaremos las oraciones con *se* en gran detalle en la sección 3.6.)

Dentro de los verbos intransitivos, también encontramos el pronombre indirecto con los verbos de movimiento.

EJEMPLO A: Este tonto (me) *le* fue a Mara con quejas.

EJEMPLO B: *Me* vino con que no podía trabajar más.

EJEMPLO C: Yo me *le* fui encima de la rabia que me dio.

EJEMPLO D: *Nos* llegó cansado de la excursión.
             Nos cayó de visita.

Aquí el pronombre en cursiva indica la dirección del movimiento: en el EJEMPLO A hacia Mara (elemento al que duplica), en el B hacia la primera persona, en el C hacia una tercera persona y en el D hacia nosotros. Pero ¿qué indica el *me* en los EJEMPLOS A y C? Señala involucramiento en A, pero acentúa la primera persona en C, un valor comunicativo del reflexivo que veremos en 3.6.

Finalmente, recordemos que con todo tipo de verbos es preferible expresar posesión, especialmente con prendas de vestir y partes del cuerpo, por medio del pronombre indirecto y el artículo definido (en lugar de un posesivo; recuerde el capítulo IV, 5.2, para este uso).

Le vimos la cara al ladrón.

¿*Te* duele la garganta?

Me pusieron un yeso en el brazo / Me enyesaron el brazo.

Quíta*te* la chaqueta, por favor.

Me están chicos los zapatos.

Le dan problemas los lentes.

En resumen, los pronombres de objeto indirecto funcionan como tales con verbos de tres argumentos y con los del tipo *gustarle a uno*. Representan roles temáticos variados. Su uso se ha extendido a verbos intransitivos de todo tipo, incluidos los de movimiento, en distinto grado en diferentes dialectos. Esto hace que se encuentren vacilaciones aún entre los que tienen el español como primer idioma; por ejemplo, se oye las dos variantes a continuación, una indicación de que el sistema sigue en evolución:

Se me acercó (a mí).

Se acercó a mí.

Práctica

A. Añada un pronombre que exprese involucramiento y amplíe las oraciones si es necesario.

1. al pobrecito costar caminar
2. pesar la opinión de la gente
3. venir con quejas
4. encantar el circo a los niños
5. salir un granito a José
6. usar toda la leche para el cereal

7. morirse mi mejor amigo
8. vender la camisa que estaba de oferta

B. Construya oraciones en que el objeto indirecto exprese posesión. ¿Es el uso obligatorio u opcional?

1. reconstruir la nariz del accidentado
2. resbalar las lágrimas por las mejillas
3. apretar la corbata
4. romperse el reloj
5. cortar el pelo a los soldados
6. cuidar el perro de su hermana
7. poner el mejor traje para la fiesta
8. quemar las orejas y los ojos picar

C. Añada un pronombre que exprese involucramiento.

1. el niño llegó enfermo de la escuela
2. da vergüenza cantar en público
3. se cayó el cuadro
4. ¿cuántos días quedan para las vacaciones?
5. se desmoronaron todos sus sueños
6. eso no causó rancor
7. vinieron llenos de excusas por su tardanza
8. se enojó el novio de su hermana
9. resultó difícil el examen
10. fueron llenos de excusas por su tardanza

D. Construya oraciones en que el objeto indirecto exprese posesión. ¿Es el uso obligatorio u opcional?

1.
2.
3.
4.
5.
6.

3.5 *EL* VOSEO

el voseo
el uso del pronombre *vos* y
sus correspondientes formas
verbales en vez de *tú* para
la segunda persona singular
(*vos comprás vs. tú compras*)

el tuteo
el tratamiento del oyente
con el pronombre *tú* para
la segunda persona
singular

El *voseo* es una variedad dialectal de las formas de tratamiento que se opone al ***tuteo;*** o sea, el contraste se da entre los pronombres tónicos de la segunda persona del singular: el voseo usa *vos*, mientras que el tuteo usa *tú*. Aclaremos inmediatamente que no se debe confundir el *vos* con el pronombre de segunda persona del plural *vosotros*, pues éstos son distintos fenómenos. Los hablantes que emplean el vos *vosean* (se dirigen al oyente usando *vos*), pero los que usan el tú *tutean* (se dirigen al oyente con *tú*). El voseo está muy expandido en Hispanoamérica. Aunque hay variaciones regionales dentro del voseo sólo vamos a describir la variante usada en la región del Río de la Plata, la zona donde más se ha desarrollado. Aquí tiene tal uso en todas las clases sociales que se emplea hasta en los medios de comunicación, en las escuelas y universidades, y en el comercio. El voseo contrasta con el *Ud.* en situaciones más serias, mientras que el *tú* queda totalmente relegado a situaciones esnobistas y al habla de los extranjeros que visitan la zona.

El sistema pronominal de la segunda persona del singular es el siguiente.

sujeto	objeto	obj. de preposición
vos	te	vos

El recuadro demuestra que el voseo es una mezcla en el sentido de que tanto para el objeto directo como para el indirecto se emplea el pronombre objeto correspondiente al *tú*, o sea, el *te*. Con todas las preposiciones se usa el *vos*, sin excepción alguna. Por ejemplo, se dice *con vos, para vos, según vos, sin vos*, y así sucesivamente.

Pero en el voseo no cambian sólo las formas pronominales de la segunda persona del singular. También varían las correspondientes formas verbales del presente de indicativo y subjuntivo e incluso las del imperativo.

presente indicativo:	vos cantás	vos comés	vos dormís
presente subjuntivo:	vos cantés	vos comés	vos durmás
imperativo:	cantá	comé	dormí

Además, el presente del verbo *ser* es *(vos) sos*.

Práctica

En el siguiente relato, identifique las formas verbales y pronominales del voseo. A continuación, reescríbalas en español estándar.

—Yo creo que te comprendo —dijo la Maga, acariciándole el pelo. Vos buscás algo que no sabés lo que es. Yo también y tampoco sé lo que es. Pero son dos cosas diferentes. Eso que hablaban la otra noche... Sí, vos sos más bien un Mondrian y yo un Vieira da Silva.

—Ah —dijo Oliveira. Así que yo soy un Mondrian.

—Sí, Horacio.

—Querés decir un espíritu lleno de rigor.

—Yo digo un Mondrian.

—¿Y no se te ha ocurrido sospechar que detrás de ese Mondrian puede empezar una realidad Vieira da Silva?

—Oh, sí —dijo la Maga. Pero vos hasta ahora no te has salido de la realidad Mondrian. Tenés miedo, querés estar seguro. No sé de qué... Sos como un médico, no como un poeta.

—Dejemos a los poetas —dijo Oliveira. Y no lo hagás quedar mal a Mondrian con la comparación.

—Mondrian es una maravilla, pero sin aire. Yo me ahogo un poco ahí dentro. Y cuando vos empezás a decir que habría que encontrar la unidad, yo entonces, veo cosas muy hermosas pero muertas, flores disecadas y cosas así.

—Vamos a ver, Lucía: ¿Vos sabés bien lo que es la unidad?

—Yo me llamo Lucía pero vos no tenés que llamarme así —dijo la Maga. La unidad, claro que sé lo que es. Vos querés decir que todo se junte en tu vida para que puedas verlo al mismo tiempo. ¿Es así, no?

—Más o menos —concedió Oliveira. Es increíble lo que te cuesta captar las nociones abstractas. Unidad, pluralidad... ¿No sos capaz de sentirlo sin necesidad de ejemplos? No, no sos capaz. En fin, vamos a ver: tu vida, ¿es una unidad para vos?

Extracto de la novela *Rayuela* de Julio Cortázar (Ed. de Andrés Amorós, 1984, Cátedra: Letras Hispánicas, Cap. 19: p. 212).

Para empezar...

A. Las siguientes oraciones son todas agramaticales porque necesitan un pronombre con uso reflexivo. Corríjalas usando el pronombre apropiado. Explique por qué dicho pronombre es obligatorio. ¿Es también obligatorio el uso del pronombre reflexivo en las oraciones equivalentes de su lengua materna?

1. *Todos levantaron.
2. *No afeité esta mañana porque no me daba tiempo.
3. *Partió la pierna izquierda en un accidente de coche.
4. *Los dos candidatos estiman.
5. *Los niños tienen que lavar los cabellos esta noche.

B. Decida si el *se* es obligatorio u opcional; si es opcional intente explicar la diferencia.

1. Si no la cuidas, la planta se va a morir.
2. Al terminar el partido en victoria, los concurrentes se abrazaron.
3. Se conoce que no está muy seguro de sí mismo.
4. Joselito se lastimó el codo.
5. Se buscan secretarias bilingües.
6. La mantequilla se derretía al sol.
7. No lo soporto más, se burla de todo el mundo.
8. Ese señor se pasa los días contando los mismos cuentos.
9. ¡Es incorregible! Nunca se levanta antes de las once.
10. Se la terminó en un santiamén.

Antes de comenzar a examinar la compleja problemática del *se*, apuntemos que se puede establecer dos grandes divisiones: los usos no paradigmáticos y los paradigmáticos. En el primer caso, *se* no alterna con otros pronombres de primera y segunda persona, mientras que en el segundo, *se* forma parte de un paradigma pronominal completo. En esta última situación, usaremos el *se* como abreviatura y representante del paradigma entero.

3.6.1. Usos paradigmáticos

(i) Los pronombres con función reflexiva y recíproca

Los pronombres que admiten la interpretación reflexiva y recíproca son los siguientes.

	singular	*plural*
1a. persona	me	nos
2a. persona	te	os
3a. persona	se	se

la reflexividad
se expresa por la concordancia entre el sujeto y el pronombre átono:
La gata se relamía, Juan se adora (a sí mismo)

Todos estos pronombres tienen usos no reflexivos, por lo tanto se puede afirmar que el español no tiene pronombres átonos exclusivamente reflexivos. Lo que sí tiene son pronombres que aceptan esta interpretación en cierto contexto: un contexto de concordancia de identidad entre el sujeto y el objeto mediada por el verbo. Comparemos los siguientes pares.

El niño se lavó.

Yo lo lavé (al niño).

Nos queremos.

Nos quieren.

¿Estás segura que te conoces?

¿Estás segura que la conoces?

Sólo en la primera oración de cada par coinciden el referente del sujeto y el del objeto; o sea, hay concordancia entre el sujeto, la terminación del verbo y el pronombre átono. Por eso se dice que éstas son oraciones reflexivas: dos de los argumentos de un verbo transitivo se refieren a la misma persona; el pronombre indica que el sujeto es el que recibe la acción del verbo. En el segundo miembro de cada par, no se da esta concordancia, por lo que queda eliminada la interpretación reflexiva. Incluso en el segundo par, el pronombre es el mismo (*nos*) a pesar de que las oraciones tienen significados muy distintos.

En algunos contextos, por razones de énfasis o para eliminar ambigüedades, podemos utilizar coletillas aclaratorias como *a sí mismo/a(s)* o *solo/a(s)*. El paradigma completo para la primera expresión es el siguiente.

a mí mismo	a nosotros mismos
a ti mismo	a vosotros mismos
a sí mismo	a sí mismos

Podríamos ampliar la primera oración de cada par arriba de la siguiente manera.

El niño se lavó a sí mismo.

Nos queremos a nosotros mismos (y a nadie más).

¿Estás segura que te conoces a ti misma?

Y así como la correferencia se puede establecer entre el sujeto y el objeto directo, también se puede hacer entre el sujeto y el objeto indirecto del verbo.

Se lavó los dientes (a sí mismo y luego se los lavó al perro).

¿Te arreglaste el horario?

Me gustaría que os presentárais (a vosotros mismos) al nuevo jefe.

Como la correferencia se establece con el tercer argumento del verbo (o sea, con el argumento que funciona como objeto indirecto), los roles del pronombre átono se corresponden con los roles ya examinados cuando discutimos los pronombres indirectos. Puede interpretarse como *poseedor/dueño* (EJEMPLO A), pero también como *recibidor* (B), *meta/destinatario* (C) y *beneficiado* (D). La interpretación reflexiva o no reflexiva no cambia los valores comunicativos del referente del tercer argumento del verbo.

EJEMPLO A: Paquito se lastimó el dedo con un vidrio.

EJEMPLO B: Está tan solo que hasta se explica las cosas.

EJEMPLO C: ¿Te mandas postales cuando viajas?

EJEMPLO D: Nos buscamos un taxi.

Recordemos además que el español suele usar un pronombre con uso reflexivo cuando el objeto directo es parte del cuerpo (EJEMPLO A) o de la ropa del referente del sujeto.

Se quitó el sombrero al entrar.

Me puse un chaleco porque me dio frío.

La misma correferencia en persona entre el sujeto y el objeto se encuentra en oraciones con *interpretación recíproca*. Se necesitan por lo menos dos personas para esta lectura, y por eso sólo se da en el plural.

EJEMPLO E: La madre y la hija se telefoneaban todos los días.

EJEMPLO F: Nos hacemos las trenzas.

En el EJEMPLO E la reciprocidad queda clara por el contexto, pero no así en el F. Esta última puede entenderse de dos maneras, reflexiva o recíprocamente. Si es necesario, utilizamos coletillas aclaratorias. Ya vimos las que se usan para la lectura reflexiva; las que corresponden a la interpretación recíproca son (*el*) *uno al otro*/(*la*) *una a la otra* (con sus plurales) o *mutuamente*.

Nos hacemos las trenzas a nosotras mismas / solas.

Nos hacemos las trenzas las unas a las otras / mutuamente.

Como se establece concordancia entre el sujeto y la coletilla recíproca, pasamos a ver las distintas posibilidades. Estudie las situaciones siguientes y compruebe cómo funciona la concordancia en este caso.

Juan y Alberto se saludaron el uno al otro / *la una a la otra.

Rosa y Asunción se ayudaron con la tarea una a la otra / *uno al otro.

Se citaron el uno con el otro / la una con la otra.

Los niños y las niñas se saludaron los unos a los otros / los unos a las otras / *las unas a los otros.

Las alumnas y el maestro se odian los unos al otro / las unas al otro / *el uno a las otras.

Alberto y Rosa siempre se ayudan uno al otro / uno a la otra / *una al otro.

Como demuestran los ejemplos, cuando los que componen el sujeto de la oración tienen el mismo género, ambas partes de la coletilla concuerdan en género y número con dichos componentes (los tres primeros ejemplos). En cambio, cuando los componentes del sujeto no coinciden en género, la preferencia hoy en día es usar la coletilla en masculino respetando la concordancia en cuanto a número. También es cierto que una minoría de hablantes aún acepta la concordancia en género y número con cada uno de los componentes (marcados con *).

Las condiciones que permiten una lectura recíproca —un mínimo de dos personas y pluralidad— también las cumplen los sustantivos colectivos (*gente, muchedumbre, fraternidad,* etcétera). En estos sustantivos la pluralidad es semántica y no morfo-sintáctica, lo cual da lugar a ejemplos como los siguientes.

El equipo se abrazaba felicitándose por el triunfo.

En la iglesia, la gente se da la paz.

El gentío se atropellaba para subirse al ómnibus.

La pareja se interrumpía continuamente en su afán por contar lo sucedido.

Los sustantivos colectivos no permiten frases aclaratorias del tipo *los unos a los otros,* ya que se necesita un verbo plural (véase el capítulo VI, 3.2). Pero si modificamos el sujeto convirtiéndolo en plural, la oración es perfecta.

*El equipo se abrazaba unos a otros.

Los miembros del equipo se abrazaban unos a otros.

Lo interesante es que la lectura recíproca no se da únicamente con verbos transitivos: tanto los verbos de régimen como los verdaderamente intransitivos también aceptan esta interpretación e incluso la coletilla recíproca.

Los dos rivales se enfrentaron (uno al otro).

Los novios constantemente pensaban (el uno en el otro).

No se llevan bien (los unos con los otros).

Los padres y los hijos vivían cerca (unos de los otros).

Nuestros ejemplos de reflexivos y recíprocos tienen por sujetos a seres humanos. Pero también podemos imaginar ejemplos similares con sujetos no humanos. Fuera de contexto, el EJEMPLO G se presta tanto a una lectura reflexiva como a una recíproca (igual que ocurre con los humanos). Pero con el H, nuestra experiencia nos ayuda a interpretar una lectura recíproca. El sujeto singular del I, naturalmente, sólo permite la lectura reflexiva, pero el colectivo en el J, una recíproca.

EJEMPLO G: Los gatos se lamían.

EJEMPLO H: Los perros se gruñían.

EJEMPLO I: El elefante se echaba agua del río.

EJEMPLO J: El rebaño se atropellaba para llegar al comedero.

Tampoco podemos argumentar que las entidades no humanas están limitadas a las terceras personas. En un mundo imaginario de dibujos animados y fábulas, tanto los animales como las cosas pueden hablar, por lo que son posibles situaciones como las siguientes.

¿Me tengo que peinar? —le pregunta la tacita a la tetera.

Nos estiraremos al sol —ronronearon los gatitos con placer.

Busquémonos los piojos —le propuso un mono al otro.

En resumen, el español no diferencia entre seres animados e inanimados en los usos reflexivos y recíprocos.

(ii) Léxicos obligatorios y opcionales

Hasta ahora nos hemos centrado en los usos paradigmáticos reflexivos y recíprocos con seres animados e inanimados, en los que el verbo es transitivo y la correferencia entre sujeto y objeto se establece con el segundo (objeto directo) o tercer (objeto indirecto) argumento del verbo. A pesar de esto, también es cierto que el *se* de uso reflexivo ha extendido su uso a los verbos intransitivos, los cuales toman arbitrariamente un *se* como parte de su especificación léxica.

Por sus distintas posibilidades de combinación, los dividimos en dos grupos principales: aquellos verbos en que el *se* es obligatorio, los *léxicos obligatorios* o *inherentes*, y aquéllos en que el *se* es opcional, es decir, los *léxicos opcionales*. Este *se* "léxico" es paradigmático porque ocurre con todas las personas gramaticales. Sin embargo, como aparece con verbos intransitivos, no se permite ampliar la oración con la coletilla *a sí mismo* y sus variantes.

Léxicos obligatorios o inherentes: Como su propio nombre indica, el verbo siempre aparece con el pronombre átono en los obligatorios:

(a) El pobrecito se suicidó (*a sí mismo)
     (cf. *el pobrecito suicidó)

(b) Nos vanagloriamos de nuestro pasado.
(cf. *vanagloriamos de nuestro pasado)

(c) ¿Os arrepentís de vuestro comportamiento?
(cf. *¿arrepentís de vuestro comportamiento?)

La agramaticalidad de *lo suicidé* demuestra que estos verbos son verdaderamente intransitivos. No hay contraste entre la presencia o ausencia del *se* en esta situación, por lo que el *se* no añade mucho al significado del verbo. En este caso, su uso es idiosincrático. El estudiante de castellano como segunda lengua tiene que aprenderse los reflexivos obligatorios más comunes, tal como los va aprendiendo automáticamente el hispanohablante a medida que los va oyendo en contexto. Además, no todos los hispanohablantes tienen exactamente los mismos verbos léxicos obligatorios como parte de su vocabulario. Por ejemplo, nos dicen que los extremeños usan el verbo *malegrarse* con *se* obligatorio con el significado de "alegrarse de que a alguien le haya pasado algo malo". Este verbo no existe en otros dialectos. Algunos verbos compartidos por la mayoría de los hablantes son los siguientes:

burlarse	atreverse	ausentarse	abstenerse
jactarse	sonrojarse	acongojarse	darse cuenta

Reiteremos que en los obligatorios el verbo debe tener un pronombre átono porque su omisión causa agramaticalidad, o porque el significado con *se* es tan distinto que *se* debe clasificar los verbos con y sin *se* como dos verbos distintos, que es lo que ocurre a continuación.

parecer	parecerse	pasar	pasarse
acordar	acordarse	ocurrir	ocurrírsele
fijar	fijarse		

Su trabajo era fijar carteles en las paredes.

Nos fijamos en que no estaban prestándole atención.

Acordaron la paz.

No me acuerdo ni de mi nombre.

Léxicos opcionales: Como su nombre lo indica, el *se* no es obligatorio o no cambia el significado (grupo 1) o la diferencia de significado no es profunda (grupo 2). Estos verbos tampoco aceptan la coletilla *a sí mismo*.

1.

reír	reírse	quedar	quedarse
sonreír	sonreírse	desayunar	desayunarse
morir	morirse		

(Nos) quedamos solos.   (Se) desayuna muy temprano.

¿Por qué te ríes de tu hermano?

2.

dormir	dormirse	marchar	marcharse
volver	volverse	caer	caerse
ir	irse	salir	salirse

Durmió bien.

Se durmió al instante.

Fuimos a las cuatro.

Nos fuimos a las cuatro.

Dentro de los léxicos opcionales también se podría incluir verbos de "consumición", puesto que generalmente se dice que señalan un consumo total.

> Se fumó un puro cubano.
>
> Se comió un enorme bocadillo.
>
> Me tomé el jarabe hasta la última gota.

Sin embargo, es fácil demostrar que lo del consumo total es una simple implicación.

> Se fuma un puro cubano a la nochecita, pero deja los últimos 4 cms. porque le hacen picar la lengua.
>
> Siempre se come la cena menos la fruta.
>
> Me tomé el jarabe pero sin terminarlo completamente.

Podemos deducir del comportamiento de estos verbos que el *se* no es argumental (como lo demuestra su opcionalidad), que sirve para acentuar la acción, y que indica involucración o participación total del sujeto (pero no necesariamente consumición completa).

Práctica

A. Construya oraciones en el pasado con los siguientes elementos, añadiendo un pronombre de uso reflexivo. Identifique la función de este pronombre. ¿Es el pronombre obligatorio u opcional?

1. el pobre chico / matar / en un accidente de tráfico
2. yo / comprar / una chaqueta que me servirá por muchos años
3. ¿tú / solucionar / el problema?
4. cuando el perrito / ver en la pantalla del televisor / creer / que otro era
5. nosotros / duchar / en las cataratas

B. Haga igual que en el ejercicio anterior, pero aquí explique el rol temático del reflexivo.

1. el tonto / jugar / todo el dinero que pensaba invertir
2. yo / partir / el brazo izquierdo
3. este año mi esposo y yo / regalar / un viaje al Caribe
4. el detective / guardar / parte del contrabando
5. los niños / repetir / la mentira hasta que / creerla / ellos mismos

C. Cambie las oraciones siguientes para poder usar *uno al otro* (y sus variantes).

MODELO: Mengano se carteaba con Zultano.
M y Z se carteaban el uno con el otro.

1. Juan se peleó con Ernesto.
2. Rita telefoneaba constantemente a su novio.
3. Los hombres se quejaron de las mujeres.
4. La hermana se burlaba del hermano.
5. Mara compró regalos para Pili.
6. El bebé se fijaba en su padre.

¿Qué es lo que ha notado con respecto a la coletilla recíproca?

D. Con partes del cuerpo y ropa, el español prefiere el artículo definido al posesivo (véase el capítulo IV, 5.4).

Se puso *el* sombrero.   Mejor que: Se puso *su* sombrero.

Muestre esta característica con otras diez oraciones originales.

Análisis

A. Los verbos de emoción también permiten el uso del *se* como reflexivo. Compruebe si funcionan exactamente igual que los ejemplos discutidos en el texto. ¿El sujeto actúa realmente sobre sí mismo? ¿Aceptan estos verbos el uso de *sí mismo*? Construya algunas oraciones.

sorprender(se)	entristecer(se)
emocionar(se)	ofender(se)
asustar(se)	divertir(se)
irritar(se)	enfadar(se)

En las oraciones que ha construido, ¿en qué aspecto del estado de ánimo se centran estos verbos? ¿En el inicio, el medio o el fin? ¿Cómo se les llama debido a esta característica? Las acciones expresadas por estos verbos aparecen en un estado que puede expresarse con el verbo *estar* (*Está irritado*). Haga una lista de otros verbos de este tipo.

B. Haga igual que con los verbos de emoción para comprobar el comportamiento de los verbos que señalan cambio de postura, como *levantarse, arrodillarse, sentarse* y cambios físicos, como *enfermarse, sonrojarse, fortalecerse, encanecerse* y *envejecerse*.

C. El uso reflexivo del *se* no aclara si la acción se hace intencionalmente, o si el hecho simplemente le ocurre a uno. Por ejemplo, aunque (1) no muestra la intención o falta de ella, se puede aclarar esta duda por el contexto (2) o (3), o añadiendo la coletilla reflexiva *a sí mismo* (4).

1. La niña se mojó el pelo.
2. La niña se mojó el pelo caminando bajo la lluvia.   (involuntario)
3. La niña se mojó el pelo echándose agua con la mano.   (voluntario)
4. La niña se mojó el pelo a sí misma.   (voluntario)

D. Compare los pares de oraciones. En primer lugar defina la diferencia entre estos pares. Luego encuentre otros verbos que funcionen de la misma manera.

1. Me apené con la noticia.
   Me apena la noticia.
2. Se enloquece con esa música.
   Le enloquece esa música.

3. ¿Te aburres con esa música?
   ¿Te aburre esa música?
4. Me entristezco con el invierno.
   Me entristece el invierno.

E. ¿Qué otros verbos reflexivos inherentes conoce? Haga una lista (consulte varias gramáticas si le fuera necesario). Luego construya oraciones y compruebe que los verbos pasan la siguiente prueba del *se* obligatorio.

No *se* atrevió a desafiarme. ≠ → *No atrevió a desafiarme   ≠ → *No atreví *a Pepe* a desafiarme.

↓   ↓

indica que no es posible sin *se*   indica que no admite uso transitivo

(iii) Espontáneo

El paralelismo entre entidades animadas humanas y no humanas también se puede ampliar a los inanimados, como lo muestran las oraciones siguientes.

Los polos opuestos no se atraen.

Las hojas de los árboles se rozaban produciendo un susurro adormecedor.

La leche se agrió con el calor / por sí sola.

La ventana se cerró con gran estruendo / sin que nadie la hubiera tocado.

El agua se congela a 0° centígrados.

Ninguno de los hechos en las cinco oraciones precedentes necesita de la intervención humana; todos pueden haber ocurrido "espontáneamente", o sea, la naturaleza misma de los sujetos permite esta posibilidad. Véase incluso que las dos primeras fuerzan la interpretación recíproca. A este uso de los pronombres reflexivos y recíprocos con sujetos inanimados lo llamaremos *espontáneo*. Pero lo importante no es el nombre en sí, sino el hecho que el español trata a los entes humanos, animados e inanimados de la misma manera en el uso de este elemento. En todos estos casos hay concordancia entre el sujeto y el objeto ya que el referente es el mismo.

Aunque podría discutirse que el uso *espontáneo* no es paradigmático ya que tiene como sujetos a cosas inanimadas y, por tanto, el *se* no aparecería con pronombres de primera y segunda persona, esto no es completamente cierto.

En un mundo imaginario, las cosas tienen el poder de la palabra, por lo que se vuelven posibles situaciones como las siguientes.

Cuando nadie nos mira, las ventanas nos cerramos con gran estruendo para sobresaltar a los humanos.

¿Es verdad que las hojas de los árboles os rozáis para hacer música?

En resumen, el español no diferencia entre seres animados o inanimados en lo que se refiere a los usos reflexivos y recíprocos.

el *se* espontáneo
el uso de *se* con un sujeto inanimado en una acción que se produce sin intervención humana (*Se cerró la puerta.*)

(iv) *Se me*

Este mismo concepto de concordancia entre el sujeto y el pronombre objeto también se extiende a los casos que se conocen en la literatura como la construcción "se me" o el "*se* de eventos no planificados". Lo único que se necesita añadir es un segundo pronombre átono a la oración.

La puerta se abrió en nuestras narices.

La puerta se *nos* abrió en las narices.

El libro se desarmó en mis manos.

El libro se *me* desarmó en las manos.

¿Se hicieron añicos los lentes?

¿Se *te* hicieron añicos los lentes?

¡Qué lástima que se quemó el arroz!

¡Qué lástima que se *os* quemó el arroz!

Compruebe por Ud. mismo que en la segunda oración de cada par, el *se* correfiere con el sujeto de la oración. El otro pronombre añade el valor comunicativo de involucramiento o interés. El sujeto gramatical y por tanto el que determina la concordancia con el verbo es, en la mayoría de los casos, inanimado. Pero éste tampoco es un requisito indispensable.

> ¡No os *me* queméis con esa fogata!

> Me asustaste, no te me vuelvas a caer.

Aunque estos hechos aceptan una interpretación "no planeada", el sujeto del primero es *vosotros* y el del segundo es *tú*, o sea, los ejemplos tienen sujetos humanos. A pesar de que hemos puesto el *se me* como una categoría separada, aclaremos que es un subcaso del *se espontáneo* con sujetos inanimados y aún con sujetos humanos cuando les pasa algo totalmente accidental o involuntario.

Práctica

A. En los ejemplos siguientes añada un pronombre que exprese *involucramiento* para que las situaciones se interpreten como eventos no planificados. Agregue un contexto para hacerlas más naturales.

1. Se produjo un tumor.
2. Las imágenes se reproducían ante mis ojos.
3. Se extraviaron los libros.
4. El vino se acabó.
5. El anillo se perdió.
6. Se enfermó el niño.
7. Se rompieron tres copas.
8. La iglesia se derrumbó.

B. Complete las oraciones. El sujeto del verbo que debe conjugar debe ser el subrayado.

MODELO: Corría por el parque cuando (torcer) el <u>tobillo</u>.
Corría por el parque cuando *se me torció el tobillo.*

1. Salieron con la <u>cabeza</u> descubierta y (enfriar).
2. Necesitábamos <u>ideas brillantes</u> pero no (ocurrir).
3. Caminamos muchísimo y <u>los pies</u> (cansar).
4. Cuando como demasiado <u>el estómago</u> (doler).
5. Saliste sin guantes y <u>las manos</u> (poner) frías.
6. Tropecé con una pared y (partir) <u>dos dientes</u>.
7. A <u>José</u> se le cayó el bolígrafo cuando (inclinar) el cuerpo.
8. <u>Yo</u> (poner) el pulgar en la boca.
9. ¿A ti (meter) una <u>mosca</u> en la boca?
10. <u>Lorenzo</u> (bajar) la cabeza y <u>las gafas</u> (resbalar) de la nariz.

Análisis

A. Escriba diez oraciones con *se* y sujetos inanimados, donde sus características faciliten la interpretación espontánea.

B. El "se me" como señal de la no planificación de un acto puede usarse con verbos de distinto tipo. El mismo hecho puede expresarse con un sujeto agente en algunos casos (a), pero no en otros (b); también se dan casos ambiguos (c).

(a) Se le olvidaron los libros.   →   Fulanito olvidó los libros.

(b) El canario se le escapó.   ≠   *Fulanito escapó el canario.

(c) La copa se le rompió.   →   Fulanito rompió la copa. ~ La copa se rompió.

Descubra las posibilidades de las siguientes oraciones.

1. El coche se le paró.
2. El corazón se le paró.
3. Se me caen los párpados del sueño.
4. ¿Se te extravió la llave maestra?
5. Se nos saltaban las lágrimas de la risa.
6. Se me rompió el reloj.
7. Se le cae el pelo que da miedo.
8. Se me doblaron las piernas.
9. Se le cerraron los ojos.
10. Se me acabó la paciencia.

¿A qué conclusiones ha llegado después de solucionar este ejercicio?

(v) La unidad de los usos paradigmáticos

Después de integrar este *se* paradigmático con los que ya hemos repasado, sugerimos que hay una trama que va uniendo unos usos a los otros. El reflexivo verdadero señala que el referente del sujeto coincide con el objeto; es decir, excluye la posibilidad de que la situación haya sido realizada por otra persona.

Fulanito se secó la frente.   (vs. Lía le secó la frente a Fulanito.)

¿Ya te bañaste?   (vs. ¿Ya lo bañaste?)

Esta concordancia entre el pronombre átono, el sujeto y el verbo se extiende a cambios de postura, emociones y cambios físicos con el mismo valor comunicativo: exclusión de otro participante.

Me levanté.   (vs. Levanté a Lía.)

Nos alegramos.

Se sonrojó.

Y de ahí su uso sigue ampliándose con todo tipo de situaciones, pero siempre para indicar la exclusión de otros.

¿Te lo comiste?

Quiere que me salga del coche.

En los dos ejemplos arriba, el *te* y el *me* no son imprescindibles. Las cláusulas son gramaticales sin estos pronombres. Pero esto no significa que sean superfluos. El hablante los incluye para acentuar la involucración de sus referentes, consiguiendo un contraste al eliminar con la inclusión del pronombre la participación de cualquier otra persona. Un buen ejemplo de esto es la situación en la que un niñito que no quiere terminar su cena pregunta.

¿Me la tengo que comer?

En cierta forma, la presencia del *me* elimina la necesidad de incluir el sujeto léxico *yo*. Comparemos también la diferencia que surge en el siguiente par.

Zultanito murió porque le pegaron un tiro.

#Zultanito se murió porque le pegaron un tiro.

La primera oración describe una situación (el morir de Zultanito) y su causa (alguien lo mató con un arma de fuego). La segunda oración es un poco rara (lo que indicamos con el signo #); el *se* indica la exclusión de otro participante pero al mismo tiempo se especifica que alguien lo mató.

Este razonamiento parece tropezar con un problema ante ejemplos ambiguos como los que siguen.

EJEMPLO A: Se cortó el flequillo.

                Nos construimos una casa de fin de semana.

Recordemos que una interpretación es la reflexiva, donde el sujeto realiza la acción del verbo excluyendo a otros participantes. Pero la otra interpretación es causativa y parafraseable como en el EJEMPLO B, es decir, otro participante es el que realmente *corta* y *construye*.

> EJEMPLO B: Se hizo cortar el flequillo (por el peluquero de moda).
> Nos hicimos construir una casa de fin de semana.

Sin embargo, cuando el hablante elige la construcción en el EJEMPLO A en lugar de la del B para la lectura causativa, tiene un motivo: la participación de esa otra persona es totalmente irrelevante para la comunicación. Observen que en el B el pronombre excluye la participación de terceros en el acto volitivo de tomar la decisión de que pase algo. Por consiguiente, creemos que el uso del pronombre en el A sigue la generalización que sugerimos.

La veracidad de la hipótesis sobre la trama que une los distintos usos "reflexivos" del *se* podría explicar por qué estos pronombres parecen seguir ampliando su uso cada vez más.

Análisis

Entre los verbos con tres argumentos ya vimos algunos que son en realidad ambiguos. Observe los ejemplos y explique esta ambigüedad.

1. ¿Te teñiste el pelo de rubio?
2. Nos hicimos trajes en el mismo lugar.
3. Me operé del apéndice.
4. Los Reyes Católicos se construyeron la Capilla Real para ser enterrados allí.

¿Qué otros verbos se comportan como éstos?

3.6.2 Usos no paradigmáticos
(i) *Se* falso o espúreo

Comencemos con un *se* que ya hemos tratado en un apartado anterior, el *se falso* o *espúreo*. Este *se* surge de la incompatibilidad de dos pronombres átonos de tercera persona que empiezan con *l-* construidos con el mismo verbo (la regla mecánica en la sección 2.5). Veamos un par de ejemplos recordatorios.

> ¿La tarta de cumpleaños? *Se* la decoraron de amarillo.

> Ya *se* lo compraré en cuanto me sobren unos billetes.

(ii) *Se* impersonal

se impersonal
el uso de *se* para indicar que el verbo carece de un sujeto léxico definido

Otro uso no paradigmático es el llamado *impersonal* o *indefinido* (al que también mencionamos brevemente en el capítulo II, 4). Como su nombre indica, el sujeto de las oraciones siguientes tiene un referente indefinido y general que excluye cualquier tipo de sujeto léxico. Cuando se usa el *se* impersonal con verbos intransitivos (EJEMPLO A), copulativos (B), con cláusulas como complemento (C y D), con un objeto directo introducido por la *a* personal (E) o con un verbo de régimen (F), el verbo aparece siempre sólo en la tercera persona singular.

> EJEMPLO A: Aquí se trabaja más de la cuenta.

> EJEMPLO B: O se es responsable, o no se es.

> EJEMPLO C: Se prohíbe fijar carteles.

EJEMPLO D: Se dice que va a diluviar.

EJEMPLO E: Se valora a los que pueden viajar.

EJEMPLO F: Se insiste en recortar el presupuesto.

Observemos que aunque la referencia del sujeto es impersonal, éste debe entenderse como humano, de lo contrario la oración es agramatical.

*Se desagua en el Río de la Plata.   (cf. Ese río desagua en el Río de la Plata.)

*Se ruge.   (cf. El león ruge.)

*Se graniza.   (cf. Graniza.)

Algunas de estas oraciones son gramaticales con un sentido no literal (*Aquí no se habla, se ruge.*), pero aún así deben cumplir con el requisito del sujeto humano o en el caso de las fábulas, humanizado.

Cuando el *se* se construye con objetos directos no introducidos por la *a* personal, las cosas se complican. Por un lado, por la posibilidad de establecer concordancia con el objeto lógico, y por otro, por la disparidad entre lo que proponen las gramáticas y lo que se oye en el habla cotidiana. Haremos una presentación un tanto flexible examinando opciones para dejar la elección final a cargo del lector. Existen dos casos principales que considerar.

1. Con verbos transitivos cuando el objeto no va modificado, la tendencia es establecer concordancia con este objeto lógico, que pasa a funcionar como sujeto gramatical.

    Se busca gerente.

    Se necesitan médicos anestesistas.

    Se arreglan zapatos.

    Se venden antigüedades.

    Los ejemplos aquí presentados con el verbo en tercera persona plural también se ven con el verbo en singular (*Se necesita médicos anestesistas*, etcétera). Lo que ocurre es que surge un contraste entre el significado de la oración (una persona indeterminada lleva a cabo la acción, es decir, ni los médicos se necesitan a sí mismos, ni los zapatos pueden arreglarse por sí solos), y la tendencia general del español a establecer concordancia con el objeto lógico cuando no hay sujeto. Debido a esta concordancia, las gramáticas tradicionales analizan estos ejemplos como pasivos. Esta misma tendencia se observa en los ejemplos siguientes.

    Habían muchas personas presentes.

    Hubieron varios accidentes por la niebla.

2. La misma lucha o uso alternativo se ve con objetos inanimados modificados, pero aquí se hace necesario considerar varias posibilidades. Hay situaciones en que el sentido de impersonalidad se respeta cuando el verbo se pluraliza, pues el significado del verbo necesita un agente.

    Se oyó más de una palabrota.

    Se oyeron muchas palabrotas.

    Hoy se acepta su hipótesis.

    Hoy se aceptan sus hipótesis.

En otros casos el plural y el singular se interpretan en forma diferente; compárense los pares siguientes.

Las puertas se cerraron.

Se cerró las puertas.

Se quemaron los árboles.

Se quemó los árboles.

Puesto que las puertas pueden cerrarse sin la acción del hombre y los árboles pueden quemarse accidentalmente, la primera oración de cada par puede interpretarse como reflexiva (consultar los usos paradigmáticos del *se*). Si queremos comunicar sin ninguna duda una actividad impersonal, debemos utilizar el verbo en singular (la segunda oración de cada par). Incluso existen verbos que, a diferencia de las oraciones arriba, no admiten la formación de pares.

*Las casuchas se demolieron.

Se demolió las casuchas.

 Los andamios se desplomaron.

*Se desplomó los andamios.

Esto sucede porque el verbo *demoler* sólo permite una interpretación causativa, mientras que *desplomarse* indica una acción espontánea. Ahora consideremos el ejemplo siguiente. ¿Cómo se interpreta?

Se cierra la puerta a las ocho.

Tal cual, es ambiguo. Cuando se entiende como impersonal, *la puerta* funciona como objeto directo y por tanto, puede pronominalizarse con el pronombre átono correspondiente.

Se la cierra a las ocho.

La segunda interpretación se acerca a la pasiva. Ocurre cuando se analiza *la puerta* como sujeto, y en este caso, como con todo sujeto identificado por el contexto, puede quedar sobreentendido.

Se cierra a las ocho.

Resumiendo los usos del *se* impersonal, repetimos que la concordancia con el objeto lógico sólo se presenta en una situación: cuando este objeto es nominal, no humano y no precedido por la llamada *a* personal. En todos los otros casos, el verbo está obligatoriamente en tercera persona singular y la interpretación como sujeto humano indeterminado no léxico es la única posibilidad. (Para las diferencias entre el uso del *se* impersonal y las oraciones pasivas con *ser*, diríjase al capítulo II, 4.1.)

Para terminar ofrecemos una reflexión. Al considerar los múltiples usos del *se* en español, a cada paso debemos preguntarnos si estamos en presencia de un solo *se*, o si existen varios elementos que tienen la misma apariencia. La respuesta puede que sea distinta para distintas personas. Para los hispanohablantes no creemos que exista conciencia de más de un *se*, indeterminado en cuanto a su función y, por tanto, dado a usos variados que dependen del contexto y del significado léxico del verbo que acompaña. Pero si consideramos este problema desde un punto de vista pedagógico, debemos admitir que lo más razonable será presentar los distintos usos por separado, aunque sin olvidar que forman parte de un todo integrado.

Práctica

A. Pase las siguientes oraciones a otras con el *se* impersonal según el modelo.

MODELO: Necesitamos secretarias competentes.
Se necesitan secretarias competentes.

1. Estamos cansados de trabajar tanto.
2. Vendieron todos los terrenos.
3. Están pensando en las vacaciones.
4. Nunca invitábamos a los chicos de aquella residencia.
5. Dicen que el resultado será otro.
6. En esa tienda compran y venden libros usados.
7. Vemos soldados por todas partes.
8. Asesinaron a tres generales y a dos coroneles.
9. Le rogaron que fuera el representante.
10. Lo forzó a aceptar.
11. La biblioteca compró varias colecciones nuevas.
12. Las consiguieron a último momento.

B. Clasifique el tipo de *se* que aparece en las siguientes oraciones.

MODELO: Se llegó a un acuerdo hace unas pocas horas.
se impersonal

1. Se intuye una pelea entre los dos grupos.
2. Se les recibió como a reyes.
3. Se la mandamos hace tiempo.
4. Se ruega pasar al interior del vehículo.
5. Se la entregó.
6. Agítese antes de usarse.
7. Se debe tratar a la gente con amabilidad.
8. Aquí no se es nadie.
9. No se lo ha dicho todavía.
10. Manténgase fuera del alcance de los niños.

C. Presente ocho oraciones con *se* que puedan tener tanto una interpretación impersonal como otra cercana a la pasiva.

D. El *se* impersonal se usa frecuentemente para dar instrucciones. En la siguiente receta cambie las formas verbales de segunda persona singular (*tú*) a verbos con el *se* impersonal.

FLAN CLÁSICO

Ingredientes:

8 huevos   3 tazas de leche
5 cucharadas de azúcar   1 taza de azúcar para acaramelar el molde
unas gotitas de esencia de limón o vainilla

Preparación:

En el molde en que vas a cocinar el flan, vierte 1 taza de azúcar; pon al fuego revolviendo continuamente hasta que el azúcar se derrita y tome color caramelo; retira del fuego y esparce el caramelo por los costados y fondo del molde continuamente hasta que se solidifique. Pon el molde a un lado.

Prende el horno y deja que se caliente a 350°F.

Separa las claras de las yemas y ponlas en distintos recipientes.

A las yemas agrégales las 5 cucharadas de azúcar y bátelas hasta que queden cremosas; agrega la esencia de limón o de vainilla; también añade la leche poco a poco sin dejar de batir.

Bate las claras hasta que se formen picos. Mezcla con cuidado las claras batidas a la preparación de las yemas. Vierte todo en el molde acaramelado. Pon el molde en el horno a baño María por unos 30 a 40 minutos. Saca el flan del horno y deja enfriar bien antes de desmoldarlo. Puedes dejarlo en el molde por un par de días en la nevera hasta que decidas servirlo.

1. Escriba su receta favorita usando el *se* impersonal.
2. Imagine que Ud. tiene que explicarle a un marciano que nunca ha visto un lavarropas cómo hacer la lavada. Para que lo entienda bien y no haya errores, escríbale instrucciones para lavar ropa en esa máquina, siempre usando el *se* impersonal.
3. Ahora pase a dar direcciones a alguien que acaba de llegar al lugar donde Ud. está. Diríjalo a un lugar interesante de la región, dándole todos los consejos con el *se* impersonal.

E. Complete las oraciones siguientes con el verbo en paréntesis. El sujeto debe ser el mismo que el de la primera oración.

MODELO: Queríamos que ella tuviera un sombrero nuevo y (comprar).
           Queríamos que ella tuviera un sombrero nuevo y *se lo compramos*.

1. Noté que el niño tenía las manos sucias y (lavar).
2. ¿Insistías en salir con el abrigo puesto y (poner)?
3. No queríamos lastimarnos los ojos y (cerrar).
4. Metiste el brazo en la máquina y (dañar).
5. ¿Sabías la respuesta y no (levantar) la mano?
6. Le tiré a Pedro un poco de lodo y (ensuciar) la camisa.
7. Jugué con los niños y (estropear) la blusa.
8. Cada vez que veo un sombrero tengo que (poner).
9. Necesito lavarme las manos porque (tener) sucias.
10. Pepe me compró una novela de detectives y (dar) en seguida.

Análisis

A. El *se* impersonal también aparece con la pasiva con *ser*, pero esta construcción tiene ciertas limitaciones en cuanto a tiempos y aspectos verbales. Deduzca estos límites y encuentre su razón, basándose en los juicios de gramaticalidad indicados.

1. Se es perseguido por las fuerzas del mal.
2. *Se fue explotado por los poderosos.
3. En esos tiempos, se era castigado sin provocación.
4. Cuando se ha sido engañado una vez, se tiene más cuidado.
5. *En este país, se fue perseguido en esos años.
6. Aunque se fuera mordido por una serpiente venenosa, no debe perderse la calma.

7. *Se hubo sido torturado en nombre de la ciencia.
8. Cuando se es apreciado por los amigos, se tiene fuerza para seguir adelante.

Ahora escriba seis oraciones de este tipo.

 B. Recordando que hemos dividido los usos del *se* en *falso* o *espúreo*, *impersonal/pasivo*, *reflexivo* o *recíproco*, *espontáneo* y los *léxicos inherentes* y *opcionales*, clasifique los *se* de las siguientes oraciones. Identifique el sujeto.

MODELO: Constantemente se ensimismaba en su propio mundo.
sujeto = tácito de 3a. sg.; *se* = léxico obligatorio

1. Se equivocó de avión.
2. Se complacían en escandalizar a los mayores.
3. Se quejaba de que le dolían las muelas.
4. Se le reconoce por su andar.
5. Se hicieron amigos.
6. Se le rió en su propia cara.
7. Se vacunó contra la viruela.
8. Hasta las paredes se estremecieron durante el temblor.
9. Se divirtieron como locos.
10. Se pone muy nervioso.
11. En el picnic se calentaban los refrescos al sol.
12. Una vez abierto, consérvese en el refrigerador.

C. En el siguiente párrafo identifique la función de los pronombres, clasificando los distintos usos.

Me desperté sobresaltado con el ruido torturante del despertador. Luego de desperezarme por apenas unos segundos, me senté en el borde de la cama; ya no estaba para levantarme con un solo movimiento fluido. Si esto era lo que traían los sesenta, me pregunto lo que acompañará a las próximas décadas; mejor ni imaginarlo. Me eché la bata sobre los hombros y me la terminé de asegurar al enderezarme. Al ir hacia al baño, me di cuenta que el pie derecho se me arrastraba en contra de mi voluntad, ¡otra novedad que se me sumaba a los achaques conocidos! Pero la rutina diaria se impuso: ducharse, afeitarse, lavarse los dientes, cepillarse los pocos cabellos, vestirse... ¿Y para qué? Pues para desayunarme en el café de la esquina con los otros jubilados y así matar parte de la mañana contándonos cuentos, riéndonos de nuestro deterioro físico y vanagloriándonos de los triunfos de nuestros hijos. ¿Qué más se le puede pedir a la vida?

3.6.3 Acotaciones finales

Ahora que hemos examinado los distintos empleos del *se* recordemos que un mismo verbo puede participar en más de uno de los usos. Por ejemplo, hemos clasificado *parecerse* dentro de los verbos léxicos opcionales, pero esto no le impide participar en un contexto con interpretación recíproca.

Los mellizos se parecían mucho (el uno al otro) a pesar de que no eran gemelos.

El verbo *escribir* puede funcionar tanto como reflexivo (EJEMPLO A), como recíproco (B). Pero también puede usarse como impersonal (C) y con una interpretación cercana a la pasiva (D).

EJEMPLO A: La señora se escribió una nota recordatoria.
EJEMPLO B: Se escribían mutuamente.
EJEMPLO C: ¿Cómo se escribe "Asunción"?
EJEMPLO D: Las formas de la segunda persona del pretérito se escriben sin *s*.

Este resultado corrobora lo que dijimos en un principio. No hay distintos *se* sino distintos usos que dependen del contexto y del significado léxico que aportan el verbo y sus argumentos.

Resumiendo los usos del *se*, nos gustaría recordar que éstos se pueden dividir en dos grupos principales. Un grupo es el del *se* que correfiere con el sujeto, o sea, los usos paradigmáticos, precisamente porque este *se* es sólo un miembro de un paradigma pronominal completo. Aquí hemos incluido los usos reflexivos/recíprocos/espontáneos, y los léxicos obligatorios y opcionales. En el otro grupo, el de los usos no paradigmáticos, el *se* no alterna con otros pronombres: los usos del *se* espúreo o falso (el que surge del contacto de dos pronombres de tercera persona que comienzan con *l*-) y el *se* impersonal, que indica la presencia de un sujeto humano indefinido. En este último también incluimos usos que se suelen considerar pasivos, en los que se establece concordancia con un objeto lógico.

Análisis

En las oraciones siguientes, identifique el uso del *se*, el número y función de los argumentos que tiene cada verbo y el rol temático del tercer argumento (*recibidor*, *poseedor*, *meta* o *beneficiado*) si lo hay.

MODELO: Se preguntaba cómo solucionar el asunto.
            Tres argumentos: sujeto = tácito de 3a. sg.; O.D. = *cómo solucionar el asunto*;
            O.I. = *se* con uso *reflexivo* y rol de *recibidor*

1. Se inyectó un líquido oscuro y espeso.
2. Se le envió por correo urgente.
3. Se lo prometieron al niño.
4. Se los sacó a todos de encima.
5. Acababa de comprárselo cuando se estrelló.
6. Se escribió el número en la mano.
7. Se prohíbe la consumición de bebidas alcohólicas a menores de veintiún años.
8. Siempre se levanta de mal humor.
9. Se pegó un susto tremendo.
10. Se lo juro.
11. Ya se la cobramos.
12. Manténgase fuera del sol.

4. PARTICULARIDADES SOBRE LA INTERPRETACIÓN DE LOS PRONOMBRES ÁTONOS

Recordemos que fuera de contexto, una oración con el pronombre átono *se* puede ser ambigua. ¿Cómo interpretaría Ud. el ejemplo siguiente?

Se escribió esa carta desde Bariloche.

Exactamente, este *se* puede ser el *se* impersonal, pero también el reflexivo con un sujeto sobreentendido de tercera personal singular (*se escribió la carta a sí mismo*). Ambigüedades similares ocasionan una regla de uso que tiene la función de facilitar la comunicación. Considere los ejemplos siguientes con *herir*, un verbo transitivo.

211

*Particularidades sobre la
interpretación de los
pronombres átonos*

EJEMPLO A: Juan lo hirió
EJEMPLO B: Juan se hirió.
EJEMPLO C: Se le hirió.
EJEMPLO D: Se lo hirió.

El carácter transitivo de *herir* queda claro en el EJEMPLO A puesto que aparece con un pronombre de objeto directo. En el B tenemos la interpretación reflexiva al haber correferencia entre el sujeto y el objeto. Pero ¿qué tenemos en el C? El *se* impersonal seguido de un pronombre de objeto indirecto, a pesar de que este verbo sólo tiene dos argumentos, el sujeto y el complemento directo. Por lo tanto, tendría que construirse como en el EJEMPLO D. La posibilidad en el C, o sea, la sustitución del pronombre directo *masculino* por uno indirecto [*lo(s)* → (*le(s)*] cuando aparece con el *se* impersonal ocurre hasta en dialectos que respetan el sistema etimológico de pronombres personales átonos. La motivación de este cambio es indicar que el *se* es el impersonal. Otros ejemplos aparecen a continuación.

> Se les abandonó a sus propios medios.
>
> Se les creía capaces de cualquier cosa.
>
> Se le consideraba bien.

pero: Se *las* admiraba por sus méritos.

Ahora recordemos que en la sección 2.3 se dijo que cuando un objeto directo o indirecto es un pronombre tónico, éste debe obligatoriamente aparecer duplicado con el correspondiente pronombre átono:

Les hablamos a ellos.   (cf. *Hablamos a ellos.)
Me quiere a mí.   (cf. *Quiere a mí.)

Sin embargo, existe un contexto en los dialectos "leístas" (los que usan el *le(s)* como objeto directo masculino) donde esto es imposible. En las dos siguientes oraciones gramaticales es evidente que los pronombres tónicos no están duplicados.

EJEMPLO E: Me recomendaron a ellos.
             Te presentaron a ella.

¿Pero cómo se interpretan estas oraciones? ¿Quién es recomendado o presentado a quién? Aunque podría pensarse que *me* y *te* en el EJEMPLO E pueden interpretarse tanto como objeto directo u objeto indirecto, esto no es lo que ocurre. Sólo funcionan como objetos directos; el pronombre tónico (*ellos, ella*) es interpretado obligatoriamente como indirecto. Pero, ¿de dónde proviene esta restricción? Parece ser que la ocasionan oraciones como las siguientes.

EJEMPLO F: Me le recomendaron.   (i.e., él/ella a mí)
             Te les presentaron.   (i.e., ellos/ellas a ti)

Estos ejemplos tendrían que ser ambiguos, pero no lo son. Los pronombres átonos *te* y *me* sólo se interpretan como objetos indirectos, y el *le(s)* como objeto directo. De ahí que el idioma tiene que buscar otra manera de expresar las relaciones inversas (1a. y 2a. persona como objeto directos y la 3a. como objeto indirecto), que es justamente la interpretación que reciben los ejemplos en el E.

Este resultado prohíbe la duplicación de los pronombres tónicos en el E, pues si se los duplicara en los dialectos leístas, acabaríamos con las oraciones en el F que significan otra cosa.

En las variantes del español donde los pronombres átonos observan el sistema etimológico, no surge este problema ya que, al usar las formas *lo/la* y sus plurales, expresan el F como en el EJEMPLO G, y el F se interpreta como equivalente al E.

EJEMPLO G: Me los recomendaron a ellos.
Te la presentaron a ella.

EJERCICIOS FINALES

Análisis

A. En el siguiente texto, estudie el uso de los pronombres sujeto léxicos y sobreentendidos. A continuación explique los valores comunicativos de los mismos.

Olga indicó al soldado que se sentara al frente, rodeó la bola con sus dedos de uñas mal pintadas, escrutó la esfera por un buen rato, luego tomó las manos de su cliente y examinó con gran atención las palmas claras cruzadas de líneas oscuras.

—Usted vivirá dos veces —dijo al fin.
—¿Cómo dos veces?
—No lo sé. Sólo puedo decirle que vivirá dos veces o dos vidas.
—O sea que no moriré en la guerra.
—Si se muere seguro resucita —dijo Judy.
—¿Moriré o no?
—Supongo que no—dijo Olga.
—Gracias, señora, muchas gracias... —Se le iluminó la cara como si ella le hubiera entregado un certificado irrevocable de permanencia en el mundo.
—Bueno, ya es hora de dormir, mañana saldremos temprano —interrumpió Charles Reeves.

Extracto de *El Plan Infinito* de Isabel Allende (Barcelona: Plaza & Janes Eds., 1994: p. 18).

B. En las oraciones siguientes identifique el número de argumentos de cada verbo y el rol semántico del correferente con *le(s)*. Dé una paráfrasis con un sintagma preposicional y sin el *le(s)* si fuera posible. Algunos ejemplos permiten más de una interpretación.

MODELO: Le otorgaron un premio prestigioso a ese escritor.
Tres argumentos: sujeto = 3a. plural tácito; O.D. = *un premio prestigioso*;
O.I. = *le... a ese escritor*, rol = recibidor (cf. Otorgaron un premio prestigioso *a* ese autor.)

1. Su trabajo les está cambiando la vida.
2. La mamá le dibujó los mapas al niño.
3. Les tocó vivir en tiempos difíciles.
4. La adivina le pronosticó una vida conflictiva pero llena de aventuras.
5. A mí no me bastan tus palabras.
6. ¿Te echaron encima un vaso de vino?
7. Le iluminaron los alrededores de la casa con lámparas escondidas en los árboles.
8. ¿Ya os trajeron los nuevos muebles?

9. Le borró la sonrisa con la noticia esa.
10. Nos controlan la producción diaria.
11. ¿Cuánto les costaría ese coche?
12. Nos instalarán el sistema de alarma la semana entrante.
13. Le ablandaron la arcilla con agua.
14. ¿Quién te vigila la casa cuando sales de vacaciones?
15. Le extrajo una promesa por cansancio.

C. Construya contextos en los que las siguientes oraciones serían correctas. Consulte a hispanohablantes si le fuera necesario.

1. Se me fue el alma a los pies.
2. Se le cae la baba cuando habla de su nieta.
3. Creo que Rosa se trae algo entre manos.
4. A este chico se le sube la sangre a la cabeza con gran facilidad.
5. ¿Por qué estás cojeando? ¿Es que se te durmió la pierna?
6. Sólo con el olor que viene de la cocina se me hace la boca agua.
7. Con la edad, cada día se vuelve más taciturno.
8. Los tenía revolcándose de risa con sus chistes.
9. Aunque te mueras de vergüenza, tienes que hacerlo.

D. Dentro de los verbos que permiten una alternativa con *le(s)* hay distintas clases. Trate de situar tantos verbos como pueda dentro de los grupos sugeridos y añada otras clases si lo cree necesario.

V algo **a** alguien	→	devolver, donar, enseñar, etcétera
V algo **para/por** alguien	→	preparar, dibujar, hacer, etcétera
V algo **de** alguien	→	quitar, sacar, etcétera

E. Hay muchas teorías respecto al uso del *se*. Una de ellas dice que en muchos de sus usos el *se* sustituye a uno de los argumentos del verbo, le "roba" un argumento. Estudie esta teoría y compárela con la expuesta en el texto.

F. El español tiende a expandir los fenómenos gramaticales (recordar ejemplos tales como la extensión de la *a* personal más allá de los objetos humanos o la tendencia a la concordancia plural con el objeto lógico mencionada en este capítulo). Lo mismo ha pasado con los usos del *se*. El *se* construye su propio imperio en el que, tal como se movían y cambiaban las fronteras de los antiguos reinos, así los usos del *se* pasan de un uso a otro confundiéndose (y confundiéndonos), lo que hace difícil la explicación. Gili Gaya (1961: 129) explica la expansión histórica del *se* en español de la siguiente manera.

reflexivo acusativo → reflexivo dativo → dativo ético → signo de participación en la acción → signo de pasiva → signo de pasiva impersonal → signo de impersonal activa

Este gramático explica esta ampliación con oraciones como las que siguen.

me afeito todas las mañanas → te ponías un traje nuevo → el perro se comió la ración → se ha muerto un vecino mío → la pared se hundió con el peso de la techumbre → se cometieron muchos atropellos → se ha pedido refuerzos

Compare los nombres que emplea Gili Gaya con los usados en el texto. Sitúe los ejemplos que quedarían dentro de cada una de sus categorías. Luego decida qué clasificación le resulta más fácil de usar y por qué.

G. Una forma de entender los distintos usos del *se* es construir un plan mental, por medio de preguntas para ir identificando sus usos. Por ejemplo, si queremos identificar el espúreo nospodríamos preguntar: ¿Proviene este *se* de otro pronombre de tercera persona? Si la respuesta es afirmativa, hemos logrado identificar un uso; pero si es negativa, tenemos que seguir haciéndonos preguntas. Para el uso impersonal, preguntaríamos: ¿Puede tener la oración un sujeto explícito? y así seguir hasta gastar todas las posibilidades. Trate de organizar este tipo de preguntas en un flujograma con ramificaciones binarias que den como resultado los distintos usos del *se*.

H. Ahora que tiene su propio plano, compruebe que le sirve para solucionar el próximo ejercicio con mayor facilidad. Clasifique los usos del *se*, siempre identificando el sujeto de la oración.

1. No se le ocurre ni una idea nunca.
2. Se enemistaron.
3. Se esforzaba por complacer al público.
4. Se la chupó todita.
5. Se salía el agua por una pequeña rajadura.
6. Se le escapó un suspiro.
7. Se aliaron pero sin convicción.
8. La flecha se insertó en el blanco.
9. A ellos sólo se les veía la brasa del cigarrillo.
10. La remuneración se corresponde con el nivel de responsabilidad.
11. Durante la votación, se me abstuvo.
12. La neurosis se ha desatado en el país.
13. Hay personas que se desvanecen y nunca se las encuentra.
14. No se es enfermo sino que se tiene una enfermedad.
15. Está dispuesta a jugarse el todo por el todo.
16. Se puso a salvo y esperó hasta que al atacante se le acabara la munición.
17. El problema que se le planteó ya tiene solución.

I. En el siguiente texto, analice y clasifique los *se*.

La fiesta de San Juan Bautista

En Puerto Rico, existe una serie de supersticiones y costumbres que se observan en la víspera, en el día y en la noche de San Juan. Aunque estas tradiciones no son tan populares como lo fueron en tiempos pasados, todavía se practican especialmente fuera de los centros urbanos.

Por ejemplo, en la víspera las jóvenes casaderas preparan unos papelitos con el nombre de tres pretendientes y los doblan, echándolos en un vaso de agua. Al día siguiente, el más abierto de los tres indica quién será el elegido con el que la joven se casará. A veces se usan tres habichuelas o tres limones y en vez de usar un vaso con agua, se colocan los objetos debajo de la almohada.

Se dice que lo soñado el día de San Juan, sale. Así que la víspera de San Juan las jóvenes hacen la oración de San Roque para soñar con el futuro marido, que aunque no lo conozcan todavía, aparecerá en sueños.

El día de San Juan, al amanecer, uno se mira en el espejo y lo que se ve es lo que va a suceder. Algunos se miran en un vaso de agua: si ven su sombra, no se van a morir todavía y si no la ven, es porque morirán pronto. También se cree que al que se recorta el pelo el día de San Juan, le crece mucho.

En la noche de San Juan, a las doce de la medianoche, algunos acostumbran bañarse en la playa, tirándose de espaldas, para quitarse la mala suerte.

J. La gente no hispanohablante suele tener mucha dificultad para aprender los diversos usos del *le(s)* y del *se*. ¿Por qué cree que ocurre esto? Usando su propia experiencia, conjeture sobre las razones y haga sugerencias para ayudar a estas personas a perfeccionar sus conocimientos.

La problemática del análisis y los usos de los pronombres del español es el tema de muchos libros y artículos. Aquí sólo nombramos unas pocas lecturas adicionales.

Goldin (1981) propone la división de los subtemas gramaticales en mecánicos y conceptuales. Este mismo autor también clasifica los distintos usos de los pronombres indirectos (Goldin 1976). Porto Dapena (2002) presenta una discusión de los complementos del verbo. Suñer (1988 y 2000) estudia el contraste duplicación / no duplicación con los pronombres de objeto directo e indirecto; ver también DeMello (2004).

Los usos del *se* es el foco del libro de Molina Redondo (1974) y los artículos de Alarcos (1978), Roldán (1971), Otero & Strozer (1973) y Suñer (1981/1983) y (1990); todos estos estudios contienen gran cantidad de ejemplos explicativos.

CAPÍTULO VI

Otros temas

Viernes, 8 de marzo

EL DIARIO

El Tiempo

La atmósfera está estable y mañana el cielo estará despejado en toda la zona del sur. La temperatura máxima será de 15 grados y la mínima de 8 grados. Habrá neblina a partir de los 1.200 metros de altura durante las primeras horas de la mañana.

En este capítulo veremos los siguientes temas: el uso de los verbos copulativos *ser* y *estar*, la *a* personal, la concordancia entre sujeto y verbo (véase el capítulo II, 3.3) y entre verbo y objetos, las cláusulas relativas, la selección de los pronombres relativos (véase el capítulo II, 4.2), y el uso de algunas preposiciones. También discutimos la variación ortográfica y la pronunciación.

1. *LOS VERBOS COPULATIVOS SER Y ESTAR*

Recuerde algunos de los usos de *ser* y *estar* solucionando el siguiente ejercicio.

Para empezar...

 Conteste las siguientes preguntas construyendo oraciones con una forma adecuada de *ser* o *estar*. ¿Por qué ha empleado el verbo escogido? Compare sus notas sobre este ejercicio con la información de esta sección.

1. ¿Tu tía? ¿Una famosa cantante de ópera?
2. ¿Todos vosotros? ¿Mejor que ayer?
3. ¿El gato? ¿Durmiendo al sol?
4. ¿Esta camisa? ¿De poliéster y lino?
5. ¿El niño? ¿De mal humor?
6. ¿Todos los cuadros de la exposición? ¿Contemporáneos?
7. ¿El jardín? ¿Lleno de agua?
8. ¿El que habla tanto? ¿Callado hoy?
9. ¿Por lo menos dos de los accidentados? ¿Vivos?
10. ¿Mis primos? ¿En Miami?
11. ¿La ceremonia? ¿A las ocho en la iglesia de la esquina?
12. ¿Todas nuestras sugerencias? ¿Rechazadas por el jefe?
13. ¿La oficina? ¿Cerrada en este momento?
14. ¿El hijo menor? ¿Más alto que el mayor?
15. ¿Las fresas? ¿A 70 pesos el kilo?

1.1 INTRODUCCIÓN

Ya vimos que los significados de las formas conjugadas del verbo expresan una variedad de información. En este apartado examinaremos los verbos copulativos *ser* y *estar*, que se distinguen de otros verbos por el tipo de significado.

El papel de un verbo copulativo es doble. En primer lugar, el verbo copulativo sirve de unión entre el sujeto y las demás partes de la oración. En segundo lugar, expresa los significados gramaticales (tiempo, aspecto, modo, persona, número, etcétera) necesarios en las formas conjugadas. En *El coche es nuevo* el verbo *ser* sirve para atribuir la descripción *nuevo* al *coche* y la forma *es* muestra que el tiempo es presente, el modo es indicativo, y así sucesivamente. Un idioma no necesitaría más de un verbo copulativo y así ocurre en muchas lenguas. Sin embargo, el español tiene dos verbos copulativos, *ser* y *estar*, y por esta razón es posible expresar variedades de significado que no se expresan en otros idiomas o que se expresan de una forma diferente.

Empezamos con el siguiente recuadro en que observamos que algunos contextos sintácticos aceptan ambos verbos copulativos, mientras que otros contextos están limitados a uno de los dos.

	SER	ESTAR
V + sintagma nominal	Mi hermano es *ingeniero.* Los más listos somos *nosotros.*	———————
V + adverbio y adjetivo de condición	———————	Yo estoy muy *bien.*
V + gerundio = progresivo	———————	*Estoy* esperando.
V + sintagma preposicional	Son *de Alemania.* El regalo es *para mi abuela.*	Estamos *de vacaciones.* Estoy *para salir.*
V + adjetivo	Tu casa es *bonita.*	Tu casa está *bonita.*
V + expresión de localización espacial o temporal	El concierto es *a las ocho.* La boda es *mañana.*	Están *en el patio.* *¿A qué hora* estará Juan?
V + participio pasado	La puerta fue *cerrada.*	La puerta estaba *cerrada.*

Empezaremos con aquellos contextos en que no existe contraste entre *ser* y *estar* (los predicados que son sintagmas nominales, adjetivos o adverbios de condición y el progresivo). Luego estudiaremos los contextos que admiten ambos verbos (los predicados que son sintagmas preposicionales, adjetivos, expresiones de localización y participios pasados).

1.2 *CONTEXTOS EN QUE* SER *Y* ESTAR *NO CONTRASTAN*

(i) *Ser* con sintagmas nominales.

La presencia de un sustantivo o un pronombre en el predicado obliga a usar *ser*. El verbo copulativo funciona como simple signo de igualdad o nexo.

EJEMPLO A: La Tierra *es* un planeta.

EJEMPLO B: El padre de Alberto *fue* médico.

EJEMPLO C: Mi profesor de arte *será* aquél.

En los tres ejemplos la situación se presenta como *durativa;* tiene validez a través del tiempo, sin posibilidad de caracterizarla de otra forma. En el EJEMPLO A se identifica la Tierra como un planeta, un hecho que ha sido y será válido sin límite de tiempo. En el B el padre de Alberto fue médico, una situación que no sugiere cambio, igual que en el C, donde no hay razón para pensar que aquél no será el profesor de arte.

Ser da por sabida la identificación del sujeto como el referente de la frase nominal. Caracteriza la situación como un hecho válido sin sugerir su terminación. En el próximo apartado veremos cómo esta caracterización durativa de *ser* contrasta con el uso de *estar*.

(ii) *Estar* **con adverbios y adjetivos de condición.**

La caracterización durativa que implica el uso de *ser* con sintagmas nominales contrasta con el uso obligatorio de *estar* con adverbios y adjetivos de condición. Éstos, por su significado, expresan una valoración respecto al estado en que se encuentra el sujeto en un determinado momento. Por eso obligan al hablante a concentrarse en un tiempo más limitado.

Todos *estamos* muy bien.

Rafaela *estaba* mal.

El significado de *estar* acentúa la *posibilidad* de un cambio y da por supuesto que el estado no puede extenderse sin fin hacia el futuro, y tampoco hacia el pasado. Por tanto, se deja sitio para un cambio en el futuro y podemos deducir que ha habido un cambio anterior para empezar el estado.

Rafaela estaba mal.

Por ello, los adjetivos que expresan estados no durativos, parecidos a los de los adverbios de condición, también se utilizan con *estar*.

Mi tío *está* muy enfermo.

Toda la familia *está* mala hoy.

Como idea final, vemos que *estar* delimita la duración del estado y acentúa la *posibilidad* de un cambio, mientras que *ser* acentúa la *probabilidad* de que el estado continúe.

(iii) *Estar* **con el progresivo.**

El progresivo se forma con *estar* y el gerundio; su significado refleja el aspecto dinámico y activo de la situación.

¡*Están* retirando los coches con grúa!

Felipe *estará* descansando en la otra habitación.

Estábamos saliendo cuando ellos entraron.

Me *está* gustando mucho.

Están siendo muy indiscretos.

Es natural que el verbo *ser* no admita esta forma, ya que el progresivo acentúa el desarrollo de la situación. El uso de *ser* sería una contradicción, ya que su connotación durativa acentuaría la intemporalidad de la situación y no un momento determinado. Para los valores comunicativos del progresivo, repase el capítulo III, 7.

Práctica

A. Construya oraciones utilizando el verbo copulativo apropiado y explique por qué es el único verbo permitido.

MODELO: mi cuñado / arquitecto → *Mi cuñado es arquitecto*.
(el complemento es un sustantivo que identifica y requiere *ser*)

1. cuarenta y cinco dividido por nueve / cinco
2. mi hermana / peor de lo que esperaba
3. dicen que / un mal conductor
4. toda la familia / envolviendo los regalos
5. ¡para el coche! ¡el niño / mareado!
6. el comer bien / vivir bien
7. después del viaje / nosotros / agotados
8. dudo que tu maleta / la otra
9. ésta / la mía
10. la profesora / enferma ayer y no vino a clase
11. los pintores / pintando la fachada cuando llegué
12. le ha tocado la lotería y / muy alegre

B. Complete las siguientes oraciones con la forma apropiada de *estar* y explique su uso.

1. ¿Cómo ___ tú? ___ regular.
2. Mi abuelo parece ___ mejor que ayer.
3. El que se aviva ___ el que saca provecho.
4. Me da pena que Elena ___ triste en estos días.
5. Allí ___ donde lo dejaron.
6. Siempre ___ mi mejor amiga.
7. ___ mucho dinero.
8. Ayer Alicia ___ muy contenta.
9. Nosotros ___ estudiando toda la tarde y ___ hartos.
10. ___ mi profesora favorita.
11. ¿ ___ tuyos estos calcetines?
12. Las hojas ya ___ cayendo de los árboles.

Análisis

Cambie los verbos de las siguientes oraciones al progresivo con *estar*. Comente la diferencia entre el uso de la forma simple y la forma progresiva. ¿Qué valores comunicativos expresa el progresivo?

1. *Esperábamos* que los otros llegasen.
2. *Cultivan* menos tabaco.
3. Mi primo *trabajaba* de camarero.
4. Últimamente *tiene* muchos problemas con su hija mayor.
5. *Ceno* a las siete y media.
6. Los libros de texto *cuestan* mucho.

1.3 SER Y ESTAR *CON SINTAGMAS PREPOSICIONALES*

Recordemos que en el recuadro hay contextos sintácticos que admiten ambos verbos copulativos. Es en estos contextos que el contraste entre *ser* y *estar* expresa sus verdaderos valores comunicativos, ya que el uso de un verbo tiene forzosamente que significar algo distinto que el del otro. En esta sección vemos los sintagmas preposicionales que modifican sustantivos a través de un verbo copulativo. Aunque se opongan en este contexto, el empleo de uno u otro siempre coincide con la distinción de significado que hemos establecido. Nos concentramos en los contrastes más básicos.

Una preposición importante es *de*. En las siguientes oraciones el uso de *ser* concuerda con la caracterización durativa de la expresión de origen en el EJEMPLO A, de composición en el B y de posesión en el C. En estos casos no hay razón alguna para pensar que estas condiciones cambiarán o terminarán.

EJEMPLO A: No *somos de* aquí, *somos de* Inglaterra.

EJEMPLO B: Esta camisa *es de* algodón y se arruga fácilmente.

EJEMPLO C: Ese coche nuevo *es de* un amigo mío.

Además de estas expresiones comunes, hay otras que le facilitan al hablante la posibilidad de comunicar con un verbo copulativo lo que se podría decir con otros verbos léxicos. La caracterización durativa de las siguientes situaciones exige el empleo de *ser*.

Exhíbe su comportamiento típico.

Es muy *de* él.

Apoyamos a María Luisa.

Somos de María Luisa.

No tiene nada en la azotea (= en la cabeza).

¡Cómo *es de* tonto!

¿Qué hará con su vida?

¿Qué *será de* él?

Por el contrario las expresiones con *de* que expresan estados no durativos necesitan *estar*.

He estado de pie todo el santo día.

No *están de* acuerdo con nosotros.

Todo el pueblo *estuvo de* luto.

Está de profesor de arte.

Un contraste parecido ocurre con las preposiciones *para* y *por*. El uso de *ser* implica un destino u objetivo que sigue teniendo validez, sin intención alguna de cambio.

La tarea *es para* mañana.

Las columnas *eran para* sostener el techo.

¿*Fue por* mí que lo hiciste?

Sin embargo, *estar* sigue acentuando el tiempo limitado de la situación, que tiende a terminar o contrastar con otro estado no durativo.

No *estoy para* bromas.

El jefe *estaba por* salir.

Están por quedarse en casa esta tarde.

Práctica

A. Complete con la forma apropiada de *ser* o *estar*; luego haga una lista de los sintagmas preposicionales con *de* que van con cada verbo.

1. Todos los artículos que vimos _____ del extranjero.
2. A lo mejor no contestan el teléfono porque _____ de vacaciones.
3. Juan Luis _____ de uniforme. Habrá un desfile hoy.
4. Todas mis camisas _____ del mismo material.
5. Si todos _____ de acuerdo ya nos podemos ir.
6. Su madre _____ de vendedora de lotería.
7. _____ de esperar que todos lleguen puntualmente.
8. El mes pasado nosotros _____ de caza durante quince días.
9. Compré una silla que en otros tiempos _____ de un pianista muy famoso.
10. ¡Qué gracioso! El niño _____ de paisano.
11. Ellos siempre ganan. ¡Cómo _____ de listos!
12. El decano _____ de paso y nos va a visitar.
13. Esa forma de hablar _____ de una persona poco educada.
14. Juana y Gema _____ de mudanza y quieren que las ayudemos.
15. El museo nuevo tiene muchos cuadros antiguos. Casi todos _____ de Europa.
16. La pobre mujer _____ de rodillas todo el día.
17. No me extraña que tú _____ de mal humor hoy.
18. Ese libro _____ de un autor nuevo.
19. La familia _____ de viaje y no se habrá enterado de la tragedia.
20. Hay demasiadas opiniones para considerar; la tuya _____ de más.

B. Conteste la pregunta utilizando una expresión con *ser* o *estar* y un sintagma preposicional. Explique el uso del verbo copulativo elegido.

MODELO: ¿Con qué material hicieron esa blusa?
Esta blusa es de seda.
Se usa *ser* porque el sintagma preposicional expresa una composición que no va a cambiar.

1. ¿Pertenece ese coche a Miguel?
2. ¿Todos acordaron ese tema?
3. ¿Quieres ir a la segunda sesión?
4. ¿Dónde naciste tú?
5. ¿Hoy tiene malas pulgas?
6. ¿Han regresado tus padres?
7. ¿Los invitados van a llegar pronto?
8. ¿Para qué sirve esta llave?

Análisis

Explique el uso de *ser* o *estar* en las siguientes oraciones. ¿Puede expresarse lo mismo sin emplear un verbo copulativo? ¿Qué se usa en su lengua materna?

1. No *era para* tanto.
2. *Es para* volverse loco.
3. *Estamos para* servirles.
4. *Está por* verse.
5. *Estábamos por* salir.
6. Todos *estarán por* él.

Los dos verbos copulativos también contrastan con los adjetivos. El uso de *ser* en este contexto identifica la cualidad como una característica normal y esperada. Esta cualidad sigue a través del tiempo, sin sugerir la posibilidad de un cambio o terminación. En oposición, el empleo de *estar* expresa un estado con un tiempo limitado y, por tanto, deja lugar para la interpretación contextual de un cambio. A diferencia de *ser*, *estar* hace que el oyente busque la razón contextual por la cual el hablante no quiere clasificar la cualidad como una característica durativa.

Mi abuelo *es* muy viejo.

Mi abuelo *está* muy viejo.

Ser en la primera oración identifica al abuelo como una persona mayor, lo que puede ser una identificación normal para una persona que va envejeciendo con los años. Sin embargo, tiene que haber un motivo para el empleo de *estar* en la segunda. Recuerde que el uso de un verbo u otro no depende solamente del contexto, sino también de la situación particular en que se realiza un acto de comunicación. Podemos mostrar el contraste con los siguientes contextos. ¿Cuáles serían apropiados para cada verbo?

1. Mi abuelo tiene ochenta y ocho años y goza de buena salud.
2. Acaban de operarlo y fui a visitarlo en el hospital.
3. Acabo de visitar a mi abuelo después de veinticinco años sin verlo.
4. Llevo diez años viviendo con mi abuelo que tiene ochenta y ocho años.

Generalmente, se empleará *ser* en los contextos 1 y 4 porque la vejez del abuelo es el resultado natural de vivir muchos años. En 2 y 3, sin embargo, se encuentra un contexto especial para el uso de *estar*. Posiblemente la operación en 2 le da al abuelo un aspecto de más edad de la que tiene en realidad. El hablante está comparando su aspecto con el que tenía antes de la operación o está comentando el cambio de aspecto. O tal vez está acentuando el momento en que se da cuenta de ese nuevo aspecto. En el tercer contexto puede estar comparando al abuelo de hoy con el de hace veinticinco años. Por lo tanto, *ser* identifica sin comentario lo que puede considerarse lo normal, mientras que *estar* siempre necesita un comentario que explique el enfoque limitado.

A veces el uso de un verbo copulativo o el otro es subjetivo. En los ejemplos que acabamos de examinar, la realidad es la misma: *mi abuelo = muy viejo*. Sin embargo, dado el contraste de significado, el hablante puede presentar esa realidad como un estado durativo con *ser*, o darle una interpretación más subjetiva basada en la expresión de un tiempo limitado con *estar*. Veamos otro par de ejemplos.

Tu casa *es* bonita.

Tu casa *está* bonita.

En el primero el empleo de *ser* equivale a una caracterización durativa en que la belleza de la casa sigue a través del tiempo. Pero al emplear *estar* en el segundo se deduce que, por una razón u otra, el hablante caracteriza la belleza de una forma que no sugiere la duración ininterrumpida del estado. Este contraste también indica que el valor comunicativo de *ser* es estable. Presenta la belleza de la casa como una característica no cambiable. En contraposición, el valor comunicativo de *estar* es variable; su interpretación depende de la razón por la que el hablante ha preferido negar la belleza de la casa como un estado durativo. ¿Será que han arreglado la casa y ahora tiene un aspecto de belleza que no tenía antes? ¿Está pensando el hablante también en su propia casa, que no es tan bonita, y por lo tanto contrasta una casa con la otra? Aunque la casa siempre ha sido bonita, ¿la han pintado y ha quedado más bonita que nunca? Sea por lo que sea, ¿quiere el hablante parar el tiempo y concentrarse totalmente en la belleza de aquel momento en que admira la casa? Los posibles valores comunicativos son muchos, porque el uso de *estar* va contra lo que se considera lo normal: una descripción que caracteriza la casa tal como es, no tal como está.

Práctica

Construya oraciones utilizando una forma de *ser* o *estar*. Dé un contexto apropiado que explique su selección de verbo copulativo. Puede haber oraciones con ambos verbos.

MODELO: todos Uds. / muy morenos
Todos Uds. están muy morenos. Me imagino que habrán ido a la playa.
Todos Uds. son muy morenos. Me imagino que nunca se queman en el sol.

1. tú / tranquilo
2. el coche que ellos tienen / más viejo que el nuestro
3. la conferencia de ayer / muy buena
4. encontrar aparcamiento / muy difícil
5. tus opiniones / valiosas
6. las montañas por aquí / muy altas
7. Guillermo / tan honesto
8. tus amigos / todos simpáticos, menos uno
9. el examen / un poco ambiguo para algunos alumnos
10. todas sus hermanas / altas y delgadas
11. que ellos insistan en poner tanta comida / ridículo
12. tú / muy generosa esta semana

Análisis

A. Compare el uso de *ser* con el de *estar* y construya contextos según el modelo.

MODELO: Mis zapatos son/están pequeños.
son: una característica normal que sigue sin sugerir un cambio
están: el contexto sugiere un estado inesperado (Pedí el número 42, pero me dieron el número 39. Los zapatos están pequeños y no me sirven para nada.)

1. Mi hijo es muy alto.
    Mi hijo está muy alto.
2. El río era muy profundo.
    El río estaba muy profundo.
3. Eres muy joven.
    Estás muy joven.
4. Ese chico es muy triste.
    Ese chico está muy triste.
5. Las aguas de este lago son muy frías.
    Las aguas de este lago están muy frías.

B. Utilice los siguientes contextos para escoger entre los dos verbos copulativos. Llene el espacio en blanco con la forma apropiada del verbo.

1. Las clases del Dr. Siniestras _____ muy aburridas, pero ayer dio una clase que _____ super interesante.

2. Hace siete años que estudio español y he llegado a la conclusión de que no hay otro idioma que _____ más útil.

3. Estamos viajando en coche y todas las carreteras son modernas y anchas. De repente nos metemos en una que _____ tan estrecha que por poco el coche no cabe.

4. No sabía que mi padre se había puesto a dieta. Cuando le vi durante las vacaciones _____ más delgado que nunca.

5. Juanito siempre ha sido muy estudioso desde la escuela primaria. Acaba de ganar una beca para asistir a la universidad. _____ muy inteligente.

6. Los chiquillos del barrio me han gastado otra broma. Esta mañana mi coche rojo _____ más blanco que la nieve que lo rodeaba.

C. Podríamos pensar que el uso de la palabra *siempre* implica una característica durativa y que, por ello, se debería emplear con el verbo *ser*, no *estar*. Estudie los siguientes ejemplos y explique por qué no es así.

1. Siempre *está* de mal humor.
2. Siempre *estamos* bien.
3. Ese profesor siempre *estaba* enfermo.
4. La cerveza siempre *ha estado* a noventa centavos el litro.

1.5 TIPOS DE ADJETIVOS DESCRIPTIVOS

Con algunos adjetivos el hablante tiene la libertad de caracterizar un estado normal durativo (con *ser*) o un tiempo limitado (con *estar*). Aunque el contexto influye en la selección de un verbo u otro, muchos adjetivos pueden limitar la variedad de los contextos que admiten ambos verbos. Tomemos como ejemplos los adjetivos *vacío*, *nervioso* y *crónico*, e intentemos identificarlos con las siguientes clasificaciones.

1. El significado del adjetivo se refiere a un estado durativo; es muy difícil que el hablante se concentre en un tiempo limitado de validez.

2. El significado del adjetivo se refiere a un estado que explícitamente está en contraste con otro estado; es muy difícil que el hablante ignore un tiempo limitado de validez.

3. El significado del adjetivo no está limitado con respecto a la opción de acentuar un carácter durativo o un tiempo limitado.

Crónico representa la clase 1, porque su significado por definición implica una validez durativa. En todos los ejemplos siguientes el adjetivo da al sujeto cualidades durativas que son características.

El ruido de la calle *es* constante.

*El ruido de la calle *está* constante.

Sus problemas *son* crónicos.

*Sus problemas *están* crónicos.

Todos los seres humanos *son* mortales.

*Todos los seres humanos *están* mortales.

En contraste, *vacío* muestra la clase 2, porque su significado se refiere al estado en que se encuentra una entidad en un momento determinado. Sería muy difícil representar tal estado como una característica durativa. El significado del adjetivo no corresponde a un estado que se podría considerar como una condición normal. Los siguientes ejemplos muestran esta clase de adjetivo:

¿Cuántos *estuvieron* ausentes esta vez?

*¿Cuántos *fueron* ausentes esta vez?

Este cine siempre *está* vacío.

*Este cine siempre *es* vacío.

Las ventanas *están* muy sucias.

*Las ventanas *son* muy sucias.

Puesto que con estos adjetivos el empleo de *estar* es la norma, no es necesario deducir un contexto especial para su uso. Al contrario, el uso de *ser* con un adjetivo de esta clase, si fuera posible, es lo que necesitaría una explicación (véase Análisis, actividad B).

Nervioso representa la clase 3, la que incluye la mayoría de los adjetivos del español. Su significado no queda limitado a un estado durativo ni a uno limitado. Su interpretación depende del contexto particular en que aparece y del punto de vista del hablante. Las oraciones siguientes muestran esta variabilidad.

Tu novia *es* muy simpática.

Tu novia *está* muy simpática (hoy).

Eres tan nervioso que me pones nervioso a mí.

Estás tan nervioso que me estás poniendo nervioso a mí.

Sus respuestas *fueron* todas correctas.

Sus respuestas *estuvieron* todas correctas.

Práctica

A. Complete las oraciones con la forma apropiada de *ser* o *estar*. Comente la probabilidad del uso de los dos verbos con cada adjetivo.

1. Miguel Ángel _____ capaz de hacerse político.

2. Aunque hacía mucho frío todos _____ descalzos.

3. Sus acciones no _____ legales en ningún país.

4. Ese autor no _____ conocido fuera de su tierra.

5. El nuevo museo _____ próximo al antiguo.

6. _____ posible que los demás tardaran en llegar.

7. Tu vaso _____ lleno. ¿No te gusta el vino que he traído?

8. Me tendré que ir a casa porque el perro _____ solo.

9. Para la edad que tiene esa niña _____ muy leída.

10. Por lo menos la casa _____ bien arreglada cuando nos visitaron mis padres.

11. La Pili parece que _____ muy conforme con su nuevo coche.

12. En esta casa las peleas _____ eternas.

B. Conteste las siguientes preguntas utilizando una forma apropiada de *ser* o *estar*. Explique su selección.

> MODELO: ¿Su padre sólo tiene treinta años? ¿Muy joven?
> *Sí, mi padre sólo tiene treinta años y es muy joven. (caracterización durativa)*

1. ¿Don Enrique? ¿Buen mozo con su nuevo corte de pelo?
2. ¿María Ángeles? ¿Muy sufrida cuando era niña?
3. ¿Tu problema? ¿Vinculado con el mío?
4. ¿Sus invitados? ¿Muy extravagantes?
5. ¿Isabel? ¿Indiscreta con su marido presente?
6. ¿Muy satisfechos con los resultados? ¿Todos?
7. ¿Esa pareja? ¿Muy conservadora?
8. ¿Los alumnos? ¿Nerviosos cuando el profesor entró?
9. ¿Tú? ¿Resignado a tener que devolvérselo?
10. ¿El café? ¿Tan frío que no te lo pudiste tomar?
11. ¿Los empleados de esta empresa? ¿Más capaces que los otros?
12. ¿Ese autor? ¿Demasiado contemporáneo para su gusto?
13. ¿Alocado en su forma de vestirse? ¿Tu tío?
14. ¿Dudoso? ¿Que te lo puedan explicar bien?
15. ¿Marisa? ¿Deprimida después de tanto sufrir?

Análisis

A. Consulte varias gramáticas, libros de texto y diccionarios, y comente la probabilidad del empleo de *ser* o *estar* con los siguientes adjetivos. Dé ejemplos para explicar su clasificación.

ausente	descalzo	limpio
capaz	desnudo	lleno
cauto	discreto	mortal
comprometedor	distante	perplejo
constante	efímero	posible/imposible
contemporáneo	eterno	presente
contento	justo	próximo
cortés	legal/ilegal	prudente
cotidiano	legítimo/ilegítimo	sabio

Considere también los siguientes adjetivos derivados de un participio pasado.

conocido	emparentado	muerto	sufrido
(des)arreglado	leído	satisfecho	vinculado

B. Aunque por sus significados algunos adjetivos suelen emplearse con *ser* y otros con *estar*, muchas veces se trata de una tendencia y no de una regla absoluta. El uso de un verbo o el otro lo determina el punto de vista del hablante: *ser* está vinculado a una caracterización durativa y *estar* expresa una limitación en el tiempo. Teniendo esto en cuenta, comente los siguientes ejemplos.

1. *Está* imposible cruzar esta calle a esta hora.
2. Todos sus amigos *son* sucios.

3. ¿Por qué *estarán* tan corteses conmigo?
4. *Es* tan desarreglado que me inspira rechazo.
5. El hielo *es* frío.
6. El fuego *es* caliente.

C. Hemos visto que los idiomas se diferencian en cuanto al uso de significado gramatical y significado léxico. Traduzca las oraciones siguientes a su lengua materna para saber cómo expresa los significados de *estar*.

1. El vino *está* muy dulce.
2. Ana María *está* muy guapa esta noche.
3. Alonso *está* muy pálido. ¿Qué le habrá pasado?
4. Este jamón *está* riquísimo.
5. La niña *está* alta en ese vestido tan largo.
6. ¡*Estás* muy española!
7. La tortilla *está* muy dura.
8. Pedro *estaba* muy elegante anoche.

1.6 LA DIFERENCIACIÓN DE SIGNIFICADOS DE ALGUNOS ADJETIVOS

Como el contraste entre *ser* y *estar* permite que una descripción se presente como una característica durativa o un estado limitado, deducimos que hay situaciones en que la distinción tiene consecuencias significativas.

EJEMPLO A: Los niños *son* aburridos.
Los niños *están* aburridos.

EJEMPLO B: Su padre *es* borracho.
Su padre *está* borracho.

El significado de estos adjetivos con *ser* y *estar* no se basa en una simple diferencia entre una característica y un estado provisional. En el EJEMPLO A los niños pueden *ser aburridos* y *estar aburridos* al mismo tiempo, y en el B la caracterización durativa de *ser borracho* tendrá momentos de *estar borracho*. Representan significados distintos en la realidad externa, aunque estén relacionados semánticamente. Algunos adjetivos similares son los siguientes:

callado	despierto	esforzado	pálido
considerado	divertido	interesado	porfiado
desconfiado	enfermo	moderado	precavido
desconocido	entretenido	osado	recatado

Práctica

Llene los espacios en blanco de las siguientes oraciones con la forma apropiada de *ser* o *estar*. Explique el significado concreto que tiene el uso del verbo elegido. ¿Cómo se expresan estos significados en su lengua nativa?

1. Ha tomado un litro de ginebra y _____ bien borracho.
2. Los dueños del piso _____ desconfiados.

3. Los chicos _____ muy osados; no tuvieron ningún miedo en decírselo.
4. No es que sean mudos, _____ muy callados.
5. Tú _____ pálido. ¿Te encuentras mal?
6. Sus clases _____ divertidas e interesantes.
7. El gato _____ entretenido con la pelota.
8. Pablo _____ muy despierto; no se le escapa nada.
9. ¿_____ (tú) interesado en ir al teatro conmigo?
10. Siempre quiere tener la razón; no soporto que _____ tan porfiado.
11. La verdadera causa de la explosión _____ desconocida.
12. Su abuelo _____ enfermo desde hace muchos años.

Análisis

A. El significado de los siguientes adjetivos con *estar* se alejan todavía más del significado con *ser*. ¿Cuáles son sus traducciones en su lengua nativa?

1. Su primera película *fue* muy **mala** pero la nueva *es* bastante **buena.**
   Hoy *estoy* **bueno** pero ayer **estuve** muy *malo.*
2. No te van a engañar porque *son* muy **decentes.**
   A lo mejor no *están* **decentes** a esta hora.
3. *Son* muy **listos** y siempre obtienen sobresalientes.
   Están **listos** y quieren salir ya.
4. Le cae bien a todo el mundo porque *es* muy **vivo.**
   Es por pura casualidad que *está* **vivo.**
5. Todas las casas de esta calle *son* **verdes.**
   Los plátanos *están* demasiado **verdes.** Prefiero esos melocotones.
6. *Es* tan **rico** que ni piensa en lo que gasta.
   El postre *está* muy **rico.**

B. Sabemos que puede haber una distinción de significado según se use un verbo copulativo o el otro. Recuerde que también se puede utilizar *estar* para expresar un tiempo limitado con el significado que correspondería a *ser* si el contexto lo permite. Explique el significado del adjetivo con *estar* en los siguientes pares de oraciones.

1. La sopa *está* muy **rica.**
   Le ha tocado la lotería y *está* más **rico** que nunca.
2. Los niños *están* **malos** y no van al colegio hoy.
   Ayer los niños *estuvieron* muy **malos.** Se comportaron como unas bestias.
3. Todos los alumnos parecen *estar* muy **aburridos.**
   Hoy el profesor *estuvo* tan **aburrido** que la mitad nos dormimos.
4. ¿*Estás* **listo?** Tenemos que irnos ya.
   ¡Qué **listos** *están* mis alumnos hoy!
5. Toda la fruta de esta tienda *está* **verde.**
   ¡Vuestra casa *está* **verde!** La habréis pintado, ¿no?

¿Se puede utilizar *ser* para expresar una característica con el significado que representa un tiempo limitado? Invente unas oraciones para comprobarlo y explique la razón.

1.7 SER Y ESTAR *PARA EXPRESAR LOCALIZACIÓN Y* HABER *PARA EXPRESAR EXISTENCIA*

Ahora estudiamos el empleo de los verbos copulativos con adverbios y sintagmas preposicionales que expresan la localización espacial (*aquí, en la casa*) y temporal (*ahora, a las siete*). En general, se emplea *estar* para situar entidades porque la idea de *estar en un sitio* supone la posibilidad de cambiar de lugar o de contrastar un lugar con otro:

> El florero que se partió *estaba* en el suelo.
>
> Santander *está* en el norte de España.
>
> *Estaremos* allí a las siete en punto.

Pero, como hemos visto en el capítulo IV, 4, existen sustantivos en español que no expresan una entidad, sino un acontecimiento, un significado que se relaciona más con *tener lugar* que con *estar en un sitio*. Con éstos se emplea *ser*.

> El incidente de que tú hablas *fue* ayer.
>
> La fiesta *será* en casa de Pepe.
>
> La explosión *fue* en la calle de los Mineros.

En vez de *localizar* entidades y sucesos, el hablante puede acentuar su *existencia* con el verbo *haber*. La expresión de existencia presupone que una entidad o suceso no ha sido identificado todavía, así que el sustantivo aparecerá sin modificador o con uno indefinido.

Hay un hombre en el pasillo.	→	El hombre *está* en el pasillo.
Hay (unos) hombres en el pasillo.	→	Los hombres *están* en el pasillo.
Habrá dinero en la mesa.	→	Mi dinero *estará* en la mesa.
Hubo muchas manifestaciones.	→	Esas manifestaciones *fueron* los jueves.
Hay varias salidas.	→	Las salidas *son* varias.

La expresión de existencia con un modificador indefinido necesita *haber*, mientras que para la identificación del sustantivo con un modificador definido (determinante definido, posesivo, demostrativo) se prefiere *ser* o *estar*.

Práctica

A. Localice el sujeto utilizando el verbo copulativo apropiado.

MODELO: La boda de Alejandra...
La boda de Alejandra será en la Iglesia de San Martín, a pocos pasos de donde fue el casamiento de sus padres.

1. El jarabe que me pediste para la tos...
2. La cristalería nueva que quiero poner...
3. El almuerzo para mi cumpleaños...
4. El fontanero...
5. El perro que tú no aguantas en la casa...
6. La reunión cuatrimestral...
7. La última huelga general...
8. Todos los invitados...
9. La carne que aliñé...

10. Este año la manifestación...
11. El recital de música antigua...
12. El parque de atracciones...
13. Una amiga mía de Australia...
14. El terremoto...

B. Algunos sustantivos en español representan o una entidad o un acontecimiento, por lo que se emplean con ambos verbos copulativos según la intención del hablante. Estudie los siguientes pares y llene los espacios en blanco. Explique el significado del sustantivo en cada contexto.

1. La clase _____ en el aula grande de la segunda planta.

   Toda la clase _____ allí afuera porque hubo una amenaza de bomba.

2. El primer concierto que escribió _____ en este museo.

   El primer concierto de la temporada _____ hoy.

3. La conferencia sobre el medio ambiente _____ más temprano que la conferencia anterior.

   No sé cómo le va a salir porque su conferencia _____ en su mesa de escritorio.

4. ¿Dónde _____ los discursos políticos de la campaña de este año? El auditorio principal está cerrado por obras.

   La copia de mi discurso para la prensa _____ en la carpeta verde.

5. La lectura para mañana _____ en la oficina. La voy a buscar.

   Si la lectura de poesía _____ antes de las seis, yo no puedo ir.

6. El relato del accidente que trajo el abogado _____ aquí.

   El relato de todos los detalles del accidente _____ mañana por la mañana a las diez en la comisaría de policía.

7. La sinfonía que te interesa _____ mañana por la noche.

   La sinfonía que traje de la tienda de música _____ debajo de los periódicos.

C. Complete las siguientes oraciones con la forma apropiada de *ser*, *estar* o *haber*.

1. La lavadora _____ en el cuarto de la terraza.
2. _____ varios coches en el aparcamiento ayer.
3. ¿_____ la reunión en la universidad o en otro sitio?
4. _____ una conferencia esta tarde que no te debes perder.
5. El comité ya _____ en la sala de profesores.
6. _____ libros a precios muy económicos en la otra librería.
7. _____ el gato al lado del perro.
8. _____ razones por las cuales no podía cumplir con sus deberes.

Análisis

A. Aunque *estar* se emplea para situar entidades, en algunos dialectos se puede utilizar *ser* para una localización permanente (dado que la entidad no va a cambiar de lugar). También se puede emplear *ser* para un lugar en que se realizan actividades (dado que se puede interpretar como un suceso). Estudie los siguientes pares y explique la diferencia de actitud que expresa cada verbo.

1. Mi casa *está* aquí en esta esquina.
   Mi casa *es* aquí en esta esquina.

2. El correo no *está* muy lejos; vamos a ir a pie.
   El correo no *es* muy lejos; vamos a ir a pie.
3. La salida *está* detrás de las butacas.
   La salida *es* detrás de las butacas.
4. El pueblo que tú dices *está* muy cerca.
   El pueblo que tú dices *es* muy cerca.
5. La puerta principal *está* a la derecha.
   La puerta principal *es* a la derecha.

B. Aunque no se suele utilizar *haber* con determinantes definidos, a veces es posible acentuar la existencia de entidades definidas cuando forman parte de una lista. Estudie las siguientes oraciones y explique el motivo del uso de *haber*.

1. Bueno, también hay los hombres machistas y las mujeres antifeministas.
2. En Córdoba es donde hay la mezquita mejor conservada en España.
3. No hubo ni la más mínima indicación de que iba a llover.
4. Sois los dos mejores alumnos que hay en la clase.
5. Y hay las dos semanas de mayo que estuviste de vacaciones en Bariloche.
6. Había la otra chica que se llamaba María de los Reyes.
7. Siempre hay la tendencia de no pensar en los otros.

C. Compare el uso de *haber* con el de *estar/ser* en las siguientes oraciones. ¿Cómo se explica que los mismos modificadores ocurran con *haber* y con *ser/estar*?

1. *Había* unos hombres en la puerta.
   Unos hombres *estaban* en la puerta.
2. *Había* más de veinte solicitudes en la mesa.
   Más de veinte solicitudes *estaban* en la mesa.
3. *Habrá* otros amigos en la reunión mañana.
   Otros amigos *estarán* en la reunión mañana.
4. En aquella época *hubo* muchas bodas en la catedral.
   En aquella época muchas bodas *fueron* en la catedral.

1.8 SER Y ESTAR *CON EL PARTICIPIO PASADO*

Por último analizamos el empleo de los verbos copulativos con el participio pasado. Recordemos que esta forma verbal no conjugada es regular para la mayoría de los verbos (*hablar* → *habl-ado*, *conocer* → *conoc-ido*, *insistir* → *insist-ido*) e irregular para algunos (*hacer* → *hecho*, *escribir* → *escrito*, etcétera). El participio pasado se emplea para formar los tiempos compuestos (véase el capítulo III, 5) y también como adjetivo.

El catalán es uno de los idiomas *hablados* en España.

Tengo todas las tarjetas postales *escritas*.

Terminada la película, se acostaron.

Hemos llegado *cansadísimos*.

Lo *pedido* no siempre resulta *concedido*.

El participio pasado de algunos verbos ha pasado a utilizarse como adjetivo cualitativo con los verbos copulativos (recuerde la lista de adjetivos en la sección 1.6).

En esta sección nos interesa el contraste de *ser* y *estar* con el participio pasado en oraciones como las siguientes.

EJEMPLO A: Los terrenos *fueron* comprados (por unos inversionistas).
Los terrenos *eran* comprados por inversionistas.
Los terrenos *están* comprados (ya).

EJEMPLO B: El antiguo jefe *fue* temido por todos.
El antiguo jefe *era* temido por todos.
*El antiguo jefe *estaba* temido por todos.

¿Cuál es la diferencia entre el verbo del EJEMPLO A y el del B? Es correcto si se ha observado que *comprar* es un verbo de acción y *temer* un verbo de estado (véase el capítulo III, 3.1). En el EJEMPLO A *ser* se emplea con el participio pasado para formar la voz pasiva, una clase de oración que tematiza el paciente de la acción (el objeto directo) convirtiéndolo en el sujeto de la oración (*El director compró las entradas → Las entradas fueron compradas por el director*). Como ya se vio en el capítulo III, 6, el uso del pretérito *fueron* acentúa la terminación de la acción, mientras que el imperfecto *eran* acentúa el medio de la repetición de la acción. *Estar* indica el resultado de la acción y no la acción misma. Este contraste no es sorprendente; ya sabemos que *ser* se puede relacionar con acciones (*tener lugar* con la localización de sustantivos vistos como sucesos), y que *estar* se emplea con estados que se relacionan con cambios. Con el verbo de estado en el EJEMPLO B no hay una acción y, por tanto, el pretérito *fue* acentúa la terminación del estado y el imperfecto *era* "deja" que el estado continúe (lo normal para un estado). El uso de *estar* queda bloqueado: la falta de una acción no permite la caracterización de su resultado.

La distinción entre acción y estado también es importante para el uso de la preposición *de* con el participio pasado de ciertos verbos. El hablante tiene la opción de utilizar la preposición *de* en lugar de *por* (la preposición que se suele usar para denotar el agente de una acción). En los siguientes ejemplos, el verbo *rodear* significa una acción con *ser* y un estado con *estar*:

La fortaleza *fue* rodeada por las tropas.

La fortaleza *estaba* rodeada de unos jardines.

La fortaleza *estaba* rodeada por unos jardines.

Por lo tanto, *ser* con el participio pasado se relaciona con una acción y *estar* con el resultado de una acción.

Práctica

A. Llene los espacios en blanco con la forma apropiada de *ser* o *estar*.

1. Tenemos que volver más tarde porque el banco no _____ abierto.

2. El dinero _____ ingresado por el gerente diariamente.

3. Todos los culpables _____ castigados al mismo tiempo.

4. Cuando los exámenes _____ hechos la vida volverá a la normalidad.

5. La guerra _____ perdida antes de que estallara.

6. Los niños _____ explotados por sus propios padres.

7. La sentencia _____ anunciada por la juez.

8. El pájaro voló por la ventana que _____ abierta.

9. Ese tipo de armamento _____ exportado a muchos países.

10. La carta ya debe _____ redactada.

B. Primero identifique al verbo como de acción o de estado. Luego conteste las preguntas según los modelos explicando la razón en cada caso.

MODELO: ¿Escribieron la petición?
verbo de acción
Sí, está escrita. (estar para el resultado de la acción)
Sí, fue escrita por el jefe del comité. (ser para la voz pasiva)

1. ¿Mucha gente lo conocía?
2. ¿Abrieron la puerta?
3. ¿Publicaron tu nuevo libro?
4. ¿Respetaban al nuevo director?
5. ¿Firmaron el contrato?
6. ¿Aprobaron el convenio?
7. ¿Sabían que no era verdad?
8. ¿Repartieron los regalos?
9. ¿Estudiaban el tema bien?
10. ¿Se suspendió el congreso?
11. ¿Se pagó la cuenta?
12. ¿Creían lo que tú les dijiste?

Análisis

Hemos visto que *ser* con el participio pasado se relaciona con una acción y *estar* con el resultado de una acción. Sin embargo, también es posible mezclar estos dos conceptos. Explique el uso de *estar* con *por* en las siguientes oraciones.

1. La escuela *está* administrada *por* un comité ejecutivo.
2. Las casas *estaban* alquiladas *por* el banco.
3. El resto del país *estaba* ocupado *por* las tropas enemigas.
4. La reina *estuvo* acompañada *por* los príncipes.

EJERCICIOS FINALES

Práctica

Llene los espacios en blanco con la forma apropiada de *ser*, *estar* o *haber*. Justifique su empleo. Si más de un verbo es posible, explique la diferencia de significado.

1. El café _____ muy amargo. ¿Le has echado azúcar?
2. Las tres _____ asesinadas en el sur del país.
3. No respetaban a la directora porque _____ muy desconfiada.
4. Todo ya _____ prácticamente decidido.
5. La entrega de las llaves de la nueva casa _____ a finales de mayo.
6. El baño _____ al fondo.
7. Ellos _____ a pan y agua.
8. No te preocupes; _____ otras oportunidades.
9. La tarifa normal _____ en seiscientas pesetas.
10. ¿Hoy _____ el quince de enero? — Sí, _____ a quince de enero.
11. _____ que no _____ solución que les convenga a todos.
12. Una de las normas podría _____ adoptada el próximo martes.
13. Ellos no siempre _____ nuestros mejores amigos.

14. El ordenador siempre _____ estropeado.

15. No _____ justo que nos quiten los nombres de la lista de espera.

16. El secreto _____ en que nadie sabe que viene.

17. José Manuel _____ a la espera de oportunidades.

18. Ten este dinero; _____ para que te compres un regalito.

19. Los obreros _____ pidiendo una fuerte subida de sueldo.

20. El número de visitantes no _____ limitado por el director.

21. _____ evidente que la pobre _____ fuera de sí.

22. El problema _____ en la fecha.

23. Ésos _____ los libros que necesito.

24. La segunda estación de la línea del metro _____ en curva.

25. _____ de noche y el cielo _____ lleno de estrellas.

Análisis

A. Recuerde que el contraste entre *ser* y *estar* puede corresponder simplemente a la forma concreta en que un verbo o el otro expresa la realidad comunicada. Estudie los siguientes ejemplos y explique la diferencia de punto de vista.

1. *Somos* de María Luisa.
   Estamos con María Luisa.
2. La camisa *es* de seda.
   La camisa *está* hecha de seda.
3. ¡Cómo *es* de tonto!
   ¡Cómo *está* de tonto!
4. La temperatura *es* de 30°.
   Estamos a 30°.
5. Hoy *es* viernes.
   Estamos a viernes.
6. *Es* de día.
   Estamos de día.

B. Además de las preposiciones estudiadas en la sección 1.3, existen otras que se emplean con un verbo copulativo. En su mayoría expresan un tiempo limitado con *estar*. Dada la importancia de una caracterización no durativa, es normal que *estar* se emplee muchas veces con preposiciones para expresar fácilmente lo que se podría expresar con otros verbos léxicos. Explique el uso de *estar* y dé una paráfrasis para cada oración.

MODELO: *Está sin* dinero.
           expresa un estado en que se encuentra en un momento determinado = no durativo
           No tiene dinero (ahora).

1. Las patatas *están a* setenta y cinco el kilo.
2. *Estamos a* punto de terminar.
3. *Está a* dieta/régimen.
4. *Está a* oscuras.
5. *Está al* tanto (*al* corriente) de todo.
6. *Estás* todavía *a* tiempo de sacar la entrada.
7. *Están a* la que salga/*a* la expectativa.
8. *Están al* caer las siete.
9. *Está a* gusto en el Caribe.
10. *Está a* favor de esa propuesta.
11. *Estoy en* lo que tú dices.

12. Tú *estás en* todo.
13. *Estoy en* que vendrá alguien.
14. *Está en* venir cuanto antes.
15. *Está en* ti hacerlo.
16. El récord *está en* 50°.
17. *Está al* acecho.
18. Todo *está en* que salgamos para las nueve.
19. El jarrón *está en* trozos.
20. El reglamento *está en* vigor desde 1900.
21. *Estoy en* apuros.
22. *Estamos con* Juan Miguel.
23. *Estamos con* el agua al cuello.
24. *Estaba con* gripe (sed, hambre, ganas, etcétera).
25. La casa *está sin* vender.
26. *Está fuera de* sí.
27. *Está sobre* aviso.

C. Observe que en los siguientes pares de oraciones la primera oración tiene un verbo copulativo y la segunda tiene un verbo intransitivo.

   (a) El trabajo está muy adelantado.
       El trabajo va muy adelantado.
   (b) Estaban muy presentables.
       Lucían muy presentables.

Como su estructura es muy parecida (los dos verbos tienen sólo un argumento, el sujeto), a veces las dos clases de oraciones comparten un mismo territorio. En las siguientes oraciones, cambie el verbo copulativo según el modelo.

   MODELO: *Estaba* muy triste. (verse)
              Se veía muy triste.

   1. Todos *estuvieron* muy cansados. (llegar)
   2. *Ha estado* muy agotado. (venir)
   3. Ella *está* un poco despistada. (andar)
   4. *Están* muy preocupados. (ir)
   5. Luego de una noche tan agitada, ahora *están* tranquilos. (parecer)
   6. La tarea *fue* más difícil de lo que pensábamos. (resultar)
   7. *Estuvieron* muy asustados. (quedar)
   8. *Estuvieron* muy callados. (permanecer)

¿Cuál es la diferencia de significado?

D. De una forma parecida al ejercicio anterior, el significado del progresivo se puede ampliar empleando un verbo distinto a *estar*. Estudie los siguientes ejemplos buscando la diferencia de significado.

   1. Estaban bailando.
      Continuaban bailando.
      Seguían bailando.
   2. Están cantando por la calle.
      Van cantando por la calle.
      Vienen cantando por la calle.
      Andan cantando por la calle.
   3. Siempre estás silbando.
      Siempre llegas silbando.
      Siempre sales silbando.
   4. Estuvieron mirándome.
      Permanecieron mirándome.
      Se quedaron mirándome.

Molina Redondo & Ortega Olivares (1987) y Navas Ruiz (1977) son dos estudios completos de los usos de los verbos copulativos. Falk (1979) y Vaño-Cerdá (1982) están dedicados al uso de *ser* y *estar* con los adjetivos. Artículos interesantes sobre la distinción de estos dos verbos son De Mello (1979), el análisis aspectual de Luján (1981) y la caracterización semántica de Roldán (1971). Se trata el uso de *ser* y *estar* para localización en Franco (1984) y la distinción con adjetivos en Franco & Steinmetz (1983). El contraste con *haber* es el tema de Suñer (1982: Apéndice A). VanPatten (1987) presenta los resultados de un estudio sobre la adquisición de los verbos copulativos en el español como segundo idioma.

2. LA **A** PERSONAL

Una de las claves para el empleo correcto de la *a* personal es la distinción entre sustantivos humanos y no humanos. Calcule su capacidad de diferenciar estas dos clases de sustantivos con el primero de los siguientes ejercicios. Luego someta a algunos hispanohablantes a la prueba del segundo.

Para empezar...

A. Recuerde que, en general, un objeto directo humano en español va precedido de *a*. Identifique dichos objetos en las siguientes oraciones y añada una *a* personal.

1. Presentó su política exterior en una rueda de prensa.
2. Conocí la hermana de tu suegra.
3. Ganaron las elecciones con una mayoría absoluta.
4. Vimos varios autobuses en el aparcamiento pero no vimos ningún conductor.
5. ¿Las sábanas? Las lavé todas.
6. ¿Los amigos? Los invitamos todos.
7. Arrestaron el asesino cuando un testigo identificó su rostro.
8. Todavía no he visto la película que tú me recomendaste.
9. Los pocos sobrevivientes los llevaron al hospital más cercano.
10. ¿Conoces alguien que tenga un coche usado para vender?

B. Consulte a varios hispanohablantes para determinar si es posible emplear la *a* personal en las siguientes oraciones. Si el uso es opcional, pregúnteles cuál es la diferencia.

1. Desde la terraza vimos _____ mucha gente en la plaza.
2. Prometieron proteger _____ los ciudadanos de las amenazas de los delincuentes.
3. Me dijo que estaba buscando _____ un fontanero.
4. El exiliado ama _____ su patria pero no puede volver.
5. El travieso aplastó _____ la cucaracha con un libro.
6. ¿Tienes _____ la señora García en la lista de concursantes?
7. Preferimos _____ el antiguo ayudante.
8. Hay _____ una persona en la puerta que quiere hablar con Ud.

2.1 INTRODUCCIÓN

Una peculiaridad del español es lo que tradicionalmente se llama la *a* personal. La regla general de uso establece que esta *a* se emplea antes de un objeto directo que se refiere a un ser humano. No se incluye si el objeto directo es no humano o inanimado. Este contraste es válido tanto para los sustantivos propios como para los comunes.

> Vi *a* Luisa en el parque.
>
> Vi *a* una amiga en el parque.
>
> Visitaremos el Museo dé Arte Contemporáneo.
>
> Visitaremos un museo por la mañana.

Pero no toda *a* que precede a un sustantivo es una *a* personal (véase el capítulo II, 3.4). En el EJEMPLO A la *a* precede un objeto indirecto, en el B forma parte de un verbo de régimen y en el C introduce un complemento circunstancial.

> EJEMPLO A: Les expliqué el nuevo acuerdo *a todos los interesados*.
>
> EJEMPLO B: Entraron *al salón* sin saludarnos.
>
> EJEMPLO C: Siempre comen *al estilo* de los árabes.

El español es uno de los pocos idiomas que marcan los objetos directos de esta forma. ¿Por qué será que el español ha aumentado sus reglas sintácticas con el posible empleo de esta *a* antes de un objeto directo? La lengua española se diferencia de su lengua madre (el latín) en cuanto a la sintaxis. El latín tenía formas nominales variables que precisaban la función gramatical del sustantivo. No importaba el orden de palabras porque la desinencia o terminación del sustantivo aclaraba su función gramatical. En la oración *Pater vocavit filium* "El padre llamó al hijo", *pater* es la forma nominativa que se usa para un sujeto, mientras que *filium* es la acusativa empleada como objeto directo. Los ejemplos siguientes muestran que, dada la identificación clara de la función gramatical, el orden de las palabras es variable:

> Pater vocavit filium.   Vocavit pater filium.
>
> Pater filium vocavit.   Vocavit filium pater.
>
> Filium pater vocavit.   Filium vocavit pater.

Sin embargo, estas desinencias desaparecieron en el español. Y el español también (como el latín) permite cierta variación en el orden de los constituyentes. Por eso es que el español nivela la ausencia de los marcadores de función gramatical con un marcador de objeto directo. ¿Por qué el objeto directo y no el sujeto? ¿Por qué el objeto directo humano y no el no humano o inanimado? Contestamos la primera pregunta respondiendo que es el complemento del verbo el que suele admitir preposiciones (como el objeto indirecto) y no el sujeto. Y para la segunda pregunta recordamos que una acción implica un *agente* o actor que realiza la acción y un *paciente* o entidad sobre el que recae la acción. La situación típica de dos argumentos es tener un sujeto humano (el que hace) y un objeto directo no humano (al que le pasa algo). Por consiguiente, el español marca el objeto directo que no sigue este prototipo, el que se parece más a un sujeto (el humano).

La *a* personal ha ido extendiendo su dominio a través del tiempo. Actualmente su uso también depende de otros factores semánticos. Y si bien el contraste entre humano/no humano es el caso más representativo, hay otros en que la inclusión o la exclusión de la *a* personal no depende de esta distinción. Explicamos a continuación los otros valores comunicativos de la *a* personal.

El uso de la *a* personal no depende solamente de la presencia de un objeto directo humano, sino también de que el hablante caracterice al referente como *individualizado*. Generalmente, esto no tiene consecuencias para los sustantivos en singular, excepto cuando están modificados por un determinante indefinido. Si dicho sustantivo no encuentra un referente concreto en la mente del hablante, se omite la *a* personal.

EJEMPLO A: Buscaré *a* una persona que te ayude.
Buscaré una persona que te ayude.

EJEMPLO B: El dueño contrató *a* un fontanero para que nos arreglara el cuarto de baño.
El dueño contrató un fontanero para que nos arreglara el cuarto de baño.

El empleo de la *a* en el EJEMPLO A indica que el hablante sabe cuál es la persona que va a buscar. La ausencia de la *a* indica que no conoce la identidad de la persona. En el B se puede deducir que el uso de la *a* expresa un mayor conocimiento de quién es el fontanero.

El papel de la individualización es más importante para los sustantivos en plural y los colectivos. Como hay por lo menos dos referentes, el hablante tiene la opción de interpretarlos como individuos con la inclusión de la *a* (EJEMPLO C), o como un colectivo no individualizado con su exclusión (EJEMPLO D).

EJEMPLO C: Vi *a* muchas personas en la calle.
Vi *a* mucha gente en la calle.

EJEMPLO D: Vi muchas personas en la calle.
Vi mucha gente en la calle.

La realidad es la misma en los dos casos. La verdadera diferencia está en la manera en que el hablante percibe los referentes de los sustantivos.

2.3 *LA PERSONIFICACIÓN*

Aunque el uso prototípico de la *a* personal es con objetos directos humanos, también es normal usarla con objetos no humanos. Este uso se llama "personificación" porque parece atribuir cualidades propias del ser humano a seres animados no humanos (EJEMPLO A), e incluso a entidades inanimadas (B y C).

EJEMPLO A: Pasea *a* su perro por el parque.

EJEMPLO B: Echan de menos *a* su tierra.

EJEMPLO C: No pudimos resistir *a* la tentación.

Es razonable pensar que el hablante da cualidades humanas a un ser animado en el EJEMPLO A. Pero ¿cuáles son las características humanas de las entidades inanimadas en el B y del concepto abstracto en el C? La personificación no se basa en las cualidades concretas de los objetos directos, sino en la comparación que el hablante hace entre sí mismo y el objeto directo. El uso de la *a* personal significa que el hablante trata al objeto directo de igual a igual, o sea, lo trata como si pudiera ser sujeto (el agente) de la situación.

A veces pasea *a* su perro (y otras veces su perro lo lleva *a* él).

No echaría de menos *a* su tierra (si su tierra no lo echara de menos *a* él).

Sería interesante que la tentación me resistiera *a* mí (porque *a* ella yo no la puedo resistir).

En la mayoría de los casos la personificación es opcional. El hablante puede tratar al objeto directo de superior a inferior y no otorgarle las características de un posible actor. En este caso, omite la *a* personal.

> Lleva su perro como si fuera un bulto.
>
> Echamos de menos nuestro país.
>
> Resistieron la tentación hasta que no pudieron más.

2.4 LA DESPERSONIFICACIÓN

También es posible representar a un ser humano como una entidad no humana, es decir, despersonificarlo excluyendo la *a* personal. Los verbos en los siguientes ejemplos suelen emplearse con una entidad como objeto directo y no con un ser humano. Esto facilita al hablante la posibilidad de despersonificar el objeto directo humano:

> Convirtieron su hijo en un ladrón.   (cf. Convirtieron el árbol en papel.)
>
> Dejó su marido en la puerta.   (cf. Dejó el periódico en la puerta.)
>
> La jueza envió el delincuente al psicólogo.   (cf. La jueza envió la carta al psicólogo.)
>
> Llevaron los estudiantes de la universidad a la gobernación.   (cf. Llevaron los documentos a la gobernación.)

Esta exclusión de la *a* personal tampoco es obligatoria. Su inclusión sigue la regla general de uso.

> Convirtieron *a* su hijo en un ladrón.
>
> Dejó *a* su marido en la puerta de la casa.
>
> La jueza envió *a*l delincuente al psicólogo.
>
> Llevaron *a* los estudiantes de la universidad a la gobernación.

También se concreta el significado de varios verbos en español por la inclusión o la exclusión de *a*, dado que una connotación corresponde a lo que es normal para una entidad y la otra connotación al significado que se suele usar con los seres humanos. ¿Cuál será el significado exacto de *querer* en los ejemplos siguientes?

> Mi hermano quiere *a* una enfermera.
>
> Mi hermano quiere una enfermera.

La inclusión de *a* señala el significado de "amar". Su ausencia significa "necesitar".

Muchas gramáticas sugieren que el verbo *tener* se incluye entre estos verbos y que la inclusión de *a* significa "sostener", mientras que su exclusión quiere decir "poseer".

> Tiene *a* un niño en los brazos.
>
> Tiene un niño.

Sin embargo, la *a* con este verbo no siempre implica "soportar". En el español moderno se emplea la *a* como con prácticamente cualquier otro verbo.

> Tengo *a* mi amigo Ricardo que me puede ayudar.
>
> Tenemos *a* tu hermana entre los invitados.
>
> A mi derecha tengo *a*l sobrino y a mi izquierda *a* la sobrina.

Hasta ahora hemos averiguado que se emplea la *a* personal antes de un objeto directo humano o con un objeto al que el hablante trata como un igual aunque no sea humano. En contrapartida, se excluye antes de un objeto directo no humano o uno humano al que se lo quiere reducir de estatus. Además de estos factores semánticos, hay otros sintácticos que influyen en el empleo de la *a* personal. Esto nos hace pensar en la distinción entre lo conceptual y lo mecánico que hemos trazado para los pronombres personales. Si los factores semánticos incluyen lo conceptual, entonces las restricciones sintácticas a continuación serán lo mecánico, o sea, los casos en que la estructura del idioma determina la inclusión o exclusión de esta *a*.

(i) *Haber*

Como el uso impersonal de este verbo sólo necesita la presencia del objeto directo puesto que nunca lleva un sujeto léxico, no se emplea la *a* personal pues el objeto directo nunca puede confundirse con el sujeto.

Hay una chica aquí que no conozco.

Hubo varios policías en la puerta.

Había gente de todos los barrios.

(ii) Pronombres indefinidos

Como los pronombres indefinidos (*alguien, nadie*, etcétera) no son específicos y no pueden considerarse individualizados, se podría deducir que excluyen la *a* personal cuando funcionan como objetos directos. Pero como el español necesita que cualquier pronombre de objeto directo sea precedido por *a*, se la incluye tanto antes del definido como del indefinido.

Definido: No lo veo *a* él.

Indefinido: No veo *a* nadie.
             Trae *a* cualquiera que se te antoje.

(iii) La diferenciación entre objetos directos e indirectos

Como establecimos en el capítulo II, en los verbos de tres argumentos que tienen un objeto directo y uno indirecto, la preposición *a* siempre precede al indirecto. Si el directo es humano e incluye la *a* personal, sería difícil diferenciar entre el objeto directo y el indirecto. Por lo tanto, se tiende a evitar la *a* personal.

Le presenté (a) José Luis a Ángeles.

Para ese puesto prefiero (al)/el primer candidato al segundo.

(iv) La diferenciación entre objetos directos y sujetos

Una ambigüedad parecida al caso anterior aparece cuando el sujeto y el objeto directo no son humanos, especialmente debido a la posibilidad de posponer el sujeto (*El adjetivo modifica el sustantivo* → *Modifica el adjetivo el sustantivo*). En este caso, se usa la *a* personal antes del objeto directo para diferenciarlo del sujeto si existe la posibilidad de confundirlos.

Modifica el adjetivo *a*l sustantivo.

Modifica *a*l sustantivo el adjetivo.

Pasó el coche rojo *a*l amarillo.

Pasó *a*l amarillo el rojo.

Tapan los perfumes *a* los olores ofensivos.

Tapan *a* los olores ofensivos los perfumes.

Tapan los olores ofensivos *a* los perfumes.

Tapan *a* los perfumes los olores ofensivos.

Para terminar, podemos resumir que la *a* personal nació de la necesidad de distinguir entre las funciones gramaticales. A través de los tiempos ha ampliado su dominio. El uso de la *a* personal, además de funcionar como marcador sintáctico, ha desarrollado otras funciones semánticas (la individualización, la personificación) que se oponen a otras que se relacionan con su exclusión (la falta de individualización, la falta de personificación e incluso la despersonificación).

Práctica

A. ¿Cuáles de las siguientes oraciones contienen una *a* personal?

1. Al llegar a casa los dueños sorprendieron *a los ladrones*.
2. Regresó *a su ciudad natal*.
3. El hombre no quiso mirar *a su esposa*.
4. Entraron *a la tienda* sin dinero ni tarjeta de crédito.
5. Se trasladó *a la casa* de sus abuelos.
6. *A mi hermana* la invitaron el martes.
7. Era un homenaje *a los fieles*.
8. Subí *al avión* al último instante.
9. ¿Te acercaste *al león*?
10. El niño acarició *al gato*.
11. Reuní *a tres cuartos del comité*.
12. Esta foto corresponde *a septiembre* del año pasado.
13. ¿Has recomendado *a Estefanía* o *a Virginia*?
14. El candidato explicó *a un grupo de periodistas* sus prioridades.
15. Se vio *a muchos compradores* en el mercado.
16. Ha contratado la nueva empresa *a cien empleados*.
17. La ayuda que ofrecieron *a estas personas* es mínima.
18. No se sabe si pertenece el coche *a ése* o *a aquél*.
19. Los alumnos escuchan *a la profesora* con mucha atención.
20. Varios guardacostas dispararon *al barco*.

B. Para las siguientes oraciones incluya la *a* personal si el objeto directo es humano.

1. Perdió _____ todos los beneficios del contrato.
2. Su llegada produjo _____ una conmoción.
3. Muchos esperaban _____ el jefe de estado bajo el sol del mediodía.
4. Proclamaron _____ el nacimiento de un nuevo acuerdo.
5. Ayer los reyes recibieron _____ el embajador de Australia.
6. El candidato no alcanzó _____ la unidad de todo el partido.
7. Han sancionado _____ nuevas elecciones para el año que viene.
8. Los dos países piensan liberalizar _____ el comercio.
9. Ningún diplomático reconoció _____ este propósito.
10. Amenazaban _____ el líder de muerte.

11. El decreto estableció _____ un control riguroso sobre los bancos.

12. El premiado aceptó _____ el aplauso e inició _____ su discurso.

13. Se presionó _____ el alcalde para que destituyera de inmediato _____ el jefe de policía.

14. Muchos vehículos transitan _____ esa ruta.

15. Cortaron _____ la carretera durante varias horas.

16. Nadie tenía ganas de comentar _____ el acontecimiento.

17. Recibieron _____ un mensaje secreto.

18. Se llamó _____ el liderazgo del movimiento para iniciar _____ la lucha.

19. Pronunció el presidente _____ un discurso muy largo.

20. Prepararon _____ un atentado contra el máximo líder, pero no lograron liquidar _____ el dictador.

C. Construya oraciones incluyendo la *a* personal para individualizar al referente del objeto directo. ¿Es su uso obligatorio u opcional?

1. Los efectivos de la policía empezaron a entrevistar _____ los vecinos del difunto.

2. Salvaron _____ trescientos huérfanos.

3. El fracaso del plan sorprendió _____ sus organizadores.

4. Se logró evacuar _____ otro grupo de civiles.

5. El objetivo consiste en salvar _____ el mayor número de personas posible.

6. Dispersaron _____ los manifestantes.

7. El equipo saludó _____ sus hinchas desde un balcón del hotel.

8. Limitaron _____ los invitados a unos treinta.

9. El comité propuso _____ un solo candidato que fue elegido sin oposición.

10. Se acuchilló _____ seis miembros de una familia mientras dormían.

11. De entre sus jugadores el entrenador seleccionó _____ la gente que estaba en mejor estado físico.

12. Están buscando _____ otro candidato que todos puedan apoyar,

D. Construya oraciones según el modelo teniendo en cuenta la posible personificación con la inclusión de la *a* personal y la posible despersonificación con su exclusión.

MODELO: enviaron / su hijo a una academia militar
Enviaron a su hijo a una academia militar. (objeto directo individualizado)
Enviaron su hijo a una academia militar. (despersonificación)

1. se arrodilló y besó / su tierra
2. sacrificó / su amigo para echarse adelante en la empresa
3. el intento es contrarrestar / la agresión
4. el nuevo conflicto transformó / el viejo combatiente en pacifista
5. los niños perdieron / sus padres en un terremoto
6. metió / su perro en la bañera y lo bañó como si fuera un niño

E. Posponga el sujeto e incluya la *a* personal como marcador sintáctico si fuera necesario.

1. La prensa subraya las luces y sombras del acuerdo.
2. Oscuras nubes ensombrecen las visitas.
3. La paz obtuvo su primera victoria.
4. El referendum reveló el apoyo de muchos.

5. La versión oficial contradice la otra versión.
6. Un coche invadió el carril por el que se desplazaba otro.
7. El avión está efectuando el aterrizaje.
8. La crisis afecta todas las instituciones.
9. El documento comprueba el defraude fiscal.
10. El presupuesto aumentará el gasto social.
11. Los nuevos proyectos reducirán las importaciones.
12. El tradicionalismo asegura la continuidad.

Análisis

A. Explique el significado exacto del verbo en cada contexto.

1. Mi hermana quiere *a* un cocinero.
   Mi hermana quiere un cocinero.
2. Han adoptado *a* tres niños.
   Han adoptado nuevas medidas.
3. Los dos hombres tuvieron *a*l enfermo.
   El enfermo tiene una pierna rota.
4. El embajador recibió *a* los alumnos.
   El embajador recibió muchas cartas.
5. El espía abandonó *a* su país.
   El equipo abandonará el país mañana.
6. Con muchas dificultades mantiene *a* su familia.
   Ya no mantiene contactos con su familia.
7. El equipo nuestro ganó *a*l suyo.
   El equipo nuestro ganó un premio.

B. Explique la inclusión o exclusión de la *a* personal en las siguientes oraciones. ¿Es su inclusión o exclusión obligatoria? Consulte a varios hispanohablantes para comprobar su opinión.

1. La incertidumbre ha desconcertado al sector privado.
2. Tiene a un niño de tres años y por eso no sale mucho.
3. Es difícil movilizar a la gente.
4. Ese hecho suscitó a la indignación de todos.
5. Su objetivo era reclutar buenos atletas.
6. La policía buscaba a un terrorista.
7. Por fin aprendió a apreciar a su país.
8. Sin compasión el general llevó sus soldados hasta el cuartel general.
9. El error será elegir el secretario sin debate.
10. La ambición motiva a los políticos.
11. Se hundió un barco que transportaba soldados italianos.
12. Enviaron una patrulla de reconocimiento.
13. Aceptaron unos candidatos débiles.
14. Tiene la policía la responsabilidad de detener a los sospechosos.
15. La votación dividió a la coalición.
16. Centró sus esfuerzos en encontrar un nuevo socio.
17. Detuvieron a un hombre por entrada ilegal.
18. Eso no afectó a los tres departamentos del gobierno que siguen en la antigua capital.

Un artículo clásico sobre el significado de la *a* personal es Fish (1967), el que ha servido como base para el análisis más amplio de King (1984 y 1992: capítulo 8). El estudio de la *a* personal como marcador sintáctico es la principal preocupación de Weissenrieder (1991). El pequeño informe de Miles & Arciniegas (1983) rompe el mito sobre la ausencia de la *a* personal con el verbo *tener*.

3. MÁS SOBRE LA CONCORDANCIA

EL DIARIO

Martes, 17 de abril

Una u otra apelarán la decisión del tribunal

Una veintena de revistas tendrán que pagar una indemnización por violar la intimidad de un polémico empresario

En este apartado estudiamos la concordancia, principalmente entre sujeto y verbo, que sobrepasa la mera regla general de la concordancia gramatical del español. Pero recordemos esta regla que ya presentáramos en el capítulo II, 3.3. Las gramáticas del español especifican que el sujeto y el verbo deben concordar en persona (1a., 2a. ó 3a.) y en número (singular o plural):

Tú escribe*s* la carta y yo la firm*o*.

Nosotros traer*emos* el postre.

Mis amigas se fuer*on* a Yucatán.

A continuación analizamos cinco casos especiales de concordancia que no siguen la regla general. Con la excepción de un caso (i.e., el *ser* ecuativo), la regla especial que funciona para los sujetos también va a operar en la concordancia entre los pronombres átonos objeto y el sintagma nominal que duplican. Por ejemplo, el *les* concuerda en número con *sus amigas* en la siguiente oración.

La muchacha *les* organizó una sorpresa *a sus amigas*.

Pero antes de seguir leyendo, haga el ejercicio siguiente.

Para empezar...

Entreviste a varios hispanohablantes para comprobar la forma del verbo que cada uno prefiere emplear en las siguientes oraciones.

1. Ni el uno ni el otro (querer) hablar del asunto.
2. O Miguel o su hermana nos (ir) a acompañar.
3. Una multitud de manifestantes (entrar) en el ayuntamiento.
4. La mayoría del comité (estar) de acuerdo.
5. Los partidos políticos (ser) el tema de mi informe.
6. La entrada y la salida de vehículos (perjudicar) la seguridad de los peatones.
7. (Hacer) falta pan y agua mineral.
8. Tanto el decano como el rector (desear) reemplazar al abogado.
9. Una buena cantidad de socios (asistir) a su boda.
10. Lo interesante (ser) las posibilidades que tiene para mejorar su situación económica.

3.1 COORDINACIONES

Aunque la concordancia con sujetos simples es bastante sencilla, se complica con los sujetos complejos. Aquí puede aparecer la segunda regla mencionada en el capítulo II, 3.3, la que sigue la jerarquía 1a. → 2a. → 3a. y que establece que la primera persona prevalece sobre la segunda y la tercera, y que la segunda predomina sobre la tercera. Esto supone que los hablantes establecen una concordancia que no es automática. No pueden simplemente "sumar" un miembro del sujeto con el otro como en *Juan y María conversan*. Respecto a la relación sujeto-verbo, esta regla jerárquica actúa en coordinaciones donde al menos uno de los miembros es un pronombre

Tú y yo trabaja*mos* demasiado.

Est*áis* ella y tú en la luna.

¿Podr*éis* ayudarme Mara y vosotros?

Drea y ellos va*n* al cine.

De estas oraciones deducimos que la jerarquía de persona actúa sin tener en cuenta si el pronombre es preverbal o posverbal. La misma jerarquía funciona cuando los pronombres coordinados cumplen funciones distintas a la del sujeto. En los siguientes ejemplos, el pronombre átono objeto (subrayado) sigue la prevalencia de persona al duplicar al constituyente en cursiva.

<u>Nos</u> vieron cuchicheando *a ti y a mí*.

A ella y a ti <u>os</u> invitarán a la presentación.

A Mario y a mí ya <u>nos</u> mandaron los libros prometidos.

Además de este caso en que influye la jerarquía personal, hay que considerar otros aspectos de las coordinaciones para determinar la concordancia sujeto-verbo. Aunque se espera que la coordinación de dos o más sintagmas nominales cause la pluralización del verbo (EJEMPLO A), ésta no es la única posibilidad. Por ejemplo, en el B el verbo puede aparecer en singular.

EJEMPLO A: La niña y su hermano llegaron sin problemas.
El agua y el aceite no se mezclan.

EJEMPLO B: La idoneidad y la responsabilidad de una persona puede apreciarse en su trabajo.
El inicio y el término del curso lectivo quedará determinado en breve.
El comer y beber tan sin medida le estropeó el estómago.

Generalmente se explica la diferencia entre A y B como una lucha entre la forma y el significado. En el EJEMPLO A se considera a ambos miembros de la coordinación como entes separados. En cambio, en el B prevalece el sentido unitario y se destaca la totalidad de la coordinación. Podemos representar estas dos posibilidades con el uso de corchetes. El EJEMPLO C muestra la coordinación de dos sintagmas nominales independientes, mientras que el D muestra que los dos sintagmas son los subcomponentes de otro mayor que los incluye.

EJEMPLO C: [$_{SN}$ la niña] y [$_{SN}$ su hermano]

EJEMPLO D: [$_{SN}$ [$_{SN}$ la ideonidad] y [$_{SN}$ la responsabilidad]]

Las oraciones en el EJEMPLO B pueden tener el verbo en plural, como en el E, en cuyo caso tendrían la estructura del C.

EJEMPLO E: La idoneidad y la responsabilidad de una persona puede*n* apreciarse en su trabajo.
El inicio y el término del curso lectivo quedar*án* determinados en breve.
El comer y beber tan sin medida le estropearo*n* el estómago.

En las oraciones siguientes, la singularidad o pluralidad del verbo tiene consecuencias semánticas. ¿Puede explicar la diferencia entre una y otra oración?

El presidente del gobierno y líder socialista *fue* recibido por el rey.

El presidente del gobierno y el líder socialista *fueron* recibidos por el rey.

Pues en la primera se trata de una persona única, pero en la segunda de dos. Se puede predecir que este tipo de concordancia no es exclusivo de la relación sujeto-verbo. Como ya dijimos, si algo especial ocurre con la concordancia entre el sujeto y el verbo, encontraremos el mismo proceso con los pronombres objeto. Observemos que en el par en el EJEMPLO F, la presencia o ausencia de la *a* personal con el segundo subcomponente del sintagma coordinado tiende a influir en la concordancia, lo que no ocurre en el G.

EJEMPLO F: *Al* presidente del gobierno y líder socialista *lo* recibió el rey.
Al presidente del gobierno y *al* líder socialista *los* recibió el rey.

EJEMPLO G: La idoneidad y la responsabilidad de una persona se *la(s)* puede apreciar en su trabajo.

Las coordinadas disyuntivas también presentan vacilación en número. En las cláusulas siguientes, incluso las gramáticas tradicionales aceptan tanto el singular como el plural. Sin embargo en la última oración, la disparidad en persona de los elementos coordinados sólo permite el uso del plural.

No me *impactó* ni el libro, ni la película.

No me *impactaron* ni el libro, ni la película.

Fulanito o Menganito lo *hará*.

Fulanito o Menganito lo *harán*.

Te *acompañaremos* o Zultanito o yo.

Efectos similares se observan con los pronombres objeto.

Ni a Fulanito ni a Menganito *lo(s)* invitarán.

O a Mari o a Carmen *la(s)* veremos.

Ni al demócrata ni al republicano *le(s)* daremos nuestro voto.

Ni a Juan ni a mí *nos* convencieron.

Práctica

En las siguientes oraciones establezca la concordancia entre sujeto y verbo conjugando el verbo en infinitivo. Ya que puede presentarse más de una posibilidad, explique la forma del verbo elegida.

1. Mi madre, su hermana y yo (ser) una familia muy unida.
2. Me pregunto por qué ni tú ni ellos le (hablar) desde hace años.
3. (Aparecer) de súbito dos o tres conejos.
4. ¿Uno u otro (ser) estudiantes de quién?
5. El comer y dormir (ser) indispensable(s) para la buena salud.
6. Ni Uds. ni nadie (poder) hacer eso.
7. ¿Vosotros y cuántos más (ayudar) en la remodelación de la casa?
8. El patrón y sus empleados (ponerse) de acuerdo.
9. Ni los de ese bando ni los del mío (participar) en la celebración.
10. Entre tú y ella (repartirse) el trabajo.

3.2 SUSTANTIVOS COLECTIVOS

Los sustantivos colectivos, aquéllos que se refieren a un número indeterminado de entidades como *gente, muchedumbre, policía, pueblo* (véase el capítulo IV, 4), se caracterizan por la disparidad entre la forma y el significado. Su forma es singular aunque denotan una colectividad de individuos. Por lo tanto, es normal que con ellos se den situaciones de pluralización. El hablante puede darle más peso a lo semántico y no seguir la regla gramatical que pide la forma singular.

Amotinóse la gente, pero a la primera descarga de la tropa *huyeron* despavoridos.   (véase Bello 1970: 275)

La gente gritaba dentro de las casas, hasta que *comenzaron* a salir como enloquecidas a la calle.   (véase Fält 1972: 86)

Cuando la policía llegó al apartamento de la actriz se *encontraron* con la cómica...   (véase Fält 1972: 83)

Acudieron a la ciudad multitud de gente.   (véase RAE 1973: 388)

En estas oraciones, la pluralización está favorecida por la distancia que separa al sujeto colectivo del verbo en plural. Los casos de pluralización en circunstancias como en el EJEMPLO A son menos comunes, aunque a veces se encuentran casos como los del EJEMPLO B.

EJEMPLO A: La multitud se desbandó.
El vecindario se reunió.
Salía la gente con toda calma.

EJEMPLO B: Una multitud corrían desesperados.   (véase Solé y Solé 1977: 213)
Un montón invadieron las oficinas.   (véase Solé y Solé 1977: 213)
Una cantidad enorme se perdieron.   (véase Solé y Solé 1977: 213)
La gente joven son amables.   (véase Quilis 1983: 78)

Recordemos que en el capítulo V, 3.6.1, usos paradigmáticos de *se*, ya vimos que los colectivos pueden ocurrir con una interpretación recíproca, pero que no aceptan frases como *unos a los otros* ya que éstas necesitan un verbo en plural.

La muchedumbre se abrazaba emocionada (*unos a los otros).

El público comenzó a besarse en un momento de euforia.

La familia se maltrataba.

Pero los ejemplos siguientes muestran que la posibilidad de pluralizar el verbo permite el añadir estas coletillas aclaratorias.

La muchedumbre se abrazaba*n* emocionados *unos a los otros*.

La familia se apretujaba*n unos contra los otros* para protegerse del frío.

La muchachada se hace*n* bromas pesadas continuamente (*los unos a los otros*).

Podemos suponer que los colectivos también suelen causar la pluralización de los pronombres objeto que los duplican.

A la pareja *les* acompañaba su secretario particular.   (véase Fält 1972: 90)

A la hinchada *les* entró un deseo incontrolable de celebración.

A la muchachada *les* gusta hacerse bromas pesadas (los unos a los otros).

Práctica

Busque otros sustantivos colectivos y haga oraciones que presenten vacilación en la concordancia.

Análisis

Explique la concordancia en los siguientes ejemplos.

1.   El ejército *está* de maniobras.
2.   El ejército *llegó* a la isla donde *fueron recibidos* con grandes muestras de entusiasmo.
3.   El resto *confundió* la hipótesis con la solución.
4.   El resto *se escondieron* de la policía.
5.   El cincuenta por ciento *gana* menos que antes.
6.   El cincuenta por ciento *andan* muy desanimados.
7.   La muchedumbre *se insultaban* unos a los otros.

3.3 SINTAGMA CUANTIFICACIONAL + DE + SINTAGMA NOMINAL PLURAL

Otra situación donde aparece vacilación en la concordancia es cuando un sintagma cuantificado singular está seguido por un sintagma plural introducido por *de*. Aquí la concordancia puede establecerse tanto con el sintagma cuantificado (*la mayoría, la mitad, un tercio,* etcétera) como con el sintagma nominal plural.

> La mitad de los náufragos se salvaron / se salvó. (véase RAE 1973: 31)
>
> Un número considerable de niños murieron / murió durante la epidemia.
>
> Un grupo de señoras rodeaba(n) a su amiga. (véase Fält 1972: 103)
>
> Llegaron / Llegó la mayoría de los envíos.
>
> Una veintena de personas cantaba(n) en alta voz por las calles del pueblo.

La estructura del constituyente que funciona como sujeto permite un doble análisis. Bien se analiza el sintagma cuantificado como núcleo de la construcción, bien se toma el sintagma nominal introducido por *de* como núcleo. En el primer caso, la concordancia es singular; en el segundo, plural.

El mismo tipo de vacilación se encuentra con los pronombres objeto que duplican al sintagma nominal correspondiente.

> El centenar de caballos, don Alfonso se *lo(s)* compró a su compadre.
>
> El rumor sobre recortes presupuestarios *le(s)* causó preocupación a más de un tercio de los empleados.

Práctica

A. ¿Qué otros sintagmas cuantificados conoce? Haga una lista y empléelos en oraciones que muestren una doble posibilidad en la concordancia, tanto para los sujetos como para los objetos.

B. Establezca concordancia entre sujeto y verbo. Explique su elección.

1. (Venderse) casi la totalidad de los objetos de arte ofrecidos en subasta.
2. A pesar de la tormenta, un sinfín de personas (buscarlos).
3. Durante el invierno la mayoría de las casas en la playa (permanecer desocupar).
4. La mitad de las resoluciones no (funcionar) como (deber).
5. Un grupo de estudiantes (trabajar) en el mismo proyecto.
6. Un buen número de bases militares (ser cerrar) por el ministerio.

3.4 SER *ECUATIVO*

Las oraciones ecuativas son aquéllas donde el *ser* funciona como simple signo "igual". Los dos sintagmas se refieren al mismo individuo (o grupos de individuos). Este tipo de oraciones produce tres circunstancias donde la concordancia sujeto-verbo presenta situaciones interesantes.

(i) Cuando la ecuación se da entre un sintagma nominal y uno pronominal, o dos pronominales

La regla de jerarquía personal (1a. → 2a. → 3a.) entra en funcionamiento. Aunque estas oraciones permiten la inversión de sus elementos, el orden de los mismos no es importante para esta jerarquía.

El difícil eres / *es tú.

El médico soy / *es yo.

Tú eres / *es el difícil.

Yo soy / *es el médico.

El tonto pareces (ser) tú.

Cambiemos los papeles; nosotros seremos ellos.

(ii) Oraciones reversibles

También existen oraciones reversibles. En estas oraciones no hay elementos pronominales. Los dos sintagmas pueden intercambiar sus posiciones sin dificultad, como en el par siguiente.

Mi médico de cabecera es el Dr. Gómez.

El Dr. Gómez es mi médico de cabecera.

Los dos sintagmas unidos por *ser* no tienen necesariamente que coincidir en número. Es precisamente cuando difieren que se posibilitan las dos siguientes opciones.

Mi mayor preocupación es / son mis maletas.

Mis maletas son / es mi mayor preocupación.

Su bonificación fue / fueron unos 30.000 euros.

Unos 30.000 euros fueron / fue su bonificación.

Lo importante es / son sus sentimientos.

Sus sentimientos son / es lo importante.

La distinta concordancia verbal no parece influir en el significado. Aunque podemos conjeturar que el hablante, inconscientemente, establece concordancia con el constituyente que considera más importante.

(iii) Pronombres relativos

Lo normal es que el relativo concuerde con su antecedente en género y número. Así en el EJEMPLO A, el relativo *a las que* es femenino plural tal como lo es su antecedente *las muchachas*. En el B se expresa concordancia masculina singular entre *el cuchillo* y *con el que*.

EJEMPLO A: Entrevistamos a [las muchachas] [a las que] tú ya habías entrevistado.

EJEMPLO B: [El cuchillo] [con el que] me corté está sobre la mesa.

Sin embargo, surge vacilación cuando la oración principal es ecuativa, dado que la concordancia puede establecerse con el referente del pronombre relativo o con el sujeto de la oración principal (aunque esté sobreentendido).

Yo fui la que propuso / propuse esa hipótesis.

¿Tú eres el que trajo / trajiste las flores?

Nosotros somos los que escribieron / escribimos eso.

Somos dos los que hemos / han sido premiados.   (véase Ramsey 1964: 610)

Por ejemplo, en la primera oración el verbo *proponer* concuerda o con el referente del pronombre relativo (o sea, con *la (persona) que*), o con el sujeto de la oración principal *yo*.

Práctica

Decida y explique las posibilidades de concordancia que existen entre el verbo y el sujeto en las siguientes oraciones.

1. Lo que realmente echo de menos (ser) las playas del Caribe.
2. La única manera de mejorar el nivel social (ser) los estudios.
3. Vosotros sois los que (aventurar) esa idea.
4. Los fritos (ser) lo que prefiero.
5. Mi médico (ser) el tuyo.
6. Tú no (ser) el hombre que yo pensaba.
7. El sueldo mínimo (ser) once mil pesos.
8. Confesamos que somos los que (diseminar) ese rumor.

Análisis

Existen otras expresiones, llamadas cuasicopulativas, que pueden causar la pluralización del verbo. Algunas de ellas son *tanto... como*, *así como* y (*junto*) *con*. Estudie las siguientes oraciones y explique la razón de esta concordancia. Recuerde que la concordancia singular es la más común.

1. Solía(n) navegar el padre con sus hijos todos los sábados.
2. Tanto la comodidad como la visibilidad están muy logradas.   (véase Fält 1972: 61)
3. El papel alemán, así como el holandés, tendieron a la baja.   (véase Fält 1972: 66)
4. Colón, junto con sus hombres, llegaron / llegó primero a Santo Domingo.

Ahora construya seis oraciones con estas expresiones explicando la vacilación en la concordancia.

3.5 SINTAGMAS NOMINALES PLURALES

Un fenómeno de concordancia que no explican bien las gramáticas pero que es de uso normal en el habla y la prensa, queda ilustrado a continuación.

Las mujeres ganamos / ganáis / ganan menos que los hombres.

Los estudiantes no dormimos / dormís / duermen lo suficiente.

Los hombres nos afeitamos / os afeitáis / se afeitan todos los días.

Los sustantivos plurales humanos permiten la concordancia con todas las personas del plural. Ésta es una peculiaridad del español. Ni siquiera los otros idiomas romances mayores, como el francés o el italiano, explotan las alternativas de primera y segunda persona.

Esta concordancia tampoco es específica a la función sujeto, ya que se encuentra con pronombres objetos que duplican complementos directos (EJEMPLO A), indirectos (B) e incluso frases tematizadas (C), como hemos visto ya.

EJEMPLO A: Nos / os / las citaron a varias mujeres.
            A los delincuentes, no nos / os / los soportan.

EJEMPLO B: Nos / os / les dieron una multa a los transgresores.
            A los ricos, nos / os / les tienen envidia.

EJEMPLO C: A los dos candidatos presidenciales, nos / os / los protegerá
            el servicio secreto.
            A las profesoras, la administración prometió que nos / os /
            les aumentarían el sueldo.

¿Pero cuál es el valor comunicativo de este tipo de concordancia? ¿En qué difieren las tres opciones? Veamos los siguientes ejemplos.

EJEMPLO D: Las mujeres trabajan más que los hombres.

EJEMPLO E: Las mujeres trabajamos más que los hombres.

EJEMPLO F: Las mujeres trabajáis más que los hombres.

Es obvio que el EJEMPLO D con su concordancia de tercera persona es la cláusula más neutral; cualquier persona de cualquier sexo puede decirla. En cambio, ¿quién puede expresar E con su concordancia de primera persona? Sólo un ser humano de sexo femenino y de una cierta edad. ¿Por qué? Porque al elegir la 1a. persona plural, el hablante automáticamente se incluye dentro del grupo sobre el que informa. Si un hombre dijera E, produciría confusión por la incordancia en género. Pero tanto un hombre como una mujer podrían decir F sin problemas. Aunque dado que la segunda persona tiene la misión de excluir al hablante, si fuera dicha por una mujer estaría claro que esta mujer se excluye del grupo.

El elemento con que se establece la concordancia no tiene por qué ser un sustantivo. Observemos las oraciones siguientes, donde encontramos dos con sintagmas cuantificados, y un pronombre exclamativo en la última, todos con concordancia de primera persona.

Ninguna le prestamos atención.

Cualquiera podemos hacerlo.

Cada uno tiene sus problemas, ¡*quiénes* no los tenemos!

Otro detalle importante es que, aunque la mayoría de los sintagmas nominales con los que se establece este tipo de concordancia tienen referentes humanos, esto no es imprescindible. Las fábulas y dibujos animados permiten oraciones como las siguientes.

Los elefantes son / somos / sois grandes.

Las mesas son / somos / sois muy útiles.

Las almohadas guardan / guardamos / guardáis muchas confidencias.

Análisis

Explique el porqué de las posibilidades de concordancia que aparecen en las oraciones siguientes. Observe que hay casos de concordancia con sujetos, pero también con objetos.

1. A ti y a tu mujer os esperan a las ocho.
2. El setenta por ciento estamos a la espera de lo que va a pasar.
3. La mayoría son / sois / somos casos psiquiátricos.
4. Los estudiantes estamos / están mejor preparados.
5. A la mitad de los refugiados les / nos hacen pasar hambre.
6. Al matrimonio les pagaron el viaje de ida y vuelta.
7. Un centenar de tanques avanza / avanzamos contra el enemigo.
8. A la tripulación de los barcos la / nos hacen trabajar horas extra.
9. Cuando la familia decidió emigrar, pidió / pidieron / pedimos asilo en los Estados Unidos.
10. Nosotros o vosotros sois los que lo afirman / afirmamos / afirmáis.

LECTURAS ADICIONALES

Un texto clásico sobre la concordancia es el de Fält (1972), donde se muestran distintos casos con numerosos ejemplos de la lengua escrita. Quilis (1983) estudia la concordancia (y falta de ella) basándose en un corpus del habla culta de la ciudad de Madrid. Suñer (1982, capítulo 4) se centra en casos que sobrepasan la regla general de concordancia sujeto-verbo. Hurtado (1985) discute las posibilidades que aparecen con los sintagmas nominales de tercera persona.

4. LAS CLÁUSULAS RELATIVAS Y LA SELECCIÓN DE LOS PRONOMBRES RELATIVOS

Ya en el capítulo II, 4.2 vimos las cláusulas relativas, también llamadas oraciones adjetivales o de relativo, como uno de los casos de oraciones subordinadas (junto a las oraciones nominales y adverbiales). Aquí estudiaremos este tema con más atención. Nos concentramos en el uso y selección de los pronombres relativos. Pero primero haga el ejercicio siguiente.

Para empezar...

En el siguiente texto decida para cada *que* si funciona como simple conjunción o si funciona como pronombre relativo. Repase la sección 4.2. (*Algunos tipos de oraciones compuestas: Subordinadas*) del capítulo II antes de hacer este ejercicio.

Tal vez Ud. ha oído que a los mayas les apasionaba un juego que llamaban "pok-a-tok". Aunque no se conoce su origen, todas las ciudades mayas que se han descubierto tienen por lo menos una cancha para este juego de pelota. Los que han visitado Chichén Itzá recordarán que la cancha luce como el número uno romano y que tiene gradas para los espectadores. La pelota era de hule y el objeto del juego era pasarla por los aros verticales que están como a diez metros de alto a ambos lados de la cancha. Los que se encuentran en Chichén Itzá tienen talladas serpientes que muestran los colmillos.

4.1 LAS CLÁUSULAS RELATIVAS

255

*Las cláusulas relativas
y la selección de los
pronombres relativos*

Las cláusulas relativas modifican un sustantivo tal como lo modificaría un adjetivo; es decir, si un sustantivo puede ser modificado por un adjetivo (EJEMPLO A), también puede ser modificado por estas cláusulas (B).

EJEMPLO A: Compraron una casa *nueva*.
             Emprendieron un viaje *extraordinario*.

EJEMPLO B: Compraron una casa *que tiene cuatro cuartos y dos baños*.
             Emprendieron un viaje *que los llevará por todo el mundo hispano*.

El pronombre relativo es siempre *obligatorio* en español. Es el nexo que une la cláusula relativa a la oración principal; en el EJEMPLO B el pronombre es *que*. No se debe confundir este *que* de uso relativo con el *que* conjunción de C que sirve para introducir las subordinadas nominales:

EJEMPLO C: Nos dijeron *que* la situación está empeorando día a día.
             Cree *que* podrá encontrar un trabajo como intérprete.

El *que* relativo generalmente tiene un antecedente nominal (pero véase 4.2.ii abajo), el sustantivo al que modifica la cláusula relativa. En el EJEMPLO B, los antecedentes son *casa* y *viaje*. En cambio, la conjunción *que*, como en el C, nunca tiene un antecedente. Pero no todo *que* precedido por un sustantivo introduce automáticamente una cláusula relativa.

EJEMPLO D: Dijo Mara *que* no tendríamos que preocuparnos tanto.
             ¿Sabe tu madre *que* estás con nosotros?

Aunque el *que* está inmediatamente precedido por un sustantivo, no funciona como pronombre relativo. Funciona como conjunción, puesto que la subordinada introducida por *que* no modifica a dicho sustantivo. Más aún, este *que* no tiene ninguna función en la subordinada. No forma parte de la estructura argumental o adjunta del verbo incrustado (en cambio sí forma parte del verbo principal ya que introduce el objeto directo de esta cláusula). Estos dos hechos indican que las subordinadas en C y D son nominales y no adjetivales. Concretemos el tipo de *que* en las siguientes oraciones:

EJEMPLO E: Resolvió el muchacho *que* siempre se destaca en las pruebas el
             problema.
             ¿Confirmó la jefa *que* está a cargo de la decisión el mensaje?

En este caso sí tenemos un *que* relativo. No estamos hablando de cualquier muchacho, ni de cualquier jefa, sino del muchacho que siempre se destaca y de la jefa que tiene que tomar una decisión. Las cláusulas relativas modifican a sus respectivos antecedentes. Finalmente, comprobemos la función de *que* en F.

EJEMPLO F: Contestó el muchacho *que* no tenía intención de estudiar
             abogacía.
             Se lamentaba la señora *que* no había asistido a la reunión
             previa.

En este caso *que* puede interpretarse como conjunción o como pronombre relativo; es decir, las oraciones son ambiguas. Expliquemos el primer ejemplo. Cuando *que* funciona como conjunción, la oración se interpreta como una situación de discurso indirecto (*El muchacho contestó: "No tengo intención de estudiar abogacía"*). Pero con el *que* relativo, se interpreta como *El muchacho que no tenía intención de estudiar abogacía fue el que contestó*, o sea, la cláusula subordinada adjetival modifica a su antecedente (*el muchacho*) y dice que este individuo (y no algún otro) contestó. En la primera interpretación el verbo *contestar* es transitivo pero que en la segunda es intransitivo. El factor principal que posibilita tener oraciones ambiguas del tipo en F es que este idioma permite que los sujetos puedan aparecer después del verbo. Un factor secundario es la existencia de verbos como *contestar*, que pueden usarse como transitivos e intransitivos. Ahora explíquese Ud. la ambigüedad de la segunda oración del EJEMPLO F.

Una cláusula relativa puede modificar un sintagma nominal, sea cual sea la función que éste tenga. Modifica antecedentes que funcionan como objetos directos en el EJEMPLO B y como sujetos en el E, pero también puede modificar a uno que funciona como complemento de preposición (EJEMPLO G), como complemento de otro sustantivo (H) o como predicado nominal (I).

EJEMPLO G: Evitemos pasar por el puente *que* están reparando.

EJEMPLO H: Quiero hablar con la madre de la estudiante *que* tiene tantos problemas.

EJEMPLO I: Ese señor es el especialista *que* tiene tanta fama.

Es importante la función que desarrolla el pronombre relativo pues va a influir en la selección del pronombre. Veamos ahora cuatro ejemplos representativos. Incluimos las dos oraciones que son la base de la relativa para que la función del pronombre relativo quede clara. En el EJEMPLO J este pronombre relativo funciona como sujeto de la cláusula relativa, en el K como objeto directo, en el L como indirecto y en el M como objeto de preposición. Este último demuestra además que la preposición debe preceder obligatoriamente al pronombre.

EJEMPLO J: El hombre *que* le levantó la voz es su abuelo.
　　　　　(cf. El hombre es su abuelo. *El hombre* le levantó la voz.)

EJEMPLO K: El hombre *que* invitamos se disculpó.
　　　　　(cf. El hombre se disculpó. Invitamos *al hombre*.)

EJEMPLO L: El hombre *al que* le encargamos la remodelación es muy bueno.
　　　　　(cf. El hombre es muy bueno. Le encargamos la remodelación *al hombre*.)

EJEMPLO M: El hombre *por quien* votamos perdió la elección.
　　　　　(cf. El hombre perdió la elección. Votamos *por el hombre*.)

Ya explicamos en el capítulo II, 4.2 que las cláusulas relativas se dividen en dos grupos: las especificativas o restrictivas, y las explicativas o no restrictivas. Repasamos esta división porque tiene consecuencias para la selección de los pronombres relativos. Las restrictivas modifican un antecedente no único añadiendo algo que sirve para delimitar o identificar el referente del sintagma. Esto es lo que ocurre en todos los ejemplos de relativas usados hasta ahora y en el siguiente.

La ciudad de España que más le gusta a Carmen es Sevilla.

En ésta se especifica que, de todo el grupo de las ciudades de España, la que más le gusta a una cierta persona es Sevilla. En cambio, las relativas no restrictivas no limitan el referente del antecedente. Se usan con antecedentes ya identificados, por lo que sólo añaden información incidental.

> El rector de la universidad, *que* pronunció un discurso muy provocativo, renuncia a su cargo este año.
>
> Ud., *que* no es generalmente muy comunicativo, me acaba de sorprender con su elocuencia.

Está muy claro que tanto *el rector de la universidad* como el pronombre *Ud.* tienen un único referente. Las cláusulas no restrictivas aparecen separadas del resto de la oración por comas en la escritura y por breves pausas en el habla.

Análisis

A. En las siguientes oraciones defina la función (sujeto, objeto directo, objeto indirecto u objeto de preposición) que tiene el pronombre relativo dentro de la cláusula relativa.

MODELO: Me ayudó a comprender los problemas que tenía.
que = objeto directo de *tener*

1. Entonces empecé a salir con este señor que está a mi lado.
2. Se rebeló contra todas las cosas que le habían enseñado.
3. ¿Tú tenías amigas que estudiaban contigo?
4. El cuarto al que le arreglaron el techo está cubierto de polvo.
5. Es una experiencia que nos resultó hasta cierto punto positiva.
6. La persona con quien me encontré ayer es amiga tuya.
7. Mi mamá contrataba a alguien para que matara los insectos que había por allá.
8. ¿Dónde está la sorpresa de la que me hablaste?
9. El muchacho al que le ofrecieron la beca decidió rechazarla.
10. Tenía un sentimiento de culpa por la doble vida que llevaba.

B. Compruebe si en su idioma materno o en otro que conozca bien se da el tipo de ambigüedad que aparece en español por la doble interpretación de *que* como conjunción y como pronombre relativo. Dé ejemplos.

4.2 SELECCIÓN DE LOS PRONOMBRES RELATIVOS

La lista completa de los pronombres relativos mencionados por las distintas gramáticas del español incluye los siguientes: *que, quien (quienes), el que (la que, los que, las que), el cual (la cual, los cuales, las cuales), donde, cuando, como, cuyo, lo que, lo cual* y *cuanto (cuanta, cuantos, cuantas)*. Pero no todos los pronombres se emplean con la misma frecuencia, ni bajo las mismas circunstancias. Por ejemplo, *cuyo* se encuentra actualmente limitado al uso formal literario; el habla coloquial prefiere otros giros. Algo parecido ocurre también con *cuanto* y sus variantes. El pronombre relativo más frecuente en el habla y en la escritura es *que*.

Existen varias maneras de presentar el uso y selección de los pronombres relativos. Analizamos la función desarrollada por los pronombres relativos, junto con la ausencia o presencia de preposición. En un estudio sobre la producción espontánea de cláusulas relativas por veinticuatro hablantes nativos de la ciudad de Caracas, Venezuela, descubrimos que el pronombre funciona como sujeto y objeto directo en la gran mayoría de los ejemplos (más del 82% de las relativas en este estudio). También tomamos en cuenta si las cláusulas relativas son restrictivas o no, y si el antecedente está explícito o sobreentendido.

(i)   En cláusulas relativas restrictivas con antecedente expreso

(a)   Con función de sujeto.   *Que* es el único pronombre posible; se refiere tanto a entes humanos como no humanos.

> EJEMPLO A: El corredor *que* terminó primero la carrera se desmayó al cruzar la meta.
>
> EJEMPLO B: Compré la novela *que* ganó el último Premio Nadal.
>
> EJEMPLO C: Buscaba algo *que* fuera original.

Hay ocasiones, sin embargo, en que el contexto hace innecesaria la inclusión del antecedente completo. Las oraciones en los EJEMPLOS A y B pueden expresarse como en los D y E (que siguen), siempre y cuando los interlocutores puedan identificar la referencia del sustantivo sobreentendido (representado por Ø). Por ejemplo, el D sería apropiada cuando el hablante y el oyente discuten una carrera, y el E si están hablando de novelas.

> EJEMPLO D: El Ø *que* terminó primero la carrera se desmayó al cruzar la meta.
>
> EJEMPLO E: Compré la Ø *que* ganó el último Premio Nadal.

Esta opción con un *antecedente expreso parcial* sólo puede usarse cuando éste queda claro. El artículo que precede al *que* en los EJEMPLOS D y E no forma parte del pronombre relativo, sino que es parte del antecedente. Tanto es así que varía en género y número al concordar con el sustantivo, núcleo del sintagma que funciona como antecedente. Veamos otros ejemplos en que el sustantivo que forma parte del antecedente puede quedar sobreentendido.

> Los (concurrentes) *que* no estén de acuerdo, que se vayan.
>
> La (profesora) *que* tenía que dar la charla está enferma.
>
> Recomendé a las (muchachas) *que* llamaron temprano.

(b)   Con función de objeto directo.   El *que* prevalece en esta función, ya tenga antecedente humano o no.

> Invitaron a la profesora *que* acaban de contratar.
>
> La casa *que* compraron necesita muchas reparaciones.

Igual que el relativo con función de sujeto, también se puede tener un antecedente expreso parcial si el referente queda identificado por el contexto.

> Ya no está en cartel la *que* tú querías ver.   (por ej., *película*)
>
> Invitamos a las *que* Uds. sugirieron.   (por ej., *personas* o *muchachas*)

Cuando el antecedente es humano existen las opciones con *quien* o *quienes*, artículo + *que* o artículo + *cual(es)*, obligatoriamente precedidas las tres por la *a* personal. Este uso pertenece principalmente al lenguaje escrito formal.

> Los estudiantes *a quienes / a los que / a los cuales* expulsaron van a apelar la sanción.
>
> El dirigente *a quien / al que / al cual* conocimos en la reunión no nos inspiró confianza.

259

*Las cláusulas relativas
y la selección de los
pronombres relativos*

(c) Con función de objeto indirecto. Si el antecedente es un pronombre indefinido con referente humano, se emplea *quien* precedido por la *a* del objeto indirecto.

> Te presentaré a alguien *a quien* le puedes encargar el cuidado de tu casa.
>
> No conozco a nadie *a quien* encargarle el cuidado de tu casa.

En otros casos de antecedente humano, se puede usar *quien* y *el que / el cual* y sus variantes siempre precedidos por la *a* del objeto indirecto.

> La persona *a quien / a la que / a la cual* le mandaron el anónimo llamó a la policía.

Si el antecedente no es humano se emplea tanto *el que* como *el cual* con prevalencia del primero.

> El museo *al que / al cual* le dejó todo su dinero le dedicó una placa.
>
> Se escapó el perro *al que / al cual* le había dedicado tanta atención.

Aquí *el que* es un verdadero pronombre relativo. Va precedido por la *a* de objeto indirecto. Este pronombre no debe confundirse con la indicación de un antecedente expreso parcial, ya que estas oraciones contienen un antecedente completo (*el museo* y *el perro*, respectivamente).

Aunque no sancionados por las gramática, en todos los niveles socioeconómicos del habla coloquial también se oyen ejemplos como los siguientes:

> Hay personas *que* no *les* interesa nada.
>
> Ese es un médico *que* tú *le* llevas un muchacho grave y lo trata al instante.
>
> Hacen casas *que les* ponen techos de paja.

Aquí, un *que* no precedido por la *a* dativa introduce la relativa y la función de esta cláusula como objeto indirecto la marca el pronombre átono *le(s)*.

La relativización del objeto indirecto no es frecuente. En el estudio de Caracas no llega ni al 2% de los casos de entre 1441 cláusulas relativas, una cifra mínima en comparación con el uso de pronombres relativos en función de sujeto (más de 45%) y en función de objeto directo (alrededor del 35%).

(d) Con función de complemento de preposición. Si la preposición es *a* (que no debe confundirse con la *a* del objeto directo o del indirecto), *en, con* y *de* se prefiere usar *que*, especialmente si el antecedente no es humano. Pero también se admite *el que* (y sus variantes).

> La solución *a que / a la que* llegamos no era satisfactoria.
>
> El machete *con que / con el que* se abría paso por la maleza se partió.
>
> El asunto *de que / del que* hablamos ayer no termina de convencerme.

Con antecedentes humanos es mejor *el que* (o sus variantes). También se emplea el más formal *quien(es)*.

> El corredor de bolsa *en el que / en quien* confiaba me desilusionó.
>
> La persona *con la que / con quien* hablamos no nos ayudó demasiado.

Con las preposiciones *por, sin* y *para*, se evita usar *que* por sí solo para no crear confusión con la conjunción *que*. En su lugar se usa *el que* o *el cual*, este último siempre en contextos más formales.

Tuvo que abandonar la hipótesis *por la que* comenzó.

No le fue concedido ese asunto *sin el que* no tendría sentido su propuesta.

Los objetivos *para los que* trabajaba le quedaban cada vez más lejos.

Con las demás preposiciones y locuciones preposicionales, como *contra*, *entre*, *sobre*, *mediante*, *debajo de*, *delante de*, *a pesar de*, *enfrente de*, *encima de*, y así sucesivamente, se usa *el que* y *el cual* con gran preferencia por el primero:

Presentaron una oposición *contra la que* se hacía difícil triunfar.

Nos llevó a ver la cama *sobre la que* tenía extendido su ajuar.

Viven en el edificio *enfrente del que* se encuentra el Ministerio de Hacienda.

Aplaudieron a los socios *gracias a los cuales* consiguieron muchas donaciones para la rifa.

Resumiendo, hay esencialmente dos casos fundamentales en la selección de los pronombres relativos cuando actúan como complementos de preposición: (1) con las preposiciones *a*, *en*, *con* y *de* se usa principalmente *que*, aunque también se puede encontrar *el que*; (2) con todas las demás preposiciones prevalece *el que*. En contextos más formales y con menos frecuencia, suele aparecer *quien* si el antecedente es humano y *el cual* tanto para humanos como no humanos.

(e) Los adverbios relativos *donde*, *cuando* y *como*. Se usan cuando los antecedentes se refieren a lugar, tiempo y modo, respectivamente.

EJEMPLO A: El apartamento *donde* reside está muy bien situado.
En el momento mismo *cuando* se cruzaron nuestras miradas me enamoré de ella.
La forma *como* te mira es muy insistente.

Señalemos dos características de estos elementos. Primero, de los tres el más común es *donde*, que también puede ir precedido por preposiciones.

El restaurante *hacia donde* vamos tiene un chef muy bueno.

La residencia estudiantil *en donde* vivo es muy ruidosa.

La playa *adonde* lo llevaron estaba colmada de gente.

Segundo, otros giros pueden sustituir a estos pronombres. Observemos que las oraciones en el EJEMPLO B expresan lo mismo que las que aparecen en el A.

EJEMPLO B: El apartamento *en (el) que* reside está muy bien situado.
En el momento mismo *en (el) que* se cruzaron nuestras miradas me enamoré de ella.
La forma *en (la) que* te mira es muy insistente.

(f) *Cuyo* y sus variantes. Este pronombre relativo posesivo ha quedado limitado al estilo literario formal. Concuerda en género y número con la cosa poseída.

El autor *cuya* novela recibió grandes elogios fue entrevistado en la televisión.

La editora *cuyas* revistas...

El profesor *cuyo* libro...

La directora de orquesta *cuyos* conciertos...

261

*Las cláusulas relativas
y la selección de los
pronombres relativos*

Quien o *el que* pueden usarse en lugar de *cuyo* con partes del cuerpo, pero no necesariamente con ropa.

> El muchacho *a quien / al que* le enderezaron la nariz se está recuperando de maravillas.

> La mujer *cuyo sombrero* voló por los aires salió corriendo tras él.

> La mujer *a la que* se le voló el sombrero salió corriendo tras él.

En el habla, *que su* suele sustituir a *cuyo*.

> El autor *que su* libro fue muy bien recibido...

> Conocí a una señora *que su* madre había sido maestra mía.

> Un hombre *que* al final del film se logra descubrir *su* auténtica personalidad. (véase Lorenzo 1971: 207)

> Existen personas *que su* manera de expresarse...   (véase Lorenzo 1971: 207)

Práctica

A. Una estos pares de oraciones por medio de un pronombre relativo.

> MODELO: ¿Quién es ese muchacho? La sonrisa del muchacho conquistó a los presentes.
> ¿Quién es ese muchacho *cuya* (*que su*) sonrisa conquistó a los presentes?

1. El cuadro es de la época temprana de Picasso. No recordábamos el pintor del cuadro.
2. Conocimos mucha gente durante el congreso. Asistimos al congreso.
3. El avión tuvo un desperfecto en Río. Volábamos en el avión a Buenos Aires.
4. Me presentaron al nuevo profesor. El profesor acaba de regresar de Colombia.
5. La casa está trepada a la ladera. Mi padre se hizo construir la casa.
6. La mujer dio gritos hasta que llegó la policía. Le robaron la pulsera a la mujer.
7. El señor me ofreció empleo. Tuve una entrevista con el señor.
8. Busca a alguien. Alguien le puede limpiar las ventanas.
9. El muchacho es tu primo. Robaron la cartera del muchacho.
10. Subieron a la cima de la montaña. Se divisaba el mar desde la cima de la montaña.

B. Compruebe si en lugar de tener un antecedente expreso completo, las oraciones que Ud. construyó pueden tener uno parcial. Explique la situación en que esto sería apropiado.

(ii) En cláusulas relativas restrictivas sin antecedente expreso

Hay ocasiones en que los pronombres relativos aparecen sin antecedente. Esto ocurre cuando el referente es indefinido o cuando se refieren a toda una idea o concepto. Las formas que se usan en estas circunstancias son el neutro *lo que*, *quien(es)* o *cuanto* y sus variantes (*cuantos, cuanta, cuantas*).

(a) *Lo que.* Es el de uso más frecuente. Puede referirse a una cosa definida (EJEMPLO A) o indefinida (B); en el último caso el verbo de la relativa va en subjuntivo.

> EJEMPLO A: *Lo que* me irrita es que no me contestes cuando te pregunto algo.
> Les sorprendió *lo que* dijiste.
> *Lo que* le interesa verdaderamente es viajar por el mundo.

> EJEMPLO B: Haré *lo que* me pidas.
> *Lo que* decidas será aceptado.

Lo que no admite sustitución por *lo cual* en este contexto porque *lo* es el artículo del antecedente expreso parcial.

(b) *Quien(es)*.   Se refiere a personas indefinidas; suele aparecer en refranes (EJEMPLO A), aunque no exclusivamente (B).

EJEMPLO A: *Quien* siembra vientos, recoge tempestades.
A quien madruga Dios lo ayuda.

EJEMPLO B: *Quien* lo hizo pagará por sus crímenes.
Hay *quienes* se pasan de vivos.

(c) *Cuanto* y sus variantes.   Estos pueden hacer referencia a personas (EJEMPLO A) o cosas (B) indefinidas cuando están cuantificadas; su uso pertenece al lenguaje escrito formal. En el lenguaje menos formal *todo lo que* (y sus variantes) sustituyen a *cuanto*.

EJEMPLO A: *Cuantos* / *Todos los que* visitaron la exposición, se quedaron encantados.
Conoce a *cuanto* cristiano trabaja / a *todos los que* trabajan aquí.

EJEMPLO B: Te ayudaré *cuanto* / *todo lo que* pueda.
Le permití que eligiera *cuantas* / *todas las que* quiso.
Compra *cuanto* / *todo lo que* ve.

Práctica

A. Busque diez ejemplos donde los pronombres relativos aparezcan en refranes.

B. Cuando *lo que* se refiere a una cosa indefinida, se puede sustituir por *cualquier cosa que*; por ejemplo, *Haré lo que me pidas* equivale a *Haré cualquier cosa que me pidas*. En las siguientes oraciones, reescriba aquéllas en que *lo que* pueda ser sustituido.

1.   Estoy segura que le gustará a tu compañero lo que compres durante tus viajes.
2.   Lo que le dijiste no es completamente cierto.
3.   Te estoy hablando de lo que tú quieres para el apartamento.
4.   Lo que propongan va a encontrar el rechazo del público.
5.   No creo que caiga dentro de su esfera lo que trate con ese asunto.
6.   Observen con cuidado lo que hagan con esa iniciativa.
7.   ¿Sabes lo que gastan tres mujeres en agua, luz y esas cosas?
8.   Como no tienen idea de cómo actuar, están dispuestos a aceptar lo que les recomendemos.

C. *Lo que* también se usa muy frecuentemente para destacar uno de los constituyentes de la oración. Esto se hace dividiendo la oración original en dos partes. Estas partes se unen con el verbo *ser* que aparece en el mismo tiempo y aspecto que el verbo original. En los ejemplos abajo, el elemento destacado aparece entre corchetes. Observamos que cuando lo que se enfatiza incluye al verbo, el sustituto *hacer* es el que lleva las terminaciones verbales, mientras que el verbo original se encuentra en infinitivo.

Me gusta [el chocolate]. → Lo que me gusta *es* [el chocolate].

Le había sugerido [ir a un país hispano]. → Lo que le había sugerido *era / había sido* [ir a un país hispano].

[Comió]. → Lo que hizo *fue* [comer].

(a) Cambie las siguientes oraciones al patrón con *lo que* para enfatizar el elemento entre corchetes.

   1. Estaba [enfurecido].
   2. Nos sorprendió [que tomara una decisión tan drástica].
   3. [Se sentó a leer una novela].
   4. Estaba pensando en [casarse]. (repita la preposición antes de *lo que*)
   5. Comenzó a [gritar].
   6. Quiere [un coche nuevo].

(b) Construya diez oraciones originales con este patrón estudiado.

(iii) En cláusulas relativas no restrictivas

Las no restrictivas van separadas por comas en la escritura y por breves pausas en el habla. Son menos frecuentes que las relativas restrictivas o especificativas. El tipo de antecedente tiende a influir en la elección del pronombre relativo. Si el antecedente es humano el pronombre suele ser *quien(es)*, especialmente en la lengua escrita. Pero también se encuentra *que*, *el que* y *el cual* (EJEMPLO A). Los dos últimos prevalecen cuando el uso de *quien* crea posibilidades de ambigüedad (B).

EJEMPLO A: Paquito, *quien* / (*el*) *que* está obsesionado con ganar la lotería, juega cantidades de dinero todas las semanas.
Sus amigos, *por quienes* / *por los que* se desvive, lo dejaron plantado.

EJEMPLO B: El novio de su prima, *el que* / *el cual* trabaja como policía, se acaba de romper una pierna.
El novio de su prima, *la que* / *la cual* trabaja como policía, se acaba de romper una pierna.

Cuando el antecedente no es una persona se usa *que* (EJEMPLO C). También puede encontrarse *el que* y *el cual* en contextos más formales o cuando existe ambigüedad en cuanto al posible referente (D).

EJEMPLO C: Esa canción, *que* está tan de moda, ya no se consigue en las tiendas de discos.
Les robaron los cuadros, *que* / *los cuales* habían estado en la familia por cinco generaciones.

EJEMPLO D: Compré el libro para la clase de química, *el que* / *el cual* es muy interesante.
Compré el libro para la clase de química, *la que* / *la cual* es muy interesante.

Los pronombres relativos neutros *lo que* y *lo cual* se usan para hablar de una idea o proposición.

Tengo que llevar mi coche al taller, *lo que* me fastidia mucho.

Los políticos siempre prometen el oro y el moro, *lo que* / *lo cual* es deshonesto.

Es un instructor muy aburrido, *por lo cual* no tiene muchos alumnos.

Estas oraciones tienen paráfrasis como las que damos para el primer ejemplo del grupo anterior.

Tengo que llevar mi coche al taller *y esto* me fastidia mucho.

Tengo que llevar mi coche al taller, *cosa que* me fastidia mucho.

Una de las razones para usar los pronombres *el que* y *el cual* y sus variantes es evitar la ambigüedad que surge cuando el antecedente es complejo. Podemos ver esta ambigüedad en el ejemplo que sigue, donde *las cuales* se refiere a *las tradiciones* pero *los cuales* toma como antecedente a *unos libros: Me recomendó unos libros sobre las tradiciones de esa zona, las cuales / los cuales me entusiasmaron.* A veces, también es posible eliminar la ambigüedad poniendo la cláusula relativa junto a su antecedente: *Me recomendó unos libros que me entusiasmaron sobre las tradiciones de esa zona.* En las siguientes oraciones resuelva la ambigüedad usando un pronombre más apropiado, poniendo la cláusula relativa junto a su antecedente o usando otra construcción.

1. Hay unos versos en esta obra que te hacen saltar las lágrimas.
2. Las niñas en las cunas que están enfermas serán vistas por el médico de guardia.
3. Fuimos a una exposición sobre el impresionismo, que vale la pena visitar.
4. Nos presentaron a Pepe, el hijo de Rosa, que tiene mucha fama en su disciplina.
5. El gran ventanal de la casa que tenía una reja daba al sur.
6. El coche del muchacho que chocó contra el parapeto quedó destrozado.
7. Compró unos dulces para tus hijos que son muy ricos.
8. Estoy terminando un estudio para la empresa que me está dando grandes dolores de cabeza.
9. La prueba de sus sospechas, que le ofreció su mentor, vale su peso en oro.
10. La mujer con el niño que apareció de repente actuaba de una manera muy extraña.

EJERCICIOS FINALES

Práctica

A. Complete de manera original.

1. El derrumbe cortó el camino por el que...
2. Todos terminaron el examen a tiempo, lo que...
3. La mano con la que...
4. Éste es el libro cuyas páginas...
5. La charla a la que...
6. La persona en la que...
7. Quien...
8. La vacuna por la que...
9. Necesitamos aumentar las exportaciones, por lo que...
10. Ya le habían anunciado cuanto...
11. Le regalaron un reloj cuyas agujas...
12. La amiga de mi primo, ...
13. Su lugar lo ocupaba un hombre a quien...
14. La cueva donde...

B. En los párrafos siguientes sustituya los pronombres relativos formales por otros más comunes del habla cotidiana o del lenguaje escrito informal.

1. Examinemos el caso de un atropello. Un atropello consiste en la intersección de la trayectoria de un transeúnte **T** con la de un vehículo **V** conducido por un sujeto **S** en un punto **P** y en un instante **I** *en el cual* **T** y **V** se encuentran en **P**. La culpabilidad del atropello debe recaer sobre el causante directo del mismo, *a quien* primeramente debemos identificar y *cuya* pena

determinaremos de acuerdo a la gravedad del caso. En principio, hay dos posibles causantes *a los cuales* puede imputárseles la culpabilidad: **S**, por haber conducido su vehículo hasta **P** en **I**, y **T**, por estar en **P** en **I**. No podemos, sin embargo, aceptar dos culpables. La culpabilidad, *la cual* es por naturaleza algo subjetivo, debe hacerse, para el Derecho, objetiva en la persona de un individuo *en quien* recaiga la pena; ésta es la única manera de garantizar la práctica humana de la justicia entre *cuantos* se encuentran bajo el régimen de un estado de Derecho.

2. Los hermanos *a quienes* el tribunal había condenado a muerte se encontraban incomunicados. El miedo a la muerte no era peor que la soledad, *la cual* en esos momentos apretaba la garganta tanto o más que una cuerda. El mayor de ellos, *quien* había inducido a los otros dos a llevar a cabo el asesinato, se resistía a llorar. El menor, en cambio, *cuyo* dolor por la muerte del padre parecía crecer a cada instante, lloraba lamentándose en voz alta por *cuanto* había sucedido y clamaba perdón. El hermano intermedio, sin prestar atención a sus emociones, ideaba una estratagema *mediante la cual* pudiera escapar.

C. En los siguientes textos complete los espacios en blanco con pronombres relativos. Intente dar el mayor número de variantes posibles. Tenga en cuenta que algunos pronombres pueden necesitar una preposición.

1. No pensé que fuera necesario llegar temprano, _____ comencé a arreglarme a la hora _____ indicaba la invitación. Cuando bajé de mi viejo automóvil, _____ tuve que estacionar a cinco cuadras del local de la fiesta por la enorme cantidad de gente _____ había llegado allí antes que yo, me percaté de que no tenía la invitación en la chaqueta, _____ delataba mi aversión por las reuniones formales no sólo por estar pasada de moda sino porque era imposible cerrármela. Caminé hacia la gran mansión _____ mi padre años atrás me había llevado como su asistente.

2. En aquel entonces como tantas otras veces y como a tantas otras casas, entramos por la puerta de servicio, _____ contraste con el resto del edificio translucía el obvio sistema de valores _____ los arquitectos de la época diseñaban sus obras. Nuestro primer encuentro fue con una señora muy parecida a mi madre _____ yo juzgué como el ama de llaves, y no la cocinera o la mujer de la limpieza, por la forma _____ nos miró. Nos dijo que esperáramos aquí, que no nos moviéramos, que ya volvía con la señora. Asentimos. Al cabo de unos instantes reapareció en la boca del callejón _____ se había marchado y nos hizo señas de acercarnos. Cogí el pesado maletín de papá, _____, sin esperarme, se puso en marcha, y lo arrastré siguiéndolo.

D. Redacte dos o tres párrafos utilizando pronombres relativos con distintas funciones. Cuando sea apropiado, dé tanto la versión formal como la menos formal de dichos pronombres.

LECTURAS ADICIONALES

Para los pronombres relativos recuerde las gramáticas mencionadas en el prefacio.

Ozete (1981) y Eberenz (1983) son trabajos más recientes que se basan en corpus extraídos de la literatura y la prensa, Powers (1984) en un cuestionario escrito y Suñer (2001) en un corpus sociolingüístico de la lengua hablada en la ciudad de Caracas. Todos comparan lo que dictan las gramáticas con lo que sucede en el lenguaje actual. Asimismo, Lorenzo (1971) ofrece posibilidades del habla coloquial de Madrid, no necesariamente aprobadas por las gramáticas.

5. *LAS PREPOSICIONES*

Como se vio en el capítulo II, 2.2, la preposición es el núcleo del sintagma pre-posicional que toma como complemento un sintagma nominal (Lo compré *para ti*) o uno oracional (Insistió *en que no lo pagara*). Las preposiciones en español se dividen entre las simples (*a, de, en, por, para, sobre*, etcétera) y las compuestas que constan de más de una palabra (*antes de, acerca de, a través de, a lo largo de, encima de*, etcétera). Recordemos que forman una clase léxica cerrada; o sea, que hay un número finito de preposiciones. Las compuestas son menos problemáticas en cuanto a su interpretación porque la adición de una palabra a una preposición simple indica el significado exacto de la preposición (aunque *de* tiene varios usos, no surgen dudas sobre el significado y uso de *lejos de*).

El objetivo de este apartado no es el de presentar un estudio detallado de todas las preposiciones, sino tratar los temas que causan más problemas a los angloparlantes: la relación entre adverbios, preposiciones y nexos que introducen cláusulas adverbiales, el uso de la preposición como enlace sintáctico entre dos sustantivos, las preposiciones que seleccionan algunos de los verbos de régimen más comunes y las preposiciones *por/para* y *en/a*. Pero antes de analizar estos temas, concrete Ud. cuánto sabe solucionando el siguiente ejercicio.

Para empezar...

Escoja la forma más adecuada.

1. Estarán de vuelta (antes / antes de / antes que) las cuatro de la tarde.
2. Todavía están buscando (un aparcamiento plaza / una plaza de aparcamiento).
3. No me dejaron (a repetir / repetir) el postre.
4. Estuvieron charlando (por / para) varias horas.
5. Todos mis compañeros están (en / a) la biblioteca porque tienen un examen mañana.
6. Todo depende (del / en el) resultado de las elecciones legislativas.
7. No está contento con el trabajo que está haciendo (por / para) la nueva empresa.
8. Ese cuadro se encuentra (en / a) el museo de la universidad.
9. ¿Te obligaron (a pagar / pagar) el suplemento?
10. Completaron la tarea (sin / sin que) nadie les ayudara.

5.1 *ADVERBIOS, PREPOSICIONES Y NEXOS DE CLÁUSULAS ADVERBIALES*

Para emplear correctamente las preposiciones y otras categorías léxicas, es imprescindible reconocer la semejanza entre algunos adverbios, preposiciones y nexos que encabezan una cláusula subordinada (cf. capítulo II, 4.2). Fíjese bien en la diferencia de forma en las siguientes oraciones.

EJEMPLO A: *Antes* no venía tan temprano. (adverbio)

EJEMPLO B: Llamó a sus padres *antes de* la reunión. (preposición)

EJEMPLO C: Le saludé *antes (de) que* se marchara. (nexo)

Algunas de las formas relacionadas más comunes son las siguientes. Nótese que en algunos casos sólo dos de las formas son factibles.

Adverbio	Preposición	Nexo
antes	antes de	antes (de) que
después	después de	después (de) que
(a)delante	delante de	—
(a)fuera	fuera de	—
lejos	lejos de	—
—	para	para que
—	por	porque
—	a fin de	a fin de que
—	sin	sin que
—	en caso de	(en) caso (de que)
—	a pesar de, pese a	a pesar de que, pese a que
—	nada más	nada más que

5.2 SUSTANTIVO MODIFICADO POR SUSTANTIVO

A diferencia que otros idiomas, el español no permite que un sustantivo modifique a otro sustantivo sin la intervención de una preposición (cf. el español *botella cerveza* y el inglés *beer bottle*). La preposición "de" es la más frecuente, aunque también se emplea *para* para establecer la relación entre los dos sustantivos.

campo de fútbol	estantería para libros
casa de ladrillos	jaulas para canarios
jardín de flores	jabón para el cabello
botella de vino	botella para vino
tienda de ropa	ropa para niños
máquina de coser	máquina para coser

Como vimos en el capítulo IV, 2, existen unos pocos sustantivos compuestos de dos sustantivos sin nexo. Posiblemente estas combinaciones en español no requieren una preposición porque ninguno de los dos sustantivos depende semánticamente del otro.

mujer policía (*mujer de policía)   carta bomba (*carta de bomba)

hombre lobo (*hombre de lobo)

5.3 PREPOSICIONES CON VERBOS

En español un sustantivo, un infinitivo o una cláusula subordinada puede servir como complemento de un verbo sin la intervención de una preposición.

Quiero *unos muebles nuevos* para mi casa.

Quiero *ir* con vosotros al cine esta noche.

Quiero *que vayas con nosotros esta noche*.

Pero otros verbos se valen de una preposición para introducir su complemento. En este apartado tratamos el uso de preposiciones con un complemento de infinitivo. La preposición *a* es la única que sirve para distinguir clases semánticas de verbos.

Verbos de movimiento	Verbos aspectuales de inicio/realización	Verbos de aprendizaje	Otros
acercarse a	empezar a	aprender a	acostumbrarse a
acudir a	echar(se) a	enseñar a	atreverse a
apresurarse a	entrar a		ayudar a
bajar a	comenzar a		decidirse a
correr a	llegar a		disponerse a
detenerse a	ponerse a		invitar a
ir a	principiar a		negarse a
subir a	romper a		obligar a
volver a			quedarse a
venir a			resignarse a

Las preposiciones *de*, *en*, *por* y *con* también introducen complementos de infinitivo.

DE	EN	POR	CON
acabar de	empeñarse en	decidirse por	contentarse con
acordarse de	esforzarse en	desvivirse por	amenazar con
alegrarse de	esmerarse en	disculparse por	soñar con
avergonzarse de	especializarse en	esforzarse por	
arrepentirse de	insistir en	interesarse por	
burlarse de	interesarse en	luchar por	
darse cuenta de	pensar en	molestarse por	
dejar de	persistir en	optar por	
olvidarse de	quedar en	preocuparse por	
parar de	tardar en		
quejarse de			
reírse de			
terminar de			
tratar(se) de			

Nótese que algunos de estos verbos admiten más de una preposición (*esforzarse por/en*, *interesarse por/en*, *decidirse a/por*) sin un cambio importante de significado.

Muchos de los verbos admiten un infinitivo, un sustantivo o un nexo de cláusula adverbial con la misma preposición.

Se acordaron de traer una botella de vino.

Se acordaron de mi cumpleaños.

Se acordaron de que teníamos una reunión a las tres.

Algunos omiten la preposición con un complemento de sustantivo (*Enseñaba idiomas en un colegio.*). Compruebe las posibilidades para los verbos arriba.

Otros verbos, como los siguientes, son más restringidos en su selección de complemento y no aceptan un infinitivo como complemento aunque sí complementos de sustantivo o/y de cláusula subordinada.

DE	CON	EN
alejarse de	casarse con	consistir en
depender de	encontrarse con	convertirse en
despedirse de	enfrentarse con	fijarse en
enamorarse de	enojarse con	influir en
enterarse de	meterse con	transformarse en
	quedarse con	

Por ejemplo, el verbo *enterarse* selecciona sustantivos y cláusulas nominales subordinadas.

> *Se enteraron de haber un problema
> Se enteraron de los planes.
> Se enteraron de que había un problema.

Pero el verbo *casarse* sólo se emplea con un sustantivo.

> *Se casó con conocer...
> Se casó con un conocido director de cine.
> *Se casó con que...

Compruebe las posibilidades para los verbos arriba.

5.4 *LAS PREPOSICIONES* POR Y PARA

Un contraste básico entre estas dos problemáticas preposiciones es la distinción entre *por* para expresar duración y *para* para expresar destino. La relación puede ser espacial, temporal o en el caso de *para* un concepto no vinculado directamente al espacio o al tiempo.

	POR = duración o espacio/tiempo aproximado ⟶	*PARA* = destino ⟶ |
ESPACIO	Paseábamos *por* el parque. El barco pasó *por* el canal. ¿Qué si pasamos *por* lo de Pepe? Se perdió *por* esas callejuelas. Estará *por* aquí.	Vamos *para* el parque. El tren *para* Madrid todavía no ha salido. ¿Qué si vamos *para* lo de Pepe? Camina ocho cuadras *para* ir al cine.
TIEMPO	Charlaron *por* horas y horas. Tuvieron que esperar *por* una eternidad. Esto me satisface *por* ahora. Piensan trasladar la tienda *por* noviembre.	La tarea será terminada *para* las dos. Estará de vuelta *para* el lunes.
OTRO		*Destino = la meta* ¿Hay lugar *para* estacionar? Han comprado un coche nuevo *para* su hijo. ¿*Para* quién está trabajando Luisa? Ponte el impermeable *para* no mojarte. Estudia *para* ingeniero civil. Es una nueva máquina *para* regar.

Además de este contraste, *por* y *para* se emplean también en comparaciones. *Por* establece una comparación entre dos entidades idénticas, mientras que *para* compara una única entidad entre cómo debería de ser y cómo es de verdad.

POR = comparación de dos entidades idénticas	*PARA* = comparación de una única identidad
Coche *por* coche prefiero el mío. Libro *por* libro éste es más valioso.	Juan es alto *para* su edad. *Para* arquitecto no dibuja bien. *Para* payaso no tiene gracia. Ya está mayor *para* esos trotes.

Aunque se puede reducir los usos de *para* a dos (para denotar destino o comparación), *por* tiene otros usos que cubren significados muy diversos. Muchas veces se puede expresar estos significados con otras formas léxicas.

debido a, a causa de
He cambiado de clases *por* dificultades de horario.
Por tener otro compromiso Rafaela no ha podido venir a la cena.
Lo reconocí *por* su corbata estrecha.
Estoy loca *por* mi nieta.
Cerraron la universidad *por* la nevada.

Consiguió el trabajo *por* Arenales.
Estaba resbaladizo *por* el hielo.
Han ido a la confitería *por* pan.

por el beneficio de
Lo he hecho todo *por* ti.
Voté *por* los demócratas.

Tenemos que triunfar *por* la patria.
Trabajemos *por* nuestra causa.

sustitución/intercambio o en lugar de
El cortó el césped *por* mí y yo arreglé el garaje *por* él.
Pagaron demasiado *por* la casa.
¡Mi vida *por* un caballo!
Ríe *por* no llorar.
Muchas gracias *por* todo.

Está autorizado a firmar *por* mí.
Dos *por* dos no son cinco.
Las hipotecas están al 7 *por* ciento.
Maneja a 150 km *por* hora.

por medio de
Nos comunicamos siempre *por* correo electrónico.
Enviamos el paquete *por* avión/vía aérea.
No se casaron *por* la iglesia.

La indemnización fue pagada *por* su empresa.
El garaje fue destruido *por* un rayo.

"como" en el sentido de una opinión o evaluación
Lo tomé *por* borracho/bandido/tonto, etcétera
Doy *por* hecho (sentado) que no vienen.

Pasa *por* culto.
Lo dejaron *por* muerto.

Estas dos preposiciones también se emplean en expresiones léxicas, algunas de las cuales son los siguientes.

*EXPRESIONES CON **POR***	*EXPRESIONES CON **PARA***
por lo demás	para siempre
por supuesto	para las tantas
por entonces	no ser para tanto
por fin/consiguiente	no estar para bromas/mentiras/cuentos/
por lo menos/tanto/general/visto	trotes/bailes, etcétera
por otra parte	estar para
por si acaso	
quedar por hacer	
estar por	

5.5 *LAS PREPOSICIONES* EN Y A

Aunque estas dos preposiciones tienen varios usos, nos concentramos en su contraste para expresar relaciones espaciales y temporales. *En* denota localización dentro de un lugar o tiempo, mientras *a* expresa un punto en el espacio o tiempo.

	EN = dentro de	*A* = un punto
ESPACIO	Están *en* el teatro.	Van *a*l trabajo.
	Te espero *en* mi despacho.	Andan *a* la universidad cada mañana.
	Lo puse *en* el tercer cajón.	
TIEMPO	Los abuelos vienen *en* mayo.	Salimos esta noche *a* las nueve.
	Suele toser *en* la madrugada.	*A* los dos meses dejó el trabajo.
	En este instante, se me prendió la lamparita.	Falleció *a* los cinco años.

A. Construya oraciones con los siguientes adverbios y luego con las preposiciones correspondientes.

MODELO: cerca
El cine que tú buscas está cerca.
El cine que tú buscas está cerca de mi casa.

1. enfrente
2. alrededor
3. abajo
4. atrás
5. debajo

6. delante
7. encima
8. adentro
9. afuera
10. lejos

B. Reemplace la preposición con un nexo con *que* + cláusula subordinada según el modelo.

MODELO: *Estaremos en casa antes de las nueve.*
Estaremos en casa antes (de) que tú regreses.

1. Se fueron después de la unión.
2. Este dinero es para ti.
3. Lo han hecho por otra razón.
4. Le escribieron a fin de pedirle dinero prestado.
5. Discutimos una oferta para mi hijo menor.
6. No vamos a la playa pese a la alta temperatura.
7. No quisieron salir de casa sin llave.
8. Te pondré un mensaje nada más saber la respuesta de los propietarios.

C. Construya sintagmas preposicionales según el modelo para que el segundo sustantivo modifique al primero, y empléelas en oraciones. Luego traduzca la frase a su idioma materno ¿Es obligatoria la inclusión de una preposición?

MODELO: traje / boda
traje de boda

1. plaza / estacionamiento
2. pista / tenis
3. ropa / niños
4. cancha / básquetbol
5. texto / matemáticas

6. máquina / coser
7. museo / arte
8. lectura / ocio
9. zapatos / tenis
10. reloj / oro

11. silla / ruedas
12. libro / recibos
13. perro / caza
14. coche / alquiler
15. sala / espera

D. Forme oraciones con los siguientes verbos, utilizando una preposición apropiada si hace falta.

MODELO: aprender / esquiar
Aprendí a esquiar cuando tenía ocho años.

1. detenerse / descansar
2. preocuparse / no tener suficientes fondos
3. no permitir / fumar en ningún edificio
4. tardar / devolver el depósito
5. arrepentirse / no haber invitado a los demás

6. no poder / escuchar nada por el ruido de las motos
7. negarse / votar por nuestro candidato
8. enseñar / patinar sobre hielo público
9. volver / contar el mismo cuento
10. rogar / no pisar el césped

E. Escoja la preposición más apropiada, *por* o *para*.

1. Estuvimos en la playa (por/para) la primera quincena de agosto.
2. He cerrado las puertas a llave (por/para) estar más tranquilo.
3. El ensayo es (por/para) la última semana de este mes.
4. El próximo congreso será (por/para) finales del verano.
5. Hemos cambiado de planes (por/para) la borrasca.
6. Me cambió el cuadro impresionista (por/para) uno de otro estilo.
7. La tarta que sobra es (por/para) vosotros.
8. Los planes para la restauración fueron elaborados (por/para) un famoso arquitecto.
9. No estoy (por/para) escuchar más quejas.
10. (Por/Para) lo menos diez invitados no se presentaron.
11. (Para/Por) un becario no se esfuerza demasiado.
12. Han sacrificado mucho (por/para) nosotros.
13. Deberíamos de pasar (por/para) el supermercado antes de ir a casa.
14. Toda la familia votamos (por/para) el candidato socialista.
15. Camisa (por/para) camisa creo que me gusta más la que tú escogiste.
16. La velocidad máxima en las autopistas es de 120 kms. (por/para) hora.
17. A la perrita la tienen (por/para) ser humano.
18. (Por/Para) lo demás no sabemos qué hacer.
19. Recuerda que tu decisión es (por/para) siempre.
20. ¿A qué hora sale el autobús (por/para) Oaxaca?

F. Escoja la preposición más apropiada, *en* o *a*.

1. Mis abuelos están (en/a) misa.
2. Voy (en/a) casa para recoger el coche.
3. Esta mañana estuve (en el/al) banco para pedir un crédito.
4. Me despertó (en/a) las tres de la madrugada.
5. Los niños todavía están (en el/al) colegio.
6. El libro se agotó (en/a) los ocho meses.

G. Construya oraciones con preposiciones que expresan las siguientes relaciones según el modelo.

MODELO: *por medio de*
Me notificaron de la decisión *por* fax.

1. comparación de una única entidad
2. por el beneficio de
3. opinión o evaluación
4. destino en espacio
5. duración en tiempo
6. proporción
7. sustitución
8. meta
9. a causa de
10. comparación de dos entidades

H. Llene los espacios en blanco con una preposición apropiada: *en, a, sobre, con, contra* o *de*.

1. los últimos _____ llegar
2. confianza _____ el abogado
3. indecisión _____ el futuro
4. derecho _____ reclamar
5. simpatía _____ la causa
6. complicidad _____ la aventura
7. remedio _____ la tos
8. indignación _____ el resultado
9. habilidad _____ los idiomas
10. habilidad _____ el manejo de relaciones
11. responsable _____ la familia
12. protesta _____ el nuevo decreto
13. retraso _____ llegar
14. don _____ gente
15. derecho _____ cocinar

A. Después de consultar varias gramáticas haga una lista de diez preposiciones compuestas en español y utilícelas en oraciones.

B. Utilice los siguientes ejemplos para explicar los usos de las preposiciones *de, a* y *en*. Consulte una gramática si se le hace necesario. ¿Tienen estas preposiciones otros usos?

1.
  a. El coche *de* María José no está en el aparcamiento.
  b. Casi todos los nuevos vecinos son *de* México.
  c. Mis pantalones son *de* algodón.
  d. *De* jefe, no tenía mucho tiempo de ocio.
  e. El muchacho *de* ojos oscuros es mi primo.

2.
  a. Estaremos en la parada de taxi *a* las cuatro.
  b. Vinieron muy pocos *a* la exposición.
  c. El parque está *a* tres kilómetros de la autopista.
  d. Enviaron los regalos *a* los novios.
  e. Contrataron *a* siete contables.
  f. *Al* bajar la temperatura el arroyo se congeló.

3.
  a. No hay nada para comer *en* el frigorífico.
  b. Fuimos los últimos *en* llegar.
  c. Todos van de vacaciones *en* agosto.
  d. Me senté *en* la cama y los otros se sentaron *en* el suelo.
  e. Me dejaron el cuadro *en* 500 dólares.
  f. Siempre nos habla *en* español.
  g. Es licenciada *en* informática.

C. Muchas expresiones adverbiales se forman con preposiciones. Consulte una gramática para hacer una lista de las expresiones con *de, a, en* y *por*.

D. *Dirigirse, asomarse, subir* y *bajar* son verbos de movimiento. ¿Funcionan igual que los verbos de tipo *ir a* (cf. 5.3)?

E. Haga oraciones en español con los siguientes verbos y luego tradúzcalas a su lengua materna: *buscar, pedir, agradecer, escuchar, mirar.* ¿Se corresponden las preposiciones en los dos idiomas?

F. Consulte a varios hispanohablantes de distintos países sobre los significados de los siguientes grupos de oraciones. También Ud. puede consultar gramáticas.

1.
  a. Estamos para salir.
  b. Estamos por salir.

2.
  a. Entraron en la tienda.
  b. Entraron a la tienda.

3.
  a. Llegaron a Barcelona al mediodía.
  b. Llegaron en Barcelona al mediodía.

4.
  a. Subieron las maletas.
  b. Subieron al tren.
  c. Bajaron todas las cajas.
  d. Bajaron al río.

5.
  a. Piensan ir con nosotros.
  b. Piensan en ir con nosotros.

G. Explique la diferencia entre los usos de preposiciones en los siguientes grupos de oraciones.

1.
  a. Vamos *para* el colegio.
  b. Vamos *al* colegio.
  c. Vamos *por* el colegio.
  d. Vamos *hacia* el colegio.

2.
  a. Siempre merendamos *por* la tarde.
  b. Siempre merendamos *en* la tarde.

3. a. Están *en* la puerta.
    b. Están *a* la puerta.
    c. Están *por* la puerta.

4. a. Decidieron contratarlo.
    b. Se decidieron *a* contratarlo.
    c. Se decidieron *por* contratarlo.

H. Analice el uso de preposición tras preposición en las siguientes oraciones. ¿Son preposiciones compuestas? ¿Qué significa cada combinación de preposiciones?

1. Mantenlo en mente para por si acaso.
2. Su admiración para con su marido no tenía fin.
3. El gato pasó por entre los barrotes.
4. En España dicen mucho "voy a por pan".
5. Limpió todo de sobre la mesa.
6. Lo escondí por entre los libros.
7. Eso le salió desde (muy) dentro de su mente febril.
8. El tren pasa por sobre el puente y los coches por debajo.
9. El agua se deslizaba por dentro (debajo, encima, entre, etcétera) de los caños.

LECTURAS ADICIONALES

Todas las gramáticas tradicionales (vea la lista en el Prefacio) describen los usos de las preposiciones. Un estudio detallado de las preposiciones es Nañez Fernández (1995). Nañez Fernández (1990) y Pérez Cino (2000) son estudios prácticos de los usos de las preposiciones. Bosque (1997) es un interesante estudio sobre las secuencias de dos preposiciones.

VARIACIÓN ORTOGRÁFICA Y PRONUNCIACIÓN

Para mantener la misma pronunciación de los sonidos cuando se combinan con distintas vocales, la ortografía cambia. Resumimos esta variación en un recuadro.

Sonido	Grafía	/a/	/o/	/u/	/e/	/i/
/s/ en Latino- américa	s	sacar	sortear	sumar	sentir	silo
	c	—	—	—	centauro	cima
	z	zafra	zona	zumo	zenit	zinc
/th/ en España	c	—	—	—	centavo	ciervo
	z	zanja	zonzo	zumbido	zeta	zigzag
/k/	c	cantar	contar	cuento	—	—
	qu	—	—	—	querer	quién
/g/	g	galgo	gorro	Gustavo	—	—
	gu	guardia	antiguo	—	guerrilla	guiso
	gü	—	—	—	cigüeña	lingüista
/x/	j	jabalí	joven	junio	jerarquía	jirafa
	g	—	—	—	gente	gigante

Esta variación también puede ocurrir dentro de una misma "palabra".

lápiz	pero	lápices
voz	pero	voces, vocecita
comenzar	pero	comencemos
buscar	pero	busquemos
tocar	pero	toquemos
cerca	pero	cerquita
Paco	pero	Paquito
pagar	pero	paguemos
sigo	pero	sigue
elegir	pero	elijo
proteger	pero	protejo

Una *i* no acentuada que aparece entre vocales cambia a *y*.

creer	creía	pero	creyó (y no *creió*)
leer	leía	pero	leyó, leyeron
construir	construimos	pero	construyen, construyó
caer	caímos	pero	cayó, cayera
ir	vais, irías	pero	vaya, vayamos

Recordemos también que las letras *b* y *v* se pronuncian ambas como /b/, y que la *h* es muda en español. Debido a diferencias dialectales, la pronunciación de la *ll* y la *y* varía mucho. Se puede generalizar que en la mayor parte de Latinoamérica y en muchos dialectos de España se pronuncian de la misma manera; o sea, *calle* y *caye* no se distinguen por su pronunciación. Sin embargo, las variantes van desde muy suaves a muy fuertes (como en el sonido de la jota en el inglés *John*). En cambio, en el dialecto de Castilla en España se distingue la *ll* de la *y*.

LAS SÍLABAS

Se necesita saber cómo se dividen las palabras en sílabas para las reglas de acentuación y también para dividir las palabras al final de un renglón cuando no cabe la palabra entera.

Comenzamos recordando ciertos principios generales.

a. *ch, ll* y *rr* son símbolos ortográficos que representan un solo sonido por lo que no pueden separarse.

b. Una vocal puede constituir una sílaba por sí sola (*a, o*-mi-tir, *u*-nión, dor-mí-*a*)

c. Los diptongos (unión de dos vocales altas [*i, u*], o de una vocal alta con una no alta [*a, e, o*]) y los triptongos (la unión de una vocal alta con dos no altas) se comportan como una sola vocal, por lo que no pueden separarse:

    v*iu*-da   c*ai*-mán   p*ue*-des   sal-t*ais*   en-vi*áis*   a-ve-ri-g*uáis*

d. Los grupos consonánticos (pr-, pl-, br-, bl-, cr-, cl-, fr-, fl-, gr-, gl-, tr-, dr-) son indivisibles y siempre comienzan una sílaba.

Las reglas para dividir las palabras en sílabas son cuatro. Se basan en las secuencias de vocal (V) y consonantes (C). El subtipo de sílaba más común en español es CV y este subtipo es el que tratan de preservar dentro de lo posible las siguientes reglas.

1. VCV → V-CV

ala	a-la
talla	ta-lla
charro	cha-rro
fáciles	fá-ci-les
Galicia	Ga-li-cia

2. VCCV → VC-CV

*acce*so	ac-ce-so
*esca*pe	es-ca-pe
*abso*lver	ab-sol-ver
*incompa*rable	in-com-pa-ra-ble

   pero según (d) arriba:

*apla*nar	a-pla-nar
*agra*decer	a-gra-de-cer

3. VCCCV → VCC-CV

*consta*ncia	cons-tan-cia
*insta*lar	ins-ta-lar
*obsti*nado	obs-ti-na-do

   pero según (d) arriba:

*impl*osión	im-plo-sión
*incre*íble	in-cre-í-ble

4. VCCCCV → VCC-CCV

*constru*ir	cons-truir
*obstru*ctivo	obs-truc-tivo
*instru*mento	ins-tru-mento

ACENTUACIÓN PROSÓDICA Y ORTOGRÁFICA

La acentuación en español se puede predecir de la forma ortográfica de las palabras. Las pautas nos la dan las terminaciones de las palabras, específicamente las *vocales* y las consonantes *n* y *s*.

Para las reglas generales, hay dos maneras de enfocar el tema: se puede tomar el punto de vista de los no hispanohablantes (véase A), o se puede encarar desde el punto de vista de los hispanohablantes (véase B). Sin embargo, los usos especiales del acento escrito son comunes para los dos grupos (véase C).

A. Reglas generales para los no hispanohablantes

1. Si la palabra termina en *vocal*, *n* o *s*, la acentuación prosódica generalmente cae en la penúltima sílaba.

   ca-sa   co-me   som-bre-ro   jo-ven   i-ma-gen   ca-bles   cri-sis

2. Si la palabra termina en cualquier otra consonante, la acentuación prosódica generalmente cae en la última sílaba:

   le-er   es-toy   re-loj   di-fi-cul-tad   a-lud   Pas-cual   ca-paz

3. Un diptongo compuesto de dos vocales altas (*i, u*), o de una vocal alta con una no alta (*a, e, o*), forma sílaba.

   quie-ro   rui-do   viu-da   pue-de   vai-na   pei-ne   cuen-co   via-jar

   Pero si una de las vocales altas lleva acento ortográfico, no hay diptongo y las vocales están en diferentes sílabas.

   ve-ní-a   rí-o   grú-a   a-ú-lla   pa-ís   a-cen-tú-o   e-go-ís-ta
   in-cre-í-ble

4. Cualquier palabra que no cumpla con una de estas tres reglas lleva acento escrito, o sea, una tilde.

   a-cá   ru-bí   Pe-rú   ca-fé   ra-tón   na-ci-ón   mo-tín   a-trás
   vi-vís   cor-tés   án-gel   cár-cel   Cé-sar   a-zú-car   lá-piz
   ál-bum   í-tem   có-me-se-lo   cié-na-ga   jó-ve-nes   di-fí-cil-men-te
   at-mós-fe-ra   man-dí-bu-las

B. Reglas generales para los hispanohablantes

1. Las palabras que reciben un acento prosódico en la última sílaba cuando terminan en *-n, -s* o *vocal* reciben también acento ortográfico.

   con-cen-tra-ción   com-pás   en-vi-*áis*   ru-bí   bon-gó   Pe-rú

2. Las palabras que reciben un acento prosódico en la penúltima sílaba llevan acento ortográfico cuando NO terminan en *-n, -s* o *vocal*.

   clí-max   lá-piz   í-tem   cár-cel   a-zú-car   pro-me-tí-a
   con-cep-tú-a

3. Cualquier palabra que recibe el acento prosódico en la tercera, cuarta o quinta sílaba contando desde el final de la palabra, siempre lleva acento ortográfico:

   me-cá-ni-co   dá-me-lo   di-fí-cil-men-te   llé-va-se-me-lo
   rá-pi-da-men-te

C. Usos especiales del acento escrito

Se usa la tilde para distinguir palabras homónimas; hay dos casos.

1. Llevan tilde las palabras interrogativas y exclamativas.

   ¿*Dónde* vive?   No sé *dónde* vive.   ¡*Qué* frío!   ¡*Cuánto* tiempo!
   pero: La casa *donde* vive es grande.   Dicen *que* hace frío.
   Durmió *cuanto* quiso.

2. Se usa una tilde para distinguir otros pares de palabras; hay que aprender éstas individualmente.

   el – él   tu – tú   se – sé   mi – mí   te – té   si – sí   de – dé   ese – ése
   aquel – aquél   este – éste – esté   solo – sólo   mas – más

   Sin embargo, hay otros pares que no se distinguen por el acento escrito.

   nada – nada   traje – traje   coma – coma   bata – bata

Bibliografía

Alarcos Llorach, Emilio. 1967. "El artículo en español". *To Honor Roman Jakobson: Essays on the occasion of his seventieth birthday*, 18–24. The Hague: Mouton.

———. 1978. "Valores de /se/". *Estudios de gramática funcional del español*. Madrid: Gredos.

———. 1994. *Gramática de la lengua española*. Madrid: Espasa-Calpe.

Alonso, Amado. 1951. "Estilística y gramática del artículo en español". *Estudios lingüísticos: Temas españoles*, 151–194. Madrid: Gredos.

Azevedo, Milton M. 2002. *Introducción a la lingüística española*. Englewood Cliffs, NJ: Prentice Hall.

Barrutia, Richard & Armin Schwegler. 1994. *Fonética y fonología españolas: teoría y práctica*. 2a. edición. New York: John Wiley.

Bello, Andrés. 1980. *Gramática de la lengua castellana*. (Revisada y ampliada por Rufino J. Cuervo.) Buenos Aires: Sopena.

Bergen, John J. 1977. "The Semantics of Spanish Count and Measure Entity Nouns". *Language Sciences* 44.1–9.

———. 1978. "One Rule for the Spanish Subjunctive". *Hispania* 61.218–234.

———. 1980. "The Semantics of Gender Contrast in Spanish". *Hispania* 63.48–57.

Bolinger, Dwight. 1963. "Reference and Inference: Inceptiveness in the Spanish Preterite". *Hispania* 46.128–135.

Borrego, J., J.G. Asencio & E. Prieto. 1986. *El subjuntivo: valores y usos*. Madrid: Sociedad General Española de Librería.

Bosque, Ignacio. 1990a. *Indicativo y subjuntivo*. Madrid: Taurus Universitaria.

———. 1990b. *Tiempo y aspecto en español*. Madrid: Cátedra.

———. 1996. *El sustantivo sin determinación*, Madrid: Visor.

———. 1997. "Preposición tras preposición". En M. Almeida y J. Dorta (comp.), *Contribuciones al estudio de la lingüística hispánica, Homenaje al profesor Ramón Trujillo*, 133–155. Tenerife: Editorial montesinos.

Bosque, Ignacio & Violeta Demonte (eds.). 1999. *Gramática descriptiva de la lengua española*. Madrid: Espasa-Calpe.

Bull, William E. 1965. *Spanish for Teachers: Applied Linguistics*. New York: Ronald Press.

Chierchia, Gennaro & Sally McConnell-Ginet. 2000. *Meaning and Grammar: An Introduction to Semantics*. Cambridge, MA: MIT Press.

Comrie, Bernard. 1985. *Tense*. Cambridge: Cambridge Univ. Press.

DeMello, George. 1979. "The Semantic Values of *Ser* and *Estar*". *Hispania* 62.338–341.

———. 1989. "Some Observations on Spanish Aspect". *Hispanic Linguistics* 3.123–129.

———. 2004. "Doblaje clítico de objeto directo posverbal: 'Lo tengo el anillo'". *Hispania*. 87.2: 336–339.

Demonte, Violeta. 1982. "El falso problema de la posición del adjetivo: Dos análisis semánticos". *BRAE* LXII.

———. 1990. *Teoría sintáctica: De las estructuras a la rección*. Madrid: Ed. Síntesis.

Eberenz, Rolf. 1983. "Los pronombres relativos en el español moderno: ¿hacia una remodelación del sistema?". En Dieter Kremer (comp.), *Akten des Deutschen Hispanistentage*, 245–267. Hamburg: Buske.

Falk, Johan. 1979. *Ser y estar con atributos adjetivales*. Uppsala: Acta Universitatis Upsaliensis.

Fält, Gunnar. 1972. *Tres problemas de concordancia verbal en el español moderno.* Uppsala: Acta Universitatis Upsaliensis 9.

Fish, Gordon T. 1967. "'A' with Spanish Direct Objects". *Hispania* 50.80–85.

Franco, Fabiola. 1984. "*Ser* y *estar* + locativos en español". *Hispania* 67.74–79.

Franco, Fabiola & Donald Steinmetz. 1983. "*Ser* y *estar* + adjetivo calificativo en español". *Hispania* 66.176–184.

Gass, Susan M. & Larry Selinker. 1994. *Second Language Acquisition: An Introductory Course*. Hillsdale, N.J.: Lawrence Erlbaum Associates.

Gili Gaya, Samuel. 1969. *Curso superior de sintaxis española*. Barcelona: Vox.

Glass, William R. & Ana Teresa Pérez-Leroux (comps.). 1997. *Contemporary Perspectives on the Acquisition of Spanish, volume 2: Production, Processing, and Comprehension*. Somerville, MA: Cascadilla Press.

Goldin, Mark G. 1974. "A Psychological Perspective of the Spanish Subjunctive". *Hispania* 57.295–301.

———. 1976. "Indirect Objects in Spanish and English". En J. Casagrande & B. Saciuk (comps.), *Generative Studies in Romance Languages,* 376–383. Rowley, MA: Newbury House.

———. 1981. "What a Language Teacher Can Do with Linguistics". En Marcel Danesi (comp.), *Issues in Language* (Edward Sapir Monograph Series in Language, Culture, and Cognition 9), 99–106. Lake Bluff, IL: Jupiter Press.

Gonzales, Patrick. 1995. "Progressive and Nonprogressive Imperfects in Spanish". *Hispanic Linguistics* 6/7.61–92.

Guitart, Jorge M. 1978. "Aspects of Spanish Aspect". En M. Suñer (comp.), *Contemporary Studies in Romance Linguistics,* 132–168. Washington, DC: Georgetown Univ. Press.

Hammond, Robert M. 2001. *The Sounds of Spanish: Analysis and Application* Cascadilla Press.

Harris, James. 1991. "The Exponence of Gender in Spanish". *Linguistic Inquiry* 22.27–62.

Hernanz, María Lluisa & José María Brucart. 1987. *La sintaxis*. Barcelona: Editorial Crítica.

Holton, James S. 1960. "Placement of Object Pronouns". *Hispania* 43.584–585.

Hualde, José Ignacio, Antxon Ollarea & Anna María Escobar. 2001. *Introducción a la lingüística española*. Cambridge and New York: Cambridge University Press.

Hurtado, Alfredo. 1985. "The Unagreement Hypothesis". En L. King & C. Maley (comps.), *Selected Papers from the XIIIth Linguistic Symposium on Romance Languages,* 186–211. Amsterdam & Philadelphia: John Benjamins.

King, Larry D. 1984. "The Semantics of Direct Object *A* in Spanish". *Hispania* 67.397–403.

———. 1992. *The Semantic Structure of Spanish: Meaning and Grammatical Form.* Amsterdam & Philadelphia: John Benjamins.

King, Larry D. & Margarita Suñer. 1980a. "On the Meaning of the Progressive in Spanish and Portuguese". *The Bilingual Review* 7.228–238.

———. 1980b. "On the Notion of Stativity in Spanish and Portuguese". En F. H. Nuessel (comp.), *Contemporary Studies in Romance Languages,* 183–201. Bloomington: Indiana Univ. Linguistics Club.

Klein-Andreu, Flora. 1975. "'Same' vs. 'Different' Crosslinguistically: The Article in English and Spanish". En S. S. Mufwene et al. (comps.), *Papers from the Twelfth Regional Meeting of the Chicago Linguistic Society,* 413–424. Chicago: Univ. of Chicago Press.

————. 1983. "Grammar in Style: Spanish Adjective Placement". En F. Klein-Andreu (comp.), *Discourse Perspectives on Syntax*, 143–179. New York: Academic Press.

Koike, Dale Carol Klee. 2002. *Lingüística Aplicada: Adquisición del español como Segunda Lengua.* John Wiley & Sons.

Lavandera, Beatriz. 1983. "Shifting Moods in Spanish Discourse". En F. Klein-Andreu (comp.), *Discourse Perspectives on Syntax*, 209–236. New York: Academic Press.

Lázaro Carreter, Fernando. 1980. "El artículo en español". *Estudios de lingüística*, 27–59. Barcelona: Editorial Crítica.

Lorenzo, Emilio. 1971. *El español de hoy, lengua en ebullición.* Madrid: Gredos.

Lozano, Anthony G. 1988. "The Semantics of the Spanish Conditional in Discourse". *Hispania* 71.675–680.

Luján, Marta. 1980. *Sintaxis y semántica del adjetivo.* Madrid: Cátedra.

————. 1981. "The Spanish Copulas as Aspectual Indicators". *Lingua* 54.165–209.

Miles, Cecil & Romelia Arciniegas. 1983. *"Tener a* - a Spanish Myth". *Hispania* 66.84–87.

Molina Redondo, J. A. 1974. *Usos de "se": Cuestiones sintácticas y léxicas.* Madrid: Sociedad General Española de Librería.

Molina Redondo, J. A. & J. Ortega Olivares. 1987. *Usos de ser y estar.* Madrid: Sociedad General Española de Librería.

Nañez Fernández, Emilio. 1990. *Uso de las preposiciones.* Madrid: Sociedad General Española de Librería.

Nañez Fernández, Emilio. 1995. *Diccionario de construcciones sintácticas del español. Preposiciones.* Madrid: Universidad Autónoma de Madrid.

Navas Ruiz, R. 1977. *Ser y Estar: El sistema atributivo del español.* Salamanca: Almar.

O'Grady, William, Michael Dobrovolsky & Mark Aronoff. 1997. *Contemporary Linguistics: An Introduction*, 3d. ed. New York: St. Martin's Press.

Otero, Carlos & Judith Strozer. 1973. "Linguistic Analysis and the Teaching of *'Se'"*. *Hispania* 56.1050–1054.

Ozete, Oscar. 1981. "Current Usage of Relative Pronouns in Spanish." *Hispania* 64: 85–91.

Pérez, Cino. 2000. *Manual práctico de la preposición española.* Madrid: Editorial Verbum.

Pérez-Leroux, Ana Teresa & William R. Glass (comps.). 1997. *Contemporary Perspectives on the Acquisition of Spanish; volume 1: Developing Grammars.* Somerville, MA: Cascadilla Press.

Perlmutter, David. 1972. *Deep and Surface Structure Constraints in Syntax.* New York: Holt, Rinehart and Winston.

Porto Dapena, José-Álvaro. 2002. 4th edición. *Complementos argumentales del verbo: directo, indirecto suplemento y agente.* Madrid: Arco/Libros.

Powers, Michael D. 1984. "Prescriptive Rules for Relative Pronoun Selection in Spanish". *Hispania* 67.82–88.

Prado, Marciel. 1989. "Aspectos semánticos de la pluralización." *Hispanic Linguistics* 3.163–183.

Quilis, Antonio. 1983. *La concordancia gramatical en la lengua española hablada en Madrid.* Madrid: Consejo Superior de Investigaciones Científicas.

Rallides, Charles. 1971. *The Tense-Aspect System of the Spanish Verb.* The Hague: Mouton.

Ramsey, Marathon. 1964. *A Textbook of Modern Spanish.* (Revisado por R. Spaulding). New York: Holt, Rinehart and Winston.

Real Academia Española. 1983. *Esbozo de una nueva gramática de la lengua española.* Madrid: Espasa-Calpe.

Roldán, Mercedes. 1971. "Towards a Semantic Characterization of *Ser* and *Estar*". *Hispania* 57.68–75.

Silva-Corvalán, Carmen. 1983. "Tense and Aspect in Oral Spanish Narrative: Context and Meaning". *Language* 59.760–779.

Solé, Carlos & Yolanda Solé. 1977. *Modern Spanish Syntax.* Lexington, MA: D.C. Heath.

Strozer, Judith. 1994. *Language Acquisition after Puberty*. Washington, D.C.: Georgetown Univ. Press.

Studerus, Lenard S. 1975. "Spanish Imperatives and the Notion of Imperativity". *Hispania* 58.518–523.

———. 1978. "Obliqueness in Spanish Imperative Constructions". *Hispania* 61.109–117.

———. 1989. "On the Role of Spanish Meaning Changing Verbs". *Hispanic Linguistics* 3.131–146.

Suñer, Margarita. 1980. "Clitic Promotion in Spanish Revisited". En F. H. Nuessel, Jr. (comp.), *Contemporary Studies in Romance Languages*, 300–330. Bloomington: Indiana University Linguistic Club.

———. 1981 (1983). "Change Verbs and Spontaneous *Se*: Two Proposals". *Orbis* 30.150–177.

———. 1982. *On Spanish Presentationals: Syntax and Semantics of a Spanish Sentence Type*. Washington, DC: Georgetown Univ. Press.

———. 1988. "The Role of Agreement in Clitic-Doubled Constructions". *Natural Language and Linguistic Theory* 6.391–434.

———. 1990. "Impersonal *Se* Passive and the Licensing of Empty Categories". *Probus* 2.209–231.

———. 2000. "Object-shift: Comparing a Romance Language to Germanic". *Probus* 12: 261–289.

———. 2001. "Las cláusulas relativas especificativas en el español de Caracas". *Boletín de Lingüística* 16.7–43. Univ. Central de Venezuela.

Suñer, Margarita & José Padilla-Rivera. 1987. "Sequence of Tenses and the Subjunctive: Again". *Hispania* 70.634–642.

Terrell, Tracy D., Bernard Baycroft & Charles Perrone. 1987. "The Subjunctive in Spanish Interlanguage: Accuracy and Comprehensibility". En Bill VanPatten, Trisha R. Dvorak & James F. Lee (comps.), *Foreign Language Learning: A Research Perspective*, 19–32. Cambridge, MA: Newbury House.

Terrell, Tracey D. & Joan Hooper. 1974. "A Semantically Based Analysis of Mood in Spanish". *Hispania* 57.484–494.

Teschner, Richard V. 1996. *Camino oral: Fonética, fonología y práctica de los sonidos del español*. New York: McGraw-Hill.

Teschner, Richard V. & William M. Russell. 1984. "The Gender Patterns of Spanish Nouns: An Inverse Dictionary-based Analysis". *Hispanic Linguistics* 1.115–132.

VanPatten, Bill. 1987. "Classroom Learners' Acquisition of *Ser* and *Estar*: Accounting for Developmental Patterns". En Bill VanPatten, Trisha R. Dvorak & James F. Lee (comps.), *Foreign Language Learning: A Research Perspective*, 61–75. Cambridge, MA: Newbury House.

———. 1990. "The Acquisition of Clitic Pronouns in Spanish: Two Case Studies". En Bill VanPatten & James F. Lee (comps.), *Second Language Acquisition—Foreign Language Learning*, 118–139. Clevedon & Philadelphia: Multilingual Matters.

VanPatten, Bill, Trisha Dvorak & James F. Lee (comps.). 1987. *Foreign Language Learning: A Research Perspective*. Cambridge, MA: Newbury House.

VanPatten, Bill & James F. Lee. (comps.). 1990. *Second Language Acquisition—Foreign Language Learning*. Clevedon: Multilingual Matters.

Vaño-Cerdá, Aníbal. 1982. *Ser y estar + adjetivos*. Tubingen: Narr.

Varela Ortega, Soledad. 1992. *Fundamentos de morfología*. Madrid: Ed. Síntesis.

Weissenrieder, Maureen. 1991. "A Functional Approach to the Accusative *A*". *Hispania* 74.146–155.

Westfall, Ruth & Sharon Foerster. 1996. "Beyond Aspect: New Strategies for Teaching the Preterite and the Imperfect". *Hispania* 79.550–560.

Whitley, Stan. 1986. "How": The Missing Interrogative in Spanish. *Hispania* 69.82–96.

Whitley, M. Stanley. 2002. 2nd edition. *Spanish/English Contrasts: A Course in Spanish Linguistics*. Washington, DC: Georgetown University Press.

Respuestas para los ejercicios

CAPÍTULO I

Sección 1

Para empezar

A. 1. falso 2. falso 3. verdad 4. falso 5. falso 6. verdad 7. falso 8. verdad 9. falso
10. verdad 11. falso 12. falso 13. verdad 14. verdad

Sección 4

Análisis

B. 1. *v*ino, *b*ueno (= /b/) 2. e*x*amen (= /ks/), e*x*citar (= /k/), Mé*x*ico (= /x/ "jota")
3. *c*acto, *c*uatro, tabi*qu*e (= /k/) 4. *g*rande, *gu*iso (= /g/) 5. sal*í*, pan *y* vino (= /i/)
6. *s*alsa (= /s/), ha*c*er (= /s/ o /θ/ "zeta"), a*z*ahar (= /s/ o /θ/) 7. a*y*er (=/y/), a*ll*í
(=/y/ o /λ/ "l palatal" 8. *cu*ando (= /w/, *cu*yo (= /u/)

C. 1. des-ment-i-r 2. *desabrir 3. desastre 4. *imbanal 5. im-posi-ble 6. imbécil
7. subasta 8. sub-terrá-neo 9. sub-techo 10. sabr-oso 11. oso 12. *rojoso 13. acero
14. carpint-ero 15. *enseñero 16. *bravidad 17. ent-idad 18. edad

D. 1. (a) = voz activa, (b) = voz pasiva 2. (a) = objeto directo humano no individualizado, (b) = objeto directo humano individualizado con la *a* personal 3. (a) = S V obj. dir.,
(b) = obj. dir. S V con la inclusión obligatoria del pronombre de obj. dir. *lo* 4. (a) = sujeto
personal tácito (*ellos*), (b) = sujeto impersonal *uno* 5. (a) = S V obj. dir., (b) = V obj. dir. S
con contrastividad para el sujeto *Pepito* 6. (a) = una pregunta indirecta, (b) = una aseveración, (c) = una pregunta encubierta 7. (a) = Don Fulgencio = el gerente del banco = sujeto
singular, (b) = Don Fulgencio y el gerente = personas distintas = sujeto plural 8. (a) = obj.
dir. formado por un determinante (*el*), un sustantivo (*coche*) y un adjetivo (*blanco*),
(b) = formado por un determinante (*el*) y un adjetivo (*blanco*) con el sustantivo sobreentendido = pronominalización 9. (a) = posesivo antepuesto al sustantivo, (b) = posesivo
pospuesto al adjetivo (= posición contrastiva) 10. (a) = orden normal, (b) = dislocación
del sujeto del verbo subordinado (*mi madre*).

F. 1. implicación 2. relación anafórica 3. ambigüedad 4. anomalía 5. contradicción
6. presuposición 7. sinonimia 8. adecuación

Sección 2

Para empezar

A. 1. verbo 2. adjetivo 3. adverbio 4. conjunción 5. pronombre 6. preposición 7. sustantivo 8. artículo 9. conjunción 10. adverbio 11. adjetivo 12. conjunción 13. verbo 14. adverbio 15. preposición

B. 1. sintagma adjetival 2. sintagma nominal 3. sintagma adverbial 4. sintagma verbal 5. sintagma preposicional 6. sintagma verbal

Sección 2.2

Práctica

1. ligero 2. lento 3. claro 4. fijo 5. duro 6. fiero

Análisis

A. 1. *perfectamente* (sintagma adverbial formado por un adverbio) 2. *con los pies en el aire* (sintagma preposicional adverbial formado por una preposición más un sintagma nominal que a su vez está modificado por otro sintagma preposicional) 3. *extremadamente contentos* (sintagma adjetival formado por un adverbio de grado y un adjetivo) 4. *los ojos al mundo* (sintagma nominal formado por un determinante y un sustantivo que a su vez está modificado por un sintagma preposicional) 5. *escuchaban una música lejana y nostálgica* (sintagma verbal formado por un verbo y un sintagma nominal) 6. *En el fondo del vaso* (sintagma preposicional adverbial formado por una preposición más un sintagma nominal que a su vez está modificado por otro sintagma preposicional) 7. *El señor de cabellos blancos* (sintagma nominal formado por un determinante definido y un sustantivo que a su vez está modificado por un sintagma preposicional) 8. *muy somnolienta* (sintagma adjetival formado por un adverbio de grado y un adjetivo)

B. 1. fácilmente 2. fácilmente/rápidamente 3. ahora/pronto 4. cerca/allí/muy lejos, etcétera 5. delante/aquí 6. cuidadosamente 7. ahora/más tarde/mañana, etcétera 8. estúpidamente/tontamente

Sección 3

Para empezar

B. 1. sujeto 2. objeto directo 3. sujeto; objeto directo 4. objeto indirecto; sujeto 5. sujeto; objeto de preposición 6. sujeto; objeto indirecto

Sección 3.1

Análisis

1. c (*Cortó el pan con un cuchillo.*) 2. b (*Mara me confundió.*) 3. a (*Trabajaba muy lentamente en su obra de arte.*) 4. c (*Despedazó el cristal de un puñetazo.*) 5. b (*Descubrimos un ratón en el garaje.*) 6. a (*Ardían dos velas sobre la mesa.*) 7. c (*Los grillos cantan por la noche.*) 8. c (*Joselito confesó su error.*) 9. a (*Hace un tremendo frío.*) 10. b (*Lo sabemos.*)

Sección 3.2

Práctica

A. 1. *El tonto gastó todo su sueldo* (*de un golpe*): dos argumentos obligatorios (sujeto y O.D.) y un adjunto adverbial opcional 2. *El canario se le escapó a Lorenzo*: tres argumentos obligatorios (sujeto, O.D. y O.I.) 3. *Considero a todos los otros* (*incompetentes*): dos argumentos obligatorios (sujeto y O.D.) y un complemento adjetival opcional 4. *Ese asunto le interesa a todo el mundo:* dos argumentos obligatorios (sujeto y O.I.) 5. *La película nos ha emocionado* [*cantidades*]: dos argumentos obligatorios (sujeto y O.I.) y un adjunto adverbial opcional 6. [*A los dos años*] *el nene* [*todavía*] *no caminaba:* un argumento obligatorio (sujeto) y dos adjuntos adverbiales opcionales 7. *Los invitados no piensan llevar ningún regalo al cumpleañero:* tres argumentos obligatorios (sujeto, O. D. y O.I.) 8. *Necesitamos* [*por lo menos*] *siete días* [*en Buenos Aires*]: dos argumentos obligatorios (sujeto y O.D.) y dos adjuntos adverbiales opcionales 9. *Nadie lo ayudó* [*a restaurar la casa*]: dos argumentos obligatorios (sujeto y O.D.) y un adjunto de infinitivo opcional 10. *Le prepararon una comida exquisita al matrimonio:* tres argumentos obligatorios (sujeto, O.D. y O.I) 11. *Fuimos* [*al supermercado*] [*por la tarde*]: un argumento obligatorio (sujeto) y dos adjuntos preposicionales opcionales 12. *Hicieron un buen contrato* [*para nosotros*]: dos argumentos obligatorios (sujeto y O.D.) y un adjunto preposicional opcional

B. 1. agramatical porque requiere un objeto directo (*Me prometió otra oportunidad.*) 2. gramatical 3. agramatical porque requiere un objeto directo (*Metimos la caja en la baulera del coche.*) 4. agramatical porque requiere un objeto directo o un sintagma adverbial (*Los niños midieron la nariz del payaso. / Los niños midieron un poco más de un metro.*) 5. agramatical porque requiere un objeto indirecto (*A Marisa le favorecía el azul.*) o uno directo (*Favorecía al azul.*) 6. agramatical porque requiere un sintagma adverbial como tercer argumento (*Ya colocó los libros en la estantería.*) 7. gramatical 8. gramatical

Análisis

A. 1. *termina* = verbo intransitivo con un argumento (sujeto = *el verano*) y un complemento circunstancial (*pronto*) 2. *terminaste* = verbo transitivo con dos argumentos (sujeto = *tú*, obj. dir. = *el postre*) 3. *oigo* = verbo transitivo con dos argumentos (sujeto = *yo*, obj. dir. = *te*) y un complemento circunstancial (*por el ruido*) 4. *Sabemos* = verbo transitivo con dos argumentos (sujeto = *nosotros*, obj. dir. = *que no te gustan las espinacas*) 5. *prohibí* = transitivo con tres argumentos (sujeto = *yo*, obj. dir. = *que comiera caramelos*, obj. ind. = *le*) 6. *insistió* = verbo de régimen con dos argumentos (sujeto = *Feli*, complemento preposicional = *en acompañarnos* 7. *escondió* = verbo transitivo con dos argumentos (sujeto = *la nena*, obj. dir. = *el gatito*) y un complemento circunstancial (*dentro de la cama*) 8. *caen* = verbo tipo *gustarle a uno* con dos argumentos (sujeto = *tus nuevos amigos*, obj. ind. = *nos*) y un adverbio (*bien*) 9. *enviaron* = verbo transitivo con tres argumentos (sujeto = *ellos*, obj. dir. = *un sobre misterioso*, obj. ind. = *le*) y un complemento circunstancial (*por mensajero*) 10. *preocupar* = verbo mental de dos argumentos (sujeto = *que Paco no ha llamado*, obj. ind. = *me*)

Sección 3.3

Práctica

1. Vosotros *volvéis/volveréis*… 2. La mayoría de los estudiantes no *termina/terminan*… 3. Mi suegra y yo *vamos*… 4. Ni tú, ni tu familia *sois*… 5. La gente de este pueblo tan pequeño *trabaja*… 6. …*hubo* artículos… 7. ¿…*os peleasteis* tanto el párroco y tú? 8. La mitad de los inmigrantes no *consiguió* (*consigue*)/*consiguieron* (*consiguen*)…

Sección 3.4

Análisis

1. sujeto = *tú*, obj. dir. = *las / todas* 2. sujeto = *el conseguir esa estatua* 3. sujeto = 3a. pers. pl., obj. dir. = *la película que tú quieres ver* 4. sujeto = *la perspectiva de vivir en el extranjero*, obj. dir. = *Julián* 5. sujeto = 3a. pers. sing., obj. dir. = *una vida borrascosa* 6. sujeto = *el otro*, obj. dir. = *un día* 7. sujeto = *hasta ellos*, obj. dir. = *lo que está pasando* 8. sujeto = *el avión*, obj. dir. = *un enorme círculo* 9. sujeto = 3a. pers. sing., obj. dir. = *la música*; o sujeto = *la música* 10. sujeto = *los dirigentes*, obj. dir. = *las maquinaciones de los socios*

Sección 4

Para empezar

A. 1. c 2. e 3. d 4. a 5. b

B. 1. subordinada 2. yuxtapuesta 3. coordinada 4. yuxtapuesta 5. yuxtapuesta
6. subordinada

Análisis

1. [*Estoy aburrido*] [*pues no se me ocurre*] [*qué hacer*] = compuesta 2. [*Desea*] [*conocerte*] =
compuesta 3. [*Fueron llegando hasta pasada la medianoche*] = simple 4. [*Lo encontré*] [*contemplando el vacío*] = compuesta 5. ¿[*Puedes ayudarme*]? = simple 6. [*Corta leña*] [*para
calentar la casa*] = compuesta 7. [*Tendría que pensarlo con más detenimiento*] = simple
8. [*Corre*], [*salta*] y [*grita*] [*sin parar*] = compuesta 9. [*Tenemos una propiedad*] [*que nos
gustaría*] [*donar*] = compuesta 10. [*Le habían ofrecido el oro y el moro*] = simple

Sección 4.1 (i)

Práctica

ejercer (trans.), *confundir* (trans.), *secar* (trans.), *dirigir* (trans.), *existir* (intrans.), *fallecer*
(intrans.), *entusiasmar* (intrans., tipo *gustarle a uno*), *entrar* (intrans.), *escribir* (trans.),
estrenar (trans.)

Análisis

1. *¿Le contestaron su invitación?* (transitivo) *¿Contestaron todos?* (intransitivo) 2. *Mario
reza a la mañana y a la noche.* (intransitivo) *Mario rezó una oración de penitencia.* (transitivo)
3. *Acudirá a ti en los próximos días.* (intransitivo) 4. *Se quejaba del estómago.* (intransitivo)
5. *Consiguieron otra película china.* (transitivo) 6. *Ya lo pregunté.* (transitivo) 7. *Los gremios
se oponen a ese decreto.* (intransitivo) *Julián opuso su opinión a la mía.* (transitivo) 8. *Hoy no
almorzaron.* (intransitivo) *Hoy almorzamos un filete con patatas.* (transitivo)

Sección 4.1 (ii) y (iii)

Práctica

A. 1. *Se tiene que pasar por la Plaza de Mayo para llegar al Cabildo.* (Tú) *tienes que pasar
por la Plaza de Mayo para llegar al Cabildo. Uno tiene que pasar por la Plaza de Mayo
para llegar al Cabildo.* #*Tienen que pasar por la Plaza de Mayo para llegar al Cabildo.*
(no tiene lectura impersonal)

2. *Se reunió a los invitados alrededor de la piscina.* #(Tú) *reuniste a los invitados alrededor de
la piscina.* (no tiene lectura impersonal) *Uno reunió a los invitados alrededor de la piscina.*
#*Reunieron a los invitados alrededor de la piscina.* (no tiene lectura impersonal)

3. *Se respetan las leyes de tránsito en el extranjero.* (Tú) *respetas las leyes de tránsito en el
extranjero. Uno respeta las leyes de tránsito en el extranjero. Respetan las leyes de tránsito en el extranjero.*

4. *Hay una multitud en la plaza.* (como no admite un sujeto humano, nunca puede
ser impersonal)

5. **No se se siente seguro con los vendedores de coches.* (Tú) *no te sientes seguro con los
vendedores de coches. Uno no se siente seguro con los vendedores de coche.* #*No se
sienten seguros con los vendedores de coches.* (no tiene lectura impersonal)

6. *Aquí se estudia poco pero se aprende mucho. Aquí (tú) estudias poco pero aprendes
mucho. Aquí uno estudia poco pero (uno) aprende mucho. Aquí estudian poco pero
aprenden mucho.*

7. *Se sale de la iglesia.* (*Tú*) *sales de la iglesia y te acosan los mendigos. Uno sale de la iglesia y lo acosan los mendigos.* #*Salen de la iglesia.* (no tiene lectura impersonal)

8. *Cuando se está cansado,* #*se apoltrona en su sillón favorito.* (*se* impersonal no es posible) *Cuando* (*tú*) *estás cansado,* (*tú*) *te apoltronas en tu sillón favorito. Cuando uno está cansado,* (*uno*) *se apoltrona en su sillón favorito.* #*Cuando están cansados, se apoltronan en su sillón favorito.* (no tiene lectura impersonal)

9. #*Se levanta, se lava y se viste automáticamente.* (no tiene lectura impersonal) (*Tú*) *te levantas, te lavas y te vistes automáticamente. Uno se levanta,* (*uno*) *se lava y* (*uno*) *se viste automáticamente.* #*Se levantan, se lavan y se visten automáticamente.* (no tiene lectura impersonal)

10. *Comprobemos la hipótesis.* (No tiene lectura impersonal)

B. 1. *Se tiene que pasar por la Plaza de Mayo para llegar al Cabildo:* hablante y oyente. (*Tú*) *tienes que pasar por la Plaza de Mayo para llegar al Cabildo:* hablante y oyente. *Uno tiene que pasar por la Plaza de Mayo para llegar al Cabildo:* hablante.

2. *Se reunió a los invitados alrededor de la piscina:* hablante y oyente. *Uno reunió a los invitados alrededor de la piscina:* hablante.

3. *Se respetan las leyes de tránsito en el extranjero:* hablante y oyente. (*Tú*) *respetas las leyes de tránsito en el extranjero:* hablante y oyente. *Uno respeta las leyes de tránsito en el extranjero:* hablante. *Respetan las leyes de tránsito en el extranjero:* ninguno.

4. *Hay una multitud en la plaza.* (no tiene lectura impersonal)

5. (*Tú*) *no te sientes seguro con los vendedores de coches:* hablante y oyente. *Uno no se siente seguro con los vendedores de coches:* hablante.

6. *Aquí se estudia poco pero se aprende mucho:* hablante y oyente. *Aquí* (*tú*) *estudias poco pero aprendes mucho:* hablante y oyente. *Aquí uno estudia poco pero* (*uno*) *aprende mucho:* hablante. *Aquí estudian poco pero aprenden mucho:* ninguno.

7. *Se sale de la iglesia:* hablante y oyente. (*Tú*) *sales de la iglesia y te acosan los mendigos:* hablante y oyente. *Uno sale de la iglesia y lo acosan los mendigos:* hablante.

8. *Cuando se está cansado:* hablante y oyente *Cuando* (*tú*) *estás cansado,* (*tú*) *te apoltronas en tu sillón favorito:* hablante y oyente. *Cuando uno está cansado, uno se apoltrona en su sillón favorito:* hablante.

9. (*Tú*) *te levantas, te lavas y te vistes automáticamente:* hablante y oyente. *Uno se levanta,* (*uno*) *se lava y* (*uno*) *se viste automáticamente:* hablante.

10. *Comprobemos la hipótesis.* (no tiene lectura impersonal)

Sección 4.1 (iv)

Práctica

A. 1. *Los dueños eran vigilados por el perro.* 2. *Los criminales son castigados.* 3. *Los que lo asaltaron fueron denunciados por Zultanito.* 4. *Su valentía ya había sido demostrada.* 5. *Sus derechos serán defendidos por los estudiantes con ahínco.* 6. *El galardón ha sido obtenido por la actriz.* 7. *Excelentes hombres de negocios fueron atraídos con esa oferta.* 8. *Algunas pruebas están siendo rechazadas por la juez.*

B. 1. *La tolerancia fue predicada por los organizadores. Se predicó la tolerancia.* 2. oración pasiva = imposible porque *escuchar* es un verbo de percepción; *Se escuchó un concierto de Bach.* 3. oración pasiva = imposible porque *costar un ojo de la cara* es un modismo; oración con *se* = imposible porque no puede tener un sujeto humano 4. oración pasiva = imposible porque *tener pelos en la lengua* es un modismo; *No se tiene pelos en la lengua.* 5. *En unos minutos esa exposición será inaugurada. En unos minutos se inaugurará esa exposición.* 6. oración pasiva/oración con *se* = imposibles porque *fascinar* es un verbo tipo *gustarle a uno* 7. oración pasiva = imposible porque *emocionar* es un verbo de emoción; *Se emocionó a la señora.* 8. *La noticia de su muerte fue difundida antes de que la familia fuera avisada. Se difundió la noticia de su muerte antes de que se avisara a la familia.* 9. oración pasiva/oración con *se* = imposibles porque *haber* es un verbo de existencia y no de acción

10. oración pasiva = imposible porque no hay objeto directo; *No se asistía a las clases los viernes.* 11. *La zona era vigilada por los soldados. Se vigilaba la zona.* 12. oración pasiva/oración con *se* = imposibles porque no hay objeto directo nominal

C. 1. pasiva 2. intransitiva 3. copulativa 4. transitiva o impersonal 5. transitive 6. impersonal 7. impersonal 8. transitiva 9. pasiva 10. copulativa 11. intransitiva 12. impersonal 13. unipersonal 14. intransitiva

Sección 4.2

Análisis

A. 1. adjetival 2. adverbial 3. adverbial 4. adverbial 5. nominal 6. adverbial/ adverbial 7. nominal/adverbial 8. adverbial 9. adverbial/adverbial 10. adjetival

C. 1. nexo = *a medida que*, subtipo: tiempo 2. nexo = *hasta donde*, subtipo = lugar 3. nexo = *conforme*, subtipo = manera 4. nexo = *por donde*, subtipo = lugar 5. nexo = *tan pronto como*, subtipo = tiempo 6. nexo = *como*, subtipo = manera 7. nexo = *cada vez que*, subtipo = tiempo 8. nexo = *lo que*, subtipo = manera 9. nexo = *antes de*, subtipo = tiempo 10. nexo = *igual que*, subtipo = manera

D. 1. nexo = *con intención de*, subtipo = final 2. nexo = *con el propósito de*, subtipo = final 3. nexo = *a fuerza de*, subtipo = causal 4. nexo = *de modo que*, subtipo = final 5. nexo = *visto que*, subtipo = causal 6. nexo = *dado que*, subtipo = causal 7. nexo = *con vistas a*, subtipo = causal 8. nexo = *puesto que*, subtipo = causal

Sección 5

Para empezar

1. afirmar 2. negar 3. interrogar 4. exclamar 5. expresar probabilidad 6. expresar probabilidad 7. posibilidad no realizada 8. posibilidad 9. exclamar 10. mandar

Sección 5.1

Práctica

A. 1. *Sí, confirmaron que sí lo comprarían.* 2. *Sí (que) se acordará.* 3. *Sí, dijeron que sí se habían quitado los zapatos en la iglesia.* 4. *Sí, los pantalones sí (que) los llevo yo.* 5. *Sí, me parece que sí se ganará la confianza de su jefe.* 6. *Sí (que) lo invité a entrar.* 7. *Sí (que) se la presenté.* 8. *Sí (que) me lo preguntó.*

Sección 5.2

Práctica

A. 1. *¿Hasta qué hora / hasta cuándo abrirán?* 2. *¿Qué se expenderá a partir de mañana?* 3. *¿De cuántos temas principales consta el programa?* 4. *¿Cuándo se firmó la paz?* 5. *¿Con qué se identifica?* 6. *¿Quién pronunciará el discurso?* 7. *¿Cómo se cortó el dedo?* 8. *¿De quiénes recibieron ayuda?* 9. *¿Qué podrán hacer cuando terminen sus tareas?* 10. *¿Adónde lo mandan?*

Sección 5.3

Práctica

A. 1. *¡Qué simpáticos son! ¡Cuán simpáticos son!* 2. *¡Cuántos regalos le han dado!* 3. *¡Cómo están de morenos! ¡Qué morenos están!* 4. *¡Cuántos gatos (que) tienen!* 5. *¡Con qué*

entusiasmo estudia el piano! 6. *¡Qué moderno (que) es ese cuadro!* 7. *¡Cuánto (que) me gustaron!* 8. *¡Qué espesa está la neblina! ¡Cuán espesa está la neblina!* 9. *¡Cuánto hace que no la veo!*

CAPÍTULO III

Sección 1

Para empezar

A. 1. h 2. f 3. e 4. j 5. k 6. l 7. i 8. c 9. b 10. a 11. g 12. d

B. 1. c 2. a 3. b 4. d

C. 1. acción 2. acción 3. estado 4. estado 5. acción 6. estado (mental) 7. estado (percepción) 8. estado 9. acción (mental) 10. acción 11. acción (mental) 12. estado

D. 1. *viene:* forma = presente, referencia temporal = presente 2. *salimos:* forma = presente, referencia temporal = futuro 3. *celebran:* forma = presente, referencia temporal = pasado 4. *harán:* forma = futuro, referencia temporal = futuro 5. *será:* forma = futuro, referencia temporal = presente 6. *estoy, acerca:* formas = presente, referencia temporal = pasado; *sabía:* forma = pasado, referencia temporal = pasado

Sección 2

Análisis

A. 1. *terminaron* expresa tiempo (pasado), aspecto (pretérito), modo (indicativo) y persona/número del sujeto (3a. pers. pl.); *terminada* sólo expresa aspecto perfectivo, pero se sabe que el tiempo, aspecto, persona y número son los mismos que *fueron* 2. *aparcó* expresa tiempo (pasado), aspecto (pretérito), modo (indicativo) y persona/número del sujeto (3a. pers. sing.); *aparcar* no expresa tiempo, aspecto, persona ni número pero se sabe que estos son los mismos que *descubrió* 3. *llegáramos* expresa tiempo (pasado), modo (subjuntivo) y persona/número del sujeto (*nosotros*); *llegar* no expresa tiempo pero se sabe que éste es el mismo que *comenzó* 4. *hiciera* expresa tiempo (pasado), modo (subjuntivo) y persona/número del sujeto (3a. pers. sing.); *hacer* no expresa tiempo, aspecto, persona ni número pero se sabe que éstos son los mismos que *logré* 5. *celebró* expresa tiempo (pasado), aspecto (pretérito), modo (indicativo) y persona/número del sujeto; *celebrada* sólo expresa aspecto perfectivo (por la falta de otro verbo no se sabe más sobre los otros posibles significados gramaticales)

B. 1. *habl-o* (1a. pers. sing. del presente indicativo) 2. *am-aste* (2a. pers. sing. del pretérito indicativo) 3. *d-ábamos* (1a. pers. pl. del imperfecto indicativo) 4. *deb-erá* (3a. pers. sing. del futuro indicativo) 5. *estudi-aría* (3a. pers. sing. del condicional) 6. *habl-e* (1a. o 3a. pers. sing. del presente subjuntivo) 7. *camin-áramos* (1a. pers. pl. del subjuntivo imperfecto 8. *h-emos sal-ido* (1a. pers. pl. de la forma compuesta del presente indicativo) 9. *est-aba cen-ando* (1a. o 3a. pers. sing. del progresivo presente indicativo) 10. *hub-ieras gan-ado* (2a. pers. sing. de la forma compuesta del subjuntivo imperfecto)

C. 1. *duerme:* la vocal de la raíz es irregular porque *dormir* es un verbo de tipo o > ue (como *poder*) 2. *pidió:* la vocal de la raíz es irregular porque *pedir* es un verbo de tipo e > i (como *vestir*) 3. *entiendo:* la vocal de la raíz es irregular porque *entender* es un verbo de tipo e > ie (como *pensar*) 4. *sintiera:* la vocal de la raíz es irregular porque, además de ser un verbo de tipo e > ie en el presente (*siento*), *sentir* es un verbo de tipo e > i en el pretérito indicativo (*sintió*), pasado subjuntivo (*sintiera*) y gerundio (*sintiendo*) 5. *sabría:* el morfema del condicional es irregular porque *saber* es uno de los verbos que elide la vocal del marcador de futuro/condicional (como *haber*) 6. *saldremos:* el morfema del futuro es irregular porque *salir* es uno de los verbos que elide la vocal y agrega la consonante *-d* en el marcador de futuro/condicional (como *poner*) 7. *iban:* la raíz es irregular porque para formar el imperfecto indicativo *ir* utiliza el morfema de un verbo de la clase *-a* en vez del morfema de un verbo de la clase *-i* 8. *tuviste:* la raíz es irregular porque *tener* es uno de los verbos con raíz irregular en el pretérito (como *poner*) 9. *rieron:* la raíz es irregular (*r-* en vez de *re-*) 10. *tiñó:* la vocal de la raíz es irregular porque *teñir* es un verbo de tipo e > i (como *pedir*) 11. *conozco: conocer* es uno de los verbos que agrega la consonante *-c* a la raíz en la 1a pers. sing. del presente (como *traducir*) 12. *tengo: tener* es uno de los verbos que agrega la consonante *-g* a la raíz en la 1a pers. sing. del presente (como *venir*) 13. *estoy: estar* es uno de los verbos que agrega *-y* a la forma de 1a pers. sing. del presente indicativo) 14. *dijeron:* además de tener una raíz irregular en el pretérito, la *-i* del diptongo *-ie* se pierde debido a la consonante velar *-j* (como *conducir*)

Sección 3

Análisis

A. 1. *pintar* (acción física) 2. *existir* (existencia) 3. *creer* (estado mental) 4. *probar* (acción física) 5. *parecer* (estado o percepción mental) 6. *matar* (acción física) 7. *preferir* (estado mental) 8. *comprar* (acción física) 9. *merendar* (acción física) 10. *darse cuenta* (estado mental) 11. *esperar* (acción física o estado mental) 12. *ser* (existencia) 13. *apuntar* (estado mental o acción física) 14. *gritar* (acción física) 15. *encantar* (estado mental) 16. *postular* (estado mental o acción física) 17. *dar* (acción física) 18. *afirmar* (acción mental) 19. *sentir* (estado mental) 20. *descubrir* (acción física o mental)

B. 1. *suponer* (afirmación) 2. *tener ganas* (desiderativo—deseo) 3. *exigir* (influencia—mandato) 4. *fascinar* (evaluación personal) 5. *olvidar* (conocimiento—memoria) 6. *parecer* (afirmación) 7. *sugerir* (influencia—sugerencia) 8. *reconocer* (conocimiento) 9. *impedir* (influencia—realización) 10. *darse cuenta* (conocimiento) 11. *telefonear* (comunicación) 12. *deplorar* (evaluación personal) 13. *convenir* (desiderativo—preferencia) 14. *estar seguro* (afirmación) 15. *rogar* (influencia—petición) 16. *cuchichear* (comunicación) 17. *estar contento* (evaluación personal) 18. *aprobar* (influencia—aprobación) 19. *preferir* (desiderativo—preferencia) 20. *percibir* (percepción)

Sección 4

Práctica

A. 1. *es/será* 2. *tiene* 3. *va* 4. *es/será* 5. *dormiría* 6. *comería* 7. *se juntaría* 8. *será* 9. *tendrá* 10. *se levantará* 11. *se pondrá* 12. *se encontrará* 13. *aguardarán/aguardan* 14. *lucirá* 15. *esperará* 16. *toca/tocará* 17. *se reunirá* 18. *Hará* 19. *está* 20. *ayudarán* 21. *se ajustará* 22. *partirá* 23. *cogerá* 24. *se incorporará* 25. *puede/podrá* 26. *hay/habrá* 27. *importa/importará* 28. *estará*

B. 1. *¿Tendrás suficiente dinero para pagar el alquiler?* 2. *¿Cuánto costará el nuevo diccionario?* 3. *¿Dónde estarían ellos cuando los necesitaba?* 4. *¿Adónde iremos para las vacaciones este año?* 5. *¿Sería verdad lo que el profesor dijo sobre el examen?* 6. *¿Cuál será la solución para este problema económico?* 7. *¿Qué harán mis amigos los fines de semana?* 8. *¿Será que nadie ha podido venir por la lluvia?* 9. *¿Algún día viviremos en otro planeta?* 10. *¿Lo habremos convencido con nuestros argumentos?*

Análisis

A. 1. *meto, bato* (tiempo = presente, referencia temporal = momento de hablar; la perspectiva del presente coincide con un hecho que tiene validez en el momento de hablar) 2. *Cenáis* (tiempo = presente, referencia temporal = habitual; la perspectiva del presente engloba un hecho intemporal o habitual que tiene validez en todo momento) 3. *Iremos, seguiremos* (tiempo = futuro, referencia temporal = futuro (la perspectiva del futuro es la de predicción y se usa para relatar situaciones planeadas para el futuro) 4. *Almorzaron* (tiempo = pasado (pretérito), referencia temporal = pasado; la perspectiva del pasado asocia la situación al pasado) 5. *trabajaría* (tiempo = condicional, referencia temporal = pasado; el condicional expresa una situación hipotética y en este caso una conjetura sobre el pasado) 6. *salimos* (tiempo = presente, referencia temporal = futuro; la perspectiva del presente le da objetividad a una situación planeada para el futuro) 7. *gira* (tiempo = presente, referencia temporal = intemporal; la perspectiva del presente engloba un hecho intemporal que tiene validez en todo momento) 8. *serán* (tiempo = futuro, referencia temporal = presente; la perspectiva de predicción = conjetura sobre el presente); *debemos* (tiempo = presente, referencia temporal = presente; el presente coincide con el momento de hablar) 9. *llamo, coge* (tiempo = presente, referencia temporal = pasado; el uso del presente para una situación en el pasado trae la situación al presente) 10. *veo, haces* (tiempo = presente, referencia temporal = presente; la perspectiva del presente coincide con el momento de hablar) 11. *volvieran* (tiempo = pasado, referencia temporal = futuro; el tiempo de la situación se asocia al momento de querer en el pasado) 12. *haces* (tiempo = presente, referencia temporal = habitual; la perspectiva del presente engloba un hecho habitual que tiene validez en todo momento) 13. *tendría* (tiempo = condicional, referencia temporal = pasado; el condicional expresa una situación hipotética y en este caso una conjetura sobre el pasado) 14. *escribe* (tiempo = presente, referencia temporal = pasado; el uso del presente para una situación en el pasado trae la situación al presente) 15. *puedes* (tiempo = presente, referencia temporal = presente/futuro; la perspectiva del presente coincide con el momento de hablar) 16. *será* (tiempo = futuro, referencia temporal = presente; la perspectiva de predicción equivale a una conjetura sobre el presente) 17. *marchan* (tiempo = presente, referencia temporal = futuro; la perspectiva del presente le da objetividad a una situación planeada para el futuro) 18. *contaba* (tiempo = pasado (imperfecto), referencia = la situación en el pasado coincide con la perspectiva del pasado) 19. *sería* (tiempo = condicional, referencia temporal = pasado; el condicional expresa una situación hipotética y en este caso una conjetura sobre el pasado) 20. *van* (tiempo = presente, referencia temporal = habitual; la perspectiva del presente engloba un hecho habitual que tiene validez en todo momento

Sección 5

Práctica

A. 1. *He vivido…* 2. *Habré comprado…* 3. *Habrían estado…* 4. María José *había invitado…* 5. La policía *había disparado…* 6. Les *habría gustado… hubieras escrito…* 7. *Habré estudiado…* 8. Mi nuevo vecino me *ha presentado…* 9. *Habría montado…* 10. *He estudiado…* 11. *Ha compartido…* 12. Los maleantes se *habían rendido…* 13. *Había sido condenado…* 14. No *he confiado…*

Análisis

A. 1. puede ser un coche recién comprado 2. el estado de *vivir* que empezó en el pasado puede continuar en el presente 3. acción recién realizada 4. alguna pertinencia para el presente 5. estado que continúa en el presente 6. acciones realizadas en el pasado que tienen importancia para el presente 7. el punto de referencia es el pasado traído al presente 8. puede ser que haya muerto recientemente; es afectivo y tiene relevancia para el presente

B. 1. el futuro para conjetura, pero la anterioridad de la forma compuesta asocia la conjetura al pasado 2. conjetura sobre el pasado 3. igual que 1 4. igual que 2

Sección 6

Para empezar

1. *preguntaron* (P), *quería* (I), *contesté* (P), *podía* (I), *tenía* (I), *insistieron* (P), *tuve* (P)
2. *trabajaba* (I), *pasaron* (P), *era* (I), *éramos* (I), *contaba* (I), *hicieron* (P), *dijo* (P), *supo* (P), *iban* (I), *pusieron* (P), *gustaba* (I) 3. *estaba* (I), *decidí* (P), *tenía* (I), *dirigí* (P), *di* (P), *estaba* (I), *hacía* (I), *comenzó* (P), *tuve* (P), *tronó* (P), *cayó* (P), *encontraba* (I), *encontraba* (I), *pensé* (P), *había* (I), *corrí* (P), *conformé* (P), *sobraron* (P) o *sobraban* (I), *organizamos* (P), *hacía* (I)

Sección 6.1

Análisis

A. *acabar* (terminativo), *acostumbrar* (imperfectivo), *llegar a* (realización), *estar en medio de* (imperfectivo), *volver a* (reiterativo), *finalizar* (terminativo), *estar centrado en* (imperfectivo), *conseguir* (terminativo-realización), *ponerse a* (iniciativo), *llevar a cabo* (realización), *estar a punto de* (realización inminente), *emprender* (iniciativo), *soler* (imperfectivo), *principiar* (iniciativo), *echar(se) a* (iniciativo), *dejar de* (terminativo), *lograr* (terminación o realizacíon)

B. 1. *escuchó* (pretérito/aspecto terminativo/enfoque en la terminación 2. *fueron* (pretérito/aspecto terminativo/enfoque en la terminación) 3. *cantaron* (pretérito/aspecto iniciativo/enfoque en el inicio con el adverbio *de repente* 4. *estuvo* (pretérito/aspecto iniciativo/enfoque en el inicio por el uso de *a las siete y media*) 5. *puso* (pretérito/aspecto iniciativo/enfoque en el inicio de estar enfadado; o pretérito/aspecto terminativo/enfoque en la terminación del acto de enfadarse) 6. *encontraba* (imperfecto/aspecto durativo/enfoque en el medio) 7. *vio* (pretérito/aspecto terminativo/enfoque en la terminación) 8. *era y creía* (imperfecto/aspecto durativo/enfoque en el medio) 9. *miró* (pretérito/aspecto iniciativo/enfoque en el inicio del acto de mirar; o pretérito/aspecto terminativo/enfoque en la terminación del acto de mirar) 10. *alegraron* (pretérito/aspecto iniciativo/enfoque en el inicio del estado de estar alegre; o pretérito/aspecto terminativo/enfoque en la terminación del acto de alegrarse) 11. *caminó* (pretérito/aspecto iniciativo/*a los ocho meses* atrae la atención al inicio, por primera vez) 12. *Dijeron* (pretérito/aspecto terminativo/enfoque en la terminación)

Sección 6.2

Práctica

A. En cada oración el uso del imperfecto enfatiza el medio y permitiría hablar de otras situaciones que tuvieron o tenían lugar, mientras el pretérito presenta la situación como terminada (iniciada en 9 & 10). 1. *María Ángeles **aparcaba** el coche cuando se dio cuenta de que estaba en una zona de minusválidos. María Ángeles **aparcó** el coche y caminó hasta la esquina.* 2. *Esta mañana mis amigos me **esperaban** en la esquina al momento en que yo me acordé de que había quedado con ellos. Esta mañana mis amigos me **esperaron** en la esquina por casi una hora, pero yo había olvidado que había quedado con ellos.* 3. *Mi abuelo **era** un hombre alto y delgado cuando conoció a su futura mujer. Mi abuelo **fue** un hombre alto y delgado hasta el día en que se murió.* 4. *Ayer yo **tomaba** una cerveza sentado afuera cuando de repente empezó a llover. Ayer yo **tomé** una cerveza con unos amigos y luego fui a casa a ver la tele.* 5. *¿Dónde **estabas** tú anoche cuando pasamos por tu casa? Yo **estaba** en casa, pero no tenía ganas de hablar con nadie. ¿Dónde **estuviste** tú anoche que no te vimos en la fiesta de Julia? Yo **estuve** en casa toda la noche.* 6. *Nadie le **veía** la cara porque la tenía cubierta. Nadie le **vio** la cara porque estaba bien oscuro.* 7. *Nosotros **residíamos** en las afueras de la ciudad y por eso no conocíamos bien el centro. Nosotros **residimos** en las afueras de la ciudad hasta que nos mudamos para el centro.* 8. *La madre estaba agitada porque los niños **lloraban** y **pedían** caramelos. Los niños **lloraron** y luego le **pidieron** caramelos a la abuela.* 9. *El profesor **seguía** hablando, y pensábamos que nunca terminaría la clase. El profesor **siguió** hablando después de que nos callamos.* 10. *Después de dos años en paro, su madre **permanecía** sin empleo por la tontería de su marido. En este día su madre **permaneció** sin empleo por la tontería de su marido.*

Análisis

A. 1. P *estuvimos* = terminación de estado; I *estábamos* = medio del estado 2. P *estuve* = inicio del estado con el uso de *a las siete y media*; I *estaba* = medio del estado 3. P *hizo* = terminación del estado; I *hacía* = medio del estado 4. P *estudié* = terminación de la acción; I *estudiaba* = medio de la acción 5. P *vino* = terminación de la acción; I *venía* = medio de la acción o de la acción planeada (intención) 6. P *fue* = inicio del estado debido al uso de *desde entonces*; I *era* = medio del estado 7. P *comprendió* = inicio del estado mental o la terminación del estado mental; I *comprendía* = medio del estado mental). 8. P *Insistió* = la terminación de la acción mental; I *Insistía* = medio de la acción mental). 9. P *Cobraron* = terminación de la acción; I *Cobraban* = medio de la acción o medio de la acción potencial (el precio) 10. P *Fuimos* = terminación de la serie de acciones; I *Íbamos* = medio de la serie de acciones 11. P *se acostumbró* = terminación del proceso de acostumbrase; I *se acostumbraba* = medio del proceso 12. P se *casaron* = terminación de la acción; I *se casaban* = medio de la acción potencial (intención)

Sección 6.3

Práctica

A. 1. *Nosotros nunca desayunábamos antes de las nueve.* (el imperfecto es preferible porque enfoca el medio de la serie) *Nosotros nunca desayunamos antes de las nueve hasta que mi esposa cambió de empleo.* (el pretérito da finalidad a la serie de desayunos antes de las nueve) 2. *¿Me dices que tú estuviste en Londres por dos semanas?* (el pretérito enfoca la terminación de la estancia, y la delimitación de *por dos semanas* no permite el imperfecto) 3. *Alberto y Carolina siempre iban con nosotros al teatro.* (se prefiere el imperfecto porque enfoca el medio de la serie) *Alberto y Carolina siempre fueron con nosotros al teatro hasta que se mudaron.* (el pretérito enfoca la terminación de la serie) 4. *¿Quién les informó que los otros no venían?* (el pretérito enfoca la terminación del acto de informar) *¿Quién les informaba que los otros no venían?* (el enfoque del medio con el imperfecto sugiere el medio y la prolongación del acto de informar o implica una serie) 5. *El año pasado todos venían a clase todos los días.* (se prefiere el imperfecto porque enfoca el medio de las repeticiones—*todos los días*) *El año pasado todos vinieron a clase todos los días hasta que se graduaron.* (el pretérito enfoca la terminación de las acciones en el pasado) 6. *Nosotros nos quedamos en el casino hasta que se nos acabó el dinero.* (el pretérito enfoca la terminación de estar en el casino; la delimitación de *hasta que* no permite el imperfecto) 7. *A veces ustedes pedían paella, ¿verdad?* (el imperfecto enfoca el medio de la serie y *a veces* no permite enfocar en la terminación) 8. *Yo le dije a Felicia que lo mandara a hacer.* (se prefiere el pretérito porque enfoca la terminación del acto de decir) *Yo le decía a Felicia que lo mandara a hacer.* (el imperfecto realza la duración del acto de decir o el medio de la serie)

Sección 6.4

Práctica

B. 1. *Era* 2. *había* 3. *se llamaba* 4. *decían* 5. *tenía* 6. *mostraba* 7. *mató* 8. *mandó* 9. *decían* 10. *hacía* 11. *existía* 12. *se llamaba* 13. *era* 14. *entró* 15. *estaba* 16. *vio* 17. *se enamoró* 18. *pensó/pensaba* 19. *podía* 20. *era/fue* 21. *rechazó* 22. *insistió/insistía* 23. *quiso/quería* 24. *cogió* 25. *roció* 26. *murió* 27. *intentaron* 28. *era* 29. *hizo*

Análisis

A. 1. *dio / entré* (dos acciones secuenciales, enfoque en la terminación) 2. *Estudiábamos / escuchábamos* (dos acciones simultáneas, enfoque en el medio) 3. *invité / dije* (dos acciones secuenciales, enfoque en la terminación) 4. *se puso / me puse* (dos acciones simultáneas o secuenciales, enfoque en la terminación) 5. *Hacía / llovía* (dos estados simultáneos, enfoque en el medio) 6. *Tenía / comí* (un estado sirve de fondo para una acción) 7. *escribió / viajaba* (enfoque en la terminación de una acción y en el medio de otra posterior) 8. *pesaba / pude* (un estado sirve de fondo para una acción)

B. 1. *hacer* = acción: I *hacían* = simultánea o posterior al acto de informar; P *hicieron* = anterior al acto de informar 2. *ser* = estado (existencia): I *era* = simultánea al acto de explicar; P *fue* = anterior al acto de explicar 3. *haber* = estado (existencia): I *había* = simultánea al acto de insistir; P *hubo* = anterior al acto de insistir 4. *venir* = acción: I *venía* = simultánea o posterior al acto de avisar; P *vino* = anterior al acto de avisar 5. *tener* = estado: I *tenía* = simultánea al acto de reiterar; P *tuvo* = anterior al acto de reiterar

Sección 6.5

Práctica

A. 1. *supiste* = *te enteraste*; *sabías* = medio de *saber* 2. *conocimos* = *nos lo presentaron*; *conocíamos* = medio de *conocer* 3. *no pudieron* = *no lo hicieron*; *no podían* = *no tenían la capacidad* 4. *quiso* = *intentó*; *quería* = *tenía ganas de* 5. *no pudimos* = *no lo hicimos*; *no podíamos* = *no teníamos la capacidad* 6. *no quiso* = *se negó*; *no quería* = *no tenía ganas de*

B. 1. *supiste* 2. *pudimos* 3. *quiso, no pudo* 4. *Lo conocí* 5. *No quiso* 6. *supe* 7. *pudieron hacerlo* 8. *Tuviste*

C. 1. (a) *estudiábamos* (medio), (b) *estudiamos* (terminación), (c) *estudiamos* (inicio) 2. (a) *Nevó* (terminación), (b) *nevó* (inicio), (c) *Nevaba* (medio) 3. (a) *estuvimos* (terminación), (b) *estuvimos* (inicio), (c) *estábamos* (medio) 4. (a) *estuvimos* (inicio), (b) *estuvimos* (terminación), (c) *estábamos* (medio)

E. El condicional representa una situación hipotética y, por ende, no realizada. El imperfecto también puede representar una situación no "hipotética" porque representa una situación no terminada (= no realizada): 1. *sentías* 2. *era* 3. *tenías* 4. *ayudaba* 5. *invitábamos*

Sección 7

Práctica

A. 1. *están estudiando* = enfatiza el momento de habla o llama la atención al hecho de estudiar en la biblioteca pública 2. *está mirando* = enfatiza el momento de habla 3. *están inventando* = llama la atención a la acción 4. *está produciendo* = llama la atención a la acción 5. *Estoy recordando* = enfatiza el proceso de recordar 6. *Estoy viendo* = enfatiza el proceso de llegar a ver 7. *Había estado lloviendo* = enfatiza la acción de llover 8. *Se está enfadando* = enfatiza el proceso 9. *Están viviendo* = enfatiza la acción o hace una comparación entre lo que es válido ahora y lo que era válido antes 10. *está comiendo* = hace una comparación con lo que era válido antes

Análisis

A. 1. *Escribe* = posible referencia temporal ambigua; *Está escribiendo* = lo activo del progresivo enfatiza el momento de hablar 2. *hablaré* = acción planeada para el futuro; *estaré hablando* = el progresivo enfatiza lo activo de la acción en ese momento del futuro 3. *piensas* = posible referencia temporal ambigua; *estás pensando* = lo activo del progresivo enfatiza el momento de hablar 4. *Vemos* = acción habitual; *Estamos viendo* = el progresivo enfatiza lo activo y hace contraste con lo que se hacía antes 5. *habíamos hablado* = acción anterior; *habíamos estado hablando* = el progresivo enfatiza la duración de la conversación 6. *Se acostumbran* = habitual; *Se están acostumbrando* = lo activo del progresivo enfatiza el proceso de *acostumbrarse* 7. *Me despierto* = acción habitual; *Me estoy despertando* = lo activo del progresivo hace una comparación con un tiempo anterior 8. *Se alejaban* = medio de la acción en el pasado; *Se estaban alejando* = lo activo del progresivo enfatiza la duración de la acción

B. Dado que el progresivo enfatiza lo activo de una acción, en su uso con determinados verbos un estado puede señalar una situación más dinámica, en forma similar al pretérito y su significado de terminación (*Lo conocí en Miami*) y las formas compuestas con su significado de anterioridad (*No he conocido a nadie*): 1. *No estoy conociendo (no llego a conocer)* 2. *estaban sabiendo (descubrían)* 3. *no estoy pudiendo (no logro)* 4. *Estás queriendo (intentas)* 5. *no está queriendo (rehusa)* 6. *No estaba pudiendo (no lograba)*

D. 1. *almorzábamos* (el imperfecto enfoca el medio de la acción en el pasado) 2. *estábamos almorzando* (además de enfocar el medio con el imperfecto, el progresivo realza lo activo y por eso enfatiza la acción) 3. *almorzamos* (el pretérito enfoca la terminación de la acción) 4. *estuvimos almorzando* (aunque el pretérito enfoca la terminación, el progresivo realza lo activo de la acción)

Sección 8

Para empezar

A. 1. S 2. I 3. S 4. I 5. I 6. S 7. I/S 8. S 9. S 10. I/S

B. 1. I/S 2. I 3. S 4. I/S 5. S 6. I 7. S 8. I/S 9. I 10. S

D. 1. pasado 2. pasado o presente 3. pasado 4. pasado 5. pasado

Sección 8.1

Práctica

1. (a) y (b): *No parecía que hubiera sido así.* 2. (a), (b) y (c): *No era seguro que estuvieran estudiando.* 3. (a) y (b): *No es obvio que nos hayamos equivocado.*; (c): *No era obvio que nos equivocáramos.*

Sección 8.2

Práctica

A. 1. *Desayunaran o no (desayunaran)…* 2. *Sea o no (sea) la verdad…* 3. *Sepan o no (sepan) llegar bien…* 4. *Se retrasara o no (se retrasara) el avión…* 5. *Cueste o no (cueste) demasiado…* 6. *Renunciara o no (renunciara) a su cargo…* 7. *Pueda o no (pueda)…* 8. *Salgamos o no (salgamos) bien en el examen…*

B. 1. *vaya* 2. *haya engordado* 3. *llueva* 4. *amara* 5. *tenga* 6. *comiera* 7. *pueda* 8. *deseara*

Análisis

A. 1. *Aunque llorara,…* 2. *Aunque se arrancara los pelos,…* 3. *Aunque fuera Dios,…* 4. *Aunque te estuvieran regalando las cosas,…*

B. Dado que una directiva es cualquier enunciado en que una persona intenta conseguir que otra haga algo, hay varias maneras de expresarla. Además del empleo de un mandato (*Póngame una cerveza.*), se utilizan otras formas gramaticales: 1. *Me pones una cerveza.* (el hablante puede utilizar el presente indicativo y asumir que el oyente llevará a cabo la directiva) 2. *¿Me pones una cerveza?* (el hablante puede ser menos directo empleando una oración interrogativa con el presente) 3. *Me pondrás una cerveza.* (el hablante puede usar el futuro indicativo para un mandato fuerte porque el futuro es la perspectiva de predicción) 4. *¿Me pondrás una cerveza?* (La directiva resulta más suave si se emplea el futuro en una oración interrogativa) 5. *¿Me pondrías una cerveza?* (el condicional presenta una situación hipotética y por eso es una forma cortés; el utilizarlo en una oración interrogativa aumenta la cortesía) 6. *¿Me quieres poner una cerveza?* (el verbo léxico *querer* en una oración interrogativa es otra manera de pedir que se haga algo) 7. *¿Me puedes poner una cerveza?* (el verbo léxico *poder* también puede utilizarse para el mismo valor comunicativo) 8. *Haces el favor de ponerme una cerveza.* (la expression léxica *hacer el favor de* también se usa para las directivas; por su significado es más formal y relativamente fuerte)

Sección 8.3.1 (i)

Práctica

A. 1. *dar por hecho* = afirmación: I *te quieres* 2. *ser probable* = probabilidad (falta de afirmación): S *se adelante* 3. *dudar* = duda (falta de afirmación): S *puedan* 4. *concluir* = afirmación: I *falta* 5. *ser indiscutible* = afirmación: I *está hablando* 6. *negar* = negación (falta de afirmación): S *sea* 7. *no caber duda* = afirmación: I *interesa* 8. *resultar* = afirmación: I *tiene* 9. *ser cierto* = afirmación: I *habrá/hay/hubo* 10. no *asegurar* = duda (falta de afirmación): S *paguen*

B. 1. *Concluí que* + I (afirmación) 2. *Pasó que* + I (afirmación) 3. *Es imposible que* + S (posibilidad = falta de afirmación) 4. *Pusieron en duda que* + S (duda = falta de afirmación) 5. *Doy por hecho que* + I (afirmación) 6. *Niego que* + S (negación = falta de afirmación) 7. *Era dudoso que* + S (duda = falta de afirmación) 8. *Sospechaban que* + I (afirmación) 9. *Parece que* + I (afirmación) 10. *Parece una mentira que* + S (negación con *mentira* = falta de afirmación)

C. 1. con el ind. *tenía* el hablante afirma que tenía razón 2. con el ind. *era/fue* el hablante afirma que era/fue un animal de raza 3. con el subj. *hubiera copiado* el hablante no puede afirmar que se haya copiado 4. con el subj. *estuvieran* el hablante no afirma que estuvieron implicados 5. con el ind. *quiere* el hablante afirma que quiere salir con su mejor amigo 6. con el ind. *fui* el hablante afirma que fue cómplice 7. con el subj. *invitaran* el hablante no confirma la invitación 8. con el subjuntivo *gane* el hablante expresa reserva sobre la victoria 9. con el indicativo *salía/saldría* el hablante afirma que el asunto salió así 10. con el indicativo *daban/darían* el hablante afirma que le dieron una fiesta

Sección 8.3.1 (ii)

Práctica

A. 1. *fijarse en* = verbo de percepción: *No nos fijamos en que **hubiera** más de treinta personas en la sala.* 2. *olvidarse de* = verbo de conocimiento/aprendizaje: *No me olvido de que tú **tengas** razón.* 3. *percibirse de* = verbo de percepción: *Nunca me percibí de que él **comiera** con la mano izquierda.* 4. *tomar en consideración* = verbo de conocimiento/aprendizaje: *¿No tomaste en consideración que el jueves **fuera** día festivo?* 5. *clarificar* = verbo de comunicación: *El abogado no me tuvo que clarificar que mis derechos **fueran** otros.* 6. *reconocer* = verbo de conocimiento/aprendizaje: *No reconocen que sus acciones **sean** una barbaridad.* 7. *comentar* = verbo de comunicación: *No comentó que los estudiantes se **hubieran** copiado en el examen.* 8. *confesar* = verbo de comunicación: *No confiesa que toda esa historia **haya** sido una mentira.*

B. 1. *fueran / éramos* 2. *estuviera mirando / miraba* 3. *vinieran / venían* 4. *necesitaras / necesitaba* 5. *sean / son*

Sección 8.3.2

Práctica

A. 1. *se durmieron* (tiempo, I porque es un hecho y parte de la experiencia del hablante = afirmación) 2. *respete/respeto* (cantidad, I si sí la respeta = un hecho y parte de la experiencia del hablante = afirmación, S si hay duda = falta de afirmación) 3. *regalaron/regalen* (otro, I si sí le regalaron un coche = un hecho y parte de la experiencia del hablante = afirmación, S si todavía no le han regalado uno = falta de afirmación) 4. *entraba/entré, salía/salió* (tiempo, I porque son acciones confirmadas en el pasado = hechos y parte de la experiencia del hablante = afirmación) 5. *querían/quisieran* (manera, I si se sabe cómo lo querían arreglar = un hecho y parte de la experiencia del hablante = afirmación, S si no se sabe = falta de afirmación) 6. *tiene/tenga* (otro, I si tiene las mejores credenciales = un hecho = afirmación, S si no se sabe si las tiene = falta de afirmación) 7. *pague* (tiempo, S porque todavía no me ha pagado = falta de afirmación) 8. *pedimos* (tiempo, I porque es una acción habitual = un hecho y parte de la experiencia del hablante = afirmación) 9. *apetecía/apeteciera* (tiempo, I si es una acción habitual en el pasado = parte de la experiencia del hablante = afirmación, S para expresar reserva sobre la especificación de las veces (falta de afirmación) 10. *avises* (tiempo, S porque es una acción en el futuro = falta de afirmación) 11. *estén* (tiempo, S porque está en el futuro = falta de afirmación) 12. *habla* (cantidad, I porque es un hecho = afirmación) 13. *quieres/quieras* (lugar, I si se sabe = un hecho = afirmación, S si no se sabe hasta donde = falta de afirmación) 14. *dimitió* (tiempo, I porque sí dimitió = un hecho = afirmación) 15. *dijiste* (manera, I porque sí se sabe la manera = un hecho y parte de la experiencia del hablante = afirmación)

B. *después de que; la manera en que; a pesar de que; aunque; cuanto más / menos; según; tan pronto como (en cuanto); cada vez que*

C. 1. A pesar que *haga* buen tiempo no voy al parque. 2. Aunque *tenga* coche voy al trabajo en autobús. 3. Aunque mi padre *tenga* 65 años no piensa jubilarse. 4. Pese a que me *quede* mucho para estudiar voy a salir esta noche. 5. Aunque *sea* la jefa no tiene derecho a hablarme así.

Análisis

A. 1. el uso del presente con el verbo principal expresa una situación habitual y experimentada = I 2. el uso de *ir a* expresa una acción planeada para el futuro y por eso no experimentada = S 3. el imperfecto señala una acción habitual en el pasado = I 4. el pretérito expresa una acción realizada y experimentada = I 5. *ir a* en el pasado expresa una acción planeada y potencial, no experimentada = S 6. el condicional representa una situación hipotética no experimentada = S

B. Los verbos *pensar, querer* y *poder* son verbos modales que representan una situación no realizada, tanto en el presente como en el pasado, y por lo que fuerzan el uso del subjuntivo en la cláusula adverbial. Sin embargo, en *No pudieron acostarse hasta que los niños se durmieron*, el uso del pretérito de *poder* marca las dos acciones como acabadas y por eso el uso del indicativo en la cláusula con *hasta que*.

Sección 8.3.3

Práctica

A. 1. S *sea* = S negación de existencia 2. I *compré* = afirmación de existencia e identificación 3. I *agrada* = se sabe cuál es = afirmación de existencia e identificación, S *agrade* = no se sabe = falta de identificación 4. I *invitó* = afirmación de existencia e identificación 5. I *salen* = para afirmar que algunos saldrán bien = afirmación; S *salgan* = los que sean = falta de identificación 6. I *sugeriste* = se sabe lo sugerido = afirmación 7. I *vienen* = para afirmar que algunos no vendrán = afirmación; S *vengan* para no especificar cuáles son = falta de identificación 8. I *contó* = se sabe cuál es el chiste = identificación 9. I *trajo* = se sabe quién era = identificación; S *trajera* = no se sabe = falta de identificación 10. S *entusiasmara* = negación de existencia 11. I *hablaste/hablas* = se sabe la forma en que le habló o se le habla = afirmación e identificación 12. S *me jubile* = está en el futuro y no se sabe cuándo = falta de identificación; I *te jubilaste* = (acción experimentada en el pasado = identificación o S *te jubiles* = en el futuro 13. I *quieres* = afirma que tiene una camisa en mente 14. I *caen* = amigos indentificados

B. 1. Encontré una cartera en la calle que *contenía* mucho dinero. 2. Estoy buscando a una compañera que *dijo* que me ayudaría con la tarea. 3. Voy a cortar los árboles que *estén* muertos. 4. Todavía estamos esperando un informe que *tenga* todos los datos. 5. No existe ningún reloj que *sea* suficiente barato. 6. Fuimos a una conferencia anoche que no *estuvo* nada mal. 7. Voy a dar un buen regalo a mi esposa el día en que se jubila. 8. Pienso lavar la ropa que *esté* más sucia.

Análisis

A. 1. I *llamaste* = electricista identificado; S *llames* = electricista no identificado 2. I *salió* = se sabe quién es; S *saliera* = no se sabe quién es 3. I *quiere* = señor identificado; S *quiera* = no se sabe si hay un señor en la puerta 4. I *parece* = ya se sabe cuál es; S *parezca* = una foto no identificada 5. I *llegan* = afirma que algunos sí llegarán primero; S *lleguen* = revela que no se sabe quiénes son 6. I *tengo* = afirma que sí tengo que hacer algo; S *tenga* = no identifica lo que tengo que hacer

B. 1. En (b) no es la identificación de la persona lo que importa, sino la afirmación del hablante que el oyente quiere conocer a una persona determinada. 2. En (b) aunque existen unos alumnos que son capaces de pagar, el subjuntivo acentúa el hecho de que muchos (la mayoría) no lo son. 3. En (a) el indicativo afirma la existencia e identidad del objeto, pero en (b) el uso del subjuntivo indica que no se sabe si el objeta durará o no. 4. En la primera oración se afirma la existencia del libro, mientras que en la segunda el uso del adjetivo superlativo permite que el hablante presuponga la existencia del libro y exprese una opinión subjetiva (lo mucho que gusta).

Sección 8.3.4

Práctica

A. 1. Todos deseamos que Uds. lo *pasen* bien. 2. Convendrá que todos *lleguen* puntualmente. 3. No pudo evitar que *hubiera* más problemas. 4. No fue necesario que tú me lo *repitieras*. 5. Va a proponer que nosotros *dejemos* este trabajo para otro día. 6. Pienso impedir que todos *sean* invitados. 7. Se opuso a que los alumnos *volvieran* a tomar el examen. 8. No dejaré que cada uno *pague* su propia comida. 9. Nunca se prohíbe que los extraños *fumen* en el sitio de no fumadores. 10. Pidieron que los alumnos *devolvieran* todos los libros. 11. Es urgente que nosotros nos *reunamos* esta tarde. 12. Esperamos que no *pongan* la misma película en el avión.

B. 1. deseo: *desear, ser deseable, anhelar, querer, tener ganas de, tener ilusión de, esperar* 2. preferencia: *preferir, ser preferible, convenir, ser (in)conveniente* 3. necesidad: *necesitar, ser necesario, ser urgente, ser imprescindible, hacerle falta a uno que* 4. mandatos: *exigir, demandar, ordenar, mandar* 5. permiso: *permitir, dejar* 6. petición: *pedir, rogar, suplicar, implorar* 7. sugerencia: *sugerir, proponer, recomendar, ser recomendable, aconsejar, ser aconsejable* 8. aprobación/desaprobación: *estar de (des)acuerdo, aprobar, desaprobar, ser contraproducente*

A. 1. ¡(*Te pido, exijo,* etcétera) *que no grites!* 2. (*Digo,* etcétera) *que no puede ser así.* 3. (*Apuesto*) *a que no sabes la respuesta.* 4. (*Quiero,* etcétera) *que seáis puntuales.* 5. (*Digo,* etcétera) *que no quiero.* 6. (*Quiero, prefiero,* etcétera) *que no tardes.* 7. (*Digo,* etcétera) *que no les interesa.* 8. (*Apuesto*) *a que sí.* 9. (*Deseo,* etcétera) *que lo pases bien.* 10. *Que yo sepa, no.* (no hay verbo apropiado)

B. 1. *la amenaza de que me despidan* (S = influencia = falta de afirmación) 2. *la posibilidad de que nadie venga* (S = posibilidad = falta de afirmación) 3. *el deseo de que venga el verano* (S = deseo = falta de afirmación) 4. *la sugerencia que nadie diga nada* (S = influencia = falta de afirmación) 5. *la afirmación (de) que no hay solución* (I = afirmación) 6. *la opinión de que su muerte ha sido en vano* (I = afirmación) 7. *la conclusión de que me había equivocado* (I = afirmación) 8. *la suposición de que no era culpable* (I = afirmación) 9. *la probabilidad de que asistamos a la conferencia* (S = probabilidad = falta de afirmación) 10. *la sospecha de que me habían robado* (I = afirmación) 11. *la duda de que haga buen tiempo* (S = duda = falta de afirmación) 12. *el presentimiento de que había alguien en la casa* (I = afirmación) 13. *la proclamación de que había terminado la guerra* (I = afirmación) 14. *la confesión de que habían cometido un error* (I = afirmación) 15. *la necesidad de que todos cumplan con su palabra* (S = influencia = falta de afirmación) 16. *la esperanza de que nos devuelvan el dinero* (S = deseo = falta de afirmación) 17. *la propuesta de que nos indemnizan* (I = afirmación) o *la propuesta de que nos indemnicen* (S = falta de afirmación) 18. *la recomendación de que nadie compre en esa tienda* (S = influencia = falta de afirmación) 19. *el consejo de que no compremos armas* (S = influencia = falta de afirmación) 20. *el riesgo de que otros se contagien* (S = posibilidad = falta de afirmación)

C. 1. *No pudieron impedir que la mayoría votara…* 2. *Queríamos que todos nos acompañaran.* 3. *Mis padres prohibieron que yo llevara…* 4. *Rafael me pidió que le regalara…* 5. *Ella propuso que compráramos…* 6. *Fue imprescindible que lo lleváramos…* 7. *Les rogamos a los abuelos que los niños quedaran…* 8. *A todos nos convenía que nos pagaran…*

Sección 8.3.5

Práctica

A. 1. *triste: me entristece que, es triste que, me pone triste que, me causa tristeza que* 2. *enojado: me enoja que, me pone enojado que* 3. *vergüenza: me da vergüenza que, es una vergüenza que, me avergüenzo de que, es avergonzante que* 4. *extraño: me extraña que, es extraño que, me causa extrañeza que* 5. *divertido: me divierte que, es divertido que* 6. *molestia: me molesta que, es una molestia que* 7. *emocionante: me emociona que, es emocionante que* 8. *tragedia: es una tragedia que, es trágico que* 9. *interesante: me interesa que, es interesante que* 10. *indignante: me indigna que, es indignante que, me da indignación que, me pone indigno que* 11. *irritante: me irrita que, es irritante que, me causa irritación que, me pone irritado que* 12. *inquietante: me inquieta que, es inquietante que, me pone inquieto que* 13. *lamentable: es una lástima que, es lamentable que* 14. *sorprendente: me sorprende que, es sorprendente que, es una sorprësa que* 15. *deplorable: deploro que, es deplorable que* 16. *cansado: me cansa que, me causa cansancio que, me pone cansado (el) que*

C. 1. I *va, va* (comunicación = afirmación); S *vaya* (mandato = falta de afirmación) 2. I *hacía falta* (comunicación = afirmación); S *trajera* (mandato = falta de afirmación) 3. I *es* (comunicación = afirmación); S *hagamos* (influencia = falta de afirmación) 4. S *hayas* (evaluación personal = falta de afirmación); I *ganaste* (afirmación) o S *ganaras, hayas gañado* (evaluación personal) 5. I *va* (afirmación); S *entren* (reacción personal = falta de afirmación)

Sección 8.3.6

Práctica

A. 1. *dé* (S expresión condicional) 2. *es* (I causal) 3. *olvides* (S expresión temporal de interdependencia) 4. *devolviera* (S expresión condicional) 5. *estaba* (I causal) 6. *vengan* (S expresión contradictoria) 7. *diga* (S expresión final) 8. *pasaron* (I causal) 9. *ahorremos* (S expresión contradictoria) 10. *ayudaran* (S expresión condicional) 11. *llame* (S expresión temporal de interdependencia) 12. *acompañara* (S expresión final)

B. 1. No voy a la fiesta porque tenga otros planes, sino porque *va* mi antiguo novio). 2. Anoche *no* me acosté tarde *porque* no tuviera que trabajar hoy (sino porque no tenía sueño). 3. Aunque *sea* el menor mis padres favorecen a mi hermano mayor. 4. A pesar de que hoy *fuera* el último día de clase el profesor no vino a clase. 5. No se negó a ayudarme porque *estuviera* enfermo, (sino porque estaba enfadado conmigo). 6. Pese a que *insistiera* mucho no le presté el coche.

C. *ya que (dado que, puesto que, visto que, en vista de que); así que (así pues); porque (a causa de que, debido a que); con tal (de) que (a condición de que); a menos que (a no ser que, salvo que, sin que); para que (a fin de que, a que); caso que (en caso de que, suponiendo que, en el supuesto de que, supuesto que); en vez de que (en lugar de que)*

D. 1. No hay preposición paralela. 2. *Voy a trabajar hoy hasta no poder más.* 3. *Antes de volver a casa pasaremos por el mercado.* 4. No hay preposición paralela. 5. *Saqué la basura para no tener que hacerlo por la mañana.* 6. No hay preposición paralela. 7. *En caso de necesitarme tienes mi número de teléfono.* 8. Los sujetos son distintos. 9. *En vez de escribirles una carta, les mandamos un fax.* 10. No hay preposición paralela.

E. 1. *Debes llevar mucho dinero, que ese sitio es muy caro.* 2. *Tienes que trabajar bien, que están pensando en despedirte.* 3. *Se callaron, que nadie los escuchaba.* 4. *No terminaron de presentar el proyecto, que no había tiempo.* 5. *Te lo he dicho, que no lo sabías.* 6. *No voy a comprar las acciones, que sería una mala inversión.*

Sección 8.3.7

Práctica

1. I *descubres* 2. I *entraba* 3. S *fuera* 4. S *conocieras* 5. S *hubieran pagado* 6. S *hubiéramos sabido* 7. S *hubiera* 8. I *sales* 9. I *recomendaba* 10. S *hiciera* 11. I *prestas* 12. S *hubieran llegado*

Análisis

5, 6, 7 y 8 son usos permitidos en todos los registros por el significado del infinitivo (5 y 8), participio pasado (6) y gerundio (7). Se usan 1 y 2 frecuentemente en el habla y la escritura. Se encuentra el uso del presente en 3 en el habla coloquial muy informal. El uso del imperfecto como en 4 es el menos aceptado que se encuentra en registros no prestigiosos.

Sección 8.4

Práctica

1. *fuéramos* (presente no es posible) 2. *estuvieras/hayas estado* 3. *interesara* (presente no es posible) 4. *lleguen* (pasado no es posible) 5. *entregáramos/entreguemos*

6. *obsequiaran/ hayan obsequiado* 7. *invitara/invite* 8. *contribuyan/contribuyeran/hayan contribuido* 9. *sirviera/sirva* 10. *estuvieran* 11. *fueran* (vayan) 12. *trajeran/traigan*

Análisis

A. 1. No, aunque el verbo principal está en el pasado, la situación de la cláusula subordinada pertenece al presente/futuro. 2. Sí, las dos situaciones pertenecen al pasado. 3. No, aunque el verbo principal está en el pasado, la situación de la cláusula subordinada pertenece al presente/futuro. 4. No, aunque el verbo principal está en el presente, la situación de la cláusula subordinada pertenece al pasado. 5. Sí, las dos situaciones pertenecen al pasado. 6. No, aunque el verbo principal está en el pasado, la situación de la cláusula pertenece al presente/futuro. 7. Sí, las dos situaciones pertenecen al presente/futuro. 8. No, aunque el verbo principal está en el pasado, la situación de la cláusula subordinada pertenece al presente/futuro.

Ejercicios finales

Práctica

A. 1. *se dirigió* (P = terminación) 2. *puso* (P = terminación) 3. *pudo* (P = *no logró*) 4. *comenzó* (P = terminación del proceso de comenzar) 5. *continuaba* (I = medio) 6. *pidió* (P = terminación) 7. *Se determinó* (P = terminación) 8. *planeaba* (I = medio) 9. *iba* (I = medio de la intención) 10. *pensaba* (I = medio) 11. *repicaron* (P = inicio) 12. *pensaron* (P = delimita la duración de pensar) 13. *estaban recibiendo* (I = medio) 14. *se dio cuenta* (P = terminación de proceso de darse cuenta) 15. *avanzaba* (I = medio) 16. *se acrecentaban* (I = medio) 17. *cubrían* (I = medio) 18. *reunió* (P= terminación) 19. *Sabía* (I = medio) 20. *estaban* (I = medio) 21. *podían* (I = medio) 22. *venían* (I = medio) 23. *llevaban* (I = medio) 24. *habían podido* (I para la forma compuesta del pasado) 25. *se embarcaron* (P = terminación) 26. *lanzó* (P = terminación) 27. *penetraron* (P = terminación) 28. *terminó* (P = terminación) 29. *se dio* (P = terminación o inicio) 30. *salvaron* (P = terminación)

B. 1. *llegaron* 2. *se llama* 3. *recibió* 4. *creía* 5. *eran* 6. *pasar* 7. *obligaron* 8. *rebelaran* 9. *llevaba* 10. *supo* 11. *matar* 12. *apresuró* 13. *propuso* 14. *escapara* 15. *estaba* 16. *tomar* 17. *informó* 18. *corría* 19. *sugirió* 20. *huyeran* 21. *negó* 22. *sostuvo* 23. *iba* 24. *llamó* 25. *era* 26. *anunciar* 27. *ordenar* 28. *dispusiera* 29. *advirtió* 30. *sería* 31. *insistió* 32. *tenía* 33. *imploró* 34. *llevara* 35. *rehusó* 36. *prometió* 37. *pudiera* 38. *besaron* 39. *hablar* 40. *salir* 41. *escaparon* 42. *estaba* 43. *iba* 44. *dirigía* 45. *aproximaron* 46. *acometieron* 47. *fue* 48. *luchó* 49. *murió* 50. *daba* 51. *decidieron* 52. *correspondían* 53. *Encontraron* 54. *tocaran* 55. *respetara* 56. *anunció* 57. *iba* 58. *acompañara* 59. *encontraron* 60. *enterraron* 61. *creció*

Análisis

B. 1. *tenía* (el indicativo enfatiza la veracidad) 2. *se propagarían* (el indicativo confirma que sí se propagaron las ondas del escándalo) 3. *preparas* (con el indicativo el hablante toma por sentado que las bebidas se prepararán) 4. *habían entrado* (con el indicativo el hablante afirma que sí habían entrado aunque unos terceros lo niegan) 5. *puedo* (el indicativo afirma que el hablante cree poder levantar las pesas) 6. *encuentras* (el indicativo asevera que el oyente no está bien) 7. *ganó* (el indicativo realza el hecho de que sí ganó) 8. *estoy* (el indicativo afirma que para el hablante no hay ninguna duda sobre la visita al museo) 9. *era* (el indicativo revela que el hablante cree que era culpable aunque los otros no concuerdan con él) 10. *estará* (el indicativo afirma que estará en unos días)

D. 1. *habíamos conocido* 2. *había ganado* 3. *había leído* 4. *había muerto* 5. *había comprado* 6. *había ocurrido.*

Para empezar

A. 1. *la dueña* 2. *la jefa* 3. *la cliente* 4. *la rectora* 5. *la canadiense* 6. *la modelo* 7. *la piloto*
8. *la papa* = patata 9. *la naranja* = la fruta 10. *la orden* = otro significado 11. *la médico*
12. *la abogada* 13. *la juez(a)* 14. *la cura* = otro significado 15. *la paga* = otro significado

B. 1. *las mangas* 2. *los parques* 3. *las perdices* 4. *los faroles* 5. *los irlandeses* 6. *los marroquíes*
7. *los taxis* 8. *los menús* 9. *los martes* 10. *los tórax*

Sección 1

Análisis

1. *una* = det. indef., *pared* = sust. fem. sg., *blanca* = adj. descriptivo; el det. y el adj.
concuerdan en número y género con el sust. 2. *el* = det. def., *marido* = sust. masc. sg.,
de Luisa = sintagma preposicional que funciona como adj.; el det. concuerda en
número y género con el sust. 3. *muchos* = adj. cuantificador, *problemas* = sust. masc. pl.;
el adj. concuerda en número y género con el sust. 4. *la* = det. def., *mirada* = sust. fem.
sg.; el det. concuerda en número y género con el sust. 5. *estos* = det. demostrativo,
otros = adj. cuantificador, *amigos* = sust. masc. pl.; el dem. y el adj. concuerdan en
número y género con el sust. 6. *el* = det. def., *regalo* = sust. masc. sg., *que me dejaste* =
oración subordinada que funciona como adj.; el det. concuerda en número y género
con el sust. 7. *varias* = adj. cuantificador, *personas* = sust. fem. pl.; el adj. concuerda en
número y género con el sust. 8. *unos* = det. indef., *informes* = sust. mas. pl., *interesantes* = adj. descriptivo; el det. y el adj. concuerdan en número y género con el sust.;
otros = adj. cuantificador, *menos* = adv. de grado, *valiosos* = adj. descriptivo; el det. y el
adj. concuerdan en número y género con el sust. sobreentendido (*informes*) 9. *mis* =
det. posesivo, *parientes* = sust. masc. pl.; el posesivo concuerda en número con el sust.
10. *la* = det. def., *nueva* = adj. descriptivo, *blusa* = sust. fem. sg.; *de ella* = sintagma
preposicional que funciona como adjetivo; el det. y el adj. concuerdan en número y
género con el sust.

Sección 2

Práctica

A. Se pueden encontrar diferencias dialectales con algunos: 1. *la abogada* 2. *la médico*
3. *el actor/la actriz* 4. *la cónsul* 5. *la piloto* 6. *la modelo* 7. *la testigo* 8. *la juez/jueza* 9. *la
fiscal/la fiscala* 10. *la concejal* 11. *la jefa* 12. *la arquitecto/arquitecta* 13. *la decana* 14. *la
presidente/presidenta* 15. *la detectiva/detective* 16. *la poeta/poetisa* 17. *la cónyuge* 18. *la
ingeniera* 19. *la químico* 20. *la modista* 21. *la portavoz*

B. 1. *el tocadiscos, el rascacielos, el paraguas, el parachoques, el parasol, el parabrisas, el limpia-
parabrisas, el sacacorchos, el sacapuntas, el cortacésped, el cazatorpedos, el cuentakilómetros,
el lavavajillas* 2. *el altavoz, la minifalda, el malhumor, el malsano, el maldecir, el malhechor, la
medianoche* 3. *la bocacalle, el puntapié, la compraventa, la bocamanga, la casacuna, la hojalata*
4. *el sordomudo* 5. *el subibaja*

correveidile = verbo *corre* + verbo *ve* + conjunción *y* > *i* + verbo *di* + pronombre *le*
hazmerreír = verbo *haz* + pronombre *me* + verbo *reír*
hacelotodo = verbo *hace* + pronombre *lo* + cuantificador *todo*
sabelotodo = verbo *sabe* + pronombre *lo* + cuantificador *todo*
sinsabor = preposición *sin* + sustantivo *sabor*
contrarrevolución = preposición *contra* + sustantivo *revolución*
quehaceres = pronombre interrogativo *qué* + verbo *hacer* + pl. *-es*

Análisis

A. *La guía* = persona femenina que guía, o un libro o folleto que contiene información orientativa. Otros sustantivos ambiguos son *la policía, la ayuda* y *la escolta*.

B. Estos sustantivos se componen de dos sustantivos; el primero determina el género.

C. (1) *Agua* es un sust. fem., pero el det. sg. *la > el* antes de un sust. que empieza con una *a* acentuada. (2) *Hacienda* es un sust. fem. y *la* no pasa a ser *el* porque la vocal no está acentuada. (3) *Arco* es un sust. masc. y por eso siempre requiere el modificador masculino. *ama* (1), *ángulo* (3), *árbol* (3), *ardilla* (2), *antecámara* (2), *altar* (3), *alza* (1), *altura* (2), *aula* (1), *ambiente* (3), *amanecer* (3), *águila* (1), *apio* (3), *ave* (1), *amapola* (2), *arma* (1), *animal* (3), *andanza* (2), *hada* (1), *aprendizaje* (3), *amnistía* (2), *amistad* (2), *alternativa* (2), *hambre* (1), *amor* (3), *antena* (2), *alma* (1), *ánima* (1), *almohada* (2), *alquiler* (3)

Sección 3

Práctica

1. *brazos* (-s porque termina en una vocal inacentuada) 2. *polis* (-s porque termina en *i* no acentuada) 3. *túneles* (-es porque termina en una consonante que ni es *s* ni *x*) 4. *facultades* (-es porque termina en una consonante que ni es *s* ni *x*) 5. *capitanes* (-es porque termina en una consonante que ni es *s* ni *x*) 6. *cordobeses* (-es porque termina en la consonante *s* y la última sílaba está acentuada) 7. *atlas* (-Ø porque termina en la consonante *s* y la última sílaba no está acentuada) 8. *caracteres* (-es porque termina en una consonante que ni es *s* ni *x*) 9. *tórax* (-Ø porque termina en la consonante *x*) 10. *iraquíes* (-es porque termina en la vocal acentuada *i*) 11. *parachoques* (-Ø porque termina en la consonante *s* y la última sílaba no está acentuada) 12. *parasoles* (-es porque termina en una consonante que ni es *s* ni *x*) 13. *malhechores* (-es porque termina en una consonante que ni es *s* ni *x*) 14. *altavoces* (-es porque termina en una consonante que ni es *s* ni *x* con cambio ortográfico de *z* a *c*)

Análisis

1. *las pelotas* (-s porque termina en una vocal inacentuada) 2. *las actitudes* (-es porque termina en la consonante -*d*) 3. *los pies* (-s porque termina en la vocal *e*) 4. *los papás* (-s porque termina en la vocal *a*) 5. *los albañiles* (-es porque termina en la consonante *l*) 6. *los reyes* (-es porque termina en la consonante *y*) 7. *los almanaques* (-s porque termina en la vocal *e*) 8. *los marroquíes* (-es porque termina en la vocal acentuada *i*) 9. *los peces* (-es porque termina en la consonante *z > c*) 10. *los martes* (-Ø porque termina en la consonante *s* y la última sílaba no está acentuada) 11. *los yanquis* (-s porque termina en la vocal *i* y la última sílaba no está acentuada) 12. *los ingleses* (-es porque termina en la consonante *s* y la última sílaba está acentuada) 13. *las tesis* (-Ø porque termina en la consonante *s* y la última sílaba no está acentuada) 14. *las actrices* (-es porque termina en la consonante *z > c*) 15. *los canapés* (-s porque termina en la vocal *e*)

Sección 4

Análisis

A. *calentador* (c), *harina* (nc), *moneda* (c), *tentación* (nc), *frigorífico* (c), *sangre* (nc), *pan* (nc), *miel* (nc), *orgullo* (nc), *pelota* (c), *azúcar* (nc), *celos* (nc), *nieve* (nc), *calle* (c), *venganza* (nc), *cerveza* (nc), *novela* (c), *avaricia* (nc), *ojo* (c), *mayonesa* (nc), *aceite* (nc), *botella* (c), *jerez* (nc), *tinta* (nc)

B. 1. *relato* (ambos) 2. *reunión* (suceso) 3. *acontecimiento* (suceso) 4. *clase* (ambos) 5. *manifestación* (suceso) 6. *casamiento* (suceso) 7. *lectura* (ambos) 8. *concierto* (ambos)

9. *narración* (suceso) 10. *conferencia* (ambos) 11. *fiesta* (suceso) 12. *recital* (suceso)
13. *incidente* (suceso) 14. *sinfonía* (ambos) 15. *discurso* (ambos) 16. *recitación* (suceso)

C. 1. término general = *hembra* 2. término general = *vehículo* 3. término general = *fruta*
4. término general = *animal* 5. terminal general = *árbol*

D. El contraste entre una entidad y otras incide en el posible uso de un determinante
aun cuando es un sustantivo propio. Note que en los ejemplos (2), (3) y (6) el sustantivo
está modificado por un adjetivo, lo que requiere el uso de un determinante.

Sección 5.1

Análisis

A. 1. *el vestido* (hace referencia a un vestido específico; no importa la existencia de
otros posibles referentes); *uno* (identifica un vestido determinado pero deja saber
que existen otros; en este contexto contrasta con el vestido que se escogió) 2. *el
octavo asesinato* (es un asesinato determinado y no importa la existencia de otros; cf.
un octavo asesinato en que el uso de *un* realza la existencia de los otros siete) 3. Ø
signos de flaqueza (sin modi- ficación se presupone la identificación de los signos para
usar el sustantivo descriptivamente (cf. *unos signos de flaqueza* en que *unos* realza la
posibilidad de enumerar los signos) 4. *un equipo de música* (deja saber que será uno
de los muchos que existen); *el tuyo* (un equipo determinado; no importa la existencia
de otros) 5. *Los libros* (hace referencia a un grupo de libros específicos; no importa la
existencia de otros); *unos libros* (deja saber que existen otros) 6. Ø *reloj* (se presupone
la existencia de un reloj para caracterizar el estado de *tener un reloj*); *la hora.* (con las
horas el uso del determinante definido identifica una hora determinada; cf. **Quiero
saber una hora.*) 7. Ø *secretaria* (se presupone la existencia de secretarias para realzar
la búsqueda; *una* individualiza y deja saber que será una de muchas); *la* (identifica a
una secretaria determinada y no importa la existencia de otras) 8. *falta de* Ø *pruebas*
(sin modificación se presupone la identificación de las pruebas para usar el sustantivo descriptivamente (cf. *unas pruebas* en que *unas* realza la posibilidad de enumerar
las pruebas)

B. En todas estas oraciones se puede asumir la identificación previa del referente: 1. *un
regalo* (está identificado, pero *un* deja saber que es uno entre muchos); *el* (está identificado y no importa la existencia de otros) 2. *El regalo* (está identificado y no importa la
existencia de otros); *una camisa* (está identificada para el hablante y *una* contrasta con
camisas de otros países) 3. *un día* (está identificado pero *un* realza el contraste con otros
días); *el* (está identificado; enfoca en ese día sin pensar en otros) 4. *el* (enfoca en un día
particular); *un día* (contrasta con otros días)

Sección 5.2

Práctica

B. 1. (*la*) *India.* (se usa el det.def. con muchos sustantivos propios provenientes de
sustantivos comunes; en este caso es opcional) 2. *la calle Ardilla.* (det.def. obligatorio
con nombres de calles, avenidas, cordilleras, etcétera) 3. *La tecnología* y *la vida cotidiana*
(det.def. obligatorio para una referencia general o genérica) 4. *el océano Atlántico*
(det.def. obligatorio con nombres de calles, avenidas, cordilleras, etcétera) 5. *el Cervantes* (det.def. con sustantivos propios utilizados como comunes) 6. *Los Aparicio*
(se usa el det.def. pl. para referirse a todos los miembros de una familia) 7. *la Latinoamérica colonial.* (el det.def. obligatorio con un nombre propio modificado por un
adjetivo) 8. *El profesor Gómez Bueno* (det.def. obligatorio con títulos cuando se habla de

una persona vs. no a la persona) 9. *María la Sangrienta* (det.def. obligatorio con adjetivo en título apositivo); *la Inglaterra del siglo XVI* (se usa el det.def. obligatorio con sustantivo propio modificado por adjetivo y con sustantivos propios provenientes de sustantivos comunes) 10. *El lago Superior* y *el río Amazonas* (igual que 2) 11. *el Picasso* (se usa el det.def. con sustantivo propio usado como sustantivo común = el cuadro de Picasso) 12. *las dos y media; las tres* (se usa el det.def. con las horas) 13. *el sábado; los domingos* (se usa el det.def. con los días de la semana) 14. *El mes pasado* (se usa el det.def. para especificar un mes, semana u otro módulo del tiempo) 15. *la cena; el almuerzo* (se usa el det.def. para especificar las comidas) 16. *doce euros la hora* (se usa el det.def. con expresiones de cantidad; cf. *12 euros por hora*) 17. *La patata, el arroz, el maíz, el trigo* (igual que 3) 18. *(el) Levantarme temprano* (det.def. opcional antes de un infinitivo usado como sustantivo)

Análisis

A. (1), (3) y (5) expresan un concepto genérico. En (2) y (4) el determinante definido identifica los referentes y deja saber que no importa la existencia de otros referentes porque sólo hace referencia a los referentes identificados.

B. Técnicamente no son proposiciones genéricas, pero la forma léxica *todo* puede hacer referencia a todos los posibles referentes del sustantivo en (1) – (4). Note que (2) – (4) tienen oraciones paralelas con sólo el determinante definido: *El coche es un vehículo de transporte, El hombre es perezoso, La cerveza es efervescente.*

E. 1. la Organización de las Naciones Unidas 2. la Organización del Tratado del Atlántico del Norte 3. el Tratado de Libre Comercio 4. la Organización de los Estados Americanos 5. el Mercado Común del Sur 6. la Unión Europea 7. el Distrito de Columbia y el Distrito Federal 8. el Partido Socialista de Obreros Españoles y el Partido Popular 9. el Partido Revolucionario Institucional 10. el Alta Velocidad Española y la Red Nacional de los Ferrocarriles Españoles

Sección 5.3

Práctica

A. 1. *A ella el primo le ofreció la mano.* 2. *A mí el primo me partió la nariz.* 3. *Él se quita los zapatos cuando entra.* 4. *¿A Lucía le molesta una picadura?* 5. *Al señor un ladrón le robó la cartera ayer.* 6. *El payaso se ve la cara pintada en el espejo.* 7. *A él la madre todavía le lava la ropa.* 8. *Al niño el hermano le desarmó el rompecabezas otra vez*

B. 1. *el rifle* (con el det. def. se asume la identidad del poseedor; opcional) 2. *el brazo izquierdo* (el pronombre de uso reflexivo ya expresa el poseedor; obligatorio) 3. *al hermano* (con el det. def. se asume la identidad del poseedor; opcional) 4. *la cara* (el pronombre indirecto ya expresa el poseedor; obligatorio) 5. *la cartera* (el pronombre ya expresa el poseedor; sin embargo, se puede utilizar el posesivo para enfatizar) 6. *los hijos; la casa* (con el det. def. se asume la identidad del poseedor; opcional) 7. *los libros* (con el det. def. se asume la identidad del poseedor; opcional) 8. *los trajes* (el poseedor ya se expresa con el pronombre de uso reflexivo; se puede enfatizar con el uso del posesivo) 9. *las gafas* (el pronombre de objeto indirecto expresa el poseedor; el uso del posesivo sería enfático) 10. *la ropa* (con el det. def. se asume la identidad del poseedor; opcional) 11. *los zapatos* (con el det. def. se asume la identidad del poseedor; opcional) 12. *el abuelo* (con el det. def. se asume la identidad del poseedor; opcional) 13. *las llaves* (con el det. def. se asume la identidad del poseedor; opcional) 14. *los brazos* (con el det. def. se asume la identidad del poseedor; opcional) 15. *la cerveza* (con el det. def. se asume la identidad del poseedor; opcional)

Sección 5.4 (i)

Práctica

A. 1. *Sí, unos hombres llegaron…* (el sujeto está modificado) 2. *Sí, salieron jóvenes…* (la falta de modificación del sujeto fuerza la posposición) 3. *Sí, existen problemas…* (la falta de modificación del sujeto fuerza la posposición) 4. *Sí, perros y gatos corrían…* (el sujeto es parte de una lista) 5. *No pueden entrar chicos…* (la falta de modificación del sujeto fuerza la posposición) 6. *Sí, los libros cuestan…* (el sujeto está modificado). 7. *Sí, está saliendo gente…* (la falta de modificación del sujeto fuerza la posposición). 8. *Sí, agua fría sale…* (el sujeto está modificado por un adjetivo)

B. 1. *Unas bombas hicieron explosión (hicieron explosión bombas) en una plaza céntrica.* 2. *Un incendio dejó (a) cuatro muertos.* 3. *El Internet sustituirá la telefonía tradicional en pocos años.* 4. *La policía detuvo a dos personas con cocaína en el máximo estado de pureza.* 5. *El Tribunal de Justicia Deportiva anula un partido arbitrado por un juez corrupto.*

C. 1. *Profesora Suárez, ¿no tiene Ud. hijos?* 2. *Doctora Medina, ¿estudió Ud. en el extranjero?* 3. *Director Vázquez, ¿dimitió Ud.?* 4. *Presidenta García, ¿se reunirá Ud. con la junta directiva?*

Sección 5.4 (ii)

Práctica

B. 1. *una piedra* (*piedra* es un sustantivo contable sg. y requiere un det.); *Ø polvo* (*polvo* es un sustantivo no contable sg. y prohibe el uso del det. indef. cuando no expresa una cantidad o clase) 2. *Ø socialista* sustantivo contable sg. que expresa un grupo y bloquea el det.indef. no modificado); *un socialista empedernido* (la modificación requiere el det.indef.) 3. *Ø arroz* (sustantivo no contable sg. que no expresa una cantidad, lo que impide el uso del det.indef.); *un arroz* (sustantivo no contable, denota una clase y requiere el det.indef.) 4. *Ø prendas de ropa* (*prendas* sustantivo contable pl.; permite la omisión del det.indef.) 5. *Ø vinos* (*vino* sustantivo no contable; en plural expresa clases y permite la omisión del det.indef.) 6. *son Ø sudamericanos* (sustantivo contable pl. que expresa un grupo y bloquea el det.indef.) 7. *Ø amigos muy buenos* (sustantivo contable pl.; permite la omisión del det.indef.) 8. *Ø católica* (sustantivo contable sg. que expresa un grupo y bloquea el det.indef. no modificado); *un judío ortoxodo* (la modificación requiere el det.indef.) 9. *Ø técnicos incompetentes* (sustantivo contable pl.; permite la omisión del det.indef.) 10. *una película* (sustantivo contable sg. y requiere un det.)

Análisis

A. 1. *¿Conseguiste entrada…?* (bien porque posibilita la conceptualización de una descripción: *Conseguí entrada y puedo ir al partido*) 2. *…pinté una pared…* (no porque es un sustantivo contable sg. y no se puede conceptualizar la relevancia de la acción de "pintar pared") 3. *…(una) tortilla…* [si es una tortilla mexicana (contable) no se puede usar sin det. por la misma razón que en 2; si es una tortilla española (no contable) se debe utilizar sin det.] 4. *Encontraron casa…* (bien porque es posible conceptualizar una descripción: *Encontraron casa y ahora tienen dónde vivir.*) 5. *… han realizado pruebas…* (el uso del det. no es obligatorio porque es un sustantivo contable pl.) 6. *Compraron coche…* (bien porque se puede conceptualizar la relevancia del estado de haber comprado un coche: *Compraron coche y ahora se pueden mover.*) 7. *Buscan niñera…* (igual que 7; el verbo *buscar* en este respecto es igual que *encontrar* y *tener*) 8. *Se venden tocadiscos…* (el uso del det. no es obligatorio porque es un sustantivo contable pl.) 9. *… trajiste unas películas…* (el det. no es obligatorio porque es un sustantivo contable pl.) 10. *Seleccionaron un presidente…* (no se puede eliminar el det.; igual que 2) 11. *Sugirieron cambios…* (el det. no es obligatorio porque es un sustantivo contable pl.) 12. *Tomé (una) cerveza…* (el uso del det. indica una cantidad, mientras su omisión expresa un sustantivo no contable)

B. Los determinantes funcionan en forma parecida a los complementos de *ser*. Un sustantivo no contable no permite un det. indef. (1) a menos que denote una cantidad o clase (3). Un sustantivo contable permite la omisión del det. indef. si es pl. (2 & 4), pero a diferencia de los complementos de *ser*, si es singular permite la inclusión del det. indef. (5 & 6).

Práctica

A. 1. *una taza para café* (una taza que se usa para tomar café = descriptivo; cf. *Dame una taza para el café que me voy a servir, para un café que me voy a preparar.*) 2. *La falta de cariño* (la falta de cariño en general; cf. *La falta del cariño del padre siempre es un problema.*) 3. *procedente de empresas extranjeras* (empresas extranjeras en general; cf. *procedente de unas empresas extranjeras y no de otras, procedente de las empresas extranjeras que hicieron inversiones en este país*) 4. *órdenes de embargo* (descriptivo; cf. *órdenes para un embargo que va a hacer mucho daño, órdenes para el embargo que llevan muchos meses planeando*) 5. *contra profesores* (en general; cf. *contra unos profesores y no otros, contra los profesores que no apoyaron el plan*) 6. *número de víctimas* (general sin enumerar; cf. *el número de las víctimas que sufrieron heridas graves, *el número de unas víctimas*) 7. *por entrada ilegal* (descriptivo) 8. *Como máximo responsable* (descriptivo; cf. *como el máximo responsable:* individualiza el referente) 9. *capital de Argentina* (descriptivo; se puede utilizar *la* para enfatizar la individualización) 10. *a influyentes políticos* (general, cf. *a unos influyentes políticos y no a otros, a los influyentes políticos de su partido*) 11. *entre visitantes y residentes* (general sin especificar; cf. *entre los visitantes y los residentes, entre unos visitantes y unos residentes*) 12. *para grupos e investigadores* (general) 13. *de compromiso* (descriptivo; cf. *una fórmula de un compromiso que hace falta, una fórmula del compromiso que hace falta*) 14. *a última hora* (descriptivo) 15. *como moneda de negociación* (descriptivo; cf. *como una moneda de negociación*) 16. *de carácter temporal* (descriptivo) 17. *a altos cargos* (general; cf. *a los altos cargos; a unos altos cargos*) 18. *de segunda mano* (= descriptivo); *en coches nuevos* (en general; cf. *en los coches nuevos que vi*)

B. 1. *mil pesos* y *cien dólares* (se omite el det.indef. antes de los números *cien* y *mil*; obligatorio) 2. *otra solución* (no se usa el det.indef. antes de *otro*; obligatorio) 3. *cierta persona* (no se usa el det.indef. antes de *cierto*; opcional, cf. *He visto a una cierta persona*) 4. *con perro* (se puede omitir el det.indef. después de la preposición *con*; opcional) 5. *problema* (se puede omitir el det.indef. después de *haber*; opcional (cf. *Había un problema…*) 6. *ingeniera* (se omite el det.indef. después de *ser* si el sustantivo representa un grupo; obligatorio; *una ingeniera muy competente* no se omite el det.indef. si el sustantivo está modificado por un adjetivo; obligatorio) 7. *¡Qué susto!* *¡Qué demonios!* (se omite el det.indef. después de la exclamación *¡Qué… !*; obligatorio) 8. *tal sugerencia* (se omite el det.indef. después de *tal*; obligatorio) 9. *buscando casa* (se puede omitir el det.indef. después de *buscar*; opcional, cf. *Estuvimos buscando una casa.*) 10. *Los Azahares, aldea…* (se puede omitir el det.indef. antes de un sustantivo en aposición; opcional, cf. *Los Azahares, una aldea…*) 11. *veredicto de culpabilidad* (el sustantivo es descriptivo); obligatorio 12. *correa para* *perros* (se omite el det.indef. porque el sustantivo es descriptivo, cf. *una correa para mi perro*

Sección 6

Práctica

1. *ello /eso* 2. *eso/aquello* 3. *esto* 4. *eso/aquello* 5. *ello/eso/aquello*

Análisis

B. 1. *Este libro* ([+hablante] = cerca del hablante) 2. *ese pantalón* ([+ oyente] = no cerca del hablante, pero no tiene que estar cerca del oyente) 3. *Estos resultados* ([+hablante] = cerca del hablante, física o psicológicamente) 4. *Esta vez* ([+hablante] = en oposición a otras veces) 5. *Este hombre* ([+hablante] = cerca del hablante) 6. *Ese individuo* ([+oyente] = no cerca del hablante, física o psicológicamente) 7. En *aquella época* ([-hablante], [-oyente] = la distancia en tiempo, cf. *en esa época*) 8. *ésos* ([+oyente] = no cerca del hablante, pero no tiene que ser una relación espacial cerca del oyente) 9. *esa* ([+oyente] = referencia a una entidad ya mencionada) 10. *ésta* ([+hablante] = referencia a una entidad ya mencionada) 11. *Este coche* ([+hablante] = cerca del hablante física o psicológicamente); *ése* ([+oyente] = no cerca del hablante psicológicamente) 12. *aquel momento* ([-hablante], [-oyente] enfatiza la distancia en tiempo, cf. *en ese momento*) 13. *Ese período* ([+oyente] = no cerca del hablante temporalmente) 14. *estos años* ([+hablante] = cerca del hablante temporalmente) 15. *éste/aquél* (*éste* = [+hablante] = el que está más cerca en el discurso (Menganito); *aquél* = [-hablante], [-oyente] = el que está más lejos en el discurso (Fulanito))

Sección 7

Para empezar

A. 1. descriptivo 2. cuantificador 3. cuantificador 4. descriptivo 5. descriptivo 6. descriptivo 7. cuantificador 8. descriptivo

B. 1. *el impresionante Puente de San Nicolás* 2. *del transparente lago Taupo* 3. *la Isla Norte* 4. *una estación principal* 5. *tus simpáticos amigos/tus amigos simpáticos* 6. *la antigua iglesia* 7. *el mismo terreno* 8. *sus actividades ilegales* 9. *sus estudios sociológicos* 10. *una conocida revista/una revista conocida*

Sección 7.1

Práctica

A. *bajo* (desc), *generoso* (desc), *numerosos* (cual), *interesante* (desc), *mucho* (cual), *difícil* (desc), *poco* (cuan), *gracioso* (desc), *oscuro* (desc), *redondo* (desc), *diversos* (cuan), *automático* (desc)

B. 1. *el Madrid turístico* (contraste entre una parte/aspecto de Madrid y otras zonas/aspectos) 2. *el inmenso mar Negro* (no hay contraste) 3. *los altos Andes* (no hay contraste) 4. *el París napoleónico* (contraste entre una época y otras) 5. *la Europa central* (contraste entre la parte central y otras partes) 6. *el ancho desierto del Sahara* (no hay contraste) 7. *la estrecha Centroamérica* (no hay contraste) 8. *el África musulmana* (contraste entre la musulmana y las otras religiones) 9. *la Rusia europea* (contraste entre la europea y la asiática) 10. *el moderno Aeropuerto de Ezeiza* (no hay contraste si todo el aeropuerto de Buenos Aires es moderno)

D. 1. *el fantástico coche de mi padre* 2. *el fontanero incompetente* 3. *los aviones modernos* 4. *los tradicionales valores* 5. *el conocido autor de ese delito* 6. *mis aburridos primos* 7. *los periódicos sensacionalistas* 8. *las estrellas brillantes*

Sección 7.2

Práctica

aristocrático (1), *puro* (2), *plástico* (1), *nuevo* (2), *ruidoso* (3), *judío* (1), *económico* (1), *cuadrangular* (1), *grande* (2), *caprichoso* (3), *asiático* (1), *político* (1), *suave* (3), *anaranjado* (1), *acerbo* (3), *triste* (3), *diferente* (2), *corto* (3), *espacial* (1), *liberal* (1)

Sección 7.2 (i)

Práctica

1. *un tema abierto/un tema cerrado* (**un abierto tema*) 2. *una vela plateada/una vela dorada* (**una plateada vela*) 3. *una escritora renacentista/una escritora medieval* (**una renacentista*

escritora) 4. *abuelos maternos/abuelos paternos* (*maternos abuelos*) 5. *una línea aérea/una línea de ferrocarril* (*una aérea línea*) 6. *una puerta automática / una puerta mecánica* (*una automática puerta*) 7. *la economía nacional/la economía internacional* (*la nacional economía*) 8. *una escuela primaria/una escuela secundaria* (*una primaria escuela*) 9. *un producto doméstico/ un producto extranjero* (*un doméstico producto*) 10. *la mano izquierda/la mano derecha.* (*la izquierda mano*)

Sección 7.2 (*ii*)

Práctica

A. 1. *buenas piernas* (son buenas para jugar al fútbol) 2. *buen marido, mejor padre* (bueno como marido y mejor como padre) 3. *nueva casa* (nueva como mi casa, pero no necesariamente recién construida) 4. *gran coche* (grande con respecto a la calidad como coche, pero no necesariamente grande de tamaño) 5. *mal conductor* (malo como conductor)

B. 1. (a) *amigo viejo* (es viejo); (b) *viejo amigo* (una amistad de muchos años) 2. (a) *profesor pobre* (pobre económicamente); (b) *pobre profesor* (pobre en un sentido personal y afectivo) 3. (a) *parque antiguo* (el parque no es nuevo); (b) *antiguo parque* (ya no es un parque) 4. (a) *funcionarios altos* (altos de estatura); (b) *altos funcionarios* (altos en el sentido de grado) 5. (a) *zumo puro* (puro en el sentido descriptivo); (b) *puro zumo* (nada más que zumo) 6. (a) *simple contable* (simple de puesto); (b) *contable simple* (simple de inteligencia) 7. (a) *verdadero amigo* (real); (b) *historia verdadera* (la que es verdad) 8. (a) *real velero* (lo es de verdad); (b) *velero real* (de la familia real)

C. 1. *medio español* (mitad español); *un alumno medio* (promedio) 2. *la misma sugerencia* (no otra): *la sugerencia misma* (por sí sola) 3. *su propia propuesta* (de él); *su propuesta propia* (apropiada) 4. *Su único hijo* (tienen un solo varón; puede haber hijas); *Su hijo único* (sólo tienen un hijo; no tienen ni otros varones ni mujeres) 5. *varios discos* (unos cuantos); *unos discos varios* (misceláneos) 6. *raras ocasiones* (pocas); *ocasiones raras* (extrañas)

D. 1. Estos adjetivos son cuantificadores. Aunque sus significados no varían según posición, la posposición es más contrastiva y por eso enfatiza el adjetivo.

Análisis

B. 1. todos los hombres del sindicato son pobres económicamente 2. se antepone el adjetivo con el significado de viejo porque el fonógrafo está identificado y no contrasta con otro 3. anteposición con el significado de edad avanzada porque el amigo está identificado 4. todas las casas son grandes 5. las normas están identificadas y quizás recién adoptadas 6. el adjetivo describe a todos los empresarios 7. los funcionarios están identificados y el adjetivo describe su estatura

C. La anteposición no es contrastiva; la posposición es contrastiva y por eso da realce al adjetivo.

Ejercicios finales

Práctica

1. *el largo río Amazonas* (no hay contraste) 2. *la tranquila calle* (no hay contraste); *la calle tranquila* (para contrastar) 3. *cámaras legislativas* (contraste porque el adjetivo es de la clase 1) 4. *vuelos internacionales* (clase 1) 5. *el Londres victoriano* (hay contraste entre épocas) 6. *el jefe mismo* (por sí solo) 7. *ideas complicadas* (contraste entre estas ideas y otras); *complicadas ideas* (no hay contraste; todas sus ideas son complicadas) 8. *mesa desmontable* (clase 1) 9. *novelas galdosianas* (clase 1) 10. *abuelos queridos* (para contrastar con los

que no son queridos); *queridos abuelos* (no hay contraste) 11. *tacaño esposo* (sólo un esposo, no hay contraste) 12. *numerosos fallos* (adjetivo cuantificativo); *fallos numerosos* (enfatiza la cantidad) 13. *vino tinto* (clase 1) 14. *el pacífico Caribe* (no hay contraste: todo el Caribe es pacífico) 15. *gritos espantosos* (hay contraste); *espantosos gritos* (no hay contraste: todos eran espantosos) 16. *antiguo teatro* (ya no es un teatro) 17. *canción española* (clase 1) 18. *problema secundario* (clase 1) 19. *cuestión simple* (no complicada); *simple cuestión* (cuantificador) 20. *traje elegante* (para contrastar); *elegante traje* (no hay contraste) 21. *rico brocado* (clase 2: significado depende del sustantivo) 22. *contabilidad general* (clase 1) 23. *vieja elite* (de mucho tiempo) 24. *cuentas bancarias* (clase 1)

CAPÍTULO V

Sección 2

Para empezar

A. 1. sujeto 2. objeto de preposición 3. objeto indirecto 4. objeto de preposición 5. objeto directo 6. objeto indirecto 7. objeto directo (reflexivo); objeto indirecto (reflexivo) 8. objeto directo (reflexivo) 9. objeto de preposición; objeto de preposición 10. objeto directo; sujeto

Sección 2.1

Práctica

A. 1. *nosotros:* 1a. pers. pl./sujeto (tónico); *lo:* 3a. pers. sing. / obj.dir. (átono); *él:* 3a. pers. sing. / obj.prep. (tónico) 2. *le:* 3a. pers. sing. / obj.ind. (átono) 3. *se:* 3a. pers. sing. refl. / obj.ind. (átono) 4. *nos:* 1a. pers. pl. / obj.ind. (átono); *nosotros:* 1a. pers. pl. / obj.prep. (tónico) 5. *se:* 3a. pers. sing. refl. / obj.ind. (átono); *sí:* 3a. pers. sing. / obj.prep. (tónico) 6. *ellos:* 3a. pers. pl. / obj.prep. (tónico); *les:* 3a. pers. pl. / obj.ind. 7. *se:* 3a. pers. sing. refl. / obj.dir. (átono) 8. *me:* 1a. pers. sing. / obj.ind. (átono); *te:* 2a. pers. sing. / obj.dir. (átono) 9. *lo:* 3a. pers. sing. / obj.dir. (átono) 10. *se:* 3a. pers. sing. refl. / obj.ind. (átono)

B. 1. *Les vimos* 2. *le forzó* 3. *Lo tenían* porque no es humano; *les sorprendieron* 4. *La apoyan* porque no se usa *le* para el femenino 5. *los exhibieron* porque no es humano 6. *le bendijeron* 7. *los recibimos* porque no es humano 8. *lo consiguieron* porque no es humano 9. *Les felicitaron* 10. *Las compramos* porque no es humano 11. *Las conocimos* porque no se usa *le* para el femenino

Sección 2.2

Práctica

A. 1. *Lo pasaremos a analizar en un minuto.* (semiauxiliar de movimiento) 2. *¿La volviste a ver en 1492?* (semiauxiliar de movimiento) 3. no 4. *Los terminé de escribir.* (aspectual) 5. no 6. *Te lo debió prohibir.* (modal) 7. no 8. *Las aprendieron a recitar.* (clase no homogénea) 9. no 10. no 11. *Hasta se lo llegaron a comprar.* (aspectual) 12. *Se lo escuché tocar en el Teatro Colón.* (percepción) 13. *¿Me lo sabes arreglar?* (clase no homogénea) 14. Espera poderla visitar. (modal) 15. *Lo pienso hacer mañana.* (clase no homogénea)

Sección 2.3

Práctica

A. 1. *a ella/usted* 2. *a ella/él/usted* 3. *a él/usted* 4. *a ellas/ustedes* 5. *a ti* 6. *a nosotros/as* 7. *a ellas/ellos/ustedes* 8. *a vosotros*

B. 1. *A los usuarios, los notificaron.* 2. *La recomendación, la consiguieron.* 3. *La película que ganó la P. de O., ya la vi.* 4. *A los chicos, no les des tu cartera. / Tu cartera, no se la des a los chicos. / Tu cartera, a los chicos, no se la des.* 5. *¿A nuestros nuevos vecinos, te los presentaron?* 6. *Un reloj magnífico, <mis padres> me lo regalaron <mis padres>.* 7. *La propuesta, <la> decidimos aceptar<la>.* 8. *Al presidente, le mandó las tres cartas. / Las tres cartas, se las mandó al presidente. / Las tres cartas, al presidente, se las mandó.* <...> means either/or

C. 1. gramatical 2. agramatical: *Les pregunté a ellos si conocían a Marina.* (el obj. ind. *a ellos* se repite con *les* obligatoriamente) 3. agramatical: *¿El frío? No lo podemos soportar.* (con el obj. dir. *el frío* antepuesto al verbo el pronombre *lo* es obligatorio) 4. agramatical: *Les encantó el viaje a los muchachos.* (el obj. ind. *a los muchachos* se repite obligatoriamente con *les*) 5. agramatical: *Vi esa obra.* (no se debe repetir el objeto directo inanimado) 6. gramatical 7. agramatical: *Ayúdame a mí/Me ayuda a mí.* (el obj. dir. *a mí* se repite obligatoriamente con *me*) 8. gramatical 9. agramatical: *Las películas de terror, yo las prohibiría.* (con el obj. dir. antepuesto al verbo se incluye el pronombre de obj. dir. obligatoriamente) 10. agramatical: *Consiguió un puesto.* (no se debe repetir el objeto directo inanimado) 11. agramatical: *Dile a ella que no me interrumpa.* (el obj. ind. *a ella* se repite obligatoriamente) 12. agramatical: *¿A ti te importa que yo me siente aquí?* (el obj. ind. *a ti* se repite obligatoriamente)

D. 1. *El abuelo (le) mandó una tarjeta a mi primo para ...* (duplicación opcional) 2. *A nosotros nos conviene que tú (les) comuniques la mala noticia a ellos.* (dupl. del pronombre tónico obligatoria; *les* opcional) 3. *Las uvas, yo las compré en ... pero los plátanos, Elena los compró en ...* (en ambos dupl. oblig. con objeto antepuesto al verbo) 4. *Díga(les) a sus amigos que a mí me interesa mucho.* (dupl. opcional del OI) 5. *A los niños a su cuidado, María Luisa los quiere bien...* (dupl. oblig. por el OD antepuesto) 6. *A los estudiantes les conseguimos entradas...* (dupl. oblig. con objeto antepuesto) 7. *José le cosió los botones a la camisa y les zurció el agujero a los pantalones.* (en ambos dupl. oblig. del OI) 8. *Los pasajeros (le) enviaron una carta de reclamación a la compañía aérea.* (dupl. opcional del OI) 9. *A la nena no le gusta que la reten.* (dupl. oblig. con *gustar*; *la* oblig. por OD antepuesto) 10. *A ella no le importa que (nosotros) no (lo) invitemos a su hermano.* (dupl. oblig. del pron. tónico antepuesto; *a su hermano* = OD, no OI; dupl. sólo en algunos dialectos)

Sección 2.4

Práctica

1. *¿La carta? Se la envié a la empresa pero no le envié el recibo.* 2. *¿El dinero? Se lo di a Alberto pero no le dije nada sobre el tema.* 3. *¿La noticia? Se la comuniqué pero no les contesté la pregunta.* 4. *¿El billete? Se lo compré pero no le expliqué el horario de los trenes.* 5. *¿Las compras? Se las traje pero no les entregué las llaves.* 6. *¿Las entradas? Se las conseguí pero no les comenté nada sobre los lugares.* 7. *¿El informe? Se lo escribí pero se lo pasé a mano.* 8. *¿Los chistes? Se los conté a mi madre pero se los suavicé un poco.*

Sección 2.5

Práctica

1. no gramatical; *Se me acercó.* 2. no gramatical; *Te nos entrevistó.* 3. gramatical 4. no gramatical; *Nos la prestó.* 5. gramatical 6. no gramatical; *¿Se te me enojó?* 7. no gramatical; *Me le tiré a la garganta.* 8. no gramatical; *No te me vayas.*

Sección 3

Para empezar

A. 1. sí; correferente con el sujeto previo 2. no; evita ambigüedad 3. no; contraste 4. no; contraste 5. no; da la respuesta

B. 1. *lo = un nuevo sofá* 2. *lo = muy enfadada* 3. *les = los primeros cien clientes* 4. *le = Andrea* 5. *se = la madre de la novia*

Sección 3.3

Práctica

A. 1. *Sí, lo es.* (*lo* invariable) 2. *Sí, lo he revisado.* (objeto directo) 3. *Sí, la traje.* (objeto directo) 4. *Sí, los hay.* (objeto directo) 5. *Sí, lo está.* (*lo* invariable) 6. *Sí, lo puedo creer.* (*lo* invariable) 7. *Sí, lo conseguí.* (*lo* invariable) 8. *Sí, lo ha negado.* (*lo* invariable)

Análisis

A. 1. contraste 2. contraste 3. evitar sujeto ambiguo 4. evitar obj. ind. ambiguo 5. evitar obj. ind. ambiguo 6. evitar sujeto ambiguo 7. contraste 8. el contexto requiere identificar el sujeto

B. 1. *mujeres influyentes* 2. *que llevaba una fortuna en su persona* 3. *que llueve constantemente desde hace un mes* 4. *enferma* 5. *que consideraría un traslado a Nueva York* 6. *necesitas que te averigüe eso* 7. *el profesor* 8. *que arrestaron a Apolinario*

Sección 3.4

Para empezar

1. el recibidor 2. el poseedor 3. el beneficiado/destinatario 4. el poseedor 5. el beneficiado 6. el poseedor; el poseedor 7. el beneficiado/destinatario 8. el recibidor 9. el beneficiado/destinatario 10. el poseedor

Sección 3.4 (i)

Práctica

A. 1. *Un ayudante nos dio (a nosotros) la clase…* 2. *¿El abogado ya te hizo (a ti) el …?* 3. *Os hicieron un homenaje … (a vosotros).* 4. *¿Les mandaron los documentos (a ellos) con …?* 5. *La enfermera le pasó el bisturí (a ella).* 6. *Le sacó una foto en … (a él).* 7. *Tu novio te dejó el ramo de flores (a ti) con. …* 8. *Me mandarán una torta helada (a mí) esta…*

C. 1. *Arreglaba el lavavajillas para/por/de su n. / Le arreglaba…a su novia.* 2. *Compramos el TV nuevo de/para/por la p. / Le compramos …a la p.* 3. *Destapó la botella de vino para/por/del h. / Le destapó… al h.* 4. *Acorté las patas de la mesa para/de mi n. / Le acorté … a mi n.* 5. *Había limpiado la lámpara antigua de/para/por sus p. / Les había…a sus p.* 6. *Siempre cose los botones de la ropa del n. /… le cose…al n.* 7. *Añade un párrafo final del c. / Añádele …al c.* 8. *Hace fotocopias para/por los p. / Les hace … a los p.* 9. *El peluquero afeitó la barba de/por L. / …le afeitó… a L.* 10. *Adornemos la blusa de Susi con l. / Adornémole…a S.*

D. 1. *Les prepararemos una tremenda cena a tus padres en… / Prepararemos una tremenda cena para tus p…* 2. *Le cerró la puerta de súbito al d. / Cerró la puerta de súbito por el d.* 3. *Juliana le lavó el coche a su… / Juliana lavó el coche por/para/de su…* 4. *El negociante le vendió los terrenos al b… / El negociante vendió los terrenos al b.* 5. *Le miraba el tráfico de la izquierda a su m… / Miraba el tráfico de la izquierda por su m…* 6. *Les desmontó la mesa plegable a ellas. / Desmontó la mesa plegable para/por/de ellas.* 7. *Les enseña un poema a los alumnos todos… / Enseña un poema a los alumnos todos…* 8. *¿Os encontraron … a vosotros? / ¿Encontraron contrabando de cigarrillos en {el coche de vosotros/ vuestro coche}* 9. *El médico le sacó … de la nariz al niño. / El médico sacó … de la nariz del niño.* 10. *Le entregué las llaves al c. / Entregué las llaves al c.* 11. *¿Le hiciste las compras a tu abuelita? / ¿Hiciste las compras a/para/por tu abuelita)?* 12. *Ponle el mantel a la m. / Pon el mantel en/a la m.* 13. *Les buscamos*

una casa a nuestros amigos aunque… / Buscamos una casa para/por nuestros amigos aunque…
14. *Les expropiaron las tierras a varios agricultores para… / Expropiaron las tierras de varios agricultores para…* 15. *Le pintó un cuadro al óleo a su m. / Pintó un cuadro al óleo para su m.*

Sección 3.4 (iii)

Práctica

A. 1. Al pobrecito *le* cuesta… 2. *Les* (*me*, etc.) pesa… 3. *Te* (*me*, etc.) vino… 4. *Les* encanta el circo *a* los niños. 5. *Le* salió un granito *a* José. 6. *Me* (*te*, etc.) usó… 8. *Nos* vendieron la c…

B. 1. *Le* reconstruyeron la nariz *al* accidentado… (oblig.) 2. *Le* resbalaban las lágrimas por… (oblig.) 3. *Me* aprieta la c. (oblig.) 4. ¿Se *te* rompió el r.? (opcional pero con cambio de significado) 5. *Les* cortan el pelo muy corto *a* los s. (oblig.) 6. *Le* cuida el perro *a* su h. (oblig.) 7. *Se* puso el mejor traje… (oblig.) 8. *Le* queman las orejas y los ojos *le* pican. (ambos oblig.)

C. 1. El niño *me/nos/le(s)* enfermo… 2. *Me/nos/le(s)* vergüenza… 3. Se *me/nos/le(s)* cayó… 4. Cuántos días *me/te/e(s)/nos/os* para… 5. Se *me/te/es/nos/os* desmoronaron… 6. Eso no *me/nos/le(s)* causó… 7. *Me/nos* vinieron… 8. Se *le* enojó… 9. *Me/te/le(s)/nos/os* resultó… 10. *Le(s)/te/os* fueron…

Sección 3.5

Práctica

Vos buscás (= tú buscas); *sabés* (= sabes); *vos sos* (= tú eres); *Querés* (= quieres); *vos* (= tú); *Tenés* (= tienes); *querés* (= quieres); *Sos* (= eres); *hagás* (= hagas); *vos empezás* (= tú empiezas); *Vos sabés* (= tú sabes); *vos no tenés* (= tú no tienes); *Vos querés* (= tú quieres); *sos* (= eres); *sos* (= eres); *para vos* (= para ti)

Sección 3.6

Para empezar

B. 1. opcional 2. obligatorio 3. obligatorio 4. obligatorio 5. opcional 6. obligatorio 7. obligatorio 8. opcional 9. obligatorio 10. opcional

Sección 3.6.1 (i) y (ii)

Práctica

A. 1. *El pobre chico se mató en un accidente de tráfico.* (obj. dir., obligatorio) 2. *Me compré una chaqueta que me servirá por muchos años.* (obj. ind., opcional) 3. *¿Te solucionaste el problema?* (obj. ind., opcional) 4. *Cuando el perrito se vio en la pantalla del televisor, creyó que era otro.* (obj. dir., obligatorio) 5. *Nos duchamos en las cataratas.* (obj. dir., obligatorio)

B. 1. *El tonto se jugó todo el dinero que pensaba invertir.* (poseedor/dueño) 2. *Me partí el brazo izquierdo.* (poseedor/dueño) 3. *Este año mi esposo y yo nos regalamos un viaje al Caribe.* (recibidor) 4. *El detective se guardó parte del contrabando.* (destinatario) 5. *Los niños se repitieron la mentira hasta que ellos mismos se la creyeron.* (recibidor)

C. 1. *Juan y Ernesto se pelearon el uno con el otro.* 2. *Rita y su novio se telefoneaban el uno al otro/la una al otro constantemente.* 3. *Los hombres y las mujeres se quejaron unos de los otros/unos de las otras.* 4. *La hermana y el hermano se burlaban el uno del otro/la una del otro.* 5. *Mara y Pili se compraron regalos la una a la otra.* 6. *El bebé y su padre se fijaban el uno en el otro.*

Sección 3.6.1 *(iii) y (iv)*

Práctica

A. 1. *Se le produjo un tumor…* 2. *Las imágenes se me reproducían ante mis ojos…* 3. *Se les extraviaron los libros…* 4. *El vino se nos acabó…* 5. *El anillo se te perdió…* 6. *Se les enfermó el niño…* 7. *Se os rompieron tres copas…* 8. *La iglesia se les derrumbó…*

B. 1. *…y se les enfrió.* 2. *…pero no se nos ocurrían.* 3. *…se nos cansaron.* 4. *…me duele.* 5. *…se te pusieron frías.* 6. *…se me partieron dos dientes.* 7. *…inclinó el cuerpo.* 8. *…me puse el pulgar…* 9. *¿A ti se te metió…?* 10. *…bajó la cabeza… se le resbalaron.*

Sección 3.6.2

Práctica

A. 1. *Se está cansado de trabajar tanto.* 2. *Se vendieron todos los terrenos.* 3. *Se está pensando en las vacaciones.* 4. *Nunca se invitaba a los chicos de aquella residencia.* 5. *Se dice que el resultado será otro.* 6. *En esa tienda se compran y se venden libros usados.* 7. *Se ven soldados por todas partes.* 8. *Se asesinó a tres generales y a dos coroneles.* 9. *Se le rogó que fuera el representante.* 10. *Se le/lo forzó a aceptar.* 11. *Se compraron varias colecciones nuevas.* 12. *Se las consiguió a último momento.*

B. 1. *se* impersonal 2. *se* impersonal 3. *se* espúreo 4. *se* impersonal 5. *se* espúreo 6. *se* impersonal (con objeto nulo) 7. *se* impersonal 8. *se* impersonal 9. *se* espúreo 10. *se* impersonal (con objeto nulo)

E. 1. *…y se las lavé.* 2. *¿…y te lo pusiste?* 3. *…y los cerramos.* 4. *…y te lo dañaste.* 5. *¿…y no levantaste la mano?* 6. *…y le ensucié la camisa.* 7. *…y me estropeé la blusa.* 8. *…tengo que ponérmelo.* 9. *…las tengo sucias.* 10. *…y me la dio en seguida.*

Análisis

B. 1. sujeto = 3a. pers. sg., *se* reflexivo léxico opcional (cf. *Equivocó el camino.*) 2. sujeto = 3a. pers. pl., *se* = reflexivo 3. sujeto = 3a. pers. sg., *se* reflexivo léxico inherente 4. sujeto = *se* impersonal 5. sujeto = 3a. pers. pl., *se* recíproco 6. sujeto = 3a. pers. sg., *se* reflexivo léxico opcional 7. sujeto = 3a. pers. sg., *se* reflexivo 8. sujeto = *las paredes, se* espontáneo 9. sujeto = 3a. pers. pl., *se* reflexivo 10. sujeto = 3a. pers. sg., *se* reflexivo 11. sujeto = *los refrescos, se* espontáneo 12. sujeto = 3a. pers. sg, *se* reflexivo; o *se* = impersonal y obj. dir. sobreentendido (común en mandatos y recetas)

Sección 3.6.3

Análisis

1. 3 argumentos: sujeto = 3a. pers. sg.; obj. dir. = *un líquido oscuro y espeso*; obj. ind. = *se* con uso reflexivo y rol de recibidor 2. 2 argumentos: sujeto = impersonal, obj. dir. = *le*; o 3 argumentos: sujeto = 3a. pers. sg., obj. dir. = *le*, obj. ind. = *se* espúreo con rol de recibidor/meta/beneficiado 3. 3 argumentos: sujeto = 3a. pers. pl.; obj. dir. = *lo*; obj. ind. = *se* espúreo con rol de recibidor 4. 3 argumentos: sujeto = 3a. pers. sg.; obj. dir. = *los… a todos*, obj. ind. = *se* espúreo con rol de poseedor/dueño 5. 3 argumentos: sujeto = 3a. pers. sg.; obj. dir. = *lo*; obj. ind. = *se* con uso reflexivo y rol de meta/destinatario; o *se* espúreo con rol de meta/destinatario o poseedor/dueño; y 2 argumentos: sujeto = 3a. pers. sg., obj. dir. = *se* reflexivo 6. 3 argumentos: sujeto = 3a. pers. sg., obj. dir. = *el número*, obj. ind. = *se* con uso reflexivo y rol de poseedor 7. 3 argumentos: sujeto = impersonal; obj. dir. = *la consumición de bebidas alcohólicas*, obj. ind. = *a menores de veintiún años* con rol de recibidor 8. dos argumentos: sujeto = 3a. pers. sg., obj. dir. = *se*

reflexivo 9. 3 argumentos: sujeto = 3a. pers. sg.; obj. dir. = *un susto tremendo*, obj. ind. = *se* con uso reflexivo y rol de recibidor 10. 3 argumentos: sujeto = *yo*, obj. dir. = *lo*, obj. ind. = *se* espúreo con rol de recibidor o beneficiado 11. 3 argumentos: sujeto = *nosotros*, obj. dir. = *la*; obj. ind. = *se* espúreo con rol de recibidor 12. 2 argumentos: sujeto = 3a. pers. sg.; obj. dir. = *se*; o *se* = impersonal y obj. dir. sobreentendido (común en mandatos y recetas)

Ejercicios finales

Análisis

B. 1. 3 argumentos: sujeto = *su trabajo*; obj. dir. = *la vida*; obj. ind. = *les* con rol de poseedor/dueño: *Su trabajo está cambiando su vida (la vida de ellos).* 2. 3 argumentos: sujeto = *la mamá*; obj. dir. = *los mapas*, obj. ind. = *le… al niño* con rol de meta/destinatario o beneficiado: *La mamá dibujó los mapas para/por el niño.* 3. 2 argumentos: sujeto = *vivir en tiempos difíciles*, obj. ind. = *les* con rol de interesado; no se puede parafrasear sin *les* 4. 3 argumentos: sujeto = *la adivina*; obj. dir. = *una vida conflictiva pero llena de aventuras*, obj. ind. = *le* con rol de recibidor o meta/destinatario: *La adivina le pronosticó una vida con- flictiva a él* (duplicación obligatoria del pronombre tónico); *La adivina pronosticó una vida conflictiva para él.* 5. 2 argumentos: sujeto = *tus palabras*; obj. ind. = *me* con rol de interesado: no se puede parafrasear sin *me* 6. 3 argumentos: sujeto = 3a. pers. pl.; obj. dir. = *un vaso de vino*, obj. ind. = *te* con rol de recibidor: *Te echaron a ti encima un vaso de vino.* (duplicación obligatoria del pronombre tónico) 7. 3 argumentos: sujeto = 3a. pers. pl.; obj. dir. = *los alrededores de la casa*, obj. ind. = *le* con rol de meta/destinatario o poseedor/dueño: *Iluminaron para él los alrededores de la casa.; Iluminaron los alrededores de su casa (la casa de él).* 8. 3 argumentos: sujeto = 3a. pers. pl.; obj. dir. = *los nuevos muebles*; obj. ind. = *os* con rol de recibidor, meta/destinatario o poseedor/dueño: *¿Ya os trajeron los nuevos muebles a vosotros?* (duplicación obligatoria del pronombre tónico); *¿Ya trajeron los nuevos muebles para vosotros?; ¿Ya trajeron vuestros nuevos muebles/(los nuevos muebles de vosotros)?* 9. 3 argumentos: sujeto = 3a. pers. sg.; obj. dir. = *la sonrisa*; obj. ind. = *le* con rol de poseedor/dueño: *Borró su sonrisa (la sonrisa de él) con la noticia esa.* 10. 3 argumentos: sujeto = 3a. pers. pl.; obj. dir. = *la producción diaria*; obj. ind. = *nos* con rol de poseedor-dueño/beneficiado: *Controlan nuestra producción diaria/ la producción diaria de/por nosotros.* 11. 2 argumentos: sujeto = *ese coche*, obj. ind. = *les* con rol de interesado: no se puede parafrasear sin *les* 12. 3 argumentos: sujeto = 3a. pers. pl.; obj. dir. = *el sistema de alarma*, obj. ind. = *nos* con rol de meta/destinatario, beneficiado o poseedor/dueño: *Instalarán el sistema de alarma para/por nosotros la semana entrante.; Instalarán nuestro sistema de alarma/(el sistema de alarma de nosotros) la semana entrante.* 13. 3 argumentos: sujeto = 3a. pers. pl.; obj. dir. = *la arcilla*, obj. ind. = *le* con rol de meta/destinatario, beneficiado o poseedor/ dueño: *Ablandaron la arcilla para/por él con agua.; Ablandaron su arcilla/(la arcilla de él) con agua.* 14. 3 argumentos: sujeto = *quién*; obj. dir. = *la casa*; obj. ind. = *te* con rol de beneficiado o poseedor/dueño: *¿Quién vigila la casa por ti cuando sales de vacaciones?; ¿Quién vigila tu casa (*la casa de ti) cuando sales de vacaciones?* 15. 3 argumentos: sujeto = 3a. pers. sg.; obj. dir. = *una promesa*; obj. ind. = *le* con rol de poseedor/dueño: *Extrajo una promesa de él por cansancio.*

H. 1. sujeto = *ni una idea*, *se* reflexivo léxico opcional 2. sujeto = 3a. pers. pl., *se* recíproco 3. sujeto = 3a. pers. sg., *se* léxico opcional 4. sujeto = 3a. pers. sg., *se* reflexivo 5. sujeto = *el agua*, *se* reflexivo 6. sujeto = *un suspiro*, *se* reflexivo léxico opcional 7. sujeto = 3a. pers. pl., *se* recíproco 8. sujeto = *la flecha*, *se* espontáneo 9. sujeto = *la brasa del cigarrillo*; *se* reflexivo 10. sujeto = *la remuneración*, *se* reflexivo léxico opcional 11. sujeto = 3a. pers. sg.; *se* léxico obligatorio 12. sujeto = *la neurosis*, *se* espontáneo 13. sujeto (de *desvanecer*) = 3a. pers. pl.; *se* reflexivo; sujeto (de *encontrar*) = impersonal, *se* impersonal 14. sujetos = impersonales, *se* impersonal 15. sujeto = 3a. pers. sg., *se* reflexivo 16. sujeto (de *poner*) = 3a pers. sg., *se* reflexivo; sujeto (de *esperar*) = *la munición*, *se* espontáneo 17. sujeto = impersonal, *se* impersonal

Sección 1

Para empezar

1. ser 2. estar 3. estar 4. ser 5. estar 6. ser 7. estar 8. estar 9. estar 10. estar 11. ser 12. ser 13. estar 14. ser 15. estar

Sección 1.2

Práctica

A. 1. *ser* (el complemento es un sustantivo) 2. *estar* (adverbio de condición) 3. *ser* (el complemento es un sustantivo) 4. *estar* (progresivo) 5. *estar* (adjetivo de condición) 6. *ser* (el complemento es un infinitivo usado como sustantivo) 7. *estar* (adjetivo de condición) 8. *ser* (el complemento es un sustantivo) 9. *ser* (el complemento es un pronombre) 10. *estar* (adjetivo de condición) 11. *estar* (progresivo) 12. *estar* (adjetivo de condición)

B. 1. *estar* (condición); estar (condición) 2. *estar* (condición) 3. *ser* (una cláusula que funciona como sustantivo) 4. *estar* (condición) 5. *ser* (el complemento es una cláusula que funciona como adverbio) 6. *ser* (el complemento es un sustantivo) 7. *ser* (el complemento es un sustantivo) 8. *estar* (adjetivo de condición) 9. *estar* (progresivo); estar (adjetivo de condición) 10. *ser* (el complemento es un sustantivo) 11. *ser* (el complemento es un pronombre) 12. *estar* (progresivo)

Análisis

1. *Estábamos esperando* (enfoque en la acción de *esperar*) 2. *Están cultivando* (un contraste con el pasado) 3. *estaba trabajando* (un cambio o un puesto no permanente) 4. *está teniendo* (un contraste con el pasado o enfoque en el desarrollo de la situación) 5. *Estoy cenando* (un cambio) 6. *están costando*

Sección 1.3

Práctica

A. 1. *eran* 2. *están* 3. *está* 4. *son* 5. *están* 6. *está* 7. *Es* 8. *estuvimos* 9. *era* 10. *está* 11. *son* 12. *está/estará* 13. *es* 14. *están* 15. *son* 16. *está* 17. *estés* 18. *es* 19. *está* 20. *está*

B. 1. *Sí, (ese coche)* **es** *de Miguel.* 2. *Sí, todos* **estuvieron** *de acuerdo.* 3. *Sí,* **estoy** *por ir (a la segunda sesión).* 4. **Soy** *de California.* 5. *Sí, hoy* **está** *de mal humor.* 6. *Sí,* **están** *de regreso (vuelta).* 7. *Sí,* **están** *por llegar.* 8. **Es** *para abrir la puerta trasera.*

Análisis

1. *No exageres.* 2. *Eso me enloquece/me vuelve loco.* 3. *¿Podemos ayudarlos?* 4. *Veremos.* 5. *Ya salíamos.* 6. *Todos lo apoyarán.*

Sección 1.4

Análisis

B. *son; fue/estuvo* 2. *sea* 3. *es/está* 4. *estaba* 5. *Es* 6. *estaba*

Sección 1.5

Práctica

A. 1. *es* 2. *estaban* 3. *son* 4. *es* 5. *está* 6. *Era/es* 7. *está* 8. *está* 9. *es* 10. *estaba* 11. *está* 12. *son*

B. 1. *Sí, don Enrique* **está** *buen mozo con su nuevo corte de pelo.* 2. *Sí, María Ángeles* **era** *muy sufrida cuando era niña.* 3. *Sí, mi problema* **está** *vinculado con el tuyo.* 4. *Sí, sus invitados* **son** *muy extravagantes.* 5. *Sí, Isabel* **fue** *indiscreta con su marido presente.* 6. *Sí, todos* **están** *muy satisfechos con los resultados.* 7. *Sí, esa pareja* **es** *muy conservadora.* 8. *Sí, los alumnos* **estaban** *nerviosos cuando el profesor entró.* 9. *Sí,* **estoy** *resignado a tener que devolvérselo.* 10. *Sí, el café* **estaba** *tan frío que no me lo pude tomar.* 11. *Sí, los empleados de esta empresa* **son** *más capaces que los otros.* 12. *Sí, ese autor* **es** *demasiado contemporáneo para su gusto.* 13. *Sí, mi tío* **es** *alocado en su forma de vestirse.* 14. *Sí,* **es** *dudoso que me lo puedan explicar bien.* 15. *Sí, Marisa* **está** *deprimida después de tanto sufrir.*

Análisis

A. *ausente* (e), *capaz* (s), *cauto* (s), *comprometedor* (s), *constante* (s), *contemporáneo* (s), *contento* (e), *cortés* (s), *cotidiano* (s), *descalzo* (e), *desnudo* (e), *discreto* (s), *distante* (e), *efímero* (s), *eterno* (s), *justo* (s), *legal / ilegal* (s) *legítimo / ilegítimo* (s), *limpio* (e), *lleno* (e), *mortal* (s), *perplejo* (e), *posible / imposible* (s), *presente* (e), *próximo* (e), *prudente* (s), *sabio* (s) *conocido* (s), *(des)arreglado* (e), *emparentado* (e), *leído* (s), *muerto* (e), *satisfecho* (e), *sufrido* (s), *vinculado* (e)

Sección 1.6

Práctica

1. *está* 2. *son* 3. *estuvieron/fueron* 4. *son* 5. *estás* 6. *son* 7. *está* 8. *es* 9. *Estás* 10. *sea* 11. *es* 12. *está*

Sección 1.7

Práctica

A. 1. *+ estar* 2. *+ estar* 3. *+ ser* 4. *+ estar* 5. *+ estar* 6. *+ ser* 7. *+ ser* 8. *+ estar* 9. *+ estar* 10. *+ ser* 11. *+ ser* 12. *+ estar* 13. *+ estar* 14. *+ ser*

B. 1. *es; está* 2. *está; es* 3. *será; está* 4. *serán; está* 5. *está; es* 6. *está; será* 7. *es; está*

C. 1. *está* 2. *Había* 3. *Es/Será* 4. *Hay* 5. *está* 6. *Hay* 7. *Está* 8. *Hay*

Sección 1.8

Práctica

A. 1. *está* 2. *es/era* 3. *fueron/serán* 4. *estén* 5. *estaba/fue* 6. *fueron/son* 7. *fue/será* 8. *estaba* 9. *es/era/fue* 10. *estar/ser*

B. 1. estado: *Sí, era conocido por mucha gente.* (voz pasiva) 2. acción: *Sí, la puerta estaba abierta.* (resultado de acción); *Sí, la puerta fue abierta por el portero.* (voz pasiva) 3. acción: *Sí, mi nuevo libro está publicado.* (resultado de acción); *Sí, mi nuevo libro fue publicado.* (voz pasiva) 4. estado: *Sí, el nuevo director era respetado.* 5. acción: *Sí, el contrato está firmado.* (resultado de acción); *Sí, el contrato fue firmado.* (voz pasiva) 6. acción: *Sí, el convenio está aprobado.* (resultado de acción); *Sí, el convenio fue aprobado.* (voz pasiva) 7. estado: *Sí, era sabido que no era verdad.* 8. acción: *Sí, los regalos están repartidos.* (resultado de acción); *Sí, los regalos fueron repartidos.* (voz pasiva) 9. acción: *Sí, el tema estaba bien estudiado.* (resultado de acción); *Sí, el tema era estudiado.* (voz pasiva) 10. acción: *Sí, el congreso está suspendido.* (resultado de acción); *Sí, el congreso fue suspendido.* (voz pasiva) 11. acción: *Sí, la cuenta está pagada.* (resultado de acción); *Sí, la cuenta fue pagada.* (voz pasiva) 12. estado: *Sí, lo que les dije era/fue creído.*

Ejercicios finales

Análisis

B. 1. *Las patatas cuestan setenta y cinco el kilo.* 2. *Terminaremos en un instante./Ya casi terminamos.* 3. *Está tratando de perder peso.* 4. *No entiende las cosas./No tiene idea.* 5. *Se entera de todo./Sabe lo que pasa.* 6. *Aún puedes sacar la entrada.* 7. *Siempre andan buscando oportunidades.* 8. *Van a dar las siete horas.* 9. *Se encuentra cómodo en el Caribe./Se aclimató al Caribe.* 10. *Apoya esa propuesta.* 11. *Yo sé/entiendo lo que tú dices.* 12. *Tú te metes en/te ocupas de todo/no te pierdes una.* 13. *Sospecho/intuyo que vendrá alguien.* 14. *Tratará de venir cuanto antes.* 15. *Depende de ti el hacerlo.* 16. *La temperatura máxima ha sido 50°.* 17. *Está vigilando.* 18. *Debemos salir para las nueve./Depende de que salgamos para las nueve.* 19. *Se rompió el jarrón./El jarrón está hecho añicos.* 20. *El reglamento rige desde 1900.* 21. *Tengo un problema muy grande.* 22. *Concordamos con Juan Miguel.* 23. *Tenemos muchos problemas.* 24. *Tenía gripe* (*sed, hambre, ganas,* etcétera). 25. *No se ha vendido la casa.* 26. *Perdió la paciencia y se enojó.* 27. *Está advertido/Le dijeron que si no mejoraba lo suspenderían.*

Sección 2

Para empezar

A. 1. no hay 2. *a la hermana* 3. no hay 4. *a ningún conductor* 5. no hay 6. *a todos* 7. *al asesino* 8. no hay 9. *A los pocos sobrevivientes* 10. *a alguien*

Sección 2.5

Práctica

A. 1. *a* personal 2. preposición 3. *a* personal 4. preposición 5. preposición 6. *a* personal 7. preposición 8. preposición 9. preposición u objeto indirecto 10. *a* personal 11. *a* personal 12. preposición 13. *a* personal 14. objeto indirecto 15. *a* personal 16. *a* personal 17. objeto indirecto 18. objeto indirecto 19. *a* personal 20. objeto indirecto

B. 1. Ø 2. Ø 3. *a* 4. Ø 5. *a* 6. Ø 7. Ø 8. Ø 9. Ø 10. *a* 11. Ø 12. Ø, Ø 13. *a, a* 14. Ø 15. Ø 16. Ø 17. Ø 18. *a,* Ø 19. Ø 20. Ø, *a*

C. 1. *a* = vecinos individualizados 2. *a* = individualizados, Ø = no individualizados 3. *a* = individualizados 4. *a* = grupo individualizado, Ø = miembros del grupo no individualizados 5. *a* = individualizados, Ø = no individualizados 6. *a* = individualizados, Ø = no individualizados 7. *a* = individualizados, Ø = no individualizados 8. Ø = no individualizados 9. *a* = individualizado e identificado 10. *a* = individualizados (hay que acuchillarlos uno por uno) 11. *a* = jugadores individualizados 12. Ø = candidato no individualizado (identificado)

D. 1. ...*y besó su tierra.* (OD no humano); ...*y besó a su tierra* (personificación)
2. *Sacrificó a su amigo...* (OD individualizado); *Sacrificó su amigo...* (despersonificación)
3. ...*contrarrestar la agresión.* (OD no humano); ...contrarrestar a la agresión. (personificación) 4. ...*al viejo combatiente en pacifista* (OD individualizado); ... el viejo combatiente en pacifista (despersonificación) 5. ...*perdieron a sus padres en un terremoto.* (OD individualizado); ...perdieron sus padres en un terremoto (despersonficación)
6. *Metió su perro...* (OD no humano); *Metió a su perro...* (personificación)

E. *Subraya la prensa las luces y sombras del acuerdo.* 2. *Ensombrecen oscuras nubes a las visitas.* 3. *Obtuvo su primera victoria la paz.* 4. *Reveló el apoyo de muchos el referéndum.*

5. *Contradice la versión oficial a la otra versión.* 6. *Invadió un coche el carril por el que se desplazaba otro.* 7. *Está efectuando el avión el aterrizaje.* 8. *Afecta la crisis (a) todas las instituciones.* (opcional porque el sujeto es singular y el OD es plural) 9. *Comprueba el documento el defraude fiscal.* 10. *Aumentará el presupuesto al gasto social.* 11. *Reducirán los nuevos proyectos a las importaciones.* 12. *Asegura el tradicionalismo la continuidad.*

Análisis

A. 1. con *a* = *enamorada de*; sin *a* = *desea tener* 2. con *a* = *para criarlos*; sin *a* = *han aceptado* 3. con *a* = *sostuvieron*; sin *a* = *posee* 4. con *a* = *dio la bienvenida*; sin *a* = *cómo se recibe cualquier objeto* 5. con *a* = *traicionó*; sin *a* = *dejó* 6. con *a* = *sostiene*; sin *a* = *no sabe de su familia* 7. con *a* = *venció*; sin *a* = *recibió*

Sección 3

Para empezar

1. *quiere/quieren* 2. *va/van* 3. *entró/entraron* 4. *estaba* 5. *son/es* 6. *perjudica* 7. *hace* 8. *desean* 9. *asistió/astistieron* 10. *son/(es)*

Sección 3.1

Práctica

1. *somos* 2. *habláis* 3. *Aparecieron* 4. *es estudiante/son estudiantes* 5. *son indispensables/es indispendable* 6. *pueden* 7. *ayudaréis* 8. *se pusieron* 9. *participarán/participaremos* 10. *os repartiréis*

Sección 3.2

Análisis

1. *está*: sujeto concebido como unidad 2. *llegó*: sujeto concebido como unidad; *fueron recibidos*: sujeto singular colectivo, permite la conceptualización como sujeto plural 3. *confundió*: sujeto concebido como unidad 4. *se escondieron*: sujeto singular colectivo que permite la conceptualización como sujeto plural 5. *gana*: sujeto concebido como unidad 6. *andan*: conceptualización colectiva del sujeto 7. *insultaban*: conceptualización colectiva del sujeto

Sección 3.3

Práctica

B. 1. *Se vendió/vendieron* 2. *los buscó/los buscaron* 3. *(permanece desocupada)/permanecen desocupadas* 4. *funcionaba/funcionaban*; *debía/debían* 5. *trabajó/trabajaron* 6. *(será cerrado)/serán cerradas*

Sección 3.4

Práctica

1. *son/es* 2. *son/es* 3. *aventurasteis/aventuraron* 4. *son/es* 5. *es* 6. *eres* 7. *son/es* 8. *diseminamos/ diseminaron*

Sección 3.5

Análisis

1. obj. dir. = 2a. pers. pl. 2. el 70% de nosotros 3. la mayoría de ellos, de vosotros o de nosotros 4. nosotros los estudiantes o ellos los estudiantes 5. a ellos los refugiados o a nosotros los refugiados 6. a ella y a él 7. un centenar de tanques o un centenar de nosotros con tanques 8. a la tripulación o a nosotros la tripulación 9. la familia pidió, los de la familia pidieron, nosotros de la familia pedimos 10. concordancia con *los que*, *nosotros* o *vosotros*

Sección 4

Para empezar

Dos de los nueve *que* son conjunciónces (*…ha oído **que** a los mayas…* y *…recordarán **que**…*); otro puede interpretarse tanto como conjunción o relativo (*…y **que** tiene gradas…*), y todos los demás funcionan como relativos.

Sección 4.1

Análisis

A. 1. *que* = sujeto de *estar* 2. *que* = obj. dir. de *enseñar* 3. *que* = sujeto de *estudiar* 4. *al que* = obj. ind. de *arreglar* 5. *que* = sujeto de *resultar* 6. *con quien* = sintagma prepositivo de *encontrar* 7. *que* = obj. dir. de *haber* 8. *de la que* = obj. preposicional de *hablar* 9. *el que* = obj. ind. de *ofrecer* 10. *que* = obj. dir. de *llevar*

Sección 4.2 (i)

Práctica

A. 1. *El cuadro **del que** no recordábamos el pintor es de la época temprana de Picasso.*
2. *Conocimos mucha gente durante el congreso **al que/al cual** asistimos.* 3. *El avión en **el que/que** volábamos a Buenos Aires tuvo un desperfecto en Río.* 4. *Me presentaron al nuevo profesor **que** acaba de regresar de Colombia.* 5. *La casa **que** mi padre se hizo construir está trepada a la ladera.* 6. *La mujer **a la que/a quien** le robaron la pulsera dio gritos hasta que llegó la policía.* 7. *El señor **con el que/con quien** tuve una entrevista me ofreció empleo.* 8. *Busca a alguien **que** le pueda limpiar las ventanas.* 9. *El muchacho **al que/a quien** le robaron la cartera es tu primo.* 10. *Subieron a la cima de la montaña **desde la que/desde donde** se divisaba el mar.*

Sección 4.2 (ii)

Práctica

B. 1. *Estoy segura que le gustará a tu compañero **cualquier cosa que** compres durante tus viajes.* 2. no 3. no 4. ***Cualquier cosa que** propongan va a encontrar el rechazo del público.* 5. *No creo que caiga dentro de su esfera **cualquier cosa que** trate con ese asunto.* 6. *Observen con cuidado **cualquier cosa que** hagan con esa iniciativa.* 7. no 8. *Como no tienen idea de cómo proceder, están dispuestos a aceptar **cualquier cosa que** les recomendemos.*

C. 1. *Lo que estaba era enfurecido.* 2. *Lo que nos sorprendió fue que tomara una decisión tan drástica.* 3. *Lo que hizo fue sentarse a leer una novela.* 4. *En lo que estaba pensando era en casarse.* 5. *Lo que comenzó a hacer fue a gritar.* 6. *Lo que quiere es un coche nuevo.*

Sección 4.2 (iii)

Práctica

1. *Hay unos versos que te hacen saltar las lágrimas en esta obra.* 2. *Las niñas que están enfermas en las cunas serán vistas por el médico de guardia.* 3. *Fuimos a una exposición sobre el impresionismo, la que/la cual vale la pena visitar.; Fuimos a una exposición, que vale la pena visitar, sobre el impresionismo.* 4. *Nos presentaron a Pepe, el hijo de Rosa, el que/el cual tiene mucha fama en su disciplina.* 5. *El gran ventanal de la casa, el que/el cual tenía una reja, daba al sur.* 6. *El coche que chocó contra el parapeto, el que/el cual era del muchacho, quedó destrozado.; El coche del muchacho quedó destrozado porque chocó contra el parapeto.* 7. *Compró unos dulces que son muy ricos para tus hijos.* 8. *Estoy terminando un estudio para la empresa, el que/el cual me está dando grandes dolores de cabeza.* 9. *La prueba de sus sospechas, la que/la cual le ofreció su mentor, vale su peso en oro.* 10. *La mujer con el niño, la que/la cual apareció de repente, actuaba de una manera muy extraña.*

Ejercicios finales

Práctica

B. 1. *cuando/en que; al que; que su; a que/a los que; que/la que; en que/en el que; todos los que* 2. *a los que; que; que; que su; todo lo que; mediante la que.*

C. 1. *por lo que/por lo cual; que; el que/el cual/que; que; la que/la cual; a la que/a la cual/adonde* 2. *cuyo/(que su); con el que/con el cual/con que; que/a quien/a la que/(a la cual); en la que/(en la cual)/en que/como; por el que/por el cual/por dónde; quien/el que/que*

Sección 5

Para empezar

1. antes de 2. una plaza de aparcamiento 3. repetir 4. por 5. en 6. del 7. para 8. en 9. a pagar 10. sin que

Práctica

A. 1. enfrente de 2. alrededor de 3. bajo 4. tras, detrás de 5. debajo de 6. delante de 7. encima de 8. dentro de 9. fuera de 10. lejos de

B. 1. después (de) que 2. para que 3. porque 4. a fin de que 5. para que 6. a pesar de que, pese a que 7. sin que 8. nada más que

C. 1. plaza de estacionamiento 2. pista de tenis 3. ropa de (para) niños 4. cancha de básquetbol 5. texto de matemáticas 6. máquina de (para) coser 7. museo de arte 8. lectura de ocio 9. zapatos para tenis 10. reloj de oro 11. silla de ruedas 12. libro de recibos 13. perro de caza 14. coche de alquiler 15. sala de espera

E. 1. por 2. para 3. para 4. por, para 5. por 6. por 7. para 8. por 9. para 10. Por 11. Para 12. por 13. por 14. por 15. por 16. por 17. por 18. Por 19. para 20. para

F. 1. en 2. a 3. en el 4. a 5. en el 6. a

H. 1. en 2. en 3. sobre 4. de, a 5. con/por 6. en 7. contra/para 8. sobre 9. con 10. en 11. con/por 12. contra/por 13. en 14. de 15. a

Análisis

D. Estos verbos funcionan igual que *ir a* (*Se dirigió al convento. / Se dirigó a ayudarle en su trabajo de carpintería.*, *Se asomó al balcón . / Se asomó a mirar la banda de música.*, *Bajó a la calle . / Bajó a ver el desfile.*, *Subió a la terraza . / Subió a ver la torre desde su terraza.*). Sin embargo, a diferencia que *ir* y *asomar*, los verbos *dirigir*, *bajar* y *subir* también aceptan un sustantivo como complemento directo (*Dirigió la empresa.*, *Bajó las maletas.*, *Subió las maletas.*).

Glosario

a **personal**   la *a* que generalmente se emplea delante de un objeto directo que se refiere a un ser humano (*Invité **a** Luisa.*, *Invité **a** los vecinos.*)

acción (**activo, actividad**)   situación en que por lo menos un participante actúa de forma dinámica (*romper, quitar*)

acentuación (**acentuado, acentual**)   la pronunciación de una sílaba con más intensidad que las otras; también la pronunciación de una palabra dentro de una oración con mayor prominencia

acontecimiento (también **suceso, evento**)   sustantivo más frecuente para referirse a algo que sucede, ocurre (*boda, huelga*, etcétera); los acontecimientos contrastan con las entidades en el uso de *ser* y *estar* (*La boda **será** en la iglesia.* vs. *El cura **está** en la iglesia.*)

activa   véase **acción, oración activa**

actor   véase **agente**

acusativo   caso gramatical que se refiere al objeto directo

adjetivo (**adjetival**)   categoría léxica que cuantifica (*muchos*) o cualifica (*interesante*) al sustantivo

    adjetivo cuantificador   el que enumera o se aproxima a la enumeración de los referentes del sustantivo (*muchos, otro, varios*)

    adjetivo descriptivo (también **adjetivo cualitativo**)   el que describe las características contrastivas del referente del sustantivo (*interesante*)

adquisición   el proceso de lograr los conocimientos de una lengua en forma espontánea, generalmente de niño, en un contexto de inmersión

adverbio (**adverbial**)   categoría léxica que modifica verbos, adjetivos u otros adverbios (*fácilmente, seguramente, anoche, ya, arriba, entonces*)

    adverbio relativo   el que introduce una oración de relativo con función adverbial: *como, donde, cuando* (*Se presentó en el momento **cuando** menos lo esperaba.*)

adversativo   véase **oración compuesta coordinada**

afirmación (**afirmar, afirmativo**)   lo contrario a negación [(*sí,*) *Estoy segura que lo hizo.*]

agente (también **actor**)   el que usa su voluntad para instigar una acción (por ejemplo, el sujeto *el dueño* en *El dueño nos aumentó el alquiler a todos los inquilinos.*)

agramatical (**agramaticalidad**)   una secuencia no permitida por las reglas del idioma

alófono   una variante en la pronunciación de un sonido en un entorno específico que no cambia el significado de la palabra en que se encuentra (en *beber* la primera *b* representa el alófono oclusivo [b] y la segunda el alófono fricativo [β])

ambiguo (**ambigüedad**)   se refiere a lo que tiene más de una interpretación (*banco* puede expresar un lugar para sentarse o una institución bancaria; la frase *la abuela de Susana y Rosa* puede referirse a una persona o a dos)

análisis contrastivo   la descripción de las estructuras de las lenguas con el propósito de especificar los aspectos lingüísticos que el hablante de un determinado idioma materno trae al aprendizaje de otro

análisis de errores   el estudio de los errores que ocurren en el aprendizaje de un idioma

antecedente   el sustantivo al que se refiere un pronombre (*Vi a* **Luisa** *y la saludé.*) o al que modifica una cláusula relativa (***El libro*** *que compré...*)

anterior (**anterioridad**)   la expresión de una relación secuencial en que una situación se localiza temporalmente previa a otra situación o período de tiempo

apositiva   véase **cláusula relativa no restrictiva**

aprendizaje   el proceso de lograr los conocimientos de una lengua en una forma consciente en que los beneficios se derivan de la observación y el estudio

argumento   uno de los sintagmas con los que un determinado verbo se construye obligatoriamente

artículo   véase **determinante**

aserción/aseveración (**aseverar, aseverativo**)   oración declarativa en la que el hablante expone un hecho, afirmativa o negativamente, sin agregarle ninguna coloración afectiva (*Llega esta noche.; No sé la respuesta.*)

aspecto   categoría gramatical que le permite al hablante representar una situación según su estructura interna (inicio, medio, terminación, entre otros)

atenuar   reducir, hacer más débil (*atenuar la afirmación* = hacer una afirmación menos segura)

átono   no acentuado (véase **pronombre átono**)

bitransitivo   verbo transitivo con dos complementos, uno directo y otro indirecto (*mandar, donar*)

callado   véase **sujeto tácito**

caso   categoría gramatical que se refiere a la función gramatical de un sustantivo (sujeto, objeto directo, objeto indirecto, objeto de preposición); también nominativo, acusativo, dativo, etcétera

categoría gramatical   una de las clases de morfemas que expresan persona, número, tiempo, aspecto, modo y otros conceptos no léxicos

categoría léxica   una de las clases en que se agrupan las palabras (sustantivo, adjetivo, verbo, adverbio, preposición, conjunción)

categoría sintáctica   una clase de sintagma o frase (nominal, adjetival, etcétera)

categórico   absoluto, sin reserva, sin excepción (por ejemplo, *una afirmación categórica* = una afirmación sin reserva alguna; *una regla categórica* = una regla sin excepciones)

causal   relación de interdependencia en que la aserción de un hecho explica la realización de otro (*No voy* **porque no tengo tiempo.**)

clase   cualquier agrupación de formas que comparten por lo menos una característica

clase abierta   clase que permite la creación de nuevos miembros (adjetivos, sustantivos y verbos)

clase cerrada   clase que no permite la creación de nuevos miembros (preposiciones y conjunciones)

cláusula   cada una de las oraciones simples que forman una oración compuesta

cláusula relativa   la que modifica un sustantivo como si fuera un adjetivo

cláusula relativa restrictiva   (también **especificativa**) cláusula subordinada que especifica o restringe el antecedente (*El hombre* **que está a tu lado** *es un escritor famoso.*)

cláusula relativa no restrictiva   (también **incidental**/**apositiva**/**explicativa**) cláusula subordinada que agrega información que no delimita al antecedente (*Borges,* **quien nunca ganó el Premio Nóbel de Literatura,** *tenía gran fascinación por los laberintos.*)

cláusula subordinada   véase **oración subordinada**

cognitivo   relativo al conocimiento

colectivo   véase **sustantivo colectivo**

competencia   los conocimientos lingüísticos inconscientes que poseen los seres humanos debido a su capacidad inherente de adquirir el lenguaje

complemento   sintagma de un verbo contenido dentro del sintagma verbal

complemento circunstancial   adjunto de un verbo (contrasta con argumento)

compuesto   véase **forma verbal** y **oración compuesta**

comunicación   el acto de transmitir un mensaje entre un emisor y un receptor

concepto (**conceptualizar, conceptualización**)   representación mental de un objeto; la formación de una idea

concordancia (**concordar**)   cualquier coincidencia entre formas con respecto a una categoría gramatical (persona, género, etcétera)

condicional   tiempo gramatical que le permite al hablante expresar una situación hipotética

conjetura (**conjeturar**)   la expresión de la probabilidad con respecto a la realización de una acción

conjunción   nexo que sirve como enlace entre dos o más oraciones, sintagmas o palabras

connotación   valor que un hablante asocia a un significado en un contexto concreto; por ejemplo, relacionar la posibilidad de descansar con *fin de semana* (cf. **denotación**)

constituyente   un sintagma o unidad sintáctica

contable   véase **sustantivo contable**

coordinación (**coordinado**)   véase **oración compuesta coordinada**

copulativo   un verbo que sirve de mero enlace entre el sujeto y el predicado (*ser, estar*); también una oración que contiene un verbo copulativo

correferente (**correferenciar, correferencial**)   uno de dos o más formas que tienen el mismo referente; en *Invité a Juan pero él no vino* tanto *Juan* como *él* se refieren a la misma persona

correlación (**correlacionar**)   relación estricta entre dos o más cosas

cualitativo   véase **adjetivo cualitativo**

cuantificador   véase **adjetivo cuantificador**

cuantificación (**cuantificacional**)   referente a la cantidad (*todo, mucho/s, poco/s, ningún, tres*)

dativo   caso gramatical que se refiere al objeto indirecto

deíxis   la organización de formas cuyos significados sólo se revelan dentro de un contexto determinado; por ejemplo, la persona gramatical distingue formas deícticas porque su organización de relaciones espaciales se basa en el hablante como el centro (*yo*), el oyente (*tú*) y un espacio alejado de los dos interlocutores (*él*)

demostrativo   forma gramatical deíctica que especifica espacial o temporalmente el referente de un sustantivo (*este, ese, aquel,* etcétera)

denotación   el significado real aislado de cualquier contexto; por ejemplo, *fin de semana* = días concretos de la semana (cf. **connotación**)

despersonificación (**despersonificar**)   la representación de un ser humano como una entidad no humana

derivación el proceso de formar una palabra ligando dos o más morfemas léxicos (*infiel = in + fiel*)

descriptivo véase **adjetivo cualitativo**

desiderativo la expresión de un deseo

desinencia terminación, morfema(s) que se añade(n) a una raíz (*termin-é*)

determinante categoría gramatical que modifica al sustantivo y cuya función semántica es la de identificar o especificar el referente del sustantivo

    determinante definido el que denota al referente de un sustantivo como específico y sin tener en cuenta otros posibles referentes (*el*, etcétera)

    determinante indefinido el que denota al referente de un sustantivo como uno de varios posibles referentes (*un*, etcétera)

discurso el contexto lingüístico amplio que generalmente consta de más de una oración

    discurso directo cuando se cita textualmente lo dicho o lo pensado (*Susi preguntó: ¿Quieres acompañarnos?*)

    discurso indirecto cuando se reporta lo dicho por otro sin usar exactamente las mismas palabras (*Susi me preguntó **si quería acompañarla**.*)

distributivo véase **oración compuesta coordinada**

disyuntivo véase **oración compuesta coordinada**

dubitativo la expresión de duda

duplicación el uso de más de una forma en una oración para la misma función gramatical; por ejemplo, en la duplicación del objeto indirecto coaparece el pronombre de objeto indirecto con el sintagma correspondiente (***Le** hablé al director.*)

durativo aspecto que presenta el medio de una situación o una situación en progreso (cf. **imperfectivo**)

ecuativo (ecuación) véase **oración ecuativa**

emisor el que emite un mensaje

ente entidad

entonación la línea melódica de un enunciado

    entonación ascendente entonación en que la línea melódica sube al final de la oración

    entonación descendente entonación en que la línea melódica baja al final de la oración

especificativa véase **cláusula relativa restrictiva**

estado situación en que el papel de los participantes no es dinámico

estativo referente a un estado

estructura jerárquica véase **jerarquía**

evento véase **acontecimiento**

exclamación (exclamativo) la expresión de cualquier tipo de emoción; en la escritura aparece entre signos exclamativos: *¡Cuánto te quiero!*

experimentante rol semántico que define al que experimenta o sufre un estado psicológico (no interviene la voluntad); por ejemplo, los sujetos de *Susi está feliz.* y *Eduardo vio el anuncio.*

experimentar (experimentado) percatarse de las cosas; sentir o tener una sensación, un estado de ánimo o afecto

exhortación (exhortativa) la expresión de un deseo fuerte

facultativo véase **potestativo**

flexión (flexivo, flexional)   desinencias (morfemas) que se añaden a una raíz para expresar el significado gramatical; por ejemplo, los verbos en español son formas flexionadas: termin**é**, termin**aste**, termin**amos**, etcétera)

focalizador   el que realza información no compartida por el hablante y el oyente

fonema   un sonido idealizado indiferente al contexto en que se encuentre y capaz de establecer un contraste significativo

fonética   la descripción de los sonidos en sus contextos específicos

fonología   el componente de la competencia lingüística que abarca los conocimientos que tiene el hablante sobre los sonidos, acentuación, entonación y otros aspectos suprasegmentales de su idioma

formas verbales

Formas simples:

Condicional   expresa una situación hipotética (*compraría*)

Futuro   expresa una predicción sobre un evento venidero (*compraré*)

Imperfecto   expresa el aspecto imperfectivo de una situación en el pasado (*compraba*)

Presente   expresa una situación asociada al momento de habla (*compro*)

Pretérito   expresa el aspecto terminativo o iniciativo de una situación en el pasado (*compré*)

Formas compuestas:

Condicional perfecto   forma compuesta que expresa una relación secuencial para una situación hipotética (*habría comprado*)

Futuro perfecto   forma compuesta que expresa una relación secuencial para una situación en el futuro (*habré comprado*)

Pasado perfecto   forma compuesta que expresa una relación secuencial para una situación en el pasado (*había comprado*)

Presente perfecto   forma compuesta que expresa una situación anterior al presente y relacionada con el momento de habla (*he comprado*)

frase   un sintagma o constituyente

función gramatical   relación que especifica la conexión entre un sintagma nominal y el verbo (sujeto, objeto directo, objeto indirecto) o preposición (objeto de preposición) que lo rige

futuro   tiempo gramatical que le permite al hablante hacer una predicción (véase también **formas verbales**)

genérico   véase **proposición genérica**

género   la categoría gramatical en español que divide los sustantivos en masculinos y femeninos, y ciertas otras formas en masculinos, femeninos y neutros (e.g., los pronombres demostrativos *éste*, *ésta*, *eso* o los pronombres relativos *el que*, *la que*, *lo que*)

gerundio   forma no conjugada del verbo que expresa aspecto durativo (*comprando*)

gramatical (gramaticalidad)   una secuencia permitida por las reglas de la gramática

hablante   el interlocutor que enuncia

idioma   véase **lengua**

imperativo   véase **mandato**

imperfectivo (imperfectividad)   la representación aspectual del medio de una situación o sus repeticiones

imperfecto   (véase **formas verbales**)

impersonal   sujeto que no se refiere a una persona específica; también una oración cuyo sujeto es impersonal

incidental   véase **cláusula relativa no restrictiva**

indicativo   modo gramatical que le permite al hablante afirmar la veracidad de una situación sin reserva y sin expresar otra opinión

individualización (individualizado)   denominación de un referente o referentes como específicos e identificables

infinitivo   forma verbal no conjugada que carece de toda clase de morfemas gramaticales salvo el marcador de clase (*a, e, i: comprar, entender, describir*)

inflexión   véase **flexión**

iniciativo (también **incoativo**)   la representación aspectual del inicio de una situación o sus repeticiones

interlengua   una etapa en la que no se ha completado la adquisición o aprendizaje de un idioma

interlocutor   uno de los participantes en un acto de comunicación

interrogación (interrogativo)   el acto de preguntar

intransitivo (intransitividad)   se refiere a un verbo que tiene sólo un argumento, el que funciona como sujeto; también una oración que contiene un verbo intransitivo

involucrado (involucramiento)   rol temático que recibe el objeto indirecto en verbos de dos argumentos del subtipo *gustarle a uno* o el pronombre extra que aparece en la construcción con el *se me* de eventos no planificados

jerarquía (estructura jerárquica)   sistema que consiste en varios niveles relacionados

juicio   idea, opinión, parecer; también dictamen, decisión

laísmo   el uso dialectal de *la(s)* tanto para el pronombre de objeto indirecto como para el de objeto directo (***La** escribí a ella.*)

leísmo   el uso dialectal de *le(s)* en vez de *lo(s)* para el pronombre de objeto directo masculino (***Le** invité.*)

lengua   cualquier idioma empleado por una comunidad de hablantes; también cualquier lengua natural específica (*el español, el chino, el náhuatl*)

lenguaje   un sistema de comunicación en que un conjunto de signos con una estructura establecida permite la transmisión de mensajes entre un emisor y un receptor

lenguaje (lengua) natural   el lenguaje o una lengua de los seres humanos

léxico (lexicalización, lexicalizarse)   referente a las palabras, a las categorías (léxicas) de palabras o los morfemas léxicos de los que se componen las palabras

lexicón   el componente de la gramática que incluye el inventario de morfemas léxicos con la especificación de sus propiedades sintácticas, semánticas, morfológicas y fonológicas junto con cualquier otra idiosincrasia

lingüística   el estudio del lenguaje humano

lingüística aplicada   uso de los conocimientos sobre la naturaleza del lenguaje humano para la solución de determinados problemas

***lo* invariable**   pronombre que reproduce un complemento predicativo (*Aparentaban ser **ricos** pero no **lo** eran.*) o una oración (*Dijo que **pasaría por mi despacho** pero no **lo** hizo.*)

locución preposicional   combinación de dos o más preposiciones, o preposición y adverbio que funcionan como una unidad (***por entre** unos libros, **por debajo de** la escalera*)

loísmo   el uso dialectal de *lo(s)* tanto para el pronombre de objeto indirecto como para el de objeto directo (***Lo** di una bebida.*)

mandato   una forma o una oración que expresa una orden o directiva

marcador sintáctico   un elemento que sirve para diferenciar una categoría sintáctica de otra

modificador   un elemento que determina a otro elemento de una forma más exacta; por ejemplo, los determinantes y los adjetivos en relación a la identificación del referente de un sustantivo

modismo   frase idiomática

modo   categoría gramatical que le permite al hablante precisar su actitud u opinión hacia la información comunicada

morfema   unidad mínima de significado que consta de al menos un sonido

   morfema gramatical   el que expresa una categoría gramatical como la persona, el número, el tiempo, el aspecto, el modo

   morfema léxico   el que expresa una situación, entidad o concepto en el mundo real

morfología   el componente de la competencia lingüística que se ocupa de la estructura de las palabras

narración (narrador)   un relato que consta de una serie de acontecimientos

neutro   género gramatical ni femenino ni masculino como en *esto, eso, aquello, lo que, lo cual*

nexo   cualquier elemento que sirve para conectar un constituyente con otro

nombre (nominal)   sinónimo de *sustantivo* (véase **sustantivo**)

nominativo   caso gramatical que se refiere al sujeto

número   categoría gramatical que denota singular/plural para los sustantivos, adjetivos, pronombres y otras formas

objeto (complemento) de preposición   el sintagma nominal precedido por una preposición (*para la niña, por ella*)

objeto (complemento) directo   el complemento nominal de un verbo monotransitivo (*Dormí a la niña.*) o de uno bitransitivo (*Le trajeron flores a la señora.*); puede ser reemplazado por los pronombres átonos *la(s)* o *lo(s)*

objeto (complemento) indirecto   el segundo complemento nominal de un verbo bitransitivo (*Dio un beso a su novio.*); puede ser reemplazado o duplicado por el pronombre átono *le(s)*. También el único complemento del tipo *gustarle* a uno.

operador lógico   una función independiente de las varias partes de la oración como la negación, la cuantificación y la interrogación

oración   un sintagma formado por un sintagma nominal (expreso o tácito) y un sintagma verbal que respeta las exigencias sintácticas y semánticas del verbo

   oración activa   oración en que el sujeto es el responsable por la situación expresada por el verbo

   oración ecuativa   oración en que *ser* funciona como mero signo de equivalencia

   oración pasiva   oración que se forma con el verbo auxiliar *ser* más el participio pasado del verbo principal; minimiza el rol del agente o causante para centrarse en el sujeto-tema

oración compuesta   oración constituida por dos o más oraciones simples; tiene más de un par sujeto-predicado

oración (compuesta) coordinada   oración compuesta que se forma con dos o más oraciones simples unidas por un nexo sin que una oración pase a formar parte de otra

   oración coordinada copulativa   oración coordinada cuyo nexo es *y* o *ni*

   oración coordinada distributiva (también **disyuntiva**)   oración coordinada que concentra la atención de los interlocutores en situaciones alternativas

   oración coordinada adversativa   oración coordinada que expresa situaciones que se oponen de alguna manera

oración indirecta   oración en que se comunica información relatada por una tercera persona

oración principal (**matriz**) oración que no está subordinada a otra

oración simple oración que tiene un único sintagma nominal como sujeto y un solo sintagma verbal como predicado

oración subordinada oración que consta de dos o más oraciones simples, y por ende tiene más de un par sujeto-predicado

> **oración subordinada adjetival** (**relativa**) oración subordinada cuya función gramatical es la de un adjetivo

> **oración subordinada adverbial** oración subordinada cuya función gramatical es la de un adverbio

> **oración subordinada nominal** (**sustantiva**) oración subordinada cuya función gramatical es la de un sustantivo

oración yuxtapuesta oración compuesta de dos o más oraciones contiguas que no se unen por medio de un enlace

oyente el interlocutor que escucha un enunciado; la segunda persona gramatical

paciente (también **tema**) entidad sobre la que recae una acción; por ejemplo, el objeto directo *el vaso* en *Juanito rompió el vaso* o el sujeto *Drea* en *Drea se cayó*

palabra el emparejamiento arbitrario de sonidos con un significado

> **palabra compuesta** está formada por más de una palabra (*saca-corchos*)

> **palabra derivada** está formada por una raíz léxica y afijo(s) léxico(s) (*co-rreferente*)

> **palabra flexionada** está formada por una raíz léxica y uno o más morfema(s) gramatical(es) (*casa-s*)

> **palabra simple** está formada por un sólo morfema (*por*)

papel temático la relación semántica que desempeña un participante en una situación (origen, meta, causa, instrumento, etcétera)

paradigma (**paradigmático**) la lista de todas las formas flexivas que una palabra puede exhibir como ejemplo en una conjugación; modelo

paráfrasis (**parafrasear, parafraseable**) una forma alternativa que expresa un significado muy similar (*Todos se enfadaron.* y *Todos se pusieron enfadados.*)

participio pasado forma no conjugada del verbo que expresa aspecto terminativo (*comprado*)

participio presente véase **gerundio**

pasado cualquier forma de la categoría gramatical del tiempo que le permite al hablante excluir una situación de la perspectiva del momento de habla y asociarla con un tiempo anterior al presente

pasiva (**pasivizarse, pasivización**) véase **oración pasiva**

perífrasis verbal forma en que se une un verbo auxiliar o semiauxiliar con un infinitivo o gerundio (*viene a comer; está lloviendo*)

persona significado gramatical que denota el concepto deíctico del sujeto o del complemento (1a., 2a., o 3a. persona)

personal se refiere a un sujeto cuyo referente es una persona o entidad específica; también una oración cuyo sujeto es personal (cf. **impersonal**)

personificación (**personificar**) la atribución de cualidades propias del ser humano a seres inanimados o no humanos

plural (**pluralidad, pluralización**) se refiere al número gramatical opuesto al singular

posesivo forma gramatical que se refiere al que pertenece; son formas deícticas dado que se distribuyen entre la primera, segunda y tercera personas

> **adjetivo posesivo** el posesivo que modifica a un sustantivo (*mi* *coche*)

> **pronombre posesivo** el posesivo que resulta de la pronominalización (*el coche mío → el mío*)

potestativo   (también **facultativo**) opcional, no obligatorio

pragmática   el significado o valor comunicativo que se deriva del uso de una forma o una oración en un contexto determinado

predicado   parte de la oración que expresa algo sobre el sujeto; consiste en un verbo y sus complementos y modificadores (= sintagma verbal)

pregunta   oración en que se pide información

  pregunta eco   oración en que se pide la repetición de lo ya dicho

  pregunta directa   formada por una cláusula principal

  pregunta indirecta   formada por una oración subordinada

  pregunta parcial   oración en que se pregunta por cualquiera de los elementos de la oración (sujeto, etcétera)

  pregunta total   pregunta que pide la confirmación de la verdad o falsedad del enunciado

  pregunta total alternativa (disyuntiva)   pregunta total en que se especifican dos o más alternativas

preposición (preposicional)   elemento relacionante que indica motivo, manera, compañía, tiempo, dirección, entre otras relaciones

prescriptivo   en la lingüística se refiere a las gramáticas y las reglas propuestas que indican la forma correcta en que se debe hablar o escribir un idioma; se opone a las gramáticas y reglas *descriptivas* que intentan indicar la forma en que los hablantes verdaderamente hablan y escriben

presente   cualquier forma de la categoría gramatical del tiempo que le permite al hablante asociar una situación al momento de habla

pretérito   véase **formas verbales**

progresivo   perífrasis verbal compuesta del verbo auxiliar *estar* más el gerundio; semánticamente realza el carácter dinámico de una situación (*estoy comprando*)

pronombre (pronominal, pronominalización)

  pronombre átono   el que no puede aparecer por sí solo y no lleva prominencia acentual (*lo, te*, etcétera)

  pronombre indefinido   el que no tiene como referente una persona o entidad definida (*alguien, alguno*)

  pronombre personal   el que tiene como referente una persona

  pronombre tónico   el que puede aparecer por sí solo y lleva prominencia acentual (*él, tú*, etcétera)

pronombre relativo   el nexo que sirve de enlace entre un antecedente en la oración principal y una subordinada relativa (*que, quien/es, el que, el cual*, etcétera)

pronominalización   el uso de pronombres en lugar de sustantivos (***Juan** llegó tarde.* → ***Él** llegó tarde.*)

proposición genérica   una referencia que engloba a todos los posibles referentes de una frase nominal (***Los libros** son caros.*)

psicolingüística   el estudio del proceso de adquisición de un idioma, entre otros procesos

raíz léxica   el morfema más básico de significado léxico de una palabra (*in-**fiel**, **compr**-ar*)

recíproco (reciprocidad)   que denota reciprocidad o cambio mutuo de acción o estado entre dos o más entidades (*Las niñas se escriben desde hace tiempo.; Juan y Pilar se adoran uno al otro.*)

referente   la entidad o concepto a que se refiere un sustantivo o pronombre

reflexivo (reflexividad)   acción o estado que recae sobre el sujeto que la produce o experimenta; hay concordancia entre el sujeto y el pronombre átono (*La gata se relamía.; Juan se adora a sí mismo.*)

reflexivo léxico   aquél requerido por el propio verbo; puede ser obligatorio (*suicidarse*) o potestativo (*ir / irse*)

relación secuencial   el significado de las formas compuestas en que una situación se presenta como anterior a otra situación o período de tiempo (*habrán comprado el nuevo piso cuando...*)

relativización   la formación de una cláusula relativa (*Me regalaron una camisa. La camisa me encantó.* → *Me regalaron una camisa que me encantó.*)

relativo (relativización)   véase **pronombre relativo, adverbio relativo y cláusula relativa**

restrictivo   véase **cláusula relativa**

rol temático   véase **papel temático**

***se* espontáneo**   el uso de *se* con un sujeto inanimado en una acción que se produce sin intervención humana (*Se cerró la puerta.*)

***se* espúreo** (también *se* **falso**)   el uso de *se* en vez de *le(s)* delante de *lo(s)* o *la(s)* (*Se lo compré a mi hermano.*)

***se* impersonal**   el uso de *se* para indicar que un verbo carece de un sujeto léxico definido

semántica   la expresión de los significados de la oración y sus partes

significado gramatical   el significado que especifica conceptos gramaticales (persona, número, tiempo, aspecto, modo)

significado léxico   el significado que define una situación y sus participantes en el mundo real

signo   cualquier unidad que contribuye significado en un sistema de comunicación (lengua)

singular   se refiere al número gramatical opuesto al plural

sintagma   sinónimo de *frase* o *constituyente*: un grupo de palabras que forman una unidad sintáctica

   sintagma adjetival   el que tiene un adjetivo por núcleo ([$_\text{SAdj}$ *muy **divertidos***])

   sintagma adverbial   el que tiene un adverbio por núcleo ([$_\text{SAdv}$ ***rápidamente***])

   sintagma nominal   el que tiene un sustantivo o un pronombre por núcleo ([$_\text{SN}$ *las **mujeres***]), [$_\text{SN}$ ***ellos***]

   sintagma preposicional   el que tiene una preposición por núcleo ([$_\text{SP}$ **por** [$_\text{SN}$ *su padre*]])

   sintagma verbal   el que tiene un verbo por núcleo ([$_\text{SV}$ ***compraba***])

sintaxis   el componente de la gramática que se ocupa de la formación y estructura de las oraciones

situación   término general que se refiere a acciones y estados expresados por el verbo

sobreentendido   véase **sujeto tácito**

subjuntivo   modo gramatical que le permite al hablante expresar cualquier actitud u opinión que se aparte de la afirmación categórica

sujeto

   sujeto impersonal   el que se refiere a una persona indefinida (*Se discute mucho.*)

   sujeto léxico   el que se expresa en una oración (***Miguel*** *compró vino.*)

   sujeto personal   el que se refiere a una persona definida (***Miguel*** *compró vino.*)

   sujeto tácito (también **callado, sobreentendido**)   el que no se expresa en una oración (Ø *compró vino*)

sustantivo   sinónimo de *nombre*; categoría léxica que sirve como núcleo del sintagma nominal y cuya función semántica es la de representar las entidades y relaciones entre entidades que figuran en las situaciones expresadas por verbos

   sustantivo (nombre) colectivo   un sustantivo que se refiere a un número indeterminado de entes

sustantivo (nombre) común   el que no identifica personas o entidades individuales, sino las características que sirven para identificar posibles referentes del sustantivo (*rey, país, montaña*)

sustantivo (nombre) contable   un sustantivo cuyo referente es una entidad discreta con límites físicos definidos que se puede contar (*libro, día, mueble*)

sustantivo no contable   un sustantivo cuyo referente no tiene límites estrictos o consistencia concreta y que, por ende, no se puede contar (*azúcar, leche*)

sustantivo (nombre) propio   el que identifica una persona o una entidad individual (*Juan Carlos I de España*) o personas y entidades individuales (*los Reyes Católicos, las Montañas Rocosas*)

tácito   no expreso (véase **sujeto tácito**)

tema   véase **paciente**

tematizar (tematizado)   poner al principio de la oración el constituyente sobre el que se dice algo; suele tematizarse el sujeto, como en las oraciones *pasivas* (*Las casas fueron pintadas.*), o cualquier otro constituyente antepuesto a la oración (*A las nenas el payaso les pintó la cara.*)

terminativo   la representación aspectual de la terminación de una situación o sus repeticiones

tiempo (temporal)   la categoría gramatical que precisa la referencia temporal (presente, pasado, futuro o condicional) de una situación

tónico   acentuado (véase **pronombre tónico**)

transferencia   el traslado de conocimientos desde una lengua a otra, no siempre correctamente

transitivo (transitividad)   se refiere a un verbo que además del argumento que funciona como sujeto precisa de otro como objeto directo; también una oración que contiene un verbo transitivo

tuteo   el tratamiento del oyente con el pronombre de 2a. persona *tú*

unipersonal   un verbo que nunca lleva un sujeto expreso (los verbos meteorológicos como *llover, hacer/estar/ser* para expresar fenómenos de la naturaleza, y *haber* en su uso impersonal); también el subtipo de oración impersonal cuyo verbo es unipersonal

universal lingüístico   característica que se repite en los idiomas del mundo

valor comunicativo   significado específico de una forma en un contexto determinado

verbo (verbal)   categoría léxica que sirve como núcleo del sintagma verbal y cuya función semántica es la de representar situaciones (acciones y estados)

verbo auxiliar   verbo que se une con otro principal (*estar* para formar el progresivo, *haber* para formar los tiempos compuestos, *ser* para formar la voz pasiva)

verbo causativo   verbo cuyo sujeto obliga a que otro realice una acción (***Hizo*** *que le pidiera perdón.*)

verbo copulativo   verbo que sirve de mero enlace (nexo) entre el sujeto y el predicado (*ser, estar, parecer*)

verbo modal   verbo que expresa una actitud hacia la realización de una acción; generalmente acompañado de un complemento infinitivo (***Puedo*** *comprar un piso nuevo.*)

verbo de percepción   verbo cuyo significado se refiere a uno de los sentidos (*oír, ver*)

verbo principal   verbo de la cláusula principal de una oración compuesta subordinada (***Creo*** *que ha comprado un piso nuevo.*)

verbo de régimen   verbo que requiere un complemento preposicional (*optar por, soñar con*)

vocal temática   la vocal que denota la clase a la cual pertenece un verbo (compr*a*r)

vocativo   nombre u otra palabra usada para llamar la atención de alguien (***Juan,** ¡no hagas eso!*)

voseo   el uso del pronombre *vos* y sus correspondientes formas verbales en vez de *tú* para la segunda persona singular (*Vos comprás...* en vez de *Tú compras...*)

voz activa   véase **oración activa**

voz pasiva   véase **oración pasiva**

yuxtapuesto   véase **oración yuxtapuesta**

Índice